Lissabon

Lydia Hohenberger · Jürgen Strohmaier

DUMONT
Reise-Taschenbuch

Reiseinfos, Adressen, Websites

Panorama – Daten, Essays, Hintergründe

Unterwegs in Lissabon

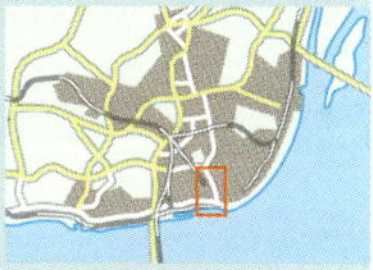

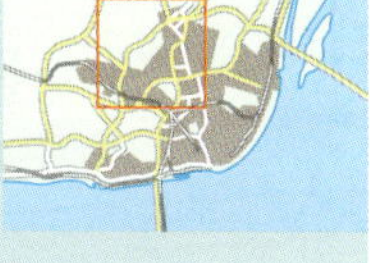

Inhalt

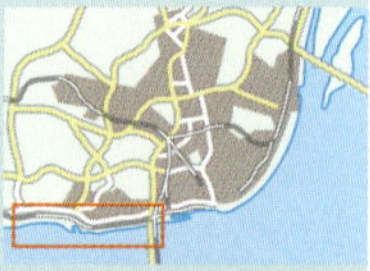

Auf Entdeckungstour

Karten und Pläne

▶ Dieses Symbol im Buch verweist auf die Extra-Reisekarte Lissabon

Das Klima im Blick

atmosfair

Reisen verbindet Menschen und Kulturen. Wer reist, erzeugt auch CO_2. Der Flugverkehr trägt mit bis zu 10 % zur globalen Erwärmung bei. Wer das Klima schützen will, sollte sich – wenn möglich – für eine schonendere Reiseform entscheiden. Oder Projekte von *atmosfair* unterstützen: Flugpassagiere spenden einen kilometerabhängigen Beitrag für die von ihnen verursachten Emissionen und finanzieren damit Projekte zur Verringerung des CO_2-Ausstoßes in Entwicklungsländern *(www.atmosfair.de)*. Auch der DuMont Reiseverlag fliegt mit *atmosfair!*

Schnellüberblick

Ausflüge in die Umgebung
Sintras grüne Hügel und glanzvolle Schlösser eröffnen eine der Zeit entrückte Welt, am oft sturmumtosten Cabo da Roca endet der europäische Kontinent, die mondänen Badeorte Estoril und Cascais locken Erholungssuchende an die Küsten des Atlantiks. S. 260

Avenidas Novas
Als das Zentrum im 19. Jh. zu eng wurde, führten Prachtalleen aus der Stadt hinaus, gesäumt von vornehmen Häusern der Gründerzeit. Viele mussten modernen Bürobauten weichen, der alte Prunk lebt in Luxusläden fort. Herausragend: die Kulturstiftung Gulbenkian. S. 188

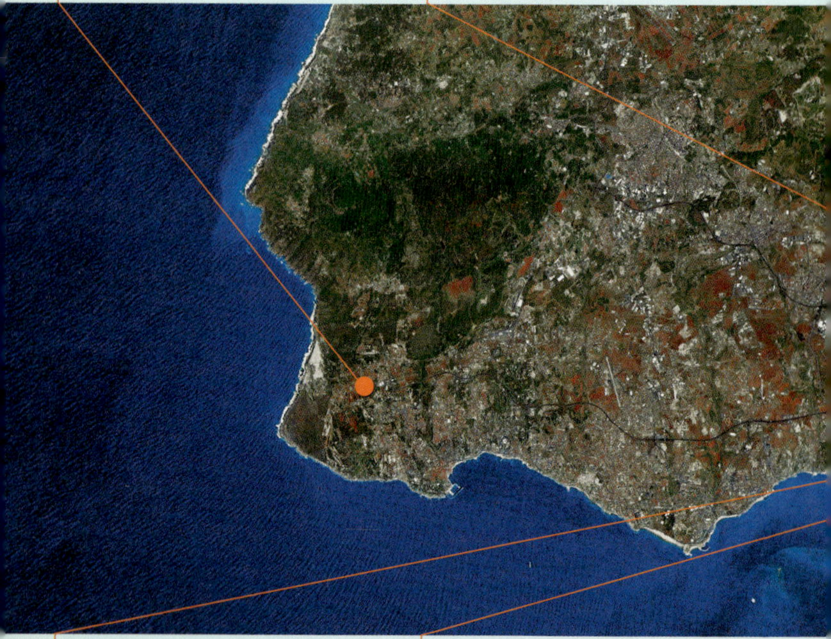

Westlich des Zentrums
Stille Schönheiten jenseits touristischer Wege, Portugals bedeutendstes Museum für Alte Kunst, ein fröhlicher Friedhof, eine lebhafte Markthalle und Lissabons anmutigste Parkanlage bilden die Attraktionen im wohlhabenden Westen der Stadt. S. 228

Alcântara und Belém
Der Fluss Tejo verbindet die beiden Wahrzeichen der portugiesischen Entdeckerzeit, Hieronymuskloster und Torre de Belém, mit der modernen Kunstsammlung Berardo und einem neuen Zentrum des Nachtlebens im alten Hafengelände von Alcântara. S. 246

Mouraria, Castelo, Graça und Alfama
Ursprüngliches Lissabon in den Vierteln der kleinen Leute. Häuser schmiegen sich eng aneinander, Frauen halten ihren Schwatz in winzigen Gemüseläden, in schummrigen Kneipen wird lebhaft debattiert. Darüber thronen Burg und gleich mehrere Aussichtspunkte. S. 108

Parque das Nações und Expo-Gelände
Fantasievolle Architektur, ein faszinierendes Aquarium, das neue Casino, eine unterirdische Kunstgalerie, Hochhäuser im Grundriss von Schiffen, Spazierwege am Fluss Tejo und ein geschäftiges Einkaufszentrum zeigen Lissabons avantgardistische Facette. S. 214

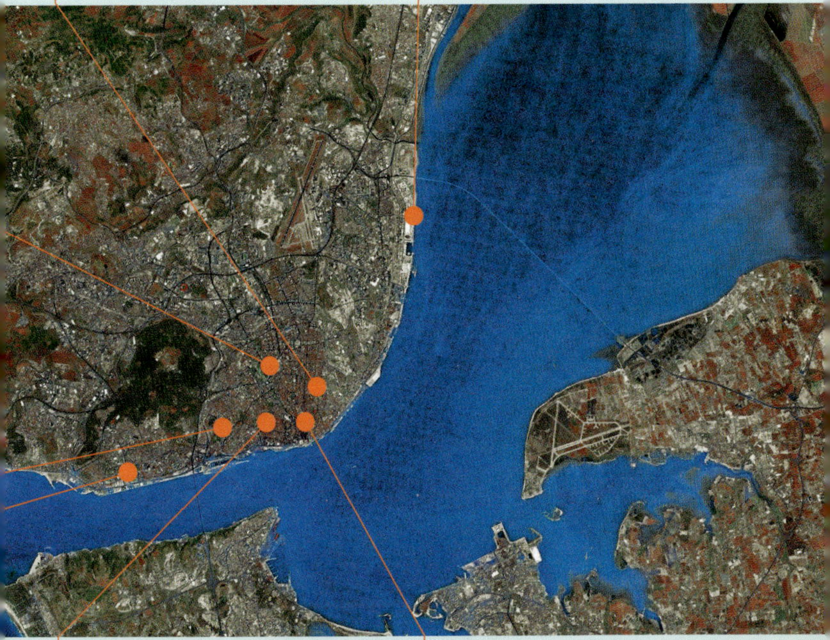

Bairro Alto und Cais do Sodré
Lissabons unangefochtene Szene- und Restaurantviertel besitzen auch tagsüber ihre Reize. Dann wuselt das Leben in den Tascas und Tante-Emma-Läden. Abends hat man die Wahl zwischen Restaurants, Fadolokalen, urigen Kneipen, Bars und Discos. S. 166

Baixa und Chiado
Gegensätze auf engstem Raum! Schmale Gassen stoßen auf weitläufige Plätze, uralte Kaffeehäuser auf Studentenkneipen, Traditionsgeschäfte auf Designermode. Die Baixa entstand aus den Ruinen des Erdbebens von 1755, der Chiado wurde zum Dandy-Treff des 19. Jh. S. 140

Mit Lydia Hohenberger und Jürgen Strohmaier unterwegs
Die Autoren Lydia Hohenberger und Jürgen Strohmaier leben seit 1994 in Portugal. Sie lieben Lissabon, das ihnen zur zweiten Heimat geworden ist. Verzaubert vom südlichen Flair und der Herzlichkeit ihrer Bewohner, entlocken sie der Stadt immer wieder neue Facetten und kleine Geheimnisse. Ihre ungebrochene Faszination teilen sie Urlaubern auch gerne auf individuellen Stadtführungen mit, über die ihre Internetseite www.portugal-unterwegs.de informiert.

Die Autoren

Bunte Vielfalt, heiteres Licht

Schließen Sie doch einmal kurz die Augen und zaubern sich an den Rand Europas: Wo das Land endet und das Meer beginnt, wie ein Dichter einst sang. Sie erwachen in Lissabon, erbaut auf sieben Hügeln, überragt von der Burganlage São Jorge und zahlreichen *miradouros*, den luftigen Aussichtspunkten mit Panoramablick. Ihnen zu Füßen liegen weiße Marmorpaläste, bunt gekachelte Häuser und der silbrig leuchtende Tejo, der den nahen Atlantik erahnen lässt. Ein Traum? Stellen Sie sich weiter vor: Das warme Licht des südlichen Himmels durchflutet eine vielgestaltige Stadt, die wie kaum eine andere europäische Metropole auch Ihre romantische Saite anschlägt. Wirklich: fast wie im Traum! Zumal über Lissabon die Sonne häufig scheint.

In majestätischem Glanz erstrahlen dann prachtvolle Kirchen und prunkhafte Adelshäuser, finanziert aus den unermesslichen Gewinnen der ruhmreichen Seefahrten in die neuen Welten. Diese mündeten gar in einen eigenen, den manuelinischen Baustil, den Sie in der märchenhaft verzierten Klosteranlage von Belém bewundern können. Den sympathisch zurückhaltenden Lebensstil der kleinen Leute erlebt man beim Bummel durch die Altstadtviertel: im Bairro Alto, das auch Nachtschwärmer aus aller Welt anzieht, oder in den arabisch anmutenden Wohnvierteln Alfama und Mouraria, aus deren urigen Pinten der köstliche Geruch gegrillter Sardinen strömt.

Lissabonner Stimmungen

Gerade solch kleine Sinnesfreuden am Wegesrand machen Lissabons unverwechselbaren Flair aus: eine kunstvoll geschmiedete Straßenlaterne, vielfarbige Wäsche, die in den Gassen im Wind flattert, elegante Terrassencafés inmitten des pulsierenden Lebens.

Und überhaupt: Lieben Sie nicht auch das Beobachten des südländischen Treibens bei einer Tasse Kaffee? Schnell werden Sie es darüber verschmerzen, dass der modische Cappuc-

Kontrastprogramm zum historischen Zentrum: der Stadtteil Parque das Nações

cino hier weitgehend ignoriert wird, denn Lissabons eigentliches Lebenselixier ist die kleine, schwarze *bica,* eine Art Espresso. Besonders angenehm lässt sie sich direkt am Flussufer oder im Terrassencafé auf einem der Aussichtspunkte hoch über der Stadt genießen. Die gelben Trams oder Standseilbahnen schaukeln Sie sanft hinauf. Ein wirklich uriges Erlebnis, von dem Ihre Urlaubsfotos noch ebenso lange erzählen werden wie von den kunstvoll bemalten Wandkacheln, die im 16. Jh. ihren Siegeszug antraten und bis heute viele Lissabonner Häuser zieren.

Ursprünglich und modern

Denn durchdrungen von ursprünglicher Atmosphäre bemüht sich die alte Dame Lissabon heute um ein behutsames Facelifting. Moderne Stararchitekten kontrastieren das historische Stadtbild mit kühnen Bauten und entwarfen am Flussufer den Parque das Nações als Stadtteil des 21. Jahrhunderts. Dessen touristische Hauptattraktion bildet ein riesiges Aquarium, das Besucher in die Tiefe des Meeres entführt.

Die bunte Vielfalt aus Nostalgie und Moderne trägt zum besonderen Charme von Portugals Metropole bei, dem auch Sie auf höchst vergnügliche Weise erliegen werden. Dieses Nebeneinander solch unterschiedlicher Welten hat seine Wurzeln in weit zurückliegenden Zeiten. Von Lissabon aus stießen die Portugiesen einst das Tor zur Welt auf und brachten Gewürze, Gold und Reichtum in die Stadt. Doch die Rolle als Weltmacht überforderte das kleine, bevölkerungsarme Land, und es verlor seine Besitztümer. Diese fast tragische Entwicklung kulminierte 1755 in einem furchtbaren Erdbeben, dessen mentale Erschütterungen bis heute in einem ureigenen Fatalismus spürbar sind.

Sie werden Lissabon als helle, einnehmende und pulsierende Metropole erleben. Aber vielleicht spüren Sie zugleich, wie sich über dieser Stadt des Lichts der musikalische Schleier eines melancholischen Fado-Gesangs legt, in dem sich die Lissabonner Seele ungeschminkt offenbart. Und die ist, bei aller modernen Tatkraft, doch eher traurig gestimmt.

Künstlerhaus Chapitô: Kultur und Genuss unterhalb der Burg, S. 118/119

Ein Ort auch für Verliebte: Miradouro Nossa Senhora do Monte, S. 128/129

Lieblingsorte!

Viel Kultur und ein hübsches Gartencafé bietet das Goethe-Institut, S. 194/195

Linha d'Água: Ein Terrassencafé über dem Parque Eduardo VII., S. 200/201

Klein aber fein – Biologisches offeriert der Ökomarkt im Bairro Alto, S.177

Beschauliche Entspannung ermöglichen die Café-Bars am Tejo, S.186/187

Lissabon ist unsere zweite Heimat. Hier genießen wir mit großem Vergnügen einen portugiesischen Kaffee am Ufer des Tejo oder einen Ausflug an den nahen Atlantik. Richtig erhaben fühlen wir uns auf den luftigen Aussichtspunkten hoch über der Stadt, über die Ruhe freuen wir uns in den erholsamen Parks mit ihren versteckten Terrassencafés. Immer einen kleinen Schwatz gibt es beim Einkauf auf dem Ökomarkt unter freiem Himmel. Aber auch bei der Kombination von leiblichen und kulturellen Genüssen in Chapitô und Goethe-Institut fühlen wir uns fast wie im eigenen Urlaub.

Harmonie und Ruhe strahlt der romantische Jardim da Estrela aus, S. 232/233

Buntes Treiben in den Atlantikfelsen: Bar do Guincho bei Cascais, S. 272/273

Reiseinfos, Adressen, Websites

Verkehrsknotenpunkt und architektonisches Kunststück: der Bahnhof Oriente

IASA

Informationsquellen

Infos im Internet

www.visitlisboa.com
Die übersichtlich gestaltete, umfangreiche Lissabonner Tourismus-Website weckt Reiselust. Sie enthält viele grundlegende Auskünfte über Stadt und Region, unterbreitet Routenvorschläge, nennt viele Sehenswürdigkeiten, gibt praktische Tipps, veröffentlicht Veranstaltungshinweise und listet Unterkünfte und Restaurants auf. Und dies alles auch in deutscher Sprache.

www.visitportugal.com
Die sehr informative Seite des portugiesischen Tourismusamtes bietet auf Deutsch zusätzlich zu Informationen über Portugal einen persönlichen Internet-Reiseplaner, und als Urlaubseinstimmung lassen sich kurze Videos anschauen oder Podcasts herunterladen.

www.visiteestoril.com
Auch in deutscher Sprache finden sich auf dieser Seite alle wichtigen Informationen zu den umliegenden Gemeinden Estoril, Cascais, Sintra und den Stränden am Atlantik, wenn auch nicht ganz so übersichtlich gelistet.

www.ipmuseus.pt
Das Besondere an der Seite des staatlichen Museumsinstituts sind virtuelle Rundgänge durch die wichtigsten Museen und Paläste in und um Lissabon, darunter das Kachelmuseum, das Museum für Alte Kunst und die Königspaläste in Ajuda, Queluz und Sintra (derzeit nur auf Portugiesisch).

www.botschaftportugal.de
Die portugiesische Botschaft in Berlin liefert Informationen über Sprache, Geschichte, Kultur und Politik des Landes. Einen Schwerpunkt bilden die Wirtschaftsbeziehungen zu Deutschland. Zusätzlich findet sich eine Monatsübersicht über portugiesische Kulturveranstaltungen in Deutschland.

www.lissabon.diplo.de
Die deutsche Botschaft liefert Basisinformationen zur politischen Lage, zur wirtschaftlichen und kulturellen Entwicklung und zur Geschichte Portugals. Aufschlussreich sind die Einschätzungen zum Verhältnis zwischen Portugal und Deutschland sowie reisepraktische Hinweise, etwa zu deutschsprachigen Ärzten in Lissabon.

www.portugal.gov.pt
Die portugiesische Regierung gibt Auskünfte über das politische System, das Regierungshandeln und nennt interessante, allerdings oft nur portugiesischsprachige Websites. Zusätzlich ist die portugiesische Verfassung in englischer Übersetzung eingestellt.

www.mne.gov.pt
Das portugiesische Außenministerium erteilt Auskünfte über sein politisches Auftreten etwa in der Europäischen Union und unterrichtet zudem über Portugal als Urlaubs- oder Aufnahmeland für Auswanderer (in Engl.).

Fremdenverkehrsamt

Für Deutschland, Österreich und die Schweiz

Turismo de Portugal
Zimmerstr. 56, 10117 Berlin
Tel. 0049 (0)30 254 10 60
info@visitportugal.com
Eigenständige Ämter in Österreich und der Schweiz gibt es nicht mehr.

Tourismusämter

In Lissabon

Ask me Lisboa: Praça do Comércio, Tel. 210 31 28 10, www.visitlisboa.com, tgl. 9–20 Uhr.
Flughafen: in der Ankunftshalle, Tel. 218 45 06 60, tgl. 7–24 Uhr.
Palácio Foz: Praça dos Restauradores, Tel. 213 46 33 14, tgl. 9–20 Uhr.
Bahnhof Santa Apolónia: Tel. 218 82 16 06, Di–Sa 8–13 Uhr.
Kiosk Rua Augusta: Tel. 213 25 91 31, tgl. 10–13, 14–18 Uhr.
Kiosk Belém: Tel. 213 65 84 35, Di–Sa 10–13, 14–18 Uhr.
Y/Lisboa: Rua Jardim do Regedor, 50 (nahe Restauradores), Tel. 213 47 21 34, tgl. 10–22 Uhr. Für die Zielgruppe jugendlicher Touristen.
Eine **Hotline** zum Ortstarif erteilt Urlaubern Infos auf Deutsch: Tel. 808 78 12 12.

Außerhalb von Lissabon

Cascais: Rua Visconde da Luz, 14, Tel. 214 82 23 27, tgl. 10–13, 14–18 Uhr.
Estoril: Arcadas do Parque, Tel. 214 68 76 30, Fax 214 67 22 80, www.visiteestoril.com, tgl. 10–13, 14–18 Uhr.
Sintra: Praça da República, 23 und Außenstelle im Bahnhof, Tel. 219 23 11 57, Fax 219 23 69 39, tgl. 9.30–18 Uhr, im Sommer auch länger.

Lesetipps

António Lobo Antunes: Die Leidenschaften der Seele, München 2006. Vielschichtiger Roman über politische, juristische und seelische Verwerfungen nach der Nelkenrevolution.
Luís Vaz de Camões: Die Lusiaden, Berlin 1999. Die portugiesischen Entdeckungsfahrten eingebettet in die Gesamtschau der portugiesischen Geschichte (1572 erschienen).
José Maria Eça de Queiroz: Die Maias, Berlin. Realistischer Gesellschaftsroman über die Dekadenz einer spätfeudalen Familie (1888 erschienen). Derzeit nur in Antiquariaten erhältlich.
Elfriede Engelmeyer (Hg.): Schriften weiß wie die Nacht, Berlin 2010. Gedichte aktueller portugiesischer Schriftstellerinnen im Original mit deutscher Übersetzung.
Inês Pedroso: In Deinen Händen, München 2004. Die teilweise mit Pathos vorgetragenen, tagebuchartigen Lebensbeschreibungen von drei familiär miteinander verwobenen Frauen aus verschiedenen Generationen werfen ein erhellendes Licht auf den grundlegenden gesellschaftlichen Wandel Portugals seit 1940.
Fernando Pessoa: O Lissabon, du meine Heimstatt, Zürich 2009. Der erste moderne Schriftsteller Portugals auf der Suche nach seiner Stadt der 1920er-Jahre.
José Cardoso Pires: Lissabonner Logbuch – Stimmen, Blicke, Erinnerungen, München 1997. Die ungewöhnliche assoziative Annäherung vermittelt überraschende Einblicke in die Stadt.
José Saramago: Geschichte der Belagerung von Lissabon, Reinbek 1997. In überschwänglichen Bildern und in seiner kraftvollen Sprache lässt der portugiesische Nobelpreisträger das Ereignis von 1147 in den Fantasien eines eigenbrötlerischen Buchkorrektors wieder aufleben.
Antonio Tabucchi: Lissabonner Requiem, München 1998. Episodenhafte Schilderung seltsamer Begegnungen auf einer Tagesreise durch Lissabon.
Gaby Wurster (Hg.): Lissabon – Eine literarische Einladung, Berlin 2010. Mehr als 20 zumeist portugiesische Autoren stellen Lissabon in kurzen Texten vor.
(Deutschsprachige Literatur aus und über Lissabon s. S. 101)

Wann verreisen?

Lissabon im Frühling

Schon früh im Jahr scheint die Sonne mitunter so kräftig, dass man mit etwas Glück im T-Shirt im Straßencafé sitzen kann. Besonders an den zahlreichen Feiertagen von Ostern bis Pfingsten sollten Sie sich rechtzeitig um eine Unterkunft bemühen, denn Sie sind dann nicht alleine auf Stadtentdeckung. Allerdings lautet ein Sprichwort »*Em Abril, águas mil*«. Also auch hier ist typisches Aprilwetter nicht unbekannt und Tageshöchsttemperaturen unter 15 °C sind zwar nicht üblich, aber durchaus möglich.

Im Mai regnet es seltener, im Juni kaum noch, beides sind ideale Reisemonate. Dann kann es allerdings nachmittags auch schon mal an die 30 °C heiß werden. Trotzdem gehören in den Koffer neben T-Shirt und Sonnenöl zusätzlich ein wärmender Pullover für den Abend und der Regenschirm für den Notfall. Da Hochsaison ist, gibt es nur wenige Sonderangebote für Hotels und Pauschalreisen.

Klimadiagramm Lissabon

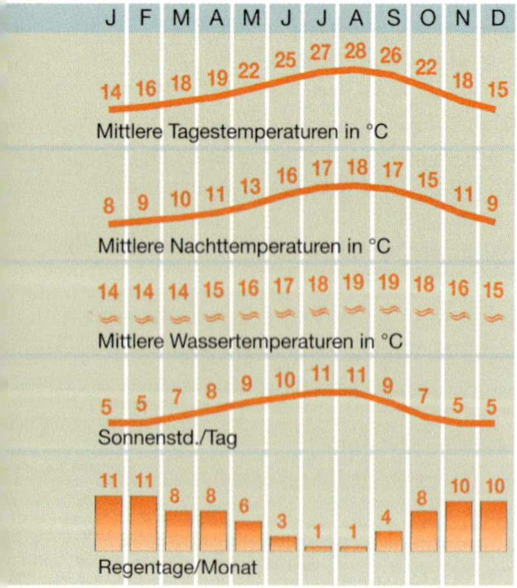

Was ist los?

April: Lauf zur Motorradweltmeisterschaft in Estoril; Klassikfestival im Centro Cultural de Belém.

Mai/Juni: Rock-in-Rio Lisboa. Das weltweit größte Musikfestival lockt alle zwei Jahre rund 400 000 Zuschauer in die »Weltstadt des Rock«.

Juni: Stadtfest während des gesamten Monats, Höhepunkt bildet die Nacht vom 12. zum 13. Juni anlässlich des Gedenktages des heiligen Antonius; Love-Parade der schwulen und lesbischen Verbände.

… im Sommer

Der Atlantik sorgt für ein mildes und ausgeglichenes Klima. Allerdings steigen die Temperaturen im Hochsommer häufig über 30 °C, sodass eine Stadtbesichtigung anstrengend werden kann. Dafür regnet es so gut wie gar nicht. Empfehlenswert sind in dieser Jahreszeit Besuche in den klimatisierten Museen, Modeboutiquen oder Einkaufszentren und Ausflüge an die nahen Strände.

Im August ist die Ferienzeit deutlich zu spüren – zu Ihrem Vorteil! Lissabon wird dann ruhig, der lärmende Autoverkehr geht drastisch zurück, die öffentlichen Verkehrsmittel sind angenehm leer, manche Hotels, die stärker auf Geschäftskunden orientiert sind, bieten sogar Nachlass. Und dabei haben fast alle Restaurants geöffnet und das Nachtleben in den Szenevierteln brummt. Viele Lissabonner lieben ihre Stadt gerade dann. Also: Falls Ihnen

Hitze wenig ausmachen sollte, versuchen Sie es doch mal im Sommer.

Was ist los?

Juni/Juli: Festival für Ballet und klassische Musik in Sintra.

Juli: Superbock Superrock, eine Bierfirma präsentiert an den Wochenenden etablierte und junge Bands; Cool Jazz Fest, der Begriff Jazz wird in Cascais und umliegenden Orten sehr weit gefasst.

Juli/August: FIARTIL, eindrucksvolle Handwerksausstellung mit Volksfest und Musik.

August: Jazz at the Gulbenkian, Konzerte mit hochkarätigen portugiesischen und internationalen Künstlern, auch Open-Air.

Gut zu wissen

Wettervorhersage: www.wetteronline.de, www.meteo.pt und in den Tageszeitungen.

Die aktuellen Events: unter www.visitlisboa.com und www.agendalx.pt, in den kostenlosen, in Museen und Tourismusämtern ausliegenden Monatsheften Agenda Cultural und Follow Me sowie im kommerziellen Wochenmagazin Time Out (www.timeout.pt).

Wasser: Wegen des latenten Wassermangels gehen Sie bitte sparsam mit dem kostbaren Nass um. Lissabonner Leitungswasser ist gesundheitlich unbedenklich, schmeckt aber schlecht. In Supermärkten gibt es günstig Quellwasser in Flaschen.

… im Herbst

Zwar endet die regenfreie Zeit im September, doch die angenehm warmen Tagestemperaturen und die milden Nachtwerte machen besonders den Frühherbst zur empfehlenswerten Reisezeit. Allerdings ist die Stadt dann auch wieder voller Urlauber, was ein rechtzeitiges Buchen einer Unterkunft empfiehlt; Sonderangebote in Hotels sind selten. Ab Oktober, besonders in der zweiten Hälfte, müssen Sie wieder mit kühleren Temperaturen rechnen. T-Shirt wie Pullover und Sonnen- wie Regenschutz gehören gleichermaßen ins Reisegepäck.

Was ist los?

September: Internationale Surf- und Kitesurfwettbewerbe am Atlantik.

September/Oktober: Queer – Gay and Lesbian Film Festival.

Oktober: Moda Lisboa. Dutzende portugiesische Modedesigner stellen ihre Kollektionen vor; Internationales Dokumentarfilmfestival DocLisboa.

… im Winter

Im Winter sinken die Temperaturen nur selten unter 10 °C, doch besitzen einfache Pensionen häufig keine Heizung. In den Wintern 2006 und 2007 fielen allerdings zum ersten Mal nach einem halben Jahrhundert einige Schneeflocken vom Lissabonner Himmel. Die eigentliche Regenzeit – denn noch ist Schneefall wirklich die Ausnahme – reicht von November bis März. Doch auch dann gibt es häufig milde Tage voller Sonnenschein, und der rein gewaschene Himmel zeigt ein unvorstellbar intensives Blau. Warme Kleidung sollten Sie jedoch mitnehmen. Mit etwas Glück finden Sie in dieser Jahreszeit günstige Hoteltarife.

Was ist los?

Dezember: Lissabon-Marathon 42,195 km immer am Tejo entlang; Silvesterpartys mit Livemusik und Feuerwerk auf der Praça do Comércio und dem Expo-Gelände.

Tipps für Kurztrips und längere Aufenthalte

Lissabon auf die Schnelle

Eigentlich schließen sich Lissabon und ›auf die Schnelle‹ aus. Doch wenn Sie wirklich nur zwei oder drei Tage Zeit haben, so gehören in Ihr Reiseprogramm auf alle Fälle wenigstens eine kurze Fahrt mit der **historischen Straßenbahn** der Linien 12 oder 28 zur **Burganlage São Jorge,** die Besichtigung des bedeutsamsten Sakralbaus, das manuelinische **Hieronymuskloster,** Spaziergänge durch die Altstadtviertel **Alfama, Baixa, Chiado** und **Bairro Alto** mit Lissabons prunkvollster Kirche São Roque, zumindest zwei Stündchen in einem Kaffeehaus und der abendliche Besuch eines Fadolokals.

Wer sich für Kunst interessiert, sollte das **Nationalmuseum für alte Kunst,** die auf das 20. Jh. spezialisierte **Sammlung Berardo** im CCB oder die **Stiftung Calouste Gulbenkian** nicht versäumen. Diese zeigt eine erlesene Sammlung von Gemälden und Kunstgewerbe aus dem orientalischen, asiatischen und europäischen Kulturkreis.

Stadtführung mit den Autoren dieses Reiseführers

Die in Lissabon ansässigen Autoren, **Lydia Hohenberger und Jürgen Strohmaier,** organisieren Stadtspaziergänge nach persönlichen Wünschen für kleine Gruppen oder auch Einzelreisende. Sie zeigen ihr persönliches Lissabon, garniert mit vielen überraschenden Hintergrundgeschichten und Insider-Tipps (Infos und Anmeldung unter www.portugal-unterwegs.de, Tel./Fax 00351-218 40 30 41).

Lissabon mit Muße

Ein Tipp: Rennen Sie nicht nur von einer der oben empfohlenen Sehenswürdigkeiten zur nächsten, denn in das wirkliche Lissabonner Leben taucht man auf ganz erholsame Art in den vielen Kaffeehäusern ein. Nehmen Sie sich Zeit für die weniger spektakulären Ecken und Winkel abseits der großen Touristenströme, die doch Lissabons Reiz nicht unwesentlich ausmachen. Entdecken Sie für sich selbst die versteckten Schönheiten am Wegesrand und manchmal auch das weniger Angenehme – die Armut, die Traurigkeit, mit einem portugiesischen Begriff: den Fado.

Erfreuen Sie sich an den bunt gekachelten Häusern und den kunstvoll ausgeschmückten Metro-Stationen. Besonders sehenswert ist der **Bahnhof Oriente** am futuristischen Weltausstellungsgelände. Der Besuch des dortigen **Oceanário,** eines der weltweit größten Aquarien, wird zu einem Rausch der Sinne unterhalb des Meeresspiegels. Ein Abenteuer der besonderen Art bilden die **Standseilbahnen** und eine etwa zwei bis dreistündige Stadtrundfahrt in der **Straßenbahn 28.**

Danach noch weitere Museen gefällig? Neben den Kunstmuseen besitzt Lissabon zu fast jedem Thema ein eigenes. Eine kleine Auswahl: Kachel-, Fado-, Wasser-, Schifffahrts-, Straßenbahn-, Kutschen-, Stadtgeschichte- und Archäologiemuseum. Davon gibt es sogar zwei!

Nachtschwärmer finden ihr Domizil in den Bars und Kneipen des Bairro Alto. Trendy sind die zu Tanz- und Restauranttempeln umgebauten Docks entlang dem Tejo. Als kleine Stadtflucht gönnen Sie sich einen Tag im romantischen **Sintra,** dessen Paläste und Parks erholsame Stunden versprechen. Die Strände des Atlantiks bei **Cascais** und **Estoril** erreicht man mit der S-Bahn in einer halben Stunde.

Erholsames Lissabon

Parks und Aussichtsgalerien laden an vielen pittoresken Orten zu einer Verschnaufpause ein. Der erholsamste Aussichtspunkt ist der **Miradouro da Graça.** Unter Kiefern genießt man im Terrassencafé Ausblick und Getränke gleichermaßen. Am **Miradouro de Santa Luzia** blickt man über die blauen Tejofluten und schaut den Kartenspielern über die Schulter, die sich stundenlang über ihrem Spiel ereifern und die Welt um sich vergessen.

Ruhige Parks finden sich im ganzen Stadtgebiet. Im **Jardim da Estrela** sitzen Sie im Terrassencafé unter hoch gewachsenen Bäumen. Oasen der Ruhe bilden auch der botanische Garten nur einige Schritte zwischen Bairro Alto und der Avenida da Liberdade oder der tropische Garten neben dem Kloster von Belém.

Zahlreiche Fähren schippern über den Tejo, z.B. nach **Cacilhas.** Von hier aus zu beobachten, wie abends die Sonne im Atlantik versinkt und das langsam in der Dunkelheit versinkende Lissabon seine Lichter anschaltet, ist ein Urlaubserlebnis ganz besonderer Art.

Stadtrundfahrten

Die städtische Carristur bietet zwei Stadtrundfahrten im offenen Doppeldeckerbus an, die von der Praça do Comércio nach Belém und zum Expo-Gelände (je 15 €) führen. Die beim Fahrer erhältlichen Tagestickets ermöglichen unbegrenztes Zusteigen an den verschiedenen Haltestellen. Die Rundfahrt mit einer historischen, roten Straßenbahn beginnt ebenfalls an der Praça do Comércio, die Fahrkarten kosten 18 € und gelten am gleichen Tag für das gesamte Carris-Netz.

Im Sommer bietet das Fährunternehmen Transtejo nachmittägliche Flussfahrten von den Anlegestellen Cais do Sodré und Terreiro do Paço. Tickets (15 bzw. 20 €) gibt es am Kiosk auf der Praça do Comércio.

Verschiedene private Busunternehmen organisieren Rundfahrten durch Lissabon und in die Umgebung. Ihre Prospekte liegen an den Hotelrezeptionen aus.

Eine Stadtrundfahrt mit der berühmten Linie 28 gefällig?

Lisboa Card

Das Tourismusamt hat eine **Lisboa Card** für 24, 48 oder 72 Stunden (17,50 €, 29 €, 36 €) aufgelegt, die den Fahrschein für die öffentlichen Verkehrsmittel und freien oder ermäßigten Eintritt in vielen Museen und Baudenkmälern beinhaltet. Diese Karte lohnt sich für Urlauber, die viele eintrittspflichtige Sehenswürdigkeiten in kurzer Zeit besuchen wollen. Zusätzlich gibt es die **Lisboa Shopping Card** und die **Lisboa Restaurant Card,** die Nachlass in bestimmten Geschäften und Gaststätten einräumen.

Anreise und Verkehrsmittel

Einreisebestimmungen

EU-Bürger benötigen ebenso wie Schweizer einen gültigen Personalausweis oder Reisepass, Kinder einen Kinderreisepass. Die Aufenthaltsdauer für EU-Bürger ist unbegrenzt, für Schweizer ist bei einem Aufenthalt von mehr als drei Monaten eine Aufenthaltserlaubnis vorgeschrieben.

Zoll

Mitglieder der EU dürfen Waren für den Eigenbedarf ohne Begrenzung ausführen (Richtwerte sind 800 Zigaretten, außerdem 10 l alkoholische Getränke von über 22 % Vol., 10 l von weniger als 22 %, 90 l Wein oder 110 l Bier). Für Nicht-EU-Bürger ist die zollfreie Ausfuhr begrenzt (200 Zigaretten, 1 l Spirituosen, 2 l Wein).

Anreise

Mit dem Flugzeug

Das Netz an Flugverbindungen nach Lissabon ist eng, u. a. bedienen Lufthansa, die portugiesische TAP, Swiss und alle wichtigen Charter- und Billigfluggesellschaften die portugiesische Hauptstadt. Dabei bieten auch die Linienflieger bei früher Buchung oftmals überraschend preiswerte Tarife an, die den Flug zur günstigsten Anreisemöglichkeit machen. Schnäppchen findet man ebenfalls bei Verbindungen über Madrid, Amsterdam oder Paris.

Aeroporto de Lisboa: Der Flughafen liegt am nördlichen Stadtrand. Infos: Tel. 218 41 37 00, www.ana.pt.

Terminals: Die beiden Terminals des Flughafens befinden sich im gleichen Gebäudekomplex, Terminal 1 bedient die internationalen, Terminal 2 die innerportugiesischen Flüge.

Flughafenverbindungen: Der Aero-Bus fährt am Ausgang des Ankunftsterminals tgl. zwischen 7.45 und 20.30 Uhr im 20-Minuten-Takt über die Praça Marquês de Pombal und Rossio zum Cais do Sodré. An den Haltestellen werden die wichtigsten Hotels ausgerufen. Der Fahrschein wird beim Schaffner gekauft und gilt als Tagesticket auch für alle anderen Busse und Straßenbahnen (ca. 3,50 €). Ein zusätzlicher AeroShuttle steuert die Bahnhöfe Oriente, Sete Rios und die Hotels entlang der Strecke an (7–21.50 Uhr, ca. 3,50 €). Nach der Anbindung des Flughafens an die rote U-Bahnlinie besteht zusätzlich die Möglichkeit, per Metro die Hotels im Expo-Gelände und nahe der Endhaltestelle São Sebastião zu erreichen (mit Umsteigemöglichkeiten ins Zentrum).

Mit dem Taxi in die Stadt: Die Fahrt ins Zentrum kostet etwa 10–15 € inkl. Gepäckzuschlag. Die am Flughafen lizensierten Taxifahrer sind berüchtigt für ihre ›kreative‹ Art der Berechnung, weshalb man sich ggf. die Berufskarte *cartão profissional* zeigen lassen und auf einer Quittung bestehen sollte, auf der das Autokennzeichen vermerkt ist. Spätestens wenn Sie Hilfe an der Hotelrezeption holen, senken die Fahrer den Preis auf die korrekte Höhe. Wer sich diesen Ärger ersparen möchte, kann am Informationsschalter im Flughafengebäude ein Taxivoucher ab 15 € für die Fahrt zum Hotel erwerben.

Tipps für die Fahrt vom Flughafen in die Stadt

ÖPNV-Tickets: Im Flughafenpostamt (Abflughalle) und der neuen Metrostation können kostengünstigere Mehrfahrtenkarten erworben werden.
Sparen beim Flughafentransfer: Auch die Busse 22 und 745 fahren zur Praça Marquês de Pombal bzw. Rossio. Sie besitzen zwar keine Kofferablage, doch der Preis für eine Fahrt beträgt nur ca. 1,50 €. Allerdings sind die Busfahrer nicht verpflichtet, große Gepäckstücke mitzunehmen.
Alternativer Taxistand: Gibt es lange Warteschlangen vor den Taxis, können Sie zum Ausgang der Abflughalle ausweichen. Dies ist zwar etwas aufwendiger, aber auch dort stehen Taxis, die zudem oft preiswerter fahren.

Mit Bahn, Bus oder Auto

Die Anreise per Zug, Bus oder Auto ist zeitaufwendig. Von vielen Städten in Deutschland und der Schweiz benötigen die komfortabel ausgestatteten Busse der Euro-Lines 30 bis 40 Stunden. Kaum schneller ist der Zug über Paris oder Genf. Für die Autofahrt über Paris, Lyon oder Zürich sollte man mindestens drei Tage einrechnen.

Öffentliche Verkehrsmittel

Metro

In Lissabon gibt es vier U-Bahnlinien. Die farbliche Kennzeichnung der Linien macht es leicht, sich zurechtzufinden. Die Zugfolge ist dicht, die Züge fahren von ca. 6.30 Uhr früh bis 1 Uhr nachts. In der Rushhour kann es allerdings eng werden (Tel. 213 55 84 57, www.metrolisboa.pt).

Straßenbahn

Die Fahrt per Straßenbahn ist ein touristisches Highlight. Die alten *eléctricos* schaukeln mit ihren neuen Motoren die Hänge hinauf, manchmal beängstigend nah an den Hauswänden entlang. Die interessantesten Linien sind die 28 und die 12, daneben gibt es noch die Linien 25, 18 und 15, Letztere überwiegend mit modernen Zügen.

Bus

Das Busnetz ist eng, doch nicht ganz einfach zu durchschauen. Allerdings sind die Busse für Nachtschwärmer interessant, denn vom Cais do Sodré versorgen sieben Linien die gesamte Stadt zwischen 0.30 Uhr und 5.30 Uhr im Halbstundentakt. Übersichtspläne sind allerdings kaum zu erhalten.

Standseilbahn

Eine Lissabonner Spezialität sind die drei Standseilbahnen Glória, Bica und Lavra, die sich die steilen Hügel hinaufschieben. Der Aufzug Elevador Santa Justa verbindet die Unterstadt Baixa mit der Oberstadt Chiado.

Fähren

Ab Cais do Sodré, Belém, Praça do Comércio und vom Expo-Gelände aus fahren Fähren zu den Vororten auf der anderen Tejoseite. Die Tickets müssen an den Anlegestellen gekauft werden (je nach Zielhafen ab 0,95 € zzgl. 0,50 € für die Karte viva viagem (s. u.), Tel. 808 20 30 50, www.transtejo.pt).

Vorortzüge

Nach Cascais bzw. Sintra fahren S-Bahnen durchschnittlich im 15-Minuten-Takt von den Bahnhöfen Cais do Sodré bzw. Rossio ab. Der Fahrpreis beträgt ca. 1,80 € zzgl. 0,50 € für die Karte viva viagem (www.cp.pt).

Taxis

Taxis sind mit knapp 0,50 € pro km (ggf. zzgl. Zuschläge für Gepäck, Fahrten am Wochenende, nachts oder bei telefonischer Bestellung) ein preiswertes Fortbewegungsmittel. An den zentralen Stellen gibt es Taxistände, einfach ist es auch, ein Taxi per Handzeichen heranzuwinken. Achten Sie darauf, dass der Zähler eingeschaltet wird.

Fahrscheine

Das Ticketsystem ist etwas kompliziert. Für die Benutzung der öffentlichen Verkehrsmittel benötigen Sie ein Ticket *viva viagem* oder *sete colinas.* Dabei handelt es sich um eine wieder aufladbare Chipkarte, die für 0,50 € an den Schaltern und Automaten in den U-Bahnhöfen, im Postamt am Flughafen und in verschiedenen Lottoannahmestellen erworben werden kann. Diese Karte wird dort für einzelne Fahrten, für 24 Stunden bzw. gleich mehrmals 24 Stunden (je ca. 4 €) aufgeladen und gilt in allen innerstädtischen Verkehrsmitteln. Sie ist wiederholt aufladbar.

Zusätzlich können Sie *Zapping* betreiben. Dabei wird auf die Chipkarte ein Geldbetrag zwischen 2 € und 10 € geladen, der nun innerhalb eines Jahres abgefahren werden kann. Je höher der geladene Betrag, desto mehr Nachlass gibt es pro Fahrt.

Alle Karten müssen vor jedem Fahrtantritt über die elektronischen Zugangssysteme in der Metro bzw. über die gelben Automaten in Bussen, Straßen- und Seilbahnen geführt werden. Deutlich teurere Einzelfahrscheine auf Papier können in Bussen, Straßenbahnen und Aufzügen beim Fahrer erworben werden.

S-Bahnen und Fähren wiederum benutzen ebenfalls Chipkarten, allerdings mit eigenem Tarifsystem.

Mit Bus und Bahn unterwegs

An der Haltestelle: Durch kurzes Winken machen Sie die Schaffner von Straßenbahnen und Bussen auf Ihren Einsteigewunsch aufmerksam.

Verkehrsauskünfte: Unter www.transporlis.sapo.pt finden Sie die aktuellen Tarife, Fahrpläne und Verbindungen für Lissabon und Umland.

Mit dem Auto in der Stadt

Autofahren ist in Lissabon nicht zu empfehlen. Zusätzlich zum normalen großstädtischen Verkehrschaos und der Parkplatznot erschweren viele Einbahnstraßen und die aggressive Fahrweise der Lissabonner das Fahren. Die Höchstgeschwindigkeit im Stadtgebiet beträgt 50 km/h, Parken in weiten Teilen der Innenstadt ist gebührenpflichtig, Parkhäuser sind vorzuziehen. Alle internationalen Mietwagenfirmen sind am Flughafen und mit Stadtbüros vertreten.

Übernachten

Hotels, Pensionen und Ferienwohnungen

Lissabon besitzt ein breites Hotelangebot und jedes Jahr kommen neue Hotels vor allem der gehobenen Klasse hinzu. Die Hotels werden mit ein bis fünf Sternen klassifiziert, wobei die Anzahl auch meist der Qualität entspricht. Eine übersichtliche Liste aller offiziellen Unterkünfte mit Beschreibung, Lageplan und Kontakthinweis finden Sie auf der Seite des Tourismusamtes www.visitlisboa.com, dessen Büros auch Reservierungen vornehmen.

Die meisten Unterkünfte liegen verkehrsgünstig nördlich und rund um die Praça Marquês de Pombal sowie entlang der Avenida da Liberdade. Empfehlenswert im oberen Preissegment sind die familiär geführten Heritage-Hotels (www.heritage.pt), in der mittleren Preislage die Turim-Hotels (www.turimhotels.com) und die Vip-Hotels (www.viphotels.com). **Ferienwohnungen** finden Sie unter www.Lissabon-Altstadt.de.

In jüngster Zeit sind zahlreiche Backpacker-Unterkünfte in zentraler Lage entstanden. Sie können über www.hostelworld.com gebucht werden. Empfehlenswert ist das Lisbon Lounge Hostel (s. S. 27).

Die Unterkünfte nennen in ihren Prospekten oder *sites* häufig den höchstmöglichen Tarif, der aber nur in Spitzenzeiten zur Geltung kommt (Feiertage wie Silvester und Ostern, internationale Kongresse und Sportveranstaltungen wie die WM-Motorradläufe in Estoril). Ansonsten liegen die Preise oft deutlich niedriger. Frühstück ist meist im Übernachtungspreis enthalten, ebenso alle Steuern. Einzelzimmer sind in der Regel etwa 15 % günstiger als Doppelzimmer.

Edel und teuer

Zu Hause beim Grafen – **Lapa Palace** 1: ► K 11, Rua do Pau de Bandeira, 4, 1249-021 Lisboa, Tel. 213 94 94 94, www.olissippohotels.com, S-Bahn: Alcântara Mar, DZ ab 370 €, Suiten ab 1300 €. Inmitten eines weitläufigen Gartens mit tropischen Pflanzen liegt der klassizistische Palast des Grafen von Valença. Die 109 Zimmer und Suiten sind luxuriös eingerichtet, viele Stars geben sich die Klinke in die Hand. Ruhige Lage, Freiluft- und Hallenpool mit türkischem Bad, Sauna, Massage.

Für die Hochzeitsreise – **Palácio Belmonte** 2: ► Karte 2, G 4, Páteo Dom Fradique, 14, 1100-624 Lisboa, Tel. 218 81 66 00, www.palaciobelmonte.com, Metro: Martim Moniz, DZ ab 350 €. Ein Kleinod auf dem Burghügel aus dem Jahre 1449, dessen behutsame Sanierung preisgekrönt ist. Elf geräumige Zimmer und Suiten (bis 162 m^2) bieten einen herrlichen Blick, das Mobiliar stammt aus dem 17. bis 19. Jh. Um die erlauchte Atmosphäre zu wahren, fehlen Fernseher, dafür stehen Bibliothek, Dachterrasse und Pool zur Verfügung.

Voller Glanz – **Pestana Palace** 3: ► G 12, Rua Jau, 54, 1300-314 Lisboa, Tel. 213 61 56 00, www.pestana.com, S-Bahn: Alcântara Mar, DZ stark saisonabhängig ab 180 €, Suiten bis 3000 €. Glanzvolles Traumhotel in einem sanierten Adelspalast aus dem 19. Jh., der mit Werken portugiesischer Maler dekoriert ist. Die 176 Zimmer befinden sich in den modernen Anbauten rund um die alte Gartenanlage. Ruhige Lage, Freiluftpool, Hallenbad, Sauna, Fitnessraum und das hoch gelobte Restaurant Valle Flôr.

Klassischer Luxus – **Tivoli** **4**: ▶ Karte 2, C2, Avenida da Liberdade, 185, 1269-050 Lisboa, Tel. 213 19 89 00, www.tivolihotels.com, Metro: Avenida, DZ stark saisonabhängig ab 160 €. Das zentralste unter den Nobelhotels. Die 308 Zimmer sind raffiniert eingerichtet, Dreifachverglasung schützt vor dem Verkehrslärm. Pianobar, Gartenanlage mit Swimmingpool.

Komfortabel und stilvoll

Wohnen auf der Burg – **Solar do Castelo** **5**: ▶ Karte 2, F4, Rua das Cozinhas, 2, 1100-181 Lisboa, Tel. 218 80 60 50, www.heritage.pt, Metro: Martim Moniz, DZ 200–450 €. Innerhalb der Burgmauern versteckt sich der kleine pombalinische Palast aus dem 18. Jh. mit seinem bezaubernden Patio. Die nur 14 Zimmer sind elegant und modern zugleich gestaltet. Gepäcktransport erfolgt per Golfwägelchen, da das Gebiet autofrei ist.

Gediegene Tradition – **Lisboa Plaza** **6**: ▶ Karte 2, C2, Travessa do Salitre, 7, 1269-066 Lisboa, Tel. 213 21 82 18, www.heritage.pt, Metro: Avenida, DZ 132–233 €, häufig Angebote. Eine angenehme Atmosphäre vermittelt das komfortable Traditionshotel. Klassische Inneneinrichtung in hellen Brauntönen.

Art déco – **Britânia** **7**: ▶ Karte 2, C1, Rua Rodrigues Sampaio, 17, 1150-278 Lisboa, Tel. 213 15 50 16, www.heritage.pt, Metro: Avenida, DZ 173–332 €, häufig besondere Angebote. 1944

Luxus pur – für besondere Gelegenheiten bietet sich das Pestana Palace an

vom bekannten Art-déco-Architekten Cassiano Branco errichtet. 30 geräumige, in warmen Farben gehaltene und klassisch möblierte Zimmer, sehr schöne Marmorbäder.

Orientalisch angehaucht – **Lisboa Regency Chiado 8: ▶** Karte 2, E 5, Rua Nova do Almada, 14, Tel. 213 25 61 00, www.lisboaregencychiado.com, Metro: Baixa-Chiado, DZ ab 188 €. Farbenfroh und geschmackvoll eingerichtete Zimmer im 6. bis 8. Stock der Armazéns do Chiado mitten im Zentrum. Grandioser Panoramablick von der großen Bar, der Terrasse und den nach Osten weisenden Zimmern. Orientalische Einflüsse bei der Innengestaltung.

Designhotel – **Fontana Park 9: ▶** N 7, Rua Eng. Vieira da Silva, 2, 1050-105 Lisboa, Tel. 213 57 62 12, www.fontanaparkhotel.com, Metro: Picoas, DZ 131–233 € je nach Zimmergröße. Sie müssen das minimalistische Design in schwarz und weiß schon mögen, um sich in einem der 139 Zimmer von Lissabons modernstem Hotel wohlzufühlen.

Innovatives Konzept – **Inspira Santa Marta 10: ▶** Karte 2, C 1, Rua de Santa Marta, 48, 1150-297 Lisboa, Tel. 210 44 09 00, www.inspirasantamartahotel.com, Metro: Avenida, DZ ab 100 € ohne Frühstück. Die Einrichtung basiert auf den Prinzipien von Feng Shui, für die Moderne stehen Nespresso-Kaffeemaschine, WLAN und plug&play im Zimmer.

Mittelklassehotels

Geräumig und wohnlich – **Turim Lisboa 11: ▶** M 7, Rua Filipe Folque, 20, 1050-113 Lisboa, Tel. 213 13 94 10, www.turimhoteis.com, Metro: Picoas, DZ 70–200 €, häufig Sonderangebote. Neu erbautes Haus in einer Wohngegend nahe dem Saldanha-Platz. In dunklen Tönen gehaltene, geräumige Zimmer mit Minibar und Klimaanlage.

Kunst an der Wand – **Marquês de Pombal 12: ▶** M 8, Avendida da Liberdade, 243, 1250-143 Lisboa, Tel. 213 19 79 00, www.hotel-marquesdepombal.pt, Metro: Marquês de Pombal, DZ ab 150 €. Portugiesische Künstler haben Originale für jedes der 123 Zimmer gemalt. Anrufbeantworter und CD-Player auf den Zimmern gehören zum Konzept des 2000 eröffneten Hauses.

Mit Ausblick – **Albergaria Senhora do Monte 13: ▶** Karte 2, F 2, Calçada do Monte, 39, 1170-250 Lisboa, Tel. 218 86 60 02, www.albergariasenhoradomonte.com, Straßenbahn 28, DZ ab 80 €, mit Terrasse ab 130 €. Das Plus ist der Blick über Stadt, Burg und Tejo von Dachterrasse, Bar und einigen der 28 angenehm ausgestatteten Zimmer. In Graça abseits vom Trubel, aber nahe Burg und Alfama.

Im historischen Zentrum – **Vincci Baixa 14: ▶** Karte 2, F 5, Rua do Comércio 32–38, 1100-150 Lisboa, Tel. 218 80 31 90, www.vinccihoteles.com, Metro: Terreiro do Paço, DZ 100–177 € ohne Frühstück. Ein modern gestaltetes Hotel in einem sanierten Traditionshaus, mit etwas kleinen, in schwarz-weiß gehaltenen Zimmern.

Modern gestylt – **AC Lisboa 15: ▶** N 7, Largo das Palmeiras, o. Nr., 1050-121 Lisboa, Tel. 210 05 09 30, www.ac-hotels.com, Metro: Picoas, DZ ab 100 €. In einem futuristischen Glaspalast entstand 2003 in architektonischem Kontrast zum benachbarten Traditionspalast Sottomayor ein 83-Zimmer-Haus mit Fitnessraum und türkischem Bad. Getränke sind kostenlos.

Groß, doch zentral – **Mundial 16**: ▶ Karte 2, E3, Praça Martim Moniz, 2, 1100-198 Lisboa, Tel. 218 84 20 00, www.hotel-mundial.pt, Metro: Martim Moniz, Rossio, DZ ab 100 €. Das Großhotel mit 347 geräumigen Zimmern und vielen Reisegruppen ist nicht für Romantiker, aber dank seiner zentralen Lage für einen Kurzaufenthalt geeignet.

Guter Preis – **Fénix Garden 17**: ▶ M8, Rua Joaquim António de Aguiar, 3, 1050-010 Lisboa, Tel. 213 84 56 50, www.hfhotels.com, Metro: Marquês de Pombal, DZ ab 72 €. Verkehrsgünstig direkt an der U-Bahn gelegenes, neu erbautes Haus mit hell eingerichteten Zimmern, in den oberen Stockwerken mit Blick, in der 8. Etage mit Terrasse. Die Zimmer nach vorne gehen allerdings auf eine Hauptverkehrsstraße.

Einfach und günstig

Am Rande des Zentrums – **Hotel do Chile 18**: ▶ O7, Rua António Pedro, 40, 1000-039 Lisboa, Tel. 213 54 91 71, www.hoteldochile.com, Metro: Arroios, DZ um 70 €. Kleine Pension in einem Neubau am Rande des Zentrums. 35 adrette, teilweise etwas schmale Zimmer mit Bad oder Dusche/WC, Sat-TV, Klimaanlage und Minibar.

Gutes Preis-Leistungs-Verhältnis – **Horizonte 19**: ▶ M7, Avenida António Augusto de Aguiar, 42, 1050-017 Lisboa, Tel. 213 53 95 26, www.hotelhorizonte.com, Metro: Parque, DZ ca. 66 €. Renovierte, für die Preisklasse recht komfortable Zimmer, nach vorne mit Balkon, im 8. Stock sogar mit großer Terrasse. Lärmempfindliche sollten trotzdem die Zimmer nach hinten oder zum winzigen Innenhof bevorzugen.

Kettenhotel – **Ibis Lisboa Liberdade 20**: ▶ M9, Rua Barata Salgueiro, 53, 1250-043 Lisboa, Tel. 213 30 06 30, www.ibishotel.com, Metro: Avenida, EZ und DZ 55–69 € ohne Frühstück. Das Leitmotiv der französischen Hotelkette ist Funktionalität. Wegen des günstigen Preises eine Alternative zu vielen Pensionen. Hauseigene Garage gegen Aufpreis.

Abseits des Trubels – **Itália 21**: ▶ M6, Av. Visconde de Valmor, 67, 1050-239 Lisboa, Tel. 217 97 77 36, www.residencial-italia.com, Metro: Saldanha, Campo Pequeno, DZ 53–70 €. Renovierte Unterkunft in einem bürgerlichen Stadtviertel gelegen. Die 44 unterschiedlich großen Zimmer sind modern und einfach eingerichtet, empfehlenswert sind die auf den hübsch begrünten Innenhof weisenden Zimmer.

Einfach zentral – **Travellers House 22**: ▶ Karte 2, E5, Rua Augusta 89-1°, 1100-048 Lisboa, Tel. 210 11 59 22, www.travellershouse.com, Metro: Baixa-Chiado, DZ ab 27 €, im Mehrbettzimmer ab 15 €. Vom Vermittler Hostelworld mehrere Jahre nacheinander als weltweit bestes Hostal ausgezeichnet und mitten im historischen Zentrum gelegen.

Nicht nur für Schwule – **Anjo Azul 23**: ▶ Karte 2, C4, Rua Luz Soriano, 75, 1200-246 Lisboa, Tel. 213 47 80 69, www.anjoazul.com, Metro: Baixa-Chiado, DZ 40–65 €. Das kleine Schwulenhotel in einem früheren Wohnhaus mitten im Szene-Viertel Bairro Alto steht auch Heteros offen. Verkehrsberuhigte Lage, sachlich eingerichtete, freundliche kleine Zimmer.

Ruhepunkt für Nachtschwärmer – **Globo 24**: ▶ Karte 2, C3, Rua do Teixeira, 37, 1200-459 Lisboa, Tel. 213 46

22 79, www.anjoazul.com, Metro: Baixa-Chiado, DZ 30–60 €. In einer ruhigen Nebenstraße mitten im Szeneviertel Bairro Alto liegt die einfache Pension mit 15 kleinen, aber sauberen Zimmern mit Dusche/WC. Sogar einen Kleiderreinigungsservice gibt es.

Relaxte Atmosphäre – **Lisbon Lounge Hostel** 25: ▶ Karte 2, E 5, Rua de São Nicolau, 41, 1100-547 Lisboa, Tel. 213 46 20 61, www.lisbonloungehostel.com, Metro: Baixa-Chiado, DZ 50–60 €, im Mehrbettzimmer 18–22 €/Person. Nur neun jugendlich frisch gestaltete Zimmer für 2–8 Personen in einem historischen Gebäude inmitten der Baixa.

Verzicht auf Komfort – **Pensão Rossio** 26: ▶ Karte 2, E 5, Rua dos Sapateiros, 173, 2. Stock, 1100-577 Lisboa, Tel./Fax 213 42 72 04, www.pensaorossio.com, Metro: Baixa-Chiado, EZ/DZ 20–35 € ohne Frühstück. Das Plus ist die recht ruhige Lage inmitten der Baixa. Die einfachen, kleinen Zimmer wurden renoviert und sind bestens geeignet für alle, die auf Komfort verzichten können.

Apartments

Pool auf der Dachterrasse – **Vip Suites Éden** 27: ▶ Karte 2, D 3, Praça dos Restauradores, 24, 1250-187 Lisboa, Tel. 213 21 66 00, www.edenaparthotelvip.com, Metro: Restauradores, Studio ab 70 €, Apartment ab 100 €. Hinter der schmucken Art-déco-Fassade des früheren Eden-Theaters verbergen sich die modernen, sogar mit Geschirrspülmaschine ausgestatteten Studios und Apartments für bis zu vier Personen. Höhepunkt: Dachterrasse mit Panoramablick, Pool und Solarium.

Auf dem Weltausstellungsgelände – **Tryp Oriente** 28: ▶ östlich R 9, Avenida Dom João II, Lote 1.16.02B, 1990-083 Lisboa, Tel. 218 93 00 00, www.tryporiente.solmelia.com, Metro: Oriente, DZ 90–131 €. Die 116 hellen, geräumigen Zimmer mit Kochnische bieten einen Blick über das Expo-Gelände oder Richtung Stadtzentrum. Auch Nichtraucherzimmer sind vorhanden. Exponierte Lage am Bahnhof Oriente.

Preiswert(er) übernachten

Häufig finden Sie auf den Webseiten v. a. der großen Hotels variierende Tagestarife oder Sonderangebote. Trotzdem können Buchungen von zu Hause aus preiswerter sein, etwa über den Reiseveranstalter Olimar (im Reisebüro oder unter www.olimar.de) oder bei kommerziellen Anbietern im Internet, u. a. www.hrs.de und www.booking.com. Allerdings ist bei Schnäppchen zu beachten, dass man oft bezüglich der Lage, Größe oder Ausstattung weniger attraktive Zimmer erhält.

Jugendherbergen

Zentrumsnah – **Pousada de Juventude de Lisboa** 29: ▶ N 7, Rua Andrade Corvo, 46, 1050-009 Lisboa, Tel. 213 53 26 96, http://microsites.juventude.gov.pt, Metro: Picoas, im Mehrbettzimmer (max. 6 Betten) 15–18 €, DZ 43–46 €. 116 Betten, behindertengerecht, im Stadtzentrum.

Nah am Fernbahnhof – **Pousada de Juventude do Parque das Nações** 30: ▶ östlich R 9, Rua de Moscavide, 47, 1011-998 Lisboa, Tel. 218 920 890, http://microsites.juventude.gov.pt, Metro: Oriente, im Mehrbettzimmer (max. 4 Betten) 14–16 €, DZ 34–40 €. Moderne Herberge von 1998 am Expo-Gelände, 92 Betten, behindertengerecht.

Essen und Trinken

Wie Sie das richtige Restaurant finden …

Mit diesem Buch

Auf den folgenden Seiten finden Sie eine Auswahl derjenigen Restaurants, die zu den besten der Stadt zählen, sich als bewährte Klassiker der portugiesischen Kochkunst einen Namen gemacht haben oder die gerade angesagt und in aller Munde sind. Dazu kommen alteingesessene Lokale mit ursprünglicher, meist deftiger Traditionsküche, Gaststätten mit Speisen aus den früheren Kolonien sowie einladende Restaurants für Vegetarier. Es handelt sich dabei ausnahmslos um Lokale, für die sich der mitunter etwas längere Weg kreuz und quer durch die Stadt lohnt.

Weitere Adressen, darunter auch gute und günstige Stadtteilrestaurants, finden Sie bei der Beschreibung der einzelnen Stadtviertel (Übersicht s. u.).

Hier können Sie sich selbst umsehen …

In den folgenden Stadtvierteln können Sie sich dank der großen Anzahl an ansprechenden Lokalen immer spontan entscheiden:

Bairro Alto: Im Szene- und Kneipenviertel reiht sich ein Restaurant an das andere, von der einfachen Pinte bis zum gestylten Edellokal. Besonders beliebt sind die Rua da Atalaia, die Rua da Barroca und die abzweigenden Gassen.

Tejoufer: An der Uferpromenade zwischen Cais do Sodré und Belém gibt es zahlreiche Restaurants auch mit Terrassenbetrieb und Blick auf den Fluss, allerdings meist im höheren Preissegment.

Gastronomie in den Lissabonner Vierteln

Mouraria, Castelo, Graça und Alfama:
- Stadtviertelkarte S. 112/113
- Restauraurantbeschreibung S. 137

Baixa und Chiado:
- Stadtviertelkarte S. 144/145
- Restauraurantbeschreibung S. 164

Bairro Alto und Cais do Sodré:
- Stadtviertelkarte S. 170/171
- Restauraurantbeschreibung S. 183

Avenidas Novas:
- Stadtviertelkarte S. 192/193
- Restauraurantbeschreibung S. 210

Parque das Nações und Expo-Gelände:
- Stadtviertelkarte S. 217
- Restauraurantbeschreibung S. 227

Westlich des Zentrums:
- Stadtviertelkarte S. 234/235
- Restauraurantbeschreibung S. 241

Alcântara und Belém:
- Stadtviertelkarte S. 250/251
- Restauraurantbeschreibung S. 259

Ausflüge in die Umgebung:
- Citypläne: Rückseite Reisekarte
- Restauraurantbeschreibung S. 264

Im Internet
Eine erste, begrenzte Präsentation von Restaurants in der Stadt bietet die Website des Tourismusamtes www.visitlisboa.com.

Die Gastronomie in der Stadt

Kleiner Restaurantführer
Überall in Lissabon gibt es einfache Gaststätten, die bevorzugt zur Mittagszeit von Geschäftsleuten und Angestellten aufgesucht werden. Sind sie dann voll, empfiehlt sich auch ein Besuch am Abend, wenn meist weniger Betrieb herrscht.

Eine Besonderheit bilden die größeren **Cafés,** die sich mittags in einfache Kantinen verwandeln, in denen man eine Gemüsesuppe am Tresen löffelt oder für gerade mal 5 € ein einfaches Tagesgericht am Tisch bekommt. Für den Preis wird gute Hausmannskost gereicht, denn die Wirte leben fast ausschließlich von ihren Stammkunden. ***Marisqueiras*** und ***Cervejarias*** haben sich auf Meeresfrüchte und Schnitzel spezialisiert, zu denen reichlich Bier getrunken wird. ***Churrasqueiras*** sind Grillrestaurants.

Immer stärkeren Zuspruch finden modern gestylte Restaurants mit ambitionierter portugiesischer Küche. Junge Köche zaubern erstaunliche Gerichte aus traditionellen Zutaten. Wenn Sie Gourmet sind, müssen Sie typisches portugiesisches Essen also nicht ausschließlich mit einfacher, deftiger Kost gleichsetzen. Und wenn Sie einmal über den portugiesischen Tellerrand hinausschauen möchten, finden Sie zahlreiche schmackhafte vegetarische sowie afrikanische, indische und brasilianische Restaurants, die Gerichte der ehemaligen Kolonien auf den Tisch bringen.

Viele Gaststätten führen ein Touristenmenü auf der Speisekarte, das zumeist aber kaum Einsparung bedeutet und nur selten kulinarische Spezialitäten verspricht. Beilagen, Service und Steuern sind im Preis inbegriffen, Trinkgeld von 5–10 % geht extra. Die Essenszeiten entsprechen den mitteleuropäischen, sonntags bleiben viele Restaurants geschlossen.

Traditionell sitzen die Portugiesen selten beim Essen im Freien. Ausnahmen bilden viele Restaurants am Tejo und im Bairro Alto, zwei Zentren des guten Essens. Warnen müssen wir allerdings vor den Straßenrestaurants in der Fressgasse Rua das Portas de Santo Antão nördlich des Rossio. So schön Sie hier sitzen mögen, die Qualität des Essens fällt eher unter die Kategorie Touristennepp.

Bacalhau – ein Lissabonner Leckerbissen
Keine Angst vor dem Stockfisch *bacalhau*! Denn all die Lissabonner können sich nicht täuschen: 30 kg dieses gepökelten Kabeljaus genießen sie durchschnittlich im Jahr. 365 Rezepte sollen bekannt sein, gut zubereitet sind alle schmackhaft.

Da gibt es *pasteis de bacalhau*, einfache Kroketten aus Kartoffeln, Fisch und Ei. *Bacalhau à brás* ist die portugiesische Variante des Bauernfrühstücks, bei der statt Schinkenspeck fein geschnittener Stockfisch mit gebratenen Kartoffelstücken, Zwiebeln, Oliven und Eiern gebraten wird. Eine im Ofen gedünstete Variante ist *bacalhau à Gomes de Sá*. *Bacalhau com natas* schwimmt in einer eingedickten Sahnesauce. *Bacalhau com todos* heißt der gekochte Fisch, zu dem Salzkartoffeln, verschiedene Gemüse und ein hartes Ei gereicht werden, wohingegen *bacalhau na brasa* den gegrillten Fisch bezeichnet.

Frisch aus dem Meer

Verführerisch sind aber auch die fangfrischen Fische vom Holzkohlengrill. In Spezialitätenlokalen können Sie sich den Fisch zeigen lassen und sich große Fische auch teilen. Abgerechnet wird dann nach Gewicht, gehen Sie von etwa 350 g pro Esser aus, der Preis liegt bei 35–55 €/kg.

Beliebt sind Tintenfische. Das zarte Fleisch der Kalmare *(lulas)* wird gegrillt oder geschmort. Sepias werden mit oder ohne Tinte angeboten *(chocos com/sem tinta)*. Das Filet der Kraken *(polvo)* kommt meist in Olivenöl auf den Tisch.

Vielfalt herrscht beim Angebot an Krustentieren und Muscheln. Wer sie mag, wird von den frischen Muscheln, Garnelen *(camarões* oder *gambas)*, Langusten *(lagosta)* und Hummern *(lavagante)* begeistert sein – vom Grill oder im Eintopf, dann zusammengewürfelt mit weißen Bohnen *(feijoada de marisco)*, Reis *(arroz de marisco)*, sogar Nudeln (*massada de marisco*, auch als *massada de peixe*, dann mit Fisch) und in der dickflüssigen *açorda* aus Weißbrotresten mit viel Knoblauch! Besonderes Vergnügen bereitet es Portugiesen jeden Alters, mit Hämmerchen und Zangen bewaffnet den Riesentaschenkrebsen zu Leibe zu rücken und das Restaurant mit lautem Getöse zu erfüllen.

Portugiesische Fleischspezialitäten

Lissabonner lieben Steaks *(bife)*. Fantasievollere Gerichte kommen meist aus dem von Landwirtschaft geprägten Landesinneren Portugals. Bei der *carne de porco à alentejana* verbinden sich in einer scharfen Weinsauce mari-

Auf Holzkohlen gegrillte Fische sind eine beliebte Hausmannskost

nierte, magere Schweinefleischstücke, Muscheln und geröstete Kartoffeln zu einer ungewöhnlichen, aber schmackhaften Hauptspeise. Eine ganz besondere Art von Schwein erobert derzeit die Lissabonner Küchen: *Porco preto* ist ein frei laufendes Hausschwein mit dunklem Fell. Ganzjährig werden Lamm *(borrego)*, besonders in der Osterzeit auch Zicklein *(cabrito)* kredenzt. Und bevorzugt sonntags steht für robuste Mägen die Schlachterplatte *cozido à portuguesa* auf dem Tisch.

Das Beste zum Schluss

Oft lassen flinke Kellner dem Gast nur wenig Zeit für eine Pause zwischen den einzelnen Gängen. Das ist keinesfalls als lieblose Abfertigung zu verstehen, sondern gilt als Ausdruck von Professionalität und Aufmerksamkeit. Doch es gibt noch einen tieferen Grund für die Eile. Für viele portugiesische Naschkatzen ist der Nachtisch der wichtigste Teil eines frugalen Mahls, zu dem man möglichst schnell gelangen will, um ihm dann gebührend Zeit widmen zu können.

Zum Standard gehören der Karamellpudding *pudim flan*, Milchreis *arroz doce*, der karamellisierte Eier-Milch-Pudding *leite creme*, der kalte Bratapfel *maçã assada* und die *mousse de chocolate*, die süßer und flüssiger ist als ihr französisches Pendant. Trotz des martialischen Namens harmlos ist der *pudim molotov*, ein steif geschlagener und gezuckerter Eiweißschnee. Ausnehmend süß ist die köstliche Kalorienbombe *toucinho do céu* (Himmelsspeck) aus Zucker, Mandeln, Eigelb und Zimt. Die mit Sahnepudding gefüllten Blätterteigtaschen *pastéis de natas* schmecken mit Zimt bestreut noch besser. Für Kalorienbewusste empfiehlt sich der aus frischen Früchten zubereitete Obstsalat *salada de frutas*.

Im Restaurant

Appetithappen: Die *petiscos*, etwa Oliven, Käse oder Fischpastete, leiten ein portugiesisches Essen ein und werden extra berechnet. Sie können auch unberührt zurückgegeben werden, was oft aber eine Sünde darstellt.
Speisekarten: Machen Sie sich die Mühe, die portugiesische Tageskarte zu übersetzen. Denn englisch- oder deutschsprachige Speisekarten nennen meist nur die Standardgerichte aus der Tiefkühltruhe.
Sardinen: Sardinen isst der Portugiese nur in der warmen Jahreszeit. Dann sind sie fett genug für den Grill. Im Winter kommt diese Heringsart aus der Tiefkühltruhe. Alternative dann: *carapaus* (Bastardmakrelen).

Alkoholisches

Zum Essen trinken die Portugiesen in gleichem Maße Bier *(cerveja)* und Wein und ziehen dann meist den roten dem weißen vor *(vinho tinto/branco)*. Hervorragend als Begleitung zu Fisch, Meeresfrüchten und hellem Fleisch eignet sich der kohlensäurefrische *vinho verde*, dessen Alkoholgehalt meist bei 8–10 % liegt. Weißer Portwein wird gekühlt als Aperitif, der rote als Digestif genossen. Der Port enthält wie Lissabons Kirschlikör *Ginjinha* etwa 20 % Alkohol. Härter ist der Tresterschnaps *bagaço* aus den Weinregionen rund um die Stadt.

Spitzengastronomie

Höchster Genuss – **Eleven:** ▶ L7, Rua Marquês da Fronteira, Jardim Amália Rodrigues, Tel. 213 86 22 11, www.restauranteleven.com, Metro: São Sebastião, Mo–Sa 12.30–15, 19.30–23 Uhr, Hauptspeisen ab 35 €, Menüs 29 € (mittags), 74 und 89 €. Am 11.11.2004 von elf Teilhabern eröffnet, gilt das Eleven heute als bestes Restaurant Lissabons. Der deutsche Spitzenkoch Joachim Koerper vereint die verführerisch frischen Zutaten aus Portugal mit den raffinierten Aromen des Mittelmeerraums und dem handwerklichen Können des deutschen Perfektionisten, etwa wenn die Tintenfischterrine mit Tomatenmarmelade, Räucherwurst und marktfrischem Fenchelsalat oder die Noisette vom Bergzicklein mit karamellisierten Birnen, Waldpilzen, Pfeffersauce und Schokolade kombiniert wird. Die lukullischen Höhen finden ihre Entsprechung in einem fantastischen Panoramablick auf City, Burg und Tejo.

Von Familie Clinton empfohlen – **Porto de Santa Maria:** Estrada do Guincho, o. Nr., Tel. 214 87 94 50, www.portosantamaria.com, Di–So 12.30–15.30, 19.30–22.30 Uhr. Den Genuss von Barsch im Salzmantel bezeichnete Bill Clinton als »the most interesting thing I ever did«. Und wirklich, dieses Spezialitätenrestaurant direkt am Meer ist kaum zu toppen, so frisch und gut zubereitete Meeresfrüchte finden Sie in Portugal kaum ein zweites Mal. Allerdings muss man für die exquisiten Gaumenfreuden auch mit mindestens 50 € pro Person rechnen, für Langusten oder Hummer deutlich mehr.

Speisen im Adelspalast – **Valle Flôr (Pestana Palace):** ► G 12, Rua Jau, 54, Tel. 213 61 56 00, www.pestana.com, S-Bahn: Alcântara Mar, tgl. 12.30–15, 19–22.30 Uhr, Menüs ab 29 € (mittags), Hauptspeisen um 30 €. Ein neuer Koch führt das ursprüngliche Konzept fort und macht sich die Veredelung traditioneller portugiesischer Küche zur Aufgabe. Getafelt wird im Speisesaal eines Adelspalastes.

Portugiesische Kochkunst

Außergewöhnlich – **100 Maneiras:** ► Karte 2, C 4, Rua do Teixeira, 35, Tel. 210 99 04 75, www.restaurante100maneiras.com, Metro: Baixa-Chiado, Mo–Sa 20–24 Uhr, Menü ca. 35 €. Etwas wirklich Besonderes! Ein paar Beispiele: Tintenfischscheiben mit Maniokakaviar, 72 Stunden gegartes Schwarzes Schwein auf Selleriemus mit Mandeln garniert, Kürbismousse mit Ziegenkäseschaum. Gereicht als Menü aus etwa zehn kleinen Speisen zusammengestellt. Portugal kreativ verfeinert!

Edel und gediegen – **Casa da Comida:** ► L/M 8/9, Travessa das Amoreiras, 1, Tel. 213 88 53 76, www.casadacomida.pt, Metro: Rato, Di–Fr 13–15, 20–23, Mo, Sa 20–23 Uhr, Hauptspeisen ab 18 €, Menü ab 25 €. Rund um den baumbestandenen Innenhof werden in stilvoller Atmosphäre Meeresfrüchte, Fasan nach Klosterrezepturen und Zickleinbraten in Pilzsauce gereicht.

Lebendige Tradition – **Largo:** ► Karte 2, D 5, Rua Serpa Pinto, 10 A, Tel. 213 47 72 25, www.largo.pt, Metro: Baixa-Chiado, Mo–Sa 12.30–15, 19.30–24 Uhr, Hauptspeisen ab 19 €, Mittagsmenü ca. 18 € (Mo–Fr). Das superaktuelle Ambiente in historischem Kreuzgang ist Programm: Miguel Castro e Silva modernisiert die portugiesische Küche. Beispiel: Seezungenfilet mit Jakobsmuscheln und Lauchcrème. Auch vegetarische Gerichte.

Französisch verfeinert – **Vin Rouge:** ► Karte 6, C 3, Rua Fernandes Tomás, 1, Cascais, Tel. 214 68 44 39, www.restaurantevinrouge.com, S-Bahn: Cascais, Di–Sa 12.30–15, 19.30–22.30 Uhr, So nur mittags, Mittagsmenü ca. 12 €, Hauptspeisen ab 16 €. Im schicken Restaurant des Hotels Villa Albatroz wird raffiniert gekocht, auf der Terrasse mit Blick über den Hafen werden Salate und Sandwiches angeboten.

(Nicht nur) für Fußballer – **Solar dos Presuntos:** ▶ Karte 2, D 3, Rua das Portas de Santo Antão, 150, Tel. 213 42 42 53, www.solardospresuntos.com, Metro: Restauradores, Mo–Sa 12–15.30, 19–23 Uhr, im Aug. geschl., Hauptspeisen um 15 €. Das Stammlokal der Fußballer vom Verein Benfica wird auch von Geschäftsleuten und Urlaubern geschätzt. Tolle Vorspeisenauswahl. Sehr gut ist auch der Fisch in Salz gebacken. Und bei einem Lissabonner Restaurantwettbewerb wurde der Lammbraten zum Siegergericht gewählt.

Einen Umweg wert – **Tasca da Esquina:** ▶ K 10, Rua Domingos Sequeira, 41 C, Tel. 210 99 39 39, www.tascadaesquina.pt, Straßenbahn 25 und 28, Di–Sa 12.30–15.30, 19.30–23.30 Uhr, Mo nur abends, *petiscos* ab 5 €, Hauptspeisen ab 14 €, Menüs ab 17,50 €. Starkoch Vítor Sobral verzichtet nunmehr auf Sterne und präsentiert in entspannter Umgebung kreative portugiesische Küche zu günstigen Preisen.

Speisen in gestyltem Ambiente

En vogue – **Bica do Sapato:** ▶ Karte 2, J 4, Avenida Infante D. Henrique, Armazém B, Cais da Pedra, Santa Apolónia, Tel. 218 81 03 20, www.bicadosapato.com, Metro: Santa Apolónia, Mo 20–23.30, Di–Sa 12.30–14.30, 20–23.30 Uhr, Cafeteria 12–1 Uhr (15.30–19.30 nur Snacks), Sushibar 19.30–1 Uhr, Hauptspeisen: Restaurant 19–32 €, Cafeteria 15–25 €, Sushibar ab 13 €. Ein schwedischer Designer hat die Speicherhallen mit Blick auf den Tejo farbenfroh gestaltet, der Schauspieler John Malkovich ist Mitbesitzer, die Küche ist fantasievoll portugiesisch von höchster Qualität bei höchster Preisgestaltung. Die Cafeteria ist die günstigere Alternative und ein schöner Ort für den Nachmittagskaffee.

Berühmt – **Olivier:** ▶ Karte 2, D 6, Rua do Alecrim, 23, Tel. 213 42 29 16, www.restaurante-olivier.com, Metro: Baixa-Chiado, Mo–Sa 20–24 Uhr. Hauptspeisen ab 19 €, Menü 38 €. Viele portugiesische Stars wie Fußballer Luis Figo genießen das das Degustationsmenü. Koch Olivier reicht zunächst neun, von der Mittelmeerküche beeinflusste Vorspeisen, dann erst folgt die Hauptspeise. Retro-Atmosphäre.

Glamourös – **Kais:** ▶ L 12, Cais da Viscondessa, Rua Cintura do Porto-Santos, Tel. 213 93 29 30, www.kais-k.com, Metro: Cais do Sodré, Straßenbahn 15, 18, Di–Sa 20–23.45, Kellerrestaurant bis 2 Uhr, Hauptspeisen ab 20 €. In einem umgebauten Elektrizitätswerk liegt dieses architektonisch beeindruckende Restaurant, in dem portugiesisch und international gekocht wird. Hinter einem rauschenden Wasserspiel agiert allabendlich eine Jazzband.

Immerwährend Kult – **Pap' Açorda:** ▶ Karte 2, C 4, Rua da Atalaia, 57–59, Tel. 213 46 48 11, Metro: Baixa-Chiado, Di–Sa 20–24 Uhr, geschl. 2 Wochen im Juli und im Nov., Hauptgerichte 19–34 €. Der Klassiker in der Szene, seit 1981 ausgewiesenes In-Lokal. Feines portugiesisches Essen wie *açorda* (flüssiger Brotteig) mit Garnelen, Langusten oder *bacalhau*. Hier soll es die beste Schokoladenmousse Lissabons geben. Treff des Jetsets.

Wunderbar theatralisch – **Alcântara Café:** ▶ H 12, Rua Maria Luísa Holstein,

In den Gassen der Altstadt laden unzählige Tascas zum Essen ein

15, Tel. 213 63 71 76, www.alcantaracafe.com, S-Bahn: Alcântara Mar, Straßenbahn 15, Di–So 20–1 Uhr, Barbetrieb bis 3 Uhr, Tagesgerichte ab 20 €. Schwere Samtvorhänge öffnen den Weg in die umgestaltete Fabrikhalle, Stützpfeiler und mächtige Spiegel verstärken den monumentalen Eindruck. Nouvelle Cuisine beeinflusst die mediterrane Küche. Treffpunkt für Stars aus Show und Politik.

Old-fashioned – **Espaço Lisboa:** ▶ H 12, Rua da Cozinha Económica, 16, Tel. 213 61 02 12, www.espacolisboa.pt, S-Bahn: Alcântara Mar, Straßenbahn 15, tgl. 19.30–24 Uhr, Hauptspeisen ab 15 €. In einer früheren Metallfabrik liegt der weitläufige Speisesaal, ausgestaltet mit Kachelbildern, einem kleinen Kolonialwarenladen und einem Kaffeegeschäft. In riesigen, mit Holz befeuerten Öfen werden Spanferkel gegrillt und Brot gebacken.

Ursprüngliche Traditionsküche

Bodenständig – **Solar dos Nunes:** ▶ G 12, Rua dos Lusiadas, 68–72, Tel. 213 64 73 59, www.solardosnunes.com, S-Bahn: Alcântara Mar, Straßenbahn 18, Mo–Sa 11–16, 19–2 Uhr, Mitte Aug. geschl., Hauptspeisen ab 15 €. Ein Familienrestaurant in bestem Sinne. Die Wände sind mit Jagderinnerungen dekoriert, Schinken hängen über dem Tresen, entsprechend konzentriert sich die Küche auf unverfälschte Hausmannskost.

Zum Wohlfühlen – **Cantinho do Bem-Estar:** ▶ Karte 2, D 4/5, Rua Norte, 46,

Tel. 213 46 42 65, Metro: Baixa-Chiado, Di–Sa 12.30–14.30, 19.15–23, So 19.15–23 Uhr, Hauptspeisen ab 14 €. Abends muss man pünktlich kommen, um die Warteschlangen vor dem kleinen Restaurant zu vermeiden. Gegrillte Fische und Reisgerichte sind die Spezialitäten. Die meisten Gerichte reichen für zwei Personen. Leckere Auswahl an Nachspeisen und Kuchen.

Wie bei Muttern – **Primavera do Jerónimo:** ▶ Karte 2, D 4/5, Travessa de Espera, 34, Tel. 213 42 04 77, Metro: Baixa-Chiado, Di–Sa 12.30–14.30, 19.30–23, Mo 19.30–23 Uhr, Hauptspeisen ab 10 €. Für max. 28 Gäste kommen hier vor allem nordportugiesische Gerichte auf den Tisch, unbeeindruckt von allem Rummel schon seit vielen Jahrzehnten. Der gefüllte Tintenfisch und die geschmorten Rebhühner (nur während der Jagdsaison) sind die Spezialität der Köchin.

Trubel im alten Kloster – **Cervejaria da Trindade:** ▶ Karte 2, D 4, Rua Nova da Trindade, 20-C, Tel. 213 42 35 06, www.cervejariatrindade.pt, Metro: Baixa-Chiado, tgl. 12–1.30 Uhr (durchgängig), Hauptspeisen ab 9 €. In dem mit Azulejos geschmückten Refektorium eines alten Klosters ist dieses Bierlokal untergebracht, groß, laut, voller Atmosphäre. Empfehlenswert sind die frischen Meeresfrüchte und verschiedenen Steaks, aber auch Broteintopf mit Garnelen (*açorda de gambas*).

Portugiesisch wie es sein soll – **Coutada:** ▶ Karte 2, E 1, Rua Bempostinha, 18, Tel. 218 85 20 54, Metro: Intendente, Mo–Sa 12.30–14.30, 19.15–23 Uhr, Hauptspeisen ab 7 €. Ein verstecktes Schmuckstück mit liebenswert zubereiteter Traditionsküche bei bestem Preis-Leistungs-Verhältnis. Schön garnierte Fleisch- und Fischspieße sind eine Spezialität, sehr empfehlenswert auch mit Garnelen gefüllte Paprikaschoten in Currysauce *(bolchão de gambas)* und am Wochenende lockt der *bacalhau à presidente* mit Sahnesauce und Garnelen.

Auf der anderen Flussseite – **Cervejaria Farol:** ▶ Karte 3, C 3, Largo Alfredo Dinis Alex 1–3, Cacilhas, Tel. 212 76 52 48, tgl. 12–24 Uhr, Hauptspeisen ab 7 €. Spezialitäten dieser traditionsreichen Gaststätte am gegenüberliegenden Tejoufer sind neben Fisch vom Grill die frischen Meeresfrüchte, z. B. Reiseintopf *arroz de marisco* mit Muscheln, Garnelen, Krebsfleisch. Dafür lohnt die Überfahrt.

Gut und günstig – **O Móises:** ▶ N 6, Avenida Duque de Ávila, 121–123, Tel. 213 14 09 62, Metro: Saldanha, So–Fr 12–15, 19.30–22 Uhr, Hauptspeisen ab 7 €, am Tresen ab 6 €. Günstige Preise und eine reichhaltige portugiesische Küche locken Büroangestellte aus der Umgebung ebenso an wie Bauarbeiter, abends schauen dann die gut situierten Nachbarn vorbei.

Für Wagemutige – **Ramiro:** ▶ F 3, Avenida Almirante Reis, 1-H, Tel. 218 85 10 24, www.cervejariaramiro.pt, Metro: Martim Moniz, Intendente, Di–So 12–24 Uhr (durchgängig), Meeresfrüchte zu Kilopreisen, z. B. Riesengarnelen 62 €/kg. Gemütlich ist etwas anderes. Wenn sich trotzdem Schlangen im Eingang bilden, liegt das an den vielleicht besten Meeresfrüchten in Lissabon.

Weltweit

Italienische Eleganz – **Gemelli:** ▶ M 10, Rua Nova da Piedade, 99, Tel. 213 95 25 52, www.augustogemelli.com, Metro: Rato, Mo–Sa 20–23.30, Mo–Fr auch

12.30–14 Uhr, Nudelgerichte um 15 €, Hauptspeisen ab 24 €, Menüs 21 (mittags), 32 und 59 €. Italienische Spitzenküche vom Mailänder Augusto Gemelli. Das Angebot ist saisonabhängig. Die Gerichte haben so verlockende Namen wie Rosmarinravioli mit geschmortem Kalb in getrüffelter Pilzsauce. Eigene Weinproduktion.

Echt brasilianisch – **Comida de Santo:** ▶ M9, Calçada Eng. Miguel Pais, 39, Tel. 213 96 33 39, www.comidadesanto.pt, Metro: Rato, tgl. 12.30–15.30, 19.30–1 Uhr, Hauptgerichte 15–18 €. Seit 1983 das beste brasilianische Restaurant. Delikat zubereitete Gerichte, wie *feijoada*, Bohneneintopf, *vatapá* oder *moqueca* mit Garnelen. Auch vegetarische Speisen. Große Portionen in familiärem Ambiente, nur die Nachtische sind arg süß.

Musikalisches von den Kapverden – **Casa da Morna:** ▶ H 12, Rua Rodrigues Faria 21, Tel. 213 64 63 99, Mo–Sa 19.30–2 Uhr, www.casadamorna.com.pt, S-Bahn: Alcântara Mar, Straßenbahn 15, Hauptspeisen ab 12,50 €. Das Restaurant des Musikers Tito Paris ist eine Institution mit kapverdianischem Essen und häufiger Livemusik.

Versuchung aus Goa – **Tentações de Goa:** ▶ Karte 2, F4, Rua São Pedro Mártir, 23, Tel. 218 87 58 24, Metro: Martim Moniz, Mo–Sa 12–15, 19–22 Uhr, Hauptspeisen ab 10 €. Das kleine originelle Restaurant bringt die kräftig gewürzte Küche aus der indischen Provinz Goa, der einstigen portugiesischen Kolonie, auf den Tisch, darunter auch viele Gemüsegerichte.

Curry und Erdnüsse – **O Cantinho do Aziz:** ▶ Karte 2, F4, Rua de São Lourenço, 3–5, Tel. 218 87 64 72, Metro: Martim Moniz, Mo–Sa 12–14.30, 20–23 Uhr, Hauptspeisen um 8 €. Sineto kocht eine Mischung aus indisch und mosambikanisch. Aus Mosambik stammen auch viele seiner Gäste. Es gibt Hühnercurry mit Erdnusscreme, Fischcurry oder *muamba* mit Huhn. Aber natürlich fehlen auch portugiesisch gegrillte Fische nicht.

Raffiniert japanisch – **Assuka:** ▶ M7, Rua de São Sebastião da Pedreira, 68, Tel. 213 14 93 45, www.assuka.com, Metro: Parque, Mo–Sa 12–15, 19–23 Uhr, Hauptspeisen ab 7 €. Viel mehr als *sushi*, etwa japanisches Fondue aus Kalbfleischstreifen, Tofu und vielerlei Gemüse am Tisch zubereitet.

Vegetarisches Essen

Lauschig – **Terra:** ▶ M 10, Rua da Palmeira, 15, Tel. 213 42 14 07, www.resta uranteterra.pt, Di–So 12.30–15, 19.30–24 Uhr, Metro: Rato, Buffet ca. 12,50 € (Di–Fr mittags) bzw. 15,90 €. Schönes Buffet u. a. mit Speisen nach portugiesischen Traditionsrezepten, gute Auswahl auch für Veganer, teilweise biologisch und besonders schön im Sommer am Brunnen im Garten.

Im Garten der Sinne – **Jardim dos Sentidos:** ▶ Karte 2, C3, Rua da Mãe de Água, 3, Tel. 213 42 36 70, www.jardimdosentidos.com, Metro: Avenida, Restauradores, Mo–Fr 12–15, 19–22.30 Uhr, Sa nur abends, Hauptspeisen ab 10 €, Mittagsbuffet 9 €. Geschmackvoll eingerichtet, schöner Garten, fantasievolle Gerichte wie Kombination von Maniokwurzeln und Gemüse-Sabjib. Auch veganes Essen, schöne Salate.

Buddhistisch – **Os Tibetanos:** ▶ M9, Rua do Salitre, 117, Tel. 213 14 20 38, www.tibetanos.com, Metro: Avenida, Mo–Fr 12.15–14, 19.30–22, Sa 13–15,

20–22.30 Uhr, Hauptgerichte ab 8 €. Das vegetarische Restaurant wird von Anhängern des tibetanischen Buddhismus geführt. Besonders hübsch sitzt man im Innenhof. Mittags sind die Plätze schnell besetzt, rechtzeitig kommen!

Traditionscafés

Verspielter Jugendstil – **Café Brasileira:** ▶ Karte 2, D 5, Rua Garrett, 120, Metro: Baixa-Chiado, tgl. 8–2 Uhr. Eines der schönsten Lissabonner Cafés. Der enge lange Raum ist in Braun und Gold gehalten und wird von Messingleuchten und großen Wandspiegeln geziert. Auf der Terrasse hat die Bronzefigur des Dichters Fernando Pessoa ihren Stammplatz.

Art déco – **Café Nicola:** ▶ Karte 2, E 4, Praça Dom Pedro IV (Rossio), 25, Metro: Rossio, Mo–Fr 8–22, Sa 9–22, So 10–19 Uhr. Ein Café aus dem Jahre 1787, das 1929 im Art-déco-Stil wiedereröffnet wurde. Die Preise sind trotz der exponierten Lage am Rossio günstig geblieben.

Kaffee gutbürgerlich – **Pastelaria Suíça:** ▶ Karte 2, E 4, Praça Dom Pedro IV (Rossio), 96–104, Metro: Rossio, tgl. 7–21.30 Uhr. Ein wenig wie ein Wiener Kaffeehaus. Schön sitzt man auch auf den Terrassen am Rossio oder Praça da Figueira, muss dafür aber Zuschlag zahlen. Allerdings dürfte der Umbau des Gebäudes den Genuss in der nächsten Zeit stören.

Pompös – **Café Versailles:** ▶ N 6, Avenida da República, 15 A, Metro: Saldanha, tgl. 7.30–22, 12–15.30 Uhr nur Restaurantbetrieb. Das stilvollste Café Lissabons aus dem Jahre 1922, vom französischen Art déco beeinflusst. Nachmittags treffen sich hier die vornehmen Damen zum gediegenen Kaffeeklatsch.

Mekka des Gebäcks – **Confeitaria dos Pastéis de Belém:** ▶ D 13, Rua de Belém, 84–88, Straßenbahn 15, tgl. 8–23 Uhr. Nach Lissabon zu fahren, ohne einen *pastel de belém*, ein Blätterteiggebäck mit Sahnefüllung, zu essen, ist wie nach Rom zu fahren, ohne den Papst zu sehen. Ein absolutes Muss.

Mit Schuhputzer – **Mexicana:** ▶ O 5, Avenida Guerra Junqueiro 30 C, Metro: Alameda, tgl. 8–23 Uhr. Entgegen dem Namen ein portugiesisches Traditionscafé. Seit 1963 sind Einrichtung und Qualität des Gebäcks unverändert geblieben. Auch ein Schuhputzer gehört zum Inventar. Mit Terrassenbetrieb.

Selbst gefertigte Leckereien gibt es in vielen Lissabonner Cafés

Süßes und Würziges im Café

Die Bezeichnung *fabrico próprio* bedeutet, dass das Gebäck im Café ›aus eigener Fertigung‹ stammt und keine Fabrikware darstellt. Neben den süßen Schleckereien bieten Cafés auch Salzgebäck an, meist gefüllt mit Stockfisch *(pastel de bacalhau)*, Hack- oder Hühnerfleisch *(empada)* und Meeresfrüchten *(rissol de camarão)*.

Einkaufen

Lissabonner Spezialitäten

Kacheln sind überall im Stadtbild präsent. Zahlreiche Läden bieten sie auch in handgefertigten Einzelstücken an. Ein weiteres schönes Mitbringsel ist Portwein. Allerdings sollten Sie beachten, dass einfacher Massenwein aufgrund der EU-Exportförderung zu Hause oft billiger zu erstehen ist. Lohnenswert ist hingegen der Kauf von hochwertigen Tropfen. Dies gilt auch für portugiesische Weine, die eine überraschende Qualität aufweisen.

In den letzten Jahren hat sich eine lebendige Modeszene etabliert, deren Kreationen weniger durch Exzentrik als durch ihre Tragbarkeit angenehm auffallen. Aufgrund der kolonialen Vergangenheit finden Sie zahlreiche noble Adressen, die Antiquitäten aus Afrika, Indien und Südamerika, aber auch England führen.

Wo gibt es was?

Herrlich nostalgische Traditionsläden finden Sie rund um den Rossio und im Chiado (s. Auf Entdeckungstour S. 156), klassische Modeboutiquen in der Baixa, im Chiado und in der Avenida da Roma. Portugiesische Designer siedeln sich bevorzugt im Bairro Alto und im Chiado an. Die Avenida da Liberdade bildet das Zentrum für internationale Designermode von Hugo Boss bis Armani.

In den großen Einkaufszentren Vasco da Gama, Colombo und Amoreiras dominieren spanische Modeketten wie Zara, Cortefiel, MaxMara oder Maximo Dutti über einige portugiesische Filialen von Lanidor, Quebramar oder Aerosol für bequeme Schuhe. Und alles zusammen bietet El Corte Inglés, das größte Kaufhaus der iberischen Halbinsel.

Zahlreiche Antiquitätenläden befinden sich in der Rua de São Bento nahe dem Parlament, der Rua Dom Pedro V. und Rua da Escola Politécnica, außerdem in der Umgebung der Kathedrale, etwa in der Rua de Augusto Rosa.

Antiquitäten

Blattgold – **Simões Ferreira:** ▶ M 9, Rua Politécnica, 53–55, Metro: Rato. Ein Schwerpunkt des ehrwürdigen Ladens liegt auf vergoldeten Stehlampen, daneben finden Liebhaber antike Möbel und sakrale Kunst.

Erlesen – **J. Andrade:** ▶ M 9, Rua Politécnica, 39, Metro: Rato. Traditionsreiches Geschäft in Lissabons Antiquitätenmeile. Schwerpunkte sind portugiesisches Mobiliar, Kunsthandwerk und Malerei aus dem 17. bis 19. Jh.

Bücher und CDs

CDs für das Fernweh – **Fado-Museum:** ▶ Karte 2, G 5, Largo do Chafariz do Dentro, 1, Metro: Santa Apolónia, Di–So 10–18 Uhr. Der Museumsshop führt die größte Auswahl an Fado-CDs, die gerne auch vorgespielt werden. Fachkundige, freundliche Beratung.

Medienkaufhaus – **FNAC:** ▶ Karte 2, E 5, Armazéns do Chiado (Laden 4.07), Rua do Carmo, 2, Metro: Baixa-Chiado. Französisches Buch- und Medienkaufhaus mit riesiger Auswahl auch an aktuellen portugiesischen (Fado-)CDs und vielen Sitzecken zum Schmökern.

Regelmäßiges anspruchsvolles Kulturprogramm im angeschlossenen Café und Kartenvorverkauf.

Traditionsbuchhandlung – **Livraria Bertrand:** ▶ Karte 2, D 5, Rua Garrett, 73–75, Metro: Baixa-Chiado. Die älteste Buchhandlung Lissabons stammt aus dem Jahre 1732 und gehört heute zu Bertelsmann. Sehenswert wegen ihrer labyrinthischen Verkaufsräume unter alten Gewölbedecken.

Lissabon antiquarisch – **Livraria Olisipo:** ▶ Karte 2, D 4, Largo Trindade Coelho, 7–8, Metro: Baixa-Chiado. Eines der zahlreichen Buchantiquariate im nördlichen Chiado, dieses ist auf alte Bücher und Stiche von Lissabon spezialisiert.

Traditionsreich – **Companhia Nacional de Música:** ▶ Karte 2, E 5, Rua Nova do Almada, 60, Metro: Baixa-Chiado. Große Auswahl für portugiesische und klassische Musik, einschließlich Volksmusik, Fado und Oper.

Delikatessen/Lebensmittel

Kaffee pur – **A Carioca:** ▶ Karte 2, D 5, Rua da Misericórdia, 9, Metro: Baixa-Chiado. Feine Kaffeerösterei im Familienbesitz mit Qualitätskaffees aus aller Welt, die täglich frisch geröstet werden. Alleine der Duft, der das nostalgische Lädchen ausfüllt, ist ein Genuss. Darüber hinaus gibt es auch eine kleine Teeauswahl.

Portwein-Eldorado – **Napoleão:** ▶ Karte 2, F 5, Rua dos Fanqueiros, 70, Metro: Baixa-Chiado. Eingesessenes Weingeschäft mit vielen Portweinen.

Feinste Weine – **Coisas do Vinho do Arco:** ▶ D 13, Centro Cultural de Belém, Rua Bartolemeu Dias, Straßenbahn: 15. Exquisite Weinhandlung mit hochwertigen Tropfen (nicht nur) aus Portugal. Kompetente Beratung, häufig werden Weinproben organisiert.

Historische Markthalle – **Mercado da Ribeira Nova:** ▶ Karte 2, C 6, Avenida 24 de Julho, Metro: Cais do Sodré. Seit dem Ende des 19. Jh. nächtlicher Großmarkt für Obst und Gemüse und tagsüber zentrale Markthalle der Stadt. Mittlerweile findet das Marktgeschehen nur vormittags statt, während die Halle zu einem Begegnungszentrum umgestaltet wird. Fisch, Fleisch, Gemüse und Obst (Mo–Sa 6–14 Uhr) und Blumen (Mo–Sa 6–14, 15–19 Uhr).

Edelschokolade – **Corallo Cacao & Caffé:** ▶ M 9, Rua Cecílio de Sousa, 85, Metro: Rato. Eine luso-italienische Familie vermarktet erlesene Kreationen, die Rohstoffe stammen von ihrer eigenen Schokoladenfarm auf São Tomé e Príncipe.

Geschenke und Souvenirs

Hochwertiges Kunsthandwerk – **Arte da Terra:** ▶ Karte 2, F/G 4, Rua Augusto Rosa, 40, Metro: Terreiro do Paço. Im ehemaligen bischöflichen Pferdestall gegenüber der Kathedrale werden kunsthandwerkliche Erzeugnisse angeboten: Naiv-religiöse Tonfiguren, besticktes Leinen, Wolldecken, Keramik, aber auch Marmeladen.

Aus einem früheren Leben – **A Vida Portuguesa:** ▶ Karte 2, D 5, Rua Anchieta, 11, Metro: Baixa-Chiado. Die Auswahl an portugiesischen Markenprodukten aus vergangenen Zeiten, von Olivenöl, Seifen, Rasierpinsel bis zu Spielzeug, treibt manchem Portugiesen Tränen der Erinnerung in die Augen.

Eine der besten Shopping-Adressen: die elegante Rua Augusta in der Baixa

Museumsstücke – **Loja dos Museus:** ▶ Karte 2, D 3, Praça dos Restauradores, Palácio Foz, Metro: Restauradores. Neben dem Tourismusamt werden Repliken von Exponaten aus den portugiesischen Museen verkauft: Porzellan, Schmuck, Kacheln.

Trödelmarkt – **Feira da Ladra:** ▶ Karte 2, H 3, Campo de Santa Clara, Straßenbahn 28, Di, Sa 7–17 Uhr. Größter Lissabonner Trödelmarkt. Neben Kitsch, Ramsch und Diebesgut auch Antiquitäten, alte Bücher, einfache Kleidung und Haushaltswaren.

Landestypisches – **Portugal Rural:** ▶ K 10, Rua Saraiva de Carvalho, 115, Straßenbahn 25 und 28, Di–Sa 9–18 Uhr. Originelle Mitbringsel aus verschiedenen Regionen Portugals: Flecht- und Tonwaren, Webprodukte, traditionelle Musikinstrumente und Spielzeug. Außerdem Weine, Käse, Würste, Brote, dazu eine kleine Taverne mit Snacks und Gebäck.

Kacheln und Keramik

Älteste Kachelmanufaktur – **Sant' Ana:** ▶ Karte 2, D 5, Rua do Alecrim, 95, Metro: Baixa-Chiado oder Cais do Sodré. Bereits seit 1741 mit riesiger Auswahl an handbemalten Azulejos mit klassischen Mustern und Bildmotiven.

Wertvolle Azulejos – **Viúva Lamego:** ▶ Karte 2, F 2, Largo do Intendente, 25, Metro: Intendente. 1849 bei Sintra gegründete Kachelmanufaktur, aus der fast alle modernen *azulejos* in den U-Bahnhöfen stammen. Kacheln und Gebrauchskeramik in Fayencetechnik mit überwiegend traditionellen Motiven.

Handbemalte Reproduktionen – **Artantica:** ▶ Karte 2, G 4, Rua de São

Tomé, 62, Straßenbahn: 12 und 28. Drei Keramikmalerinnen reproduzieren klassische Kachelmuster des 17. und 18. Jh. und haben auch Sinn für moderne Ornamente.

Kaufhäuser und Ladengalerien

Konsumtempel – **El Corte Inglés:** ▶ M 6, Avenida António Augusto Aguiar, 31, Tel. 707 21 17 11, www.elcorteingles.pt, Metro: São Sebastião, Mo–Do 10–22 Uhr, Fr/Sa 10–23.30, So 10–20 Uhr. Größtes Kaufhaus der iberischen Halbinsel mit beeindruckender Delikatess- und Lebensmittelabteilung, diversen Restaurants und Kinosälen.

Postmodern und bunt – **Centro Comercial Amoreiras:** ▶ K 8, Avenida Eng. Duarte Pacheco, www.amoreiras.com, Metro: Marquês de Pombal oder Rato, tgl. 10–23 Uhr, Supermarkt tgl. 9–23 Uhr. Das im postmodernen Stil erbaute Einkaufszentrum rief 1983 bei seiner Eröffnung viel Polemik hervor. Im Gegensatz zu den später entstandenen Shoppingmalls sind hier noch eingesessene Lissabonner Läden mit ihren Filialen vertreten.

Übergroß – **Centro Colombo:** ▶ nördlich L 1, Avenida Lusíada, Tel. 217 11 36 00, www.colombo.pt, Metro: Colégio Militar, tgl. 10–24, Supermarkt tgl. 9–24 Uhr. Portugals größtes Einkaufszentrum bietet nicht nur Läden aller Art, sondern auch Kinos, Restaurants, Schnellimbisse ...

Im Zeichen der Ozeane – **Centro Comercial Vasco da Gama:** ▶ östlich R 9, Avenida D. João II., www.centrovascodagama.pt, Metro: Oriente, tgl. von 10–24, Supermarkt tgl. 9–24 Uhr. Angenehme Größe, von Tageslicht durchflutetes, wassergekühltes Glasdach. Neben Filialen internationaler Modeketten sind renommierte Lissabonner Läden vertreten. Viele Restaurants und moderne Kinosäle.

Mode und Schmuck

Das Original – **Ana Salazar:** ▶ Karte 2, E 4, Rua do Carmo, 87, Metro: Baixa-Chiado. Dezent gestylter Laden der arrivierten Modemacherin, die mit ihren klassisch-modernen Kreationen Portugals junge Designerszene in den 1980er-Jahren begründete.

Klassisch-zeitlos – **José António Tenente:** ▶ Karte 2, D 4, Travessa do Carmo, 8, Metro: Baixa-Chiado. Mode in klassischen Schnitten und gedeckten Farben, auch reduzierte Vorjahresmodelle. Die Kollektion wurde inzwischen um eine ›jüngere Linie‹ erweitert.

Elegante Handschuhe – **Luvaria Ulisses:** ▶ Karte 2, E 4, Rua do Carmo, 87 A, Metro: Rossio. Kleinster Laden Lissabons, nur handgefertigte Handschuhe in allen Farben und Modellen zumeist aus Ziegenleder.

Alte Hüte – **Chapelarias Azevedo Rua:** ▶ Karte 2, E 4, Rossio, 73, Metro: Rossio. Bereits in der vierten Generation betriebener stilvoller Hutladen mit eigener Werkstatt, früher im Hinterzimmer. Das Angebot reicht vom portugiesischen Sonnenhut bis zur Maßanfertigung.

Exklusiver Schmuck – **Leitão & Irmão:** ▶ Karte 2, D 4, Travessa da Espera, 14, Metro: Baixa-Chiado. Einst Hoflieferant verfügt der exklusive Juwelier über eine eigene Werkstatt, in der die ganz besonderen Schmuckstücke einzeln gefertigt werden.

Ausgehen, Abends und Nachts

Bars und Szenetreffs

Ideal zum Flirten – **BedROOM:** ▶ Karte 2, D 4, Rua do Norte, 86, Metro: Baixa-Chiado, Mi–Sa 22–2 Uhr. Der letzte Schrei im Bairro Alto, vorübergehend eingerichtet wie ein Schlafzimmer. Umdekorationen inkl. Namensänderung in Kitchen-, Living- oder BathROOM jederzeit möglich. Angeblich beste Bar zum Flirten bei Hip-Hop und Electro, aufgelegt von stadtbekannten DJs.

Blues mit Plüsch – **Blues:** ▶ K 12, Rua da Cintura do Porto de Lisboa, Armazém H, www.bluescafe.pt, S-Bahn: Alcântara Mar, Disco Fr/Sa 0–6 Uhr, Restaurant/Bar Di–Sa 20–2 Uhr. Auf weißen Designersesseln hören Sie Blues, Jazz und Funk, am Wochenende wird ab spätnachts getanzt.

Für jeden etwas – **Boulevard Café:** ▶ N 6, Avenida Praia da Vitória, 35, www.boulevardcafe.com.pt, Metro: Saldanha, Mo–Sa 8–2, Sa 8.30–2 Uhr. Abseits des sonstigen Nachtlebens, aber nahe der Hotels um die Praça Marquês de Pombal. Vom Frühstück über kleine Speisen bis zu nächtlichen Cocktails gibt's alles in schwarz-weiß-rot gestyltem Ambiente.

Busse für Nachtschwärmer

Ab 0.30 Uhr verkehren Nachtbusse im 30-Minuten-Takt ab und bis Cais do Sodré. Für Disco-Besucher interessant sind die Nummern 201 (Belém), 202 (Bairro Alto, Rato, Sete Rios), 205 und 207 (Baixa, Marquês de Pombal), 206 (Santa Apolónia), 208 und 210 (Expo-Gelände).

Ruhig und gediegen – **British Bar:** ▶ Karte 2, D 6, Rua Bernardino da Costa, 52, Metro: Cais do Sodré, Mo–Fr 8–24, Sa 8–2 Uhr. Früher eine hafennahe Taverne für Seeleute, heute gerne von Journalisten und Intellektuellen mittleren Alters dank der ruhigen Umgebung besucht. Hier geht die Uhr über dem Tresen rückwärts, was der Regisseur Alain Tanner in seinem Film »Die weiße Stadt« als Metapher für die unstillbare portugiesische Sehnsucht nach vergangenen Zeiten benutzte.

Junges Publikum – **Café Suave:** ▶ Karte 2, D 5, Rua Diário de Notícias, 6, Metro: Baixa-Chiado, Mo–Do 22–2, Fr/Sa bis 3 Uhr. Kleine avantgardistische Bar mit eher jüngerem Publikum, gute House- und lateinamerikanische Musik.

Neobarock – **Capela:** ▶ Karte 2, C 4, Rua da Atalaia, 45, Metro: Baixa-Chiado, tgl. 18–2 Uhr. Gewagter neobarocker Stilmix, hinsichtlich Alter und Nationalität gemischtes Publikum, Electro bis Jazz. Stadtbekannte DJs.

Weinkeller – **Chafariz do Vinho Enoteca:** ▶ Karte 2, C 3, Rua da Mãe de Água, Metro: Avenida, Di–So 18–2 Uhr. In einem ehemaligen Wasserspeicher eingerichtete moderne Weinbar mit hervorragender Auswahl an portugiesischen Weinen. Leckere kleine Gerichte sowie portugiesischer Käse, Wurst oder Schinken als Tapas.

Für Künstler – **Clube da Esquina:** ▶ Karte 2, D 5, Rua da Barroca, 30, Metro: Baixa-Chiado, tgl. 19–2 Uhr. Von Künstlern und Schauspielern jüngeren Alters stark frequentierte, angenehme Bar mit guter Musik der neuesten Tendenzen.

Immerwährend alternativ – **Mahjong:** ▶ Karte 2, C5, Rua da Atalaia, 3, Metro: Baixa-Chiado, tgl. 18–3 Uhr. Ein chinesisches Restaurant wurde zur Szenebar, Künstler und Schauspieler treffen sich unter den von der Decke hängenden Kohlköpfen, Alternativ- und World-Musik.

Skurrile Cocktails – **Pavilhão Chinês:** ▶ Karte 2, C3, Rua D. Pedro V, 89, Metro: Rato oder Baixa-Chiado, Mo–Sa 18–2, So 21–2 Uhr. Eine der interessantesten Bars Lissabons in einem von einem leidenschaftlichen Sammler vollgestellten, ehemaligen Lebensmittelgeschäft. Sehr gute Auswahl an Cocktails. Gemischtes Publikum.

Discos

Indisch inspiriert – **Buddha LX:** ▶ J 13, Gare Marítima de Alcântara, S-Bahn: Alcântara Mar, Di–Sa 22–4 Uhr. Großdisco mit indisch inspirierter Einrichtung in rot-braunen Farben, Musik von Deep House bis Chill Out, auch vom Lissabonner Jet Set frequentiert.

Extravagant – **Frágil:** ▶ Karte 2, C4, Rua da Atalaia, 126, Metro: Baixa-Chiado, www.fragil.com.pt, Mi–Sa 23.30–4 Uhr. Berühmte, extravagante Bar-Diskothek im Bairro Alto, die seit Mitte der 1980er-Jahre die jeweils aktuellen Dekorations- und Musiktrends aufgreift. Zunächst sehr elitärer Treff, in den letzten Jahren sehr beliebt in der Schwulen- und Lesbenszene.

Südamerikanisch heiß – **Havana:** ▶ H 12, Doca de Santo Amaro, Armazém 5, Tel. 213 37 98 93, S-Bahn: Alcântara Mar und Rua da Pimenta, 115, Metro: Oriente, tgl. 12–6 Uhr (Santo Amaro), Fr/Sa 20.30-4 Uhr (Expo). Zwei Clubs, an den Docks und auf dem Expo-Gelände. Wie der Name vermuten lässt: Salsa-Rhytmen und Latin-Music, auf dem Expo-Gelände auch live.

Von Weltruf – **Lux Frágil:** ▶ Karte 2, J 4, Avenida Infante D. Henrique, Armazém B, Cais da Pedra, www.luxfragil.com, Metro: Santa Apolónia, Do–Sa 23–6 Uhr. Die beliebteste trendy Disco der Stadt mit Weltruf. International bekannte DJs, häufig gibt es Konzerte, manchmal auch Ausstellungen. Musik von Jazz bis House und Techno. Teuer, wählerische Portiers.

Hitparade – **Plateau:** ▶ L 11, Escadinhas da Praia, 7, S-Bahn: Santos, Mi, Fr/Sa 22–6 Uhr. Eine der Gründungsdiskotheken im Lissabonner Hafengebiet, kommerzielle Musik, Pop und Rock auch der 1980er-Jahre.

Progressive House – **Kremlin:** ▶ L 11, Escadinhas da Praia, 5, www.grupo-k.pt, S-Bahn: Santos, Fr/Sa und vor Fei 0–8 Uhr. Schon lange und unverändert angesagt, auch dank des gestylten Ambientes unter steinernen Bögen. Hauseigene DJs legen House-Music auf.

Electro-Pop – **The Loft:** ▶ M 11, Rua do Instituto Industrial, 6, www.theloft.pt, S-Bahn: Santos, Do–Sa 0–6 Uhr. Der DJ thront in der Mitte der Tanzfläche und legt vor allem Electro Music, speziell House auf. Manchmal teurer Mindestkonsum.

Musikklubs und Livemusik

Avantgardistisch – **Bar Lounge:** ▶ Karte 2, C6, Rua da Moeda, 1, www.barlounge.blogspot.com, Metro: Cais do Sodré, Di–So 22–4 Uhr. Regelmäßig legen DJs auf, häufig avantgardistische Livemusik, auf der Website werden die auftretenden Künstler per You-Tube-

link vorgestellt. Studentisches Publikum.

Jazz vom Feinsten – **Hot Clube:** ▶ Karte 2, C2, Praça da Alegria, 48, www.hotclubedeportugal.org. Aufgrund eines Gebäudebrandes musste der legendäre Jazzschuppen in ein benachbartes Gebäude umziehen. In den neuen Räumlichkeiten kommt die Musik noch besser zum Tragen.

Modern – **Musicbox:** ▶ Karte 2, D6, Rua Nova do Carvalho, 24, www.musicboxlisboa.com, Metro: Cais do Sodré, am Wochenanfang häufig geschl., sonst ab 22 Uhr. Konzerte, angesagte DJs, Filme, Ausstellungen, günstige Preise. Alternativ.

Mit eigener Bigband – **Onda Jazz:** ▶ Karte 2, G5, Arco de Jesus, 7, www.ondajazz.com, Metro: Terreiro do Paço, Di–Sa ab 20 Uhr. Jazz im weitesten Sinne, eigene Bigband, auch afrikanische Musik. Mit Restaurantbetrieb.

Jazz veredelt – **Speakeasy:** ▶ L12, Rocha Conde d'Óbidos, Cais das Oficinas, Armazém 115, www.speakeasy-bar.com, S-Bahn: Santos, Di–Sa 20.30–4 Uhr. Beliebter Jazzclub in schickem Ambiente in einem kleinen Lagerhaus am Tejo, frühestens ab 23 Uhr Livemusik.

Lissabon bietet Nachtschwärmern jede Menge cooler Locations

Schwul und Lesbisch

Schwul-lesbisches Zentrum – **Centro Comunitário Gay e Lésbico/ILGA:** ▶ Karte 2, E2, Rua S. Lázaro, 88, www.ilga.portugal.pt, Metro: Martim Moniz, Mi–Sa 18–23 Uhr. Zentraler Lesben- und Schwulentreffpunkt der Stadt, mit kleinem Café und vielen Infos über die hiesige Szene.

Modernes Design – **Bar 106:** ▶ M 10, Rua de São Marçal, 106, www.bar106.com, Metro: Rato, tgl. 21–2 Uhr. Alteingesessene Schwulenbar in modernem Design, häufige Partys.

Attraktiv für Lesben – **Memorial:** ▶ M 9, Rua Gustavo Matos Sequeira, 42, Metro: Rato, Mi–So 22–4 Uhr. Attraktive Bar für überwiegend lesbische Frauen, die ansonsten in der Stadt kaum in Erscheinung treten.

Hetero-friendly – **Portas Largas:** ▶ Karte 2, C4, Rua da Atalaia, 105, Metro: Baixa-Chiado, So–Do 19.30–2, Fr/Sa bis 3 Uhr Uhr. An eine alte Tasca erinnernde Kneipe, in der sich auch Heteros wohl fühlen. Gerne lauscht man hier alten Aufnahmen von Amália Rodrigues oder anderen portugiesischen Sängern. Liegt schräg gegenüber der Disco Fragil und dient oft als Zwischenstopp, bis sich deren Türen öffnen.

Legendär – **Sétimo Céu:** ▶ Karte 2, C4, Travessa da Espera, 54, Metro: Baixa-Chiado, Mo–Sa 20–2 Uhr. Mit den aktuellen Modetrends gehende beliebte Gay-Bar des Bairro Alto mit köstlichen Caipirinhas bei entspannter Musikuntermalung.

Die Schwulendisco – **Trumps:** ▶ M 9, Rua da Imprensa Nacional, 104-B, www.trumps.pt, Metro: Rato, Fr/Sa und vor Fei 23.45–6 Uhr. Die Lissabonner Schwulendisco schlechthin mit zwei Tanzflächen.

Portugal Gay

Unter der Internetadresse http://portugalgay.pt (auch auf Deutsch) finden homosexuelle Urlauber ausführliche Infos auch über Restaurants, Bars, Discos, Saunas und Strände.

Die Lesbendisco – **Maria Lisboa:** ▶ H 12, Rua das Fontaínhas, 86, Tel. 213 62 25 60, http://marialisboadiscoteca.blogspot.com, S-Bahn: Alcântara Mar, Straßenbahn 15, Do 22.30–2, Fr/Sa 23.30–6 Uhr. Letzter Schrei in der Szene. Es tanzen (fast) nur Lesben. Neben DJ-Musik auch Liveauftritte, Tanzgruppen und thematische Abende.

Fado

Urig – **A Baiuca:** ▶ Karte 2, G5, Rua São Miguel, 20, Tel. 218 86 72 84, Metro: Santa Apolónia, Do–Mo 20–1 Uhr, Hauptgerichte ab 17 €. Da die wenigen Tische dieser Fadotaverne mitten in der Alfama fast immer besetzt sind, ist Reservierung unbedingt ratsam.

Klassisch – **Clube de Fado:** ▶ Karte 2, G5, Rua São João da Praça, 94, Tel. 218 85 27 04, www.clube-de-fado.com, Metro: Terreiro do Paço, tgl. 20–2 Uhr, Hauptgerichte ab 22 €, Fadozuschlag 7,50 € pro Person. Hinter der Kathedrale gelegenes, anspruchsvolles Fadolokal mit höherem Preisniveau.

Es singt die Nachbarschaft – **Esquina de Alfama:** ▶ Karte 2, G5, Rua de São Pedro, 1, Tel. 218 87 05 90, www.esquinadealfama.com, Metro: Santa Apolónia, Mi–So 20–24 Uhr. Dona Rosário und

Ein Abend im Fadolokal

Profis und Amateure: In den Lokalen treten Profis oder Amateure auf, was auch im Ambiente und Preis seinen Ausdruck findet. Beides hat seinen Reiz, die einen besitzen zumeist die bessere Stimme, Letztere wirken oft authentischer.

»Senhoras e Senhores: Silêncio!« Während des Gesangs wird gegessen, doch sollten Sie unbedingt Schweigen bewahren – schon aus Respekt vor den Künstlern. Zum Gespräch gibt es genügend Pausen.

Sänger Lino Ramos haben ihr eigenes Fadohaus eröffnet. Gesanglich begleitet werden sie von Nachbarn und Freunden. Hauptgerichte ab 12 €.

Bei Argentina Santos – **Parreirinha de Alfama:** ▶ Karte 2, H 4, Beco do Espírito Santo, 1, Tel. 218 86 82 09, Metro: Santa Apolónia, tgl. 20–2 Uhr. Unweit des Fadomuseums gelegenes, von der Sängerin Argentina Santos geführtes kleines Lokal mit gutem, professionellem Fado. Hauptgerichte ab 18 €.

Höchste Qualität – **Sr. Vinho:** ▶ L 11, Rua do Meio à Lapa, 18, Tel. 213 97 26 81, www.srvinho.com, S-Bahn: Santos, tgl. 20–2 Uhr, Hauptgerichte ab 20 €, Menü für 40 €, Mindestverzehr 25 € pro Person. An der Grenze von Madragoa zu Lapa gelegenes, traditionsreiches Fadolokal, in dem auch landesweit bekannte Fadointerpreten auftreten, sehr gutes Essen.

Hier singen Amateure – **Tasca do Chico:** ▶ Karte 2, D 4, Rua Diário de Notícias, 39, keine Reservierung möglich, Metro: Baixa-Chiado, Mo, Mi 22–2 Uhr. Amateurfado in einer urigen Tasca im Bairro Alto.

Konzerte, Ballett und Oper

Nicht nur für Glücksritter – **Casino:** ▶ östlich R 9, Alameda dos Oceanos, Tel. 218 92 90 00, www.casinolisboa.pt, Metro: Oriente, So–Do 15–3, Fr/Sa 16–4 Uhr. Dank eines abwechslungsreichen und oft hochwertigen Angebots, insbesondere Konzerte und Varieté, hat sich das Casino einen eigenen Platz im Lissabonner Kulturleben erobert.

Konzertsaal – **Coliseu dos Recreios:** ▶ Karte 2, D/E 3, Rua das Portas de Santo Antão, 94–98, Tel. 213 24 05 85, www.coliseulisboa.com, Metro: Restauradores, Rossio. Ehemaliger Zirkusbau aus dem 19. Jh. Varieté, Theater, Oper, Jazz bis Rockkonzert.

Großveranstaltungen – **Pavilhão Atlântico:** ▶ östlich R 9, Parque das Nações, Tel. 218 91 84 09, www.pavilhaoatlantico.pt, Metro: Oriente. Moderne Halle, in der Sportveranstaltungen, Kongresse, Großkonzerte, Musical- und Operngastspiele stattfinden. Dank der außergewöhnlichen Atmosphäre und Akustik haben hier schon mehrere Pop-Größen CDs oder DVDs aufgenommen, so auch Madonna und Bryan Adams.

Tanztheater – **Teatro Camões:** ▶ östlich R 9, Passeio do Neptuno, Tel. 218 92 34 70, www.cnb.pt, Metro: Oriente. Hoch angesehenes klassisches Ballett, das auch zeitgenössische Inszenierungen auf die Bühne bringt.

Opernbühne – **Teatro Nacional de São Carlos:** ▶ Karte 2, D 5, Largo de São Carlos, 17–21, Tel. 213 25 30 45, www.saocarlos.pt, Metro: Baixa-Chiado. 1793 eingeweihtes, im italienischen Stil erbautes Opernhaus, eines der schönsten Theater der Stadt. Operngastspiele und klassische Musikkonzerte.

Theater und Musical

Off-Theater – **Teatro Aberto:** ▶ L6, Praça de Espanha, Tel. 213 88 00 89, www.teatroaberto.com, Metro: Praça de Espanha. Eines der besten Off-Theater der Stadt. Experimentelle und zeitgenössische Stücke, die hier erstmals dem portugiesischen Publikum präsentiert werden.

Für jeden Geschmack – **Teatro da Trindade:** ▶ Karte 2, D4, Largo da Trindade, 7A, Tel. 213 42 00 00, http://teatrotrindade.inatel.pt, Metro: Baixa-Chiado. Gemischtes Programm, auch Musiktheater und Konzerte.

Nationaltheater – **Teatro Nacional Dona Maria II:** ▶ Karte 2, E3, Praça Dom Pedro IV (Rossio), Tel. 213 25 08 35, www.teatro-dmaria.pt, Metro: Rossio. Nach langer Renovierung erstrahlt der imposante Zuschauerraum des Nationaltheaters aus dem 19. Jh. in neuem Glanz. Überwiegend traditionelles Repertoire.

Musical – **Teatro Politeama:** ▶ Karte 2, D3, Rua das Portas de Santo Antão, 109, Tel. 213 24 55 00, www.teatro-politeama.com, Metro: Restauradores oder Rossio. Musical-Theater, dessen Direktor Filipe la Féria sich in den 1970er-Jahren von den Londoner Musicals begeistern ließ und diese auf hohem technischem Niveau nach Lissabon brachte.

Klassisch-modern – **Teatro São Luiz:** ▶ Karte 2, D5, Rua António Maria Cardoso, 38, Tel. 213 25 76 50, www.teatrosaoluiz.pt, Metro: Baixa-Chiado. Städtisches Theater mit zwei Bühnen, auf denen neben Schauspielen auch klassische Konzerte, Jazz und Fado, Tanztheater und Galas veranstaltet werden.

Alternativ – **Teatro Taborda:** ▶ Karte 2, F3, Costa do Castelo, 75, Tel. 218 85 41 90, www.teatrodagaragem.com, Metro: Martim Moniz. Ein engagiertes Off-Theater-Ensemble spielt unterhalb der Burg ein vielfältiges Repertoire.

Kino

Für Kinofreunde interessant: Die Filme werden in Originalfassung mit Untertiteln gezeigt. Die Lissabonner Kinos mit vielen Sälen konzentrieren sich auf die großen Einkaufszentren, nur wenige unabhängige Kinos sind in Zentrumsnähe verblieben. Anspruchsvollere oder Programmkinos in der Lissabonner Innenstadt sind:

Filmclub – **Cinemateca Portuguesa:** ▶ M9, Rua Barata Salgueiro, 39, Tel. 213 59 62 00, Metro: Marquês de Pombal. Portugiesischer Filmclub mit wechselnden Retrospektiven. Mit Buchladen, Cafeteria, Restaurant und Museum.

Programmkino – **King Triplex:** ▶ nördlich O5, Avenida Frei Miguel Contreiras, 52 A, Tel. 218 48 08 08, Metro: Roma. An der Avenida Roma gelegenes, bestes Programmkino der Stadt.

Autorenfilme – **Classic Alvalade:** ▶ nördl. O 5, Avenida Alvalade, Tel. 218 41 30 45, Metro: Alvalade. Kleines, modernes Kino mit guter Mischung aus Kommerz und Autorenfilmen.

Tickets

Tickets gibt es weltweit im Internet unter www.ticketline.pt, außerdem in den Lissabonner Filialen des Medienkaufhauses Fnac, etwa im Chiado und in den Einkaufszentren Colombo und Vasco da Gama.

Feste und Festivals

Antonius-Fest

Die Portugiesen sind zurückhaltende Zeitgenossen, ausgelassenes Feiern ist ihre Sache eigentlich nicht. Doch keine Regel ohne Ausnahme: Am 12. Juni, dem Vorabend des Festes zu Ehren des hl. Antonius, ist die ganze Stadt auf den Beinen (s. S. 79). Über die Avenida da Liberdade ziehen farbenfrohe Umzüge, die *marchas populares,* während sich in der Alfama, rund um den Burghügel und in Graça Zehntausende ausgelassen durch die bunt geschmückten Gassen schieben, gegrillte Sardinen genießen und dem süffigen Landwein zusprechen. Eine ganz besondere Nacht, in der Lissabon im Festrausch schwelgt. Dann ist der Höhepunkt des **Stadtfestes** erreicht, das den ganzen Juni über andauert. Den Schwerpunkt bilden Konzerte aller Stilrichtungen häufig an ungewöhnlichen Orten, etwa in der Straßenbahn oder auf der Burg.

Musikfestivals

Lissabon und Umgebung haben sich zu einem Treff für Fans von Klassik, Jazz und Rock entwickelt und bieten vor allem in den Sommermonaten ein abwechslungsreiches Programm: Zugkräftigste Attraktion ist **Rock in Rio,** das alle zwei Jahre (gerade Jahreszahlen) an mehreren Wochenenden im Mai stattfindet. Beim weltweit größten Rockfestival mit bis zu 1,5 Mio. Besuchern in Rio, Madrid und Lissabon treten Künstler wie Sting, Shakira, Amy Whitehouse oder Miley Cyrus auf.

Das im Juli abgehaltene Musikfestival **Optimus Alive!** im Lissaboner Vorort Oeiras hat sich progressiveren Gitarrenklängen in der Richtung Pearl Jam verschrieben (www.optimusalive.com), während **Superbock Superrock** etablierte Bands und Newcomer im Juni und Juli vereint (www.superbock.pt/ SuperMusic/SBSR/).

Freunde von gepflegtem Jazz finden ihre Stars auf den Sommerfestivals von Estoril, dem ebenfalls im Juli veranstalteten **Cool Jazz Fest** von Cascais und beim hoch angesehenen **Jazz at the Gulbenkian**. Die Kulturstiftung holt seit 1984 jeweils im August hochkarätige portugiesische und ausländische Musiker zu außergewöhnlichen Konzerten nach Lissabon (www.gulbenkian.pt).

Ebenso großer Beliebtheit erfreut sich das sommerliche **Klassik- und Ballettfest** vor und in den Palästen von Sintra.

Filmstadt Lissabon

Lissabon mausert sich mehr und mehr zu einer Stadt der Filmfestspiele jenseits des Mainstream. KINO eröffnet die Saison im Januar mit anspruchsvollen deutschsprachigen Filmen und Gesprächen mit Filmschaffenden (www.goethe.de/portugal). Das **Lisbon Village Festival** widmet sich dem Digital-, **IndieLisboa** dem unabhängigen Autorenfilm (jeweils April/Mai/Juni).

DocLisboa lockt mit einer hochwertigen Auswahl an internationalen Dokumentationsfilmen im Oktober fast 40 000 Besucher in die Kinosäle (www.doclisboa.org). Ebenfalls einen künstlerischen Ruf weit über die Stadtgrenzen hinaus genießt das im September/Oktober stattfindende ambitionierte **Queer Lisboa,** das Filme aus der schwul-lesbischen Szene präsentiert (www.lisbonfilmfest.com).

Feste im Jahresablauf

Januar

Bolsa de Turismo Lisboa: Tourismusmesse, www.fil.pt.
KINO: Deutschsprachiges Filmfestival (s. links).

März

Moda Lisboa: Messe der portugiesischen Modeschöpfer, www.modalisboa.pt.

März/April

Lissabonner Halbmarathon: www.maratonaclubedeportugal.com.
Monstra: Internationales Zeichentrickfilmfestival, www.monstrafestival.com.

April

Peixe em Lisboa: Festival rund um den Fisch, www.visitlisboa.com.
Motorradweltmeisterschaft: im Autodrom von Estoril, www.motogp.com.

April/Mai

IndieLisboa: Festival der Independentfilme, www.indielisboa.com.

Mai

Rock in Rio: Alle zwei Jahre stattfindendes Rockfestival, http://rockinriolisboa.sapo.pt (s. links).

Mai/Juni

Alkantarafestival: Drei Wochen alternative Performances, Theater, Tanz, www.alkantara.pt.
Lisbon Village Festival: Digitalfilmfestival.

Juni/Juli

Stadtfest: Ein Monat mit kulturellen Veranstaltungen (s. links).
Sintra-Festival: Klassisches Musik- und Ballettfestival in Sintra.
Superbock Superrock: Rockfestival (s. links).

Juli

Estoril Jazz Festival: Etabliertes Festival, www.projazz.pt.
Oeiras Alive!: Musikfestival (s. links)
Festival do Estoril: Konzerte von Klassik bis Jazz, www.estorilfestival.net.
Cool Jazz Fest: Jazz in Cascais, Oeiras und Mafra, www.cooljazzfest.com.

Juli/August

FIARTIL: Kunsthandwerksmesse in Estoril, www.estoril-portugal.com.

August

Jazz at the Gulbenkian: Wichtigstes Jazzfestival in Portugal (s. links).
Festival dos Oceanos: Kultur und Animation zum Thema Weltmeere, www.festivaldosoceanos.com.

September

Queer Lisboa: Internationales Schwulen- und Lesbenfilmfestival (s. links).

Oktober

DocLisboa: Internationales Festival des Dokumentarfilms (s. links).

November

Estoril International Golf Open: Teil der European Tour, www.estorilgolfcoast.com.
Cosmopolis: Festival der elektronischen Musik, www.magicmusic.info.

Dezember

Lissabon-Marathon: 42 km am Tejo entlang, www.lisbon-marathon.com.

Aktiv sein, Sport, Wellness

Baden und Schwimmen

Herrliche Bademöglichkeiten finden sich am Atlantik in Lissabons Umgebung: der Sandstrand der Costa da Caparica südlich der Tejomündung, der versteckte Felsenstrand Adraga und die beliebte Praia Grande nahe bei Sintra. Schnell per S-Bahn zu erreichen sind die – allerdings weniger romantischen – Strände von Cascais und Estoril. Im Stadtgebiet sind folgende Hallenbäder zu empfehlen:

Ateneu: Rua das Portas do Santo Antão, 110, Tel. 213 24 60 60/9, Metro: Restauradores.

Piscina Municipal da Penha de França: Calçada do Poço dos Mouros, 2, Tel. 218 16 17 50, Metro: Arroios.

Biken und Laufen

Im März/April und September findet jeweils ein Lissabonner Halbmarathon statt. Besondere Attraktion: Sie führen über eine der beiden langen Tejobrücken (www.maratonaclubedeportugal.com). Der Marathon im Dezember verläuft entlang dem Tejoufer.

Biken und Joggen bereitet besonderen Spaß auf der Uferpromenade bei Belém und rund um das Expo-Gelände, an dessen nördlichem Rand auch ein Trimm-Dich-Pfad angelegt ist.

TejoBike verleiht einfache Räder auf dem Expo-Gelände gegenüber dem Einkaufszentrum Vasco da Gama (Tel. 218 87 19 76, www.tejobike.pt, Metro: Oriente).

Der Strand von Guincho westlich von Lissabon ist ein Surferparadies

Fußball

Tickets für die Spiele der Vereine Benfica und Sporting gibt es unter www.slbenfica.pt und www.sporting.pt. Durch die beiden eindrucksvollen Stadien werden auch etwa stündlich Führungen (s. Entdeckungstour S. 206) angeboten (Benfica: Tel. 707 20 01 00, Sporting: Tel. 707 20 44 44).

Golf

Portugal ist ungeachtet seiner Wasserknappheit ein wichtiges Reiseziel für Golfer. In der Umgebung von Lissabon liegen zahlreiche angesehene Plätze, z. B.:
Quinta da Marinha: 2750-715 Cascais, Tel. 214 86 01 00, www.quintadamarinha.com.
Penha Longa: Estrada da Lagoa Azul, 2714-511 Linhó-Sintra, Tel. 219 24 90 11, www.penhalonga.com.
Allgemeine Infos finden Interessierte unter www.estorilgolfcoast.com/.

Surfen und Segeln

Die rauen Wellen machen die Atlantikküste zu einem Paradies für Surfer und Segler. Durch internationale Wettbewerbe haben die Strände von Guincho bei Cascais und Ericeira nördlich von Lissabon weltweite Anerkennung bei Surfern erlangt. Für Anfänger besser geeignet sind die sanften Fluten im Mündungsgebiet des Tejo, das bis Lissabon reicht. Alle Surfschulen verleihen auch die Sportgeräte. Eine ausführliche Adressenliste stellt der portugiesische Surfclub zur Verfügung:
Federação Portuguesa de Surf: Complexo Desportivo de Ouressa, 2725-320 Mem-Martins – Sintra, Tel. 219 22 89 14, www.surfingportugal.com.

Die Segelschulen, meist in den Jachthäfen, sind im portugiesischen Segelverband zusammengeschlossen:
Federação de Vela Portuguesa: Doca de Belém, 1300-038 Lisboa, Tel. 213 65 85 00, www.fpvela.pt.

Wandern

Die **Serra de Sintra** ist ein ausgedehntes Waldgebiet mit gut markierten Wanderwegen von unterschiedlicher Länge. Beschreibungen gibt es im Tourismusamt von Sintra. Am westlichen Lissabonner Stadtrand ist das Naherholungsgebiet **Parque Florestal de Monsanto** u. a. mit den Buslinien 70, 711 und 723 zu erreichen (mit Fahrradtransport).

Wellness

Mehrere Spa-Center laden Urlauber zu entspannenden Augenblicken ein. Auch in Luxusherbergen finden Sie Wellnessangebote im oberen Preisbereich, die nicht nur Hotelgästen offen stehen. Einige Tipps:
Four Seasons Ritz Spa: Rua Rodrigo da Fonseca, 88, Tel. 213 84 30 05, www.fourseasons.com/lisbon/spa.html, Metro: Marquês de Pombal, tgl. 6.30–22.30 Uhr. Lissabons erholsamste Entspannungsoase, doch nicht eben billig.
La Spa: Avenida da Liberdade, 177A, Gebäude Lanidor, Tel. 213 14 45 51, www.lanidor.com/la-spa, Metro: Avenida, Mo–Sa 10–19.30 Uhr.
Health Club Solinca Colombo: Einkaufszentrum Colombo, Tel. 210 12 96 70, www.solinca.pt, Metro: Colégio Militar, Mo–Fr 7–22, Sa/So 9–20 Uhr.
Health Club Solinca Vasco da Gama: Einkaufszentrum Vasco da Gama, Tel. 218 92 28 70, www.solinca.pt, Metro: Oriente, Mo–Fr 7–22, Sa/So 9–20 Uhr.

Museen und kulturelle Einrichtungen

Museen

Für Paula Rego – **Casa das Histórias Paula Rego:** ▶ Karte 6, B 4, Av. da República, 300, Cascais, Tel. 214 82 69 70, www.casadashistoriaspaularego.com, S-Bahn: Cascais, tgl. 10–20 Uhr, Eintritt frei, s. S. 275.

Bei der Ikone des Fado – **Casa-Museu Amália Rodrigues:** ▶ L/M 10, Rua São Bento, 193, Tel. 213 97 18 96, Metro: Rato, Straßenbahn 28, Busse 706 und 727, Di–So 10–13, 14–18 Uhr, Eintritt 5 €, s. S. 231.

Chinesisches und Portugiesisches – **Casa-Museu Dr. Anastácio Gonçalves:** ▶ N 6/7, Avenida 5 de Outubro, 6–8, Tel. 213 54 08 23, www.cmag-ipmuseus.pt, Metro: Picoas, Di 14–18, Mi–So 10–18 Uhr, Fei geschl., Eintritt 3 €, s. S. 203.

Im Hause des Dichters – **Casa-Museu Fernando Pessoa:** ▶ K 9, Rua Coelho da Rocha, 16–18, Tel. 213 91 32 70, http://casafernandopessoa.cm-lisboa.pt, Metro: Rato, Straßenbahn 28, Mo–Sa 10–18 Uhr, Fei geschl., Eintritt frei, s. S. 235.

Zeitgenössische Kunst – **Centro de Arte Moderna José de Azeredo Perdigão:** ▶ M 6, Rua Dr. Nicolau Bettencourt, o. Nr., Tel. 217 82 34 74, www.cam.gulbenkian.pt, Metro: São Sebastião, Di–So 10–18 Uhr, Eintritt 4 €, s. S. 203.

Helena Vieira da Silva gewidmet – **Fundação Arpad Szenes – Vieira da Silva:** ▶ L 8, Praça das Amoreiras, 56–58, Tel. 213 88 00 44, Metro: Rato, Mi–Mo 10–18 Uhr, Fei geschl., Eintritt 3 €, s. S. 208.

Design – **MUDE:** ▶ Karte 2, E 5, Rua Augusta, 24, Tel. 218 88 61 17, www.mude.pt, Di–Do, So 10–20, Fr/Sa 10–22 Uhr, Eintritt frei, s. S. 152.

Wassermuseum – **Museu da Água:** ▶ K 2, Rua do Alviela, 12, Tel. 218 10 02 15, http://museudaagua.epal.pt, Metro: Santa Apolónia, Bus 794, Mo–Sa 10–18 Uhr, Fei geschl., Eintritt 2,50 €, s. S. 134.

Städtisches Archäologiemusem – **Museu Arqueológico do Carmo:** ▶ N/O 10/11, Largo do Carmo, Tel. 213 47 86 29, Metro: Baixa-Chiado, Mo–Sa 10–18 Uhr, Eintritt 2,50 €, s. S. 163.

Im Adelspalast – **Museu-Biblioteca Conde de Castro Guimarães:** ▶ Karte 6, B 4/5, Av. Rei Humberto II de Itália, Palácio dos Condes de Castro Guimarães, Tel. 214 82 53 04, S-Bahn: Cascais, Di–So 10–17 Uhr, Eintritt frei, s. S. 274.

Zeitgenössische Spitzenkunst – **Museu Colecção Berardo:** ▶ D 13, Centro Cultural de Belém, Praça do Império, Tel. 213 61 28 78, http://museuberardo.com, Straßenbahn 15, tgl. 10–19 Uhr, Sa bis 22 Uhr, Eintritt frei, s. S. 258.

Stromerzeugung – **Museu da Electricidade:** ▶ F 13, Av. de Brasília, Central Tejo, Tel. 210 02 81 90, www.fundacao.edp.pt, S-Bahn: Belém, Straßenbahn 15, Mi–So 10–18 Uhr, Eintritt frei. Eingerichtet im früheren Elektrizitätswerk zeigt das Museum v. a. die technischen Vorrichtungen für die Stromherstellung, aber auch historische Werbeplakate und Ausstellungen zeitgenössischer Kunst.

Weltkultur – **Museu Fundação Calouste Gulbenkian:** ▶ M 5/6, Rua Berna, 45, Tel. 217 82 30 00, www.museu.gulbenkian.pt, Metro: São Sebastião, Di–So 10–18 Uhr, Eintritt 4 €, s. S. 199.

Straßenbahnmuseum – **Museu da Carris:** ▶ H 12, Rua 1° de Maio, 103, Tel. 213 61 30 87, http://museu.carris.pt, S-Bahn: Alcântara Mar, Straßenbahn 15, Mo–Fr 10–17 Uhr, Sa 10–13, 14–17 Uhr, Fei geschl., Eintritt 2,50 €, s. S. 250.

5000 Jahre chinesische Kunst – **Museu do Centro Científico e Cultural de Macau:** ▶ G 12, Rua da Junqueira, 30, Tel. 213 61 75 70, www.cccm.mctes.pt, S-Bahn: Alcântara Mar, Di–So 10–18 Uhr, Eintritt 3 €, s. S. 250.

Portugiesische Kunst seit 1850 – **Museu do Chiado:** ▶ N/O 11, Rua Serpa Pinto, 6, Tel. 213 43 21 48, www.museudochiado-ipmuseus.pt, Metro: Baixa-Chiado, Di–So 10–18 Uhr, Fei geschl., Eintritt 4 €, s. S. 161.

Stadtgeschichte – **Museu da Cidade:** ▶ nördlich M 5, Campo Grande, 245, Tel. 217 51 32 00, Metro: Campo Grande, Di–So 10–13, 14–18 Uhr, Fei geschl., Eintritt 2 €, s. S. 204.

Kunstgewerbe – **Museu-Escola de Artes Decorativas Portuguesas:** ▶ P 10, Largo das Portas do Sol, 2, Tel. 218 88 19 91, www.fress.pt, Straßenbahn 12 und 28, Mi–Mo 10–17 Uhr, Eintritt 4 €, s. S. 122.

Apothekenmuseum – **Museu da Farmácia:** ▶ M/N 11, Rua Marechal Saldanha, 1, Tel. 213 40 06 80, www.anf.pt, Metro: Baixa-Chiado, Mo–Fr 10–18 Uhr, Fei geschl., Eintritt 5 €, s. S. 181.

Zum Dahinschmelzen – **Museu do Fado:** ▶ P 11, Largo do Chafariz do Dentro, 1, Tel. 218 82 34 70, www.museodofado.pt, Metro: Santa Apolónia, Di–So 10–18 Uhr, Eintritt 4 €, s. S. 133.

Für Leuchtturmwärter – **Museu Farol da Santa Marta:** ▶ Karte 6, B 5, Rua do Farol, Tel. 214 81 53 28, S-Bahn: Cascais, Di–So 10–19 Uhr, von Okt.–April nur bis 18 Uhr, Eintritt frei, s. S. 275.

Meeresmuseum – **Museu do Mar:** ▶ Karte 6, B 4, Rua Júlio Pereira de Melo, Cascais, Tel. 214 81 59 06, www.cm-cascais.pt/museumar, S-Bahn: Cascais, Di–So 10–17 Uhr, Eintritt frei, s. S. 275.

Für Seefahrer – **Museu da Marinha:** ▶ D 13, Praça do Imperio, Tel. 213 62 00 19, www.museu.marinha.pt, S-Bahn: Belém, Straßenbahn 15, Di–So 10–17 Uhr, Mai–Sept. bis 18 Uhr, Fei geschl., Eintritt 4 €, s. S. 256.

Marionettenmuseum – **Museu da Marioneta:** ▶ L/M 11, Rua das Esperanças, 146, Tel. 213 94 28 10, www.museudamarioneta.pt, Metro: Cais do Sodré, Di–So 10–13, 14–18 Uhr, Eintritt 4 €, s. S. 239.

Militärmuseum – **Museu Militar:** ▶ Q 10, Largo do Museu da Artilharia

Museen – ein netter Platz für ein preiswertes Mittagessen

Fast alle großen Museen bieten einen schmackhaften und preiswerten Mittagstisch, meist mit Self-Service-Betrieb. Ausgezeichneten Ruf genießen das **Centro de Arte Moderna der Fundação Gulbenkian** und das **Museu Nacional de Arte Antiga** mit schattiger Gartenanlage. Besonders schön sitzen Sie im Innenhof des **Museu Nacional do Azulejo,** der mit exotischen Pflanzen bewachsen ist.

(Santa Apolónia), Tel. 218 84 25 68, www.geira.pt/mmilitar, Metro: Santa Apolónia, Di–So 10–17 Uhr, Fei geschl., Eintritt 3 €, s. S. 133.

Für Archäologen – **Museu Nacional de Arqueologia:** ▶ D 13, Praça do Império, Tel. 213 62 00 00, www.mnarqueologia-ipmuseus.pt, S-Bahn: Belém, Straßenbahn 15, Di–So 10–18 Uhr, Eintritt 5 €, s. S. 256.

Alte Kunst – **Museu Nacional de Arte Antiga:** ▶ K/L 12, Rua das Janelas Verdes, 9 , Tel. 217 82 34 74, www.mnarteantiga-ipmuseus.pt, Metro: Cais do Sodré, Di 14–18 Uhr, Mi–So 10–18 Uhr, Eintritt 5 €, s. S. 240, 242.

Kachelmuseum – **Museu Nacional do Azulejo:** ▶ R 8, Rua da Madre de Deus, 4, Tel. 218 10 03 40, http://mnazulejo.imc-ip.pt, Metro: Baixa-Chiado, Bus 718, 742, 759, 794, Di 14–18, Mi–So 10–18 Uhr, Fei geschl., Eintritt 5 €, s. S. 134.

Kutschenmuseum – **Museu Nacional dos Coches:** ▶ E 13, Praça Afonso de Albuquerque, Tel. 213 61 08 50, www.museudoscoches.pt, S-Bahn: Belém, Straßenbahn 15, Di–So 10–18 Uhr, Eintritt 5 €, s. S. 251.

Völkerkunde – **Museu Nacional de Etnologia:** ▶ D 11/12, Av. Ilha da Madeira, o. Nr., Tel. 213 04 11 60, www.mnetnologia-ipmuseus.pt, S-Bahn: Belém, Straßenbahn 15, Di 14–18, Mi–So 10–18 Uhr, Fei geschl., Eintritt 5 €. Völkerkundemuseum mit besonderer Berücksichtigung der ehemaligen portugiesischen Kolonien (Mosambik und Amazonasgebiet) und einem Fundus von 30 000 Ausstellungsstücken.

Für Schauspieler – **Museu Nacional do Teatro:** ▶ nördlich L 5, Estrada do Lumiar, 10–12, Tel. 217 56 74 10, www.museudoteatro-ipmuseus.pt, Metro: Lumiar, Di 14–18, Mi–So 10–18 Uhr, Fei geschl., Eintritt 3 €. Requisiten, Bühnenbilder, Kostüme, Programmhefte, Fotos aus drei Jahrhunderten Theatergeschichte.

Trachtensammlung – **Museu Nacional do Traje e da Moda:** ▶ nördlich L 5,

Ein anspruchsvolles Kulturprogramm bietet das Centro Cultural de Belém

Largo Júlio Castilho, Tel. 217 56 76 20, http://museudotraje.imc-ip.pt, Metro: Lumiar, Di–So 10–18 Uhr, Fei geschl., Eintritt 3 €. Sammlung zahlreicher Stoffe, Gewebe, Trachten und Spielzeuge ab dem 14. Jh.

Aus dem fernen Osten – **Museu do Oriente:** ▶ J 12, Avenida de Brasília, Doca de Alcântara Norte, Tel. 213 58 52 00, www.museudooriente.pt, Straßenbahn 15, Bus 28, 720, Di–So 10–18, Fr bis 22 Uhr, Eintritt 5 €, s. S. 241.

Beim Staatspräsidenten – **Museu da Presidência da República:** ▶ E 13, Praça Afonso de Albuquerque, Tel. 213 61 46 60, www.museu.presidencia.pt, Straßenbahn 15, Di–So 10–18 Uhr, Eintritt 2,50 €, s. S. 254.

Satirische Keramik und Kunst – **Museu Rafael Bordalo Pinheiro:** ▶ nördlich M 5, Campo Grande, 383, Tel. 218 17 06 67, www.museubordalopinheiro.pt, Metro: Campo Grande, Di–So 10–18 Uhr, Eintritt 2 €, s. S. 204.

Zu Ehren des hl. Antonius – **Museu Santo António:** ▶ O/P 11, Largo de Santo António da Sé, 24, Tel. 218 86 04 47, Metro: Terreiro do Paço, Di–So 10–13, 14–18 Uhr, Eintritt 1,30 €, s. S. 137.

Sakrale Kunst – **Museu São Roque – Santa Casa da Misericórdia:** ▶ N 10, Largo Trindade Coelho, Tel. 213 23 53 80, www.museu-saoroque.com, Metro: Baixa-Chiado, Di/Mi, Fr–So 10–18, Do 14–21 Uhr, Eintritt 2,50 €, s. S. 173.

Römisches Theater – **Museu Teatro Romano:** ▶ P 11, Pátio do Aljube, 5 (Rua Augusto Rosa), Tel. 218 82 03 20, www.museuteatroromano.pt, Metro: Terreiro do Paço, Di–So 10–13, 14–18 Uhr, Eintritt frei, s. S. 135.

Archäologie im Keller – **Núcleo Arqueológico:** ▶ O 11, Rua Augusta, 96, Tel. 211 13 10 04, Metro: Baixa-Chiado, Terreiro do Paço, Führungen Mo–Mi, Fr/Sa 10–12, 14–17 Uhr, jeweils zur vollen Stunde, Do nur nachmittags, Eintritt frei, s. S. 150.

Kulturelle Einrichtungen

Kulturzentrum – **Centro Cultural de Belém:** ▶ D 13, Praça do Império, Tel. 213 61 24 00, www.ccb.pt, Straßenbahn 15. Modernes Kultur- und Kongresszentrum mit anspruchsvollem Programm, s. S. 257.

Kunst und Kultur – **Culturgest:** ▶ N/O 5, Caixa Geral de Depósitos, Rua Arco do Cego, Tel. 217 90 51 55, www.culturgest.pt, Metro: Campo Pequeno, Mo, Mi–Fr 11–19, Sa/So 14–20 Uhr (Ausstellungen), s. S. 204.

Kulturstiftung – **Fundação Calouste Gulbenkian:** ▶ M 5/6, Avenida de Berna, 45, Tel. 217 82 30 00, www.gulbenkian.pt, Metro: São Sebastião. Orchester und Chor der Stiftung gehören zu den besten des Landes. Regelmäßig werden klassische Konzerte im großen Auditorium dargeboten, s. S. 199.

Kultureller Austausch – **Goethe-Institut:** ▶ N/O 9, Campo dos Mártires da Pátria, 36, Tel. 218 82 45 10, www.goethe.de/lissabon, Metro: Intendente, s. S. 195, 196/197.

Alternativkultur

Essen & Kultur mit Aussicht – **Chapitô:** ▶ O 10, Costa do Castelo, 7, www.chapito.org, Metro: Martim Moniz, Di–Fr 19.30–2, Sa/So 12–2 Uhr. Kultur mit Genuss. Clowns treten auf, dazu Theater, Kabarett, Konzerte von Fado bis Klassik. Eine schöne Gartenbar rundet das Angebot kulinarisch ab, s. S. 117, 118.

Beim Eisenbahner – **Clube Ferroviário:** ▶ Q 10, Rua de Santo Apolónia 59, Tel. 218 15 31 96, www.clubeferroviarioblog.com, Metro: Santo Apólonia, Mi 17–2, Do/Fr 17–4, Sa 12–4, So 12–18 Uhr. Angesagter Kulturtreff mit Café und Bar im Eisenbahnersportverein. Tolle Terrasse mit Blick auf den Tejo, man sitzt auf alten Eisenbahnbänken.

Zentrum der Alternativkultur – **Zé dos Bois:** ▶ N 10, Rua da Barroca, 59, Tel. 213 43 02 05, www.zedosbois.org, Metro: Baixa-Chiado. Junge Künstler mit Performances, Ausstellungen, Konzerten, Videos, Fotografie, Theater, DJ's, dazu kleiner Buchladen und Bar.

Reiseinfos von A bis Z

Adressen

In Lissabon fehlen die Familiennamen an den Türklingeln. Die Klingeln sind nach Stockwerken und nach der Lage der Wohnung angeordnet, zum Beispiel 1° Esq. *(esquerdo* = links) für 1. Stockwerk links oder 2° Dto. *(direito* = rechts) für 2. Stockwerk rechts.

Apotheken

Die *farmácias*, die am grünen Kreuz auf weißem Grund erkennbaren Apotheken, haben von 9–13 Uhr und von 15–19 Uhr, im Stadtzentrum auch durchgehend geöffnet. Zusätzliche Notapotheken *(farmácias de serviço)* sind bis 22 Uhr bzw. während der ganzen Nacht dienstbereit. Bei ihnen ist das Kreuz dann beleuchtet. Sie sind per Aushang im Schaufenster jeder Apotheke aufgelistet und in den Tageszeitungen abgedruckt.

Ausgebildete Apotheker können bei kleineren Gesundheitsproblemen fachkundig beraten. Eine *farmácia homeopática* liegt in der Rua Santa Justa, 8 in der Baixa.

Ärztliche Versorgung

Bei einem Unfall oder einer plötzlichen Erkrankung haben EU-Bürger und Schweizer Anspruch auf öffentliche Gesundheitsversorgung. Hierfür wird die Europäische Krankenversicherungskarte benötigt, die von der heimischen Krankenkasse ausgestellt wird. Man muss diese mit dem Ausweis vorlegen, um bei Notfällen in den Notaufnahmen *(urgências)* der öffentlichen Krankenhäuser allgemeinmedizinisch oder pflegerisch versorgt zu werden.

Zentral liegt das **Hospital São José,** Rua José António Serrano, o. Nr., Tel. 218 84 10 00. In den öffentlichen Einrichtungen ist jedoch mit Wartezeiten zu rechnen. Diese können Sie bei Privatärzten oder -kliniken zumeist umgehen, doch sind dortige Behandlungen ebenso wie Zahnarztbesuche direkt vor Ort zu bezahlen.

Der Abschluss einer Reisekrankenversicherung ist für diese Fälle ratsam. Deutschsprachige Ärzte gibt es wenige. Adressen erhalten Sie bei der deutschen Botschaft.

Diplomatische Vertretungen in Lissabon

Deutsche Botschaft

Campo dos Mártires da Pátria, 38, 1169-043 Lisboa, Tel. 218 81 02 10, Fax 218 85 38 46, www.lissabon.diplo.de.

Österreichische Botschaft

Avenida Infante Santo, 43, 4. Stock, 1399-046 Lisboa, Tel. 213 94 39 00, Fax 213 95 82 24, www.bmeia.gv.at/botschaft/lissabon.html.

Schweizer Botschaft

Travessa do Jardim, 17, 1350-185 Lisboa, Tel. 213 94 40 90, Fax 213 95 59 45, www.eda.admin.ch/lisbon.

Elektrizität

Die Stromspannung in Lissabon beträgt 220 Volt bei einer Frequenz von 50 Hertz. Üblich sind Eurosteckdosen, die sich für alle deutschen Geräte eignen.

Feiertage

1. Januar: Neujahr *(Ano Novo)*
Faschingsdienstag *(Carnaval)*
Karfreitag *(Sexta-Feira Santa)*
Ostern *(Páscoa)*
25. April: *Dia da Liberdade*, Nationalfeiertag anlässlich der Nelkenrevolution 1974
1. Mai: Tag der Arbeit *(Dia do Trabalhador)*
Fronleichnam: *(Corpo de Cristo)* wird in der Umgebung, nicht aber in Lissabon selbst gefeiert
10. Juni: *Dia de Portugal*, Nationalfeiertag anlässlich des Todestages des Nationaldichters Luís de Camões 1580
15. August: Maria Himmelfahrt *(Dia da Assunção)*
5. Oktober: *Dia da República*, Nationalfeiertag anlässlich der bürgerlichen Revolution 1910
1. November: Allerheiligen *(Dia de Todos os Santos)*
1. Dezember: *Dia da Restauração*, Nationalfeiertag anlässlich der Beendigung der spanischen Fremdherrschaft 1640
8. Dezember: Maria Empfängnis *(Imaculada Conceição)*
25. Dezember: Weihnachten *(Dia de Natal)*

Frauen unterwegs

Zwar ist auch vielen portugiesischen Männern aufgrund der vorherrschenden katholisch-patriarchalen Erziehung ein gewisses Machotum nicht abzusprechen, doch wird dies stärker in der Familie als im öffentlichen Raum ausgelebt. Eine alleinreisende Frau wird ihren Urlaub in Lissabon in der Regel ohne Aufdringlichkeiten auf der Straße verleben und auch in der Gaststätte mit der gleichen Aufmerksamkeit bedient wie andere Gäste.

Fundbüro

Secção de Achados de PSP: Praça Cidade de Salazar, Lote 180, Tel. 218 53 54 03, Metro: Olivais, Mo–Fr 9–12.30, 13–17 Uhr.

Geld

Währung ist der Euro, die Untereinheit heißt im Portugiesischen *cêntimos*. Das Netz an Geldautomaten ist dicht. Sie sind auch in Supermärkten, Einkaufszentren, Bahnhöfen und an Tankstellen aufgestellt und am blauen Zeichen *Multibanca MB* zu erkennen. Die Bedienung erfolgt auf Wunsch in deutscher Sprache. Internationale Kreditkarten (v. a. Visa und Mastercard) sind weit verbreitet. Geldwechsel ist in allen Banken und den seltenen Wechselstuben möglich. Banken sind Mo–Fr 8.30–15 Uhr geöffnet.

Internet-Cafés

Überall gibt es WiFi-Hotspots. Zusätzlich finden Sie öffentliche Internetposten in den großen Einkaufszentren und zahlreiche Webcafés in der ganzen Stadt. Zentral liegen:
Portugal Telecom: Praça D. Pedro IV (Rossio), 68, Metro: Rossio, tgl. 8–23 Uhr.
Ask me Lisboa: Pátio da Galé, Praça do Comércio, Metro: Terreiro do Paço, tgl. 9–20 Uhr.
Web Café: Rua Diário de Notícias, 126 Metro: Baixa-Chiado, tgl. 16–2 Uhr.

Kinder

Baby- oder Zustellbetten sind in nahezu allen Hotels – teilweise gegen Aufpreis – verfügbar, Kleinkinder schlafen kostenlos im Bett der Eltern. Restaurants stellen eigene Kinderstühle oder kindgerechte Sitze bereit, die am Tisch befestigt werden. Kindermenüs sind die Ausnahme, doch man kann einen zusätzlichen Teller bestellen und die Gerichte der Eltern aufteilen.

Notruf

Die kostenlose Notrufnummer für **Polizei, Krankenwagen und Feuerwehr** lautet im Festnetz und Mobilfunk **112** und ist rund um die Uhr erreichbar.

Hilfe bei **Vergiftungen** wird unter **Tel. 808 25 01 43** zum Ortstarif geleistet. Englisch wird in der Regel verstanden.

Öffnungszeiten

Geschäfte: Mo–Sa 10–19 Uhr, teilweise mit ein- bis zweistündiger Mittagspause.
Supermärkte: Meist Mo–Sa 9–20/22 Uhr, viele auch tgl. geöffnet.
Restaurants: Meist 12.30–14.30, 19.30–23 Uhr, So oft Ruhetag.
Museen: Die meisten Museen haben Mo und an den hohen Feiertagen geschlossen.

Polizei und Sicherheit

Lissabon ist keine kriminalitätsfreie Zone, wenn auch die Stadt im Verhältnis zu anderen Großstädten noch als relativ sicher anzusehen ist. Schützen muss man sich v. a. vor Trickdiebstahl in öffentlichen Verkehrsmitteln, besonders in den stark von Touristen frequentierten Straßenbahnen und in der Metro. Ablenkungsmanöver wie Drängeln und Stoßen, aber auch besonders freundliches Helfen beim Einsteigen nutzen meist gut gekleidete Männer und Frauen zu ihren Diebstählen. Deshalb sollte man Wertsachen besser im Hotelsafe lassen und Geld möglichst am Körper tragen, auf keinen Fall aber im Rucksack oder in der Handtasche. Enge Gassen sind in der Nacht zu meiden.

Für den Schadensfall hat die Lissabonner Polizei eine eigene Polizeidienststelle eingerichtet, in der auch Fremdsprachen gesprochen werden:
Polizeidienststelle für Touristen, Palácio Foz, Praça dos Restauradores (der Eingang liegt neben dem Tourismusamt), Metro: Restauradores, Tel. 213 42 16 34.

Post

Die Postämter *(correios)* sind Montag bis Freitag 9–18 Uhr geöffnet. Verlängerte Öffnungszeiten (Mo–Fr 8–22 Uhr, Sa/So 9–18 Uhr) hat das Hauptpostamt

Üblicherweise ohne Namensschild: Briefkästen in Portugal

an der Praça dos Restauradores, 58. Das Postamt in der Abflughalle des Flughafens ist Mo–Fr 9–20, Sa/So 9–13 und 14–17 Uhr geöffnet.

Am Eingang der Postämter befindet sich ein roter Automat, der Wartenummern *(selos)* ausgibt, die Wartenden werden per Leuchtanzeige an die jeweiligen Schalter dirigiert. Es gibt zusätzlich Briefmarkenautomaten (Display auch in Englisch). Wenige Verkaufsstellen für Ansichtskarten vertreiben auch Briefmarken. Alle Normalpost kommt in den roten Briefkasten, nur die teurere Eilpost in den blauen. Die Normalpost ins Ausland dauert etwa drei Tage. Postkarten und Briefe in das europäische Ausland werden derzeit mit 0,61 € frankiert, die Eilpost mit 1,85 €.

Reisekasse und Spartipps

Die Preise für die meisten Lebensmittel, öffentlichen Nahverkehr, Übernachtungen und auch **Restaurantbesuche** sind vergleichsweise günstig. Das Tagesgericht in einer einfachen Kneipe gibt es ab 6 €, die Flasche Hauswein ab 5 €. In einem Restaurant der Mittelklasse beginnt das Hauptgericht bei 10 €, die Flasche Wein bei 8 €. Aufgrund der Überfischung der Meere ist Fisch inzwischen teurer als Fleisch. Kuchen ist teuer, weswegen die Portugiesen die preiswerten kleinen Gebäckstücke vorziehen. Die **Übernachtungspreise** beginnen bei 30 € in einfachen Pensionen.

Für Jugendliche unter 30 Jahren bringt die ***cartão jovem*** zahlreiche Vergünstigungen bei Eintrittspreisen und Konzerten. Sie kann u. a. in Jugendherbergen, Postämtern und im Internet (http://microsites.juventude.gov.pt) für einen Preis von 10 € erworben werden, ein Passbild ist erforderlich. **Kinder, Studenten** und **Senioren** (ab 65 Jahren) erhalten gegen Vorlage des Ausweises unterschiedlichen Nachlass auf viele Eintrittspreise.

Sonntags bis 14 Uhr ist der **Eintritt** in allen nationalen und einigen nichtstaatlichen Museen und Baudenkmälern frei.

Rauchen

In geschlossenen öffentlichen Räumen, also auch in Restaurants und Hotels, herrscht Rauchverbot. Ausnahmen sind nur in ausgewiesenen, abgetrennten Bereichen mit direkter Frischluftzufuhr erlaubt.

Reisen mit Handicap

Das Vorhaben, Lissabon behindertengerecht zu machen, steckt noch in den Kinderschuhen. Im städtischen Leben werden Rollstuhlfahrer zusätzlich durch wild parkende Autos beeinträchtigt. Auf Transfers, Rundreisen und Ausflüge für Behinderte hat sich das Reiseunternehmen **Accessible Portugal** spezialisiert: Rua João Freitas Branco, 21 dto., 1500-714 Lisboa, Tel. 217 20 31 30, Fax 217 20 31 39, www.accessibleportugal.com, Mo–Fr 9.30–18.30 Uhr.

Für grundsätzliche Fragen können Sie sich in englischer Sprache an den **portugiesischen Behindertenverband** wenden: Associação Portuguesa de Deficientes, Largo do Rato, 1250-185 Lisboa, Tel. 213 88 11 12, Fax 213 87 10 95, www.pcd.pt.

Reklamationen

Restaurants und Hotels führen ebenso wie alle öffentlichen Einrichtungen ein

Beschwerdebuch *(livro de reclamações)*, in das Beanstandungen auch in englischer Sprache eingetragen werden können. Das Buch wird regelmäßig von den staatlichen Stellen überprüft, sodass häufig schon die Frage danach ein Problem beseitigen kann.

Souvenirs

Als Souvenirs werden von einer Lissabonreise gerne gastronomische Spezialitäten wie Portwein, Schafskäse, Olivenöl oder kleines Gebäck mitgebracht. Die breite Auswahl an regionaltypischem Kunsthandwerk reicht von Azulejos und Keramik bis zu handbestickten Tischdecken. Auch Goldschmuck oder eine Fado-CD sind ein schönes Mitbringsel.

Telefonieren

Die Telefonnummern bestehen für Festnetz wie Mobilfunk aus neun Ziffern ohne gesonderte Ortsvorwahl. Die Mobilfunknummern beginnen mit einer 9, alle Festnetznummern mit 2. 21 steht für Lissabon.

Öffentliche Telefonzellen funktionieren mit Münzen oder verschiedenen Telefonkarten (ab 5 €), die in den Läden der Portugal Telecom erhältlich sind. Die Gebühren sind deutlich höher als in Deutschland.

Die **internationalen Vorwahlen** sind 00 49 (Deutschland), 00 43 (Österreich), 00 41 (Schweiz), danach folgt die Ortskennzahl ohne die 0. Die Vorwahl für Portugal ist 00 351.

Toiletten

Der hygienische Standard von Toiletten in Hotels, Gaststätten und öffentlichen Einrichtungen ist grundsätzlich gut. Die Türen sind mit M *(mulheres)* oder S *(senhoras)* für Frauen und H *(homens)* für Männer gekennzeichnet. Im Innenstadtbereich gibt es zahlreiche Toilettenhäuschen, die gegen Entgelt benutzt werden können.

Trinkgeld

Trinkgelder für Dienstleistungen in Höhe von 5–10 % der Rechnungssumme sind in Portugal üblich. In den Restaurants wird der Betrag nach dem Bezahlen auf dem Tisch liegen gelassen.

Umgangsformen

Die Lissabonner sind sehr freundliche, aber zurückhaltende Menschen. Für gerne gegebene kleine Hilfeleistungen erwarten sie einen freundlichen Dank, nicht aber Geld. Pluspunkte macht man mit einer Begrüßung in portugiesischer Sprache und mit ein paar lobenden Wörtern über Lissabon. An Bus- und Straßenbahnhaltestellen stellen sich die Lissabonner in einer Reihe auf, Vordrängeln stößt auf großen Unmut.

Zeitungen

Tägliche Veranstaltungshinweise sind im Diário de Noticías und Público, aber auch in kostenlos an den Metrostationen ausgelegten Zeitungen zu finden. Kulturelle Wochenübersichten bieten Beilagen in Público (freitags) und in den Wochenzeitungen Expresso und Sol (samstags). Die wichtigsten deutschsprachigen Zeitungen vom gleichen Tag führen viele Kioske im Stadtzentrum.

Panorama – Daten, Essays, Hintergründe

Balkongespräche unter Hausfrauen – in der Alfama

Steckbrief Lissabon

Daten und Fakten
Name: Lisboa
Fläche: 84 km^2
Lage: 28° 43′ N, 9° 10′ W, 13 km vor der Atlantikmündung des Tejo
Einwohnerzahl: Stadtgebiet: 513 000, Großraum: 2 Mio.
Währung: Euro. Die Untereinheit heißt *cêntimos*
Zeitzone: Greenwich Time, Sommerzeit. Lissabon liegt gegenüber den deutschsprachigen Ländern ganzjährig eine Stunde zurück.
Landesvorwahl: 00351
Stadtvorwahl: Lissabonner Festnetznummern beginnen mit 21

Ortsname: Lisboa leitet sich ab vom phönizischen *alis ubbo* (›Liebliche Bucht‹), dem römischen Namen *olisipo* und dem arabischen *ashbouna.*
Stadtwappen: Zentral steht, für eine mittelalterliche Seefahrerstadt typisch, ein Schiff. Begleitet wird es von zwei Raben. Die Legende erzählt, dass der Leichnam des frühchristlichen Märtyrers und heutigen Lissabonner Stadtheiligen Vinzenz vor den anrückenden Mauren von seiner Grabstätte in Valencia zunächst an die Algarve und nach der christlichen Rückeroberung nach Lissabon in Sicherheit gebracht wurde. Auf einem Schiff und von den Vögeln beschützt. Fünf Türme, die das Wappen krönen, symbolisieren die mittelalterliche Stadtmauer.

Lage und Größe
Die portugiesische Hauptstadt Lissabon liegt geschützt am Fluss Tejo, 13 km vom Atlantischen Ozean entfernt. Die Stadt mit einer Fläche von 84 km^2 zählt rund 509 000 Einwohner, doch jährlich ziehen Tausende hinaus in die umliegenden modernen Schlafstädte. Im Großraum von Lissabon leben mehr als 2 Mio. Menschen.

Geschichte
Vor mehr als 3000 Jahren gründeten phönizische Händler die erste Niederlassung am Tejo. Während der römischen Regentschaft (3. Jh. v. Chr.–5. Jh. n. Chr.) entwickelte sich die Stadt zum regionalen Zentrum. Die maurische Herrschaft ab 714 erzeugte eine erneute kulturelle Blüte, die sich nach der christlichen Rückeroberung 1147 fortsetzte. Lissabon wird 1256 Königssitz. Im 15. und 16. Jh. entwickelte sich die Stadt zur prächtigen Metropole.

1755 richtete ein gewaltiges Erdbeben verheerende Schäden an. Trotz sofortigen Wiederaufbaus setzte eine wirtschaftliche Erholung erst Mitte des 19. Jh. ein. Großzügig angelegte Boulevards *(avenidas)* erweiterten die Stadt in Richtung Landesinneres.

Das 20. Jh. war geprägt von einer langen Phase der Diktatur ab 1926, für die der Name António Salazar steht. Die friedliche Nelkenrevolution am 25. April 1974 leitete die Demokratisierung ein. 1986 folgten die Mitgliedschaft in der Europäischen Gemeinschaft und ein Wirtschaftsaufschwung, der durch die aktuelle ökonomische Krise ein jähes Ende fand.

Stadtverwaltung und Politik

Portugal ist eine parlamentarische Republik mit präsidialen Elementen. Im Landes- und im Lissabonner Stadtparlament sind folgende Parteien vertreten: PS *(Partido Socialista, sozialdemokratisch)*, PSD *(Partido Socialdemocrata, liberal-konservativ)*, PCP *(Partido Comunista Portuguesa*, kommunistisch*)*, BE *(Bloco de Esquerda, links-unabhängig)*, CDS/PP (*Partido Popular*, rechtskonservativ). Eine Grüne Partei *(Os Verdes)* gibt es nur dem Namen nach, denn sie tritt als Anhängsel der PCP auf.

Lissabon ist in 52 Gemeinden untergliedert, deren Vertreter gemeinsam mit 52 direkt gewählten Abgeordneten und dem Oberbürgermeister das 105-köpfige Stadtparlament bilden. Der Oberbürgermeister heißt António Costa (PS). Die aktuellen Hauptprobleme der Stadt liegen in einer enormen Verschuldung, ungelösten Verkehrsproblemen und der schlechten Bausubstanz vieler Häuser.

Wirtschaft und Tourismus

Seit den 1980er-Jahren erlebte das frühere europäische Armenhaus ein Wirtschaftswunder. Doch in den letzten Jahren verdoppelte sich die Arbeitslosigkeit von gut 4 % auf über 12 %. Gleichzeitig sank die Kaufkraft, die im Verhältnis zu Deutschland nur bei 62 %, zu Österreich bei 58 %, und zur Schweiz bei 53 % pro Kopf liegt.

Günstiger zeigt sich die Situation in der zentralen Verwaltungsstadt Lissabon, deren Einwohner doppelt so viel Geld in der Tasche haben wie die übrigen Portugiesen. Dazu trägt wesentlich eine positive touristische Entwicklung bei.

Über 100 000 Menschen leben direkt oder mittelbar vom Tourismus. Jährliche Einnahmen von über 500 Mio. € alleine dem Hotelwesen bescheren mehr als 4 Mio. Besucher, unter ihnen knapp 50 000 Gäste aus der Schweiz und etwa 200 000 aus Deutschland.

Verkehr

Werktäglich fahren bis zu 450 000 Autos in die Stadt hinein und wieder hinaus. Verstopfte Straßen und zugeparkte Fußwege erschweren das Leben der Menschen. Doch die Politik gibt weiterhin dem Individualverkehr den Vorrang, obwohl Lissabon über ein gut ausgebautes System öffentlicher Verkehrsmittel verfügt.

Stadtbevölkerung, Sprache und Religion

Während die Einwohnerzahl im Großraum Lissabon ständig steigt, leidet die eigentliche Stadt unter einem drastischen Bevölkerungsschwund. Zählte sie 1981 noch 800 000 Bewohner, waren es 2010 nur mehr 513 000. Gründe sind u. a. eine schlechte Bausubstanz, hohe Mieten und Wohnungspreise, Luftverschmutzung und Verkehrslärm.

Nationale Minderheiten gibt es nicht, doch leben über 100 000 Ausländer in der Stadt. Stark vertreten sind Brasilianer, Kapverdianer und Ukrainer. Portugiesisch ist eine romanische Sprache, die weltweit von mehr als 200 Mio. Menschen gesprochen wird. 93 % aller Portugiesen gehören dem römisch-katholischen Glauben an. In Lissabon gibt es eine Synagoge für die etwa 1000 Juden in der Stadt und mehrere Moscheen für ungefähr 25 000 Moslems, viele von ihnen aus der früheren Kolonie Mosambik.

Geschichte im Überblick

	Von den Anfängen der Stadt bis zur maurischen Herrschaft
vor 1000 v. Chr.	Phönizische Händler nutzen den Mündungsbereich des Tejo als natürlichen Hafen und gründen den Handelsstützpunkt Alis Ubbo.
5./6. Jh. v. Chr.	Griechische Segler folgen den phönizischen Handelsrouten und errichten eine eigene Handelsniederlassung.
ca. 450 v. Chr.	Karthagische Siedler versuchen das umliegende Gebiet politisch zu kontrollieren.
ab 218 v. Chr.	Mit dem Zweiten Punischen Krieg beginnen die Römer ihre Invasion der iberischen Halbinsel. Der erbitterte Widerstand der eingeborenen Lusitaner kann erst mit der heimtückischen Ermordung ihres Anführers Viriatus 139 v. Chr. gebrochen werden. Die Stadt, die nun den Namen Olisipo trägt, entwickelt sich zum politischen und wirtschaftlichen Zentrum der Region.
60 v. Chr.	Unter Julius Cäsar wird die Stadt in den Rang der römischen Kolonie Felicitas Julia erhoben. Sie genießt hohe politische Autonomie und die Bewohner die gleichen Rechte wie die Bürger Roms. Das Vulgärlatein, aus dem sich das heutige Portugiesisch ableitet, wird zur Alltagssprache. Die Römer bringen den Wein- und Olivenanbau ins Land und legen ein weitverzweigtes Wegenetz an.
200 n. Chr.	Lissabon erhält die Stadtrechte. Das Stadtbild ist geprägt von luxuriösen Gebäuden, Tempeln, Theatern, Bädern und dem Wehrdorf auf dem Burghügel.
ab 409	Die Völkerwanderung führt nacheinander Sueben, Alanen und Vandalen nach Lissabon. Schon kurze Zeit später werden sie von den Westgoten vertrieben, die das spanische Toledo zur Hauptstadt ihres Königreiches ausrufen. Lissabon wird weitgehend zerstört und verliert an Bedeutung.
711	Nordafrikanische Mauren überqueren die Meerenge von Gibraltar und erobern in nur wenigen Jahren fast die gesamte iberische Halbinsel.
714	Die Mauren bauen die Burg von Lissabon zu ihrem Schloss *(Alcáçova)* aus und besiedeln das Gebiet der heutigen Alfama, das sie mit weiß gekalkten Häusern bebauen. Von der Burg bis zum Flussufer wird eine Stadtmauer errichtet, die Cerca Moura. Die Stadt, jetzt Ulixbuna genannt, erfährt eine neue kulturelle Blüte, die sich auch aus der Toleranz der islamischen Herrscher gegenüber

Christen und Juden speist. Sie treiben regen Handel, führen neue Handwerkstechniken und verbesserte Anbau- und Bewässerungsmethoden in der Landwirtschaft ein und fördern die Wissenschaften.

722 Westgotische Ritter bilden in Asturien den ersten Bund zur Vertreibung der Mauren. Die Reconquista beginnt.

Christliche Rückeroberung, Aufstieg zur Weltmetropole und Untergang im Erdbeben

im 11. Jh. Über die Pyrenäen ziehen christliche Ritter und Pilger mit dem Ziel der christlichen Rückeroberung der iberischen Halbinsel.

1139 Afonso Henriques ruft im christlichen Norden des Landes ein unabhängiges portugiesisches Königreich aus.

1147 Das 5000 Mann starke portugiesische Heer unter Führung von Afonso Henriques wird von 13 000 Kreuzrittern bei der Belagerung der Stadt unterstützt. Diese ergibt sich nach vier Monaten kampflos und wird geplündert. Den verbliebenen Mauren wird die Mouraria als Wohnviertel vor den Toren der Stadt zugewiesen.

1256 Nach der Eroberung der Algarve liegt Lissabon im Zentrum des Landes und wird Königssitz. In der Stadt leben etwa 15 000 Menschen.

1279–1325 Unter Dinis I. erfährt Lissabon einen neuen Aufschwung. Die Stadt bietet ideale Lebensbedingungen, denn sie besitzt einen gut geschützten Hafen, verfügt über ausreichend Trinkwasser und kann sich durch Fischfang und Landwirtschaft selbst versorgen. Nach mittelalterlichen Vorstellungen reinigen die ständigen Winde die Luft von Pestbakterien. Um der schnell wachsenden Bevölkerung Raum zu geben, werden die Sümpfe westlich des Burghügels trockengelegt.
Der König gründet die erste Universität des Landes (1290) und fördert Seefahrt und -handel. Hierfür beruft er 1317 den Genueser Manuel Pessagno zum ersten königlichen Großadmiral und holt weitere italienische Schifffahrtsspezialisten ins Land. Die Karavelle wird entwickelt, ein wendiges Segelschiff, mit dem die Portugiesen später die Weltmeere erobern.

1373–1375 Ferdinand I. lässt eine erweiterte Stadtmauer zum Schutz gegen kastilische Angriffe erbauen. Innerhalb dieser Cerca Fernandina leben nunmehr 60 000 Menschen.

14.–15. Jh. Lissabon treibt regen Fernhandel mit Flandern, England, Dänemark und der deutschen Hanse und wird zum bedeutendsten Seehafen am

Torre de Belém – Symbol für die große Zeit der portugiesischen Seefahrt

Atlantik. Mit der Eroberung des nordafrikanischen Ceuta (1415) beginnt unter Heinrich dem Seefahrer die Epoche der Entdeckungsfahrten. Portugiesische Seefahrer entdecken Madeira und die Azoren und erkunden die afrikanische Westküste. Mitte des 15. Jh. laufen die ersten Sklavenschiffe im Hafen von Lissabon ein.

1495–1521 Während der Regierungszeit von Manuel I. steigt Lissabon zu einer prunkvollen Metropole auf und zählt etwa 100 000 Einwohner. Vasco da Gama entdeckt 1498 den Seeweg nach Indien. Portugal kontrolliert für Jahrzehnte den einträglichen Gewürzhandel.

1496 Manuel I. zwingt Juden und Moslems zu Zwangstaufe oder zum Verlassen des Landes.

1530 João III. führt die Inquisition ein und holt die Jesuiten ins Land.

1578 Der junge König Sebastião bricht zu einem Kreuzzug nach Marokko auf und wird mit einem Großteil seines Heeres in der Schlacht von Alcácer-Quibir getötet, ohne einen Thronfolger zu hinterlassen.

1580–1640 Die portugiesische Krone geht an den spanischen König Philipp II. über, einen Enkel von Manuel I. Portugal verliert viele seiner überseeischen Handelsstützpunkte an England und Holland. Die spanische Fremdherrschaft wird erst nach langen Befreiungskriegen abgeschüttelt.

1706–1750 Bedeutende Goldfunde in der Kolonie Brasilien lassen Lissabon unter João V. in neuem Glanze erstrahlen. Die königliche Verschwendungssucht stürzt das Land zugleich in eine tiefe Finanzkrise.

1755 Das Erdbeben von Lissabon, eine sich anschließende Flutwelle und tagelange Feuersbrünste zerstören zwei Drittel der Stadtfläche. Der Premierminister Marquês de Pombal ordnet den sofortigen Wiederaufbau an und leitet einen Modernisierungsprozess in Staat, Wirtschaft und Gesellschaft ein. Er wird 1777 von der konservativen Thronerbin Maria I. entmachtet.

Der Untergang des Königshauses und die bürgerliche Republik

1807 Einmarsch napoleonischer Truppen in Lissabon. Die Königsfamilie flieht mit dem Staatsschatz nach Brasilien und kehrt erst 1821 zurück.

1822–1834 Unabhängigkeit Brasiliens. Das Ausbleiben des Goldes führt zu Wirtschaftskrisen und Hungersnöten. Die erste liberale Verfassung Portugals wird 1822 verkündet. Diese setzt König Miguel 1828 außer Kraft und löst damit einen Bürgerkrieg aus.

1834 Sieg der Liberalen unter seinem Bruder Pedro IV. Säkularisierung der Klöster und Einberufung der ersten Nationalversammlung.

1867 Als erstes europäisches Land schafft Portugal die Todesstrafe ab.

Mitte 19. Jh. Wirtschaftliche Erholung, erste Industrieansiedlungen im Osten der Stadt und Aufstieg eines Handels- und Finanzbürgertums. Weitläufige Plätze, Parks und die Avenidas verschönern das Stadtbild Lissabons, dessen Einwohnerzahl auf 300 000 steigt.

1908 Ermordung von König Carlos I. im Stadtzentrum.

1910 In Lissabon beseitigen republikanische Angehörige der Armee die Monarchie. Ein parlamentarisches Mehrparteiensystem wird in der Verfassung verankert.

1910–1926 Die junge Republik findet keine Ruhe. In 16 Jahren lösen sich 44 Regierungen ab. Es kommt im Land zu mehreren, teils bewaffneten Aufständen.

1918 Auf der Seite der Alliierten beklagt die portugiesische Armee im Ersten Weltkrieg 37 000 tote und verletzte Soldaten.

Die Jahrzehnte der Diktatur

1926 Der Militärputsch unter General Gomes da Costa leitet die lange Periode der Diktatur ein.

1928 Der junge Professor der Wirtschaftswissenschaften, António de Oliveira Salazar, wird Finanzminister. Die Sanierung des Haushaltes lässt ihn als Retter der Nation erscheinen.

1932 Salazar ernennt sich zum Ministerpräsidenten eines autoritären Staates, des Estado Novo. Er löst das Parlament auf, verbietet die Gewerkschaften und gründet eine Geheimpolizei nach Vorbild der deutschen Gestapo.

1939–1945 Trotz ideologischer Nähe zum faschistischen Deutschland bleibt Portugal im Zweiten Weltkrieg neutral. Lissabon wird für viele deutsche Verfolgte zum rettenden Hafen.

1961 Einige hundert Angehörige der angolanischen Befreiungsarmee MPLA greifen Gefängnisse, Kasernen und die Rundfunkstation an. In der Folge werden die portugiesischen Kolonien von Unabhängigkeitskriegen erfasst, die bis zu 40 % des Staatshaushaltes verschlingen.

1968 Nach einem Schlaganfall Salazars übernimmt Marcello Caetano die Regierung. Die fortdauernde Gewaltherrschaft und wirtschaftliche Isolation verhindern den Aufbau einer modernen Industriegesellschaft. Portugal ist das Armenhaus Europas.

Von der friedlichen Nelkenrevolution zur heutigen Demokratie

1974 Eine breite Bewegung der Streitkräfte, unzufrieden mit der Agonie im Lande und den Kolonialkriegen, putscht am 25. April gegen das Regime, das wie ein Kartenhaus in sich zusammenfällt. Die Lissabonner Bevölkerung begrüßt die Soldaten mit Nelken, weswegen dieser friedliche Aufstand Nelkenrevolution genannt wird.

1976 Die ersten freien Wahlen, in denen die demokratischen Parteien die Mehrheit erringen, führen zu einem Ende der teilweise gewalttätigen innenpolitischen Auseinandersetzungen.

1986 Im Kreuzgang des Klosters Belém wird feierlich die Beitrittsurkunde zur Europäischen Gemeinschaft unterzeichnet.

1988	Ein Brand zerstört zahlreiche Gebäude im Chiado, deren gelungener Wiederaufbau das historische Viertel neu belebt.
1994	Lissabon ist europäische Kulturhauptstadt.
1998	500 Jahre nach der Ankunft Vasco da Gamas in Indien richtet Lissabon die Weltausstellung Expo 98 unter dem Motto »Ozeane, ein Erbe für die Zukunft« aus und feiert den rasanten Wirtschaftsaufschwung des Landes.
2004	Portugal richtet die Fußballeuropameisterschaft aus. Das Endspiel findet im Lissabonner Benfica-Stadion statt. Ministerpräsident Barroso wird Präsident der EU-Kommission.
2005	Nach vorgezogenen Neuwahlen bildet die Sozialistische Partei dank eines Erdrutschsieges zum ersten Mal in der portugiesischen Geschichte eine Alleinregierung unter Ministerpräsident José Sócrates.
2006	Der wirtschaftsfreundliche Aníbal Cavaco Silva (PSD) wird neuer Staatspräsident. Der Sozialist António Costa wird neuer Bürgermeister.
2007	Während der erfolgreichen portugiesischen EU-Ratspräsidentschaft unterzeichnen die Regierungschefs der 27 Mitgliedsländer im Hieronymuskloster den EU-Reformvertrag von Lissabon, der zwei Jahre später in Kraft tritt.
2009	António Costa wird bei den Kommunalwahlen mit absoluter Mehrheit in seinem Amt als Oberbürgermeister bestätigt. Die Sozialistische Regierung unter José Sócrates verliert bei den Parlamentswahlen ihre absolute Mehrheit und bildet eine Minderheitsregierung.
2010	Portugal fällt in eine tiefe wirtschaftliche und politische Krise, der u. a. mit drastischen Gehaltskürzungen im öffentlichen Dienst, Steuererhöhungen und Privatisierung von Staatseigentum begegnet werden soll.
2011	Aníbal Cavaco Silva wird als Staatspräsident wiedergewählt. Das vierte Sparpaket der sozialistischen Minderheitsregierung scheitert im Parlament. Ministerpräsident Sócrates tritt zurück. Ab Mai erhält Portugal Hilfsgelder vom Euro-Rettungsschirm. Die konservative Partido Social Democrata (PSD) unter ihrem Vorsitzenden Pedro Passos Coelho gewinnt die vorgezogenen Neuwahlen.

Lissabonner Stadtlandschaften

Lissabon! Vielgestaltig und voller Überraschungen. Dort lockt ein fantastisches Panorama hinauf zum Aussichtspunkt, hier die schmale Gasse hinab zum Fluss. Die strahlend weiße Marmorkirche neben der bunt gekachelten Häuserfassade, der elegante Gourmettempel oder die volkstümliche Tasca, das südländische Treiben unter blauem Himmel, der Geruch des nahen Atlantiks: Lissabon geizt nicht mit seinen Reizen.

Burghügel und maurische Viertel

Lissabon erstreckt sich über sieben Anhöhen. Auf dem weithin sichtbaren Burghügel hatten einst die Phönizier die erste menschliche Ansiedlung hoch über dem Fluss gegründet. Dank der strategisch günstigen Lage verblieb hier das frühe und mittelalterliche Zentrum der Stadt, bis im 16. Jh. König

Zahlreiche Miradouros bieten hinreißende Ausblicke über die Stadt bis zum Fluss

Manuel I. seinen Hof in die Unterstadt unmittelbar an das Ufer des Tejo verlegte. Heute leben nur noch 400 Menschen rund um das Castelo São Jorge. Von den mächtigen ockergelben Festungsmauern schweift der Blick über die Innenstadt, folgt der imponierenden Hängebrücke auf die andere Seite des Flusses und die grünen Hügel des Umlandes. Nur wenige Schritte südlich lockt schon der nächste Aussichtspunkt: Santa Luzia, Haltestelle der historischen Straßenbahnen 12 und 28. Unterhalb liegen die Häuserkaskaden der Alfama und reichen bis zu den Speicherstätten am Flussufer.

Das Gassenlabyrinth rund um den Burghügel ist erfüllt von Gerüchen und Geräuschen südländischen Lebens. Der Besucher fühlt sich zurückversetzt in arabische Zeiten, als in der Alfama Moslems, Juden und Christen friedliche Nachbarschaft pflegten. Erst die christlichen Eroberer schufen ab dem 12. Jh. zunächst maurische, später auch jüdische Ghettos. Die steile Hanglage und der begrenzte Platz forderten den Ausgegrenzten einen besonderen Baustil ab, der in Einklang mit den arabisch-nordafrikanischen Traditionen stand. Wie zufällig hingeworfen, schmiegen sich die Häuser eng aneinander. Vogelkäfige hängen außen an den Häusern, Frauen halten ihren Schwatz in winzigen Gemüseläden, Sardinen werden auf der Straße gegrillt, in schummrigen Kneipen wird lebhaft debattiert. Fadomusik schallt aus den Wohnungen.

Der Kern der Alfama wurde verkehrsberuhigt, was den mittelalterlichen Eindruck noch verstärkt. Es

nimmt nicht Wunder, dass in den restaurierten Häusern junge Künstler, Intellektuelle und wohlhabende Ausländer ein neues Zuhause finden. Doch überwiegend wird das Viertel von sozial schwachen und alten Menschen bewohnt. Sie füllen die großen Gotteshäuser in und am Rande der Alfama. Die mächtige Kirche São Vicente de Fora bildet den Übergang zum Arbeiterstadtteil Graça, während die romanisch-gotische Bischofskirche Sé zur Baixa überleitet.

Das Zentrum

Der Übergang zwischen zwei Stadtteilen könnte kaum abrupter ausfallen: dort die eng gewundenen Altstadtgassen, hier schachbrettartig auf dem Reißbrett angelegte Straßenzüge der zentralen Unterstadt, die auf prächtige, weitläufige Plätze führen und in die großzügige Avenida da Liberdade münden. Doch gerade von solchen Kontrasten lebt Lissabon. Ein Triumphbogen nach Pariser Vorbild öffnet sich zum Flussufer hin, doch keine Kirche, kein Adelspalast durchbricht die einheitliche Linie der vier- und fünfstöckigen Häuserfronten.

Die Baixa wurde nach dem Erdbeben 1755 im geradlinig-nüchternen Stil des aufgeklärten Absolutismus völlig neu geschaffen. Heute lädt die Fußgängerzone zum Flanieren ein, vorbei an schmucken Traditionsgeschäften, die andernorts längst verschwunden sind. Heiterkeit erfüllt die Straßen, Cafés und Restaurants am Tage. Dem Charme der traditionellen Kaffeehäuser rund um die großen Plätze kann man sich kaum entziehen. Doch bald nach Sonnenuntergang verwandelt sich die Baixa in eine Geisterstadt. Ein kurzer Blick die Häuserfronten hinauf offenbart, dass zahlreiche Wohnungen leer stehen. Viele Lissabonner zieht es hinaus in die Schlafstädte an der Peripherie. Hoffnungsfroh stimmen immerhin erste Pläne für eine grundlegende Sanierung und Revitalisierung des Stadtzentrums.

Der angrenzende Chiado erwuchs aus der Sehnsucht des 19. Jh. nach Pariser Eleganz. Prächtig verzierte Patrizierhäuser säumen die Straßen. Hier liegen Theater, schicke Modeboutiquen, stilvolle Luxusrestaurants, aber auch das Mahnmal des Erdbebens auf dem Carmo-Platz hoch über dem Rossio. Die Karmeliterkirche aus dem 14. Jh. brach im Erdbeben zusammen, aber das Gerippe ihrer gotischen Wölbungen, die Pfeiler und Bögen stehen noch heute und verleihen beiden Plätzen einen schaurig-schönen Anblick.

Wer nun die paar Schritte hinüber ins Bairro Alto geht, taucht erneut in eine andere Welt ein. Die Oberstadt ist ein Gegensatz in sich, Luxus trifft sich im Armenviertel. Die Szenekneipe liegt neben dem Haushaltswarengeschäft, der Tattoo-Shop neben dem Tante-Emma-Laden, die angesagte Modeboutique neben der Traditionsschneiderei. Diese soziale Vielfalt bringt auch Spannungen mit sich, doch ebenso die Fähigkeit, sich immer wieder neu mit dem Gegebenen zu arrangieren. Viel zu diesem Ausgleich beigetragen hat die Verkehrsberuhigung, die dem historischen Viertel Ruhe und Gemächlichkeit zurückbrachte.

Der wohlhabende Westen

Mit der Blütezeit der Entdeckungen und insbesondere nach dem Erdbeben erweiterte die Stadt ihren Lebensraum gen Westen. Die atlantische Meeresbrise sorgte für saubere Luft, die Stadtplaner legten stimmungsvolle Plätze und grüne Parks an. Hierher zieht es noch heute viele Wohlhabende. Zahlreiche ausländische Botschaften haben sich in Lapa und Restelo angesiedelt, das Landesparlament liegt in São Bento. Entsprechend hoch sind die Wohnungspreise.

An der westlichen Stadtgrenze, in Belém, hat der Staatspräsident seinen Palast bezogen. Nur wenig entfernt erhebt sich unmittelbar am Tejo ein faszinierendes Ensemble historischer und moderner Architektur. Die prächtige Marienkirche von Belém mit dem überwältigenden Kreuzgang des Hieronymusklosters kontrastiert mit dem modernen Kulturzentrum CCB aus rosafarbenem Kalkstein, und der spätgotische Torre de Belém findet seinen Kontrapunkt in dem unter der Diktatur errichteten, 52 m hohen Entdeckerdenkmal. Schließlich breitete sich die Stadt auch ins Landesinnere aus, das gutbürgerliche Lissabon zog an die Avenidas Novas, rund um den Rato und in das Viertel Campo de Ourique.

Am Tejo

Heute wendet sich die Stadt erneut dem Tejo zu. Entlang dem Flussufer sind moderne Vergnügungszentren mit Restaurants, Cafés, Musikbars und Diskotheken in vormals verlassene, rotgeziegelte Speicherstätten eingezogen. Eine Uferpromenade verbindet Belém mit dem Stadtteil des 21. Jh., Parque das Nações. Auf dem ehemaligen Gelände der Weltausstellung entsteht direkt an der Wasserlinie ein Wohn-, Geschäfts- und Vergnügungsviertel, in dem das Leitthema der Expo 98, ›Ozeane, ein Erbe für die Zukunft‹, eine zeitgemäße architektonische Umsetzung erfährt. Häuser in der Form eines Schiffsrumpfes, ein Einkaufszentrum mit wassergekühltem Glasdach und eine Veranstaltungshalle in Form einer Miesmuschel sind die augenfälligsten Beispiele eines ambitionierten Vorhabens, das ökologische und historische Erbe der Stadt einer nachhaltigen Zukunft zu verpflichten.

Atemberaubende Ausblicke auf Lissabon

Castelo de São Jorge: Die oberen Burgmauern geben den Blick in alle vier Himmelsrichtungen frei (s. S. 122).

Largo das Portas do Sol: Aussichtsplattform und Straßencafé mit Blick auf die Altstadtviertel Alfama und Graça (s. S. 123).

Miradouro da Graça: Das grandiose Panorama lässt sich besonders entspannt im Terrassencafé genießen (s. S. 126).

Miradouro Nossa Senhora do Monte: Lissabons höchst gelegene Aussicht befindet sich im Altstadtviertel Graça (s. S. 128/129).

Pantheon Santa Engrácia: Ein herrlicher Rundblick vom begehbaren 40 m hohen Kirchendach (s. S. 131).

Elevador Santa Justa: Rundumblick von der Spitze des Aufzugs über das Stadtzentrum zur Burg, mit Panoramacafé (s. S. 148).

Miradouro São Pedro de Alcântara: Vom gepflegten kleinen Park im Westteil der Stadt zeigt sich die Burg besonders schön (s. S. 168).

Miradouro Santa Catarina: Dank eines kleinen Getränkekiosks nächtens besonders bei der jungen Szene beliebt, mit Aussicht auf die Hafenanlagen (s. S. 181).

Zu Hause im Café

Lissabonner Cafés sind eine Institution und nur hier können Sie das portugiesische Seelenleben zwischen Melancholie und Lebenslust wirklich hautnah beobachten. Denn ohne seinen kleinen Kaffee, den *cafezinho*, würde kein Stadtbewohner durch den Tag kommen, und ohne sein Stammcafé wäre er heimatlos.

Cafés sind eine Institution, in der sich das portugiesische Seelenleben zwischen Melancholie und Lebenslust ganz trefflich beobachten lässt. Dabei unterscheidet der Kenner zwischen dem eigentlichen *café*, einer *leitaria* und der *pastelaria,* die in keinem Stadtviertel fehlen darf. In Letzterer werden Sie zumeist auf Leute aus eher bescheidenen Verhältnissen stoßen, denen die *pastelaria* als erweitertes Wohnzimmer dient, in dem sie mit Freunden und Bekannten die Sorgen des Alltags teilen.

Öffentliches Wohnzimmer

Oft entfliehen die Nachbarn den beengten, im Winter feucht-klammen Wohnungen, und verwandeln die *pastelaria* in eine willkommene Wärmestube. Der *cafezinho* kostet nur etwa 60 Cent, ein einsamer Rentner darf unbegrenzt lange vor seiner leeren Tasse sitzen und kommt so unter die Leute. Manchmal nennen sich die Cafés auch *leitarias*, weil dort anfänglich für die arme Bevölkerung Milch (port. *leite*) ausgeschenkt wurde. In einigen haben sich ausnehmend schöne Kacheln und Jugendstildekors erhalten, so in der Padaria São Roque in der Rua Dom Pedro V, 45.

Ganztägig geöffnet erfüllen die *pastelarias* je nach Tageszeit ganz unterschiedliche Funktionen. Am Morgen, der nach portugiesischer Lesart aber nicht allzu früh beginnt, sieht man die Büroangestellten in Anzug oder Kostüm noch schnell den Frühstückskaffee trinken, dazu gibt es eine gebutterte Toastscheibe. Gegen 11 Uhr halten ältere Frauen nach dem täglichen Einkauf einen kleinen Plausch.

Pünktlich ab 12.30 Uhr verwandeln sich viele *pastelarias* in einfache Kantinen, wo man in der Mittagspause eine Gemüsesuppe am Tresen löffelt oder für gerade mal 5 € ein deftiges Tagesgericht am Tisch serviert bekommt. Meist gibt es für den günstigen Preis gute portugiesische Hausmannskost, denn die Wirte leben fast ausschließlich von Stammkundschaft. Dann allerdings sind auch wirklich alle Tische zum Essen eingedeckt, nur mehr einen einzelnen Kaffee trinken geht erst wieder am Nachmittag.

Dann treffen sich die älteren Herrschaften oder ganze Familien zum Kaffee, zum Lernen erscheinen Schüler

Das Café – Wonne der Touristen und Mikrokosmos des portugiesischen Alltags

A BRASILEIRA

und Studenten mit ihren dicken Spiralblöcken und Büchern. Selbst moderne Laptops stehen dann schon einmal auf den oftmals wackligen Tischlein und können doch nur selten die Blicke der betagten Männer hinter ihren Fußballzeitungen hervorlocken. Zu vorgerückter Stunde schauen alleinstehende Herren nach ihrem Bürotag noch kurz auf einen Aperitif vorbei, und nur wenig später bereiten jugendliche Nachtschwärmer das Eintauchen ins Szeneleben bei einem *cafezinho* oder auch mit dem schnell gezapften hellen Bier, dem *imperial*, vor. Gegen 22 Uhr wird geschlossen, denn schon um 7 Uhr am nächsten Morgen beginnt der Tag von neuem.

Kleine Kaffeekunde

Bica: Südportugiesisch für *café*, kleiner Schwarzer, eine Art Espresso

Bica cheia: kleiner Schwarzer randvoll mit Wasser

Café, cafezinho: Lissabonner Bezeichnung für *bica*

Café abatanado: großer Kaffee mit viel Wasser, gleicht dem deutschen schwarzen Kaffee

Café com leite/Meia de leite: Milchkaffee in der Tasse

Café pingado: kleiner Schwarzer mit einem Schuss Milch

Cappuccino: nur in touristisch geprägten Cafés erhältlich

Galão: Milchkaffee im Glas, eine Art Latte Macchiato

Garoto: kleiner dünner Kaffee mit viel Milch

Treff des Bürgertums

Während die *pastelarias* für das Lissabonner Volk das Gravitationszentrum ihres Lebens bilden, wurde das Café seit seiner Entstehung im 18. Jh. vor allem von wohlhabendem Bürgertum, Künstlern oder Intellektuellen frequentiert. Manches Café wurde zum dichterisch besungenen Ort literarischer Inspiration, in dem Schriftsteller ihre Werke verfassten, etwa Fernando Pessoa und José Saramago im Martinho da Arcada an der Praça do Comércio. Die kontemplative Ruhe in den Cafés unterbrachen nur literarische und politische Diskussionszirkel, die stadtweit bekannten *tertúlias*. Zu immer gleicher Zeit konnte man bestimmte Persönlichkeiten in ihren Stammcafés antreffen.

Zum guten Ton gehörte es, die Korrespondenz auf dem caféeigenen Briefpapier zu formulieren und eine zweite Anschrift *poste restante* im Café zu unterhalten. Einen entsprechenden Briefkasten finden Sie noch hinter dem Tresen des berühmten Cafés Nícola am Rossio. Noch Mitte des 20. Jh. war es allerdings eine verqualmte Männerdomäne, in der ein alleine auftauchendes ›Frauenzimmer‹ sogleich einer bestimmten Kategorie zugeordnet wurde. Denn die Dame von Welt traf sich im Teesalon, zumindest seitdem sie in der zweiten Hälfte des 19. Jh. nicht länger wie eine Maurin *à mourisca*, ans Haus gefesselt, leben musste.

Lissabon feiert den Stadtheiligen

Trommeln ertönen, vielstimmiger Gesang setzt ein, rhythmische Melodien eröffnen einen farbenfrohen und fröhlichen Wettstreit. Es ist der 12. Juni gegen 21 Uhr. Durch das Spalier der erwartungsfrohen Menge in der Avenida da Liberdade ziehen sich fantasievolle Festzüge aus den Lissabonner Stadtteilen. Der Auftakt zu Lissabons schillerndem Stadtfest ist gemacht.

Monatelange Vorbereitungen sind vorausgegangen, Kostüme wurden geschneidert, Papiergirlanden gebastelt, Musik komponiert und eingeübt, Tänze in Szene gesetzt. Mehrere Stunden dauert nun die große Parade, bis eine fachkundige Jury aus Kulturschaffenden die prächtigsten Aufführungen prämiert. Seit 1932 finden die *marchas populares,* die Volksmärsche, offiziell statt, ihre Tradition aber reicht zurück ins ferne Mittelalter.

Geehrt wird der Schutzpatron der Alfama, der hl. Antonius. Dieser erblickte 1195 gegenüber der Lissabonner Bischofskirche in einem Haus das Licht der Welt, an dessen Stelle heute die Antoniuskirche und ein ihm gewidmetes Museum stehen. Am 13. Juni 1231 verstarb er nach einem Leben im Dienst des Christentums in einem Franziskanerkloster bei Padua. Schon zu Lebzeiten soll er Wunder bewirkt haben und wurde dafür vom Papst in Rekordzeit heilig gesprochen. Antonius ist ein besonders volksnaher Heiliger, hält er doch seine schützende Hand über die Kinder und führt die Liebenden in eine gute Ehe, steht im Fegefeuer schmorenden Seelen bei und hilft zudem beim Auffinden verschwundener Dinge.

Heilige Schaffenskraft

Sagenumwobene Geschichten wollen seine Tatkraft unter Beweis stellen. Die bekannteste lautet, dass er lange nach seinem Tod in den Dienst der portugiesischen Armee aufgenommen wurde, dort vielfache Hilfe geleistet hat und bis zum zweiten Major aufstieg. Sein Eingreifen soll den Regimentstrommler vor dem Biss einer Giftschlange bewahrt haben, der entlaufene Hund des Majors wurde wieder gefunden und die Tochter des Obersten glücklich verheiratet. Kein Wunder also, dass das Volk gerade diesen Heiligen mit ›Breitbandwirkung‹ so überschwänglich verehrt und die Nacht hindurch in der Alfama weiterfeiert.

Bunte Lampions und Papierschlangen schmücken die engen Gassen, durch die sich Zehntausende fröhlicher Menschen in Festlaune schieben. Vor den Hauseingängen sind Holzkohlengrills und riesige Bänke aufgestellt. Gegrillte Sardinen mit Brot, Salat und Sangria bilden das traditionelle Tagesgericht. Ausgelassene Stimmung liegt in der Luft, die erst lange nach Mitternacht ihrem Höhepunkt zustrebt. An den Ecken stehen Frauen und Kinder und verkaufen Basilikum in kleinen Blumentöpfen. Das Gewürz soll Unglück fernhalten. So weiß es der Aberglaube. Ganz ausschließlich will man sich also doch nicht auf den Schutz des heiligen Antonius verlassen. Doppelt genäht hält auch in Lissabon besser.

Wilhelm Busch: Der Heilige Antonius von Padua

Das heitere Gedicht zeigt die leutselige Verehrung des Antonius, der auch die Tiere schützte. In der 10. Strophe erlaubt ihm Jungfrau Maria deswegen, ein Schwein mit in den Himmel zu nehmen:
»Willkommen! Gehet ein in Frieden! Hier wird kein Freund vom Freund geschieden.
Es kommt so manches Schaf herein, warum nicht auch ein braves Schwein!
Da grunzte das Schwein, die Englein sangen; so sind sie beide hineingegangen.«

Festliche Eheschließungen

Szenenwechsel! Aus dem ganzen Land reisen Schaulustige an. So manches Schnupftüchlein wird zur Brautzeremonie in der Kathedrale aus der Tasche gezogen. Musikgruppen spielen auf, Frischvermählte wagen freudig ein Tänzchen, ist doch Antonius auch verantwortlich für eine gute Ehe. 1958 hatte eine Zeitung die Idee, 60 mittellosen heiratswilligen Paaren am 12. Juni die Hochzeit auszurichten und ihnen eine Aussteuer mitzugeben. Kurioserweise mussten die Bräute mittels medizinischen Attests ihre Jungfräulichkeit beweisen.

Das Ideologische ist inzwischen verschwunden, die Massentrauung wurde zum fröhlichen Spektakel. Und so durchlaufen jedes Jahr aufs Neue hunderte Heiratswilliger ein strenges Auswahlverfahren vor der Jury der Stadtverwaltung, die durchaus auch ein telegenes Lächeln als Pluspunkt wertet. Nur 30 Angehörige dürfen die Erwählten schließlich zum großen Ereignis mitbringen, damit auch noch ein bisschen Platz für die erwartungsvollen Zaungäste und viele Fernsehkameras bleibt. Dafür hält die Ehe bestimmt ein Leben lang. Dank Antonius.

Seefahrt in die Neuzeit

Verwegene portugiesische Seefahrer erkundeten im 15. Jh. bislang unbekannte Ozeane, überwanden mittelalterliches Gedankengut und öffneten das Tor zur Neuzeit. Als erster Europäer gelangte Vasco da Gama auf dem Seeweg nach Indien und Pedro Álvares Cabral entdeckte Brasilien. Ausgangshafen war Lissabon. Wenig später startete der Portugiese Magellan die erste Weltumseglung, allerdings unter spanischer Flagge.

Die Grundlagen des epochalen Fortschritts legte König Dinis (1279–1325), als er mit Hilfe italienischer Experten für Schiffsbau, Seefahrt und Kartografie eine leistungsfähige Flotte aufbaute. Mit Kiefernschösslingen aus dem Burgund ließ er weitläufige Wälder aufforsten, in denen jeder Schiffsbauer umsonst Holz schlagen konnte.

Mentor Prinz Heinrich, der Seefahrer

Die Entdeckungsfahrten begannen mit der Eroberung des nordafrikanischen Ceuta an der Meeresenge von Gibraltar. Dorthin wagte König João I. im Juli 1415 die Überfahrt mit 20 000 Soldaten auf 240 Schiffen. An der Expedition beteiligt war sein Sohn Heinrich (1394–1460), dessen Faszination für die geheimnisvollen Berichte arabischer Kaufleute und die wertvollen Handelsgüter, die über die Karawanenstraße in die Stadt gelangten, die Geschicke der Welt nachhaltig beeinflussen sollten. Fünf Jahre später wurde er vom Papst zum weltlichen Oberhaupt des Christusritterordens ernannt und entwickelte sich zum visionären Mentor der portugiesischen Entdeckungsfahrten, zu deren Finanzierung und militärischen Absicherung die wohlhabende Bruderschaft wesentlich beitrug. Später erhielt er den Namenszusatz »der Seefahrer«, auch wenn die Überfahrt nach Nordafrika seine einzige Seereise blieb.

Neben dem Interesse für die Reichtümer und Gewürze des Orients war der tiefgläubige Katholik von dem Wunsch beseelt, das Christentum in die Welt zu tragen. Er wollte das sagenumwobene Reich des Priesterkönigs Johannes in Abessinien aufspüren, um gemeinsam mit ihm das islamische Imperium zu besiegen.

Paradoxerweise setzte sich Heinrich bei der Erfüllung seiner christlichen Mission kühn über päpstliche Denkverbote hinweg und trug heimlich auch die vielen Kenntnisse zusammen, die im Besitz der ›Ungläubigen‹ waren und vom Papst mit dem Bann belegt wurden. Die Araber hatten den Kompass und das Astrolabium in die Seefahrt eingeführt und die naturwissenschaftlichen Grundlagen des antiken Griechenland für astronomische Berechnungen genutzt. Ihre Kenntnisse wurden v. a. mit Hilfe von katalanischen Juden wie Jehuda Cresques nach Portugal übermittelt. Im Gegensatz

Monumentale Erinnerung an die Entdeckungsfahrten: der Padrão dos Descobrimentos

zur mittelalterlich-christlichen Doktrin gingen Heinrichs Experten wie bereits Hipparch und Ptolomeus von der Kugelform unseres Planeten aus. Moderne Rhombenkarten basierten auf exakten Kompasspeilungen und wiesen den Seefahrern zuverlässig den Weg. Rasch schritt die Entwicklung eines neuen Schiffstyps voran, der 20 bis 25 m langen portugiesischen Karavelle, die mit ihren dreieckigen Lateinersegeln erstmalig gegen den Wind kreuzen konnte.

Das Unternehmen Seefahrt beginnt

Immer weiter wagten sich die Seefahrer auf das *mar tenebroso*, das Meer der Finsternis, hinaus und entdeckten Madeira (1419) und die Inselgruppe der Azoren (1427). Sie erreichten das sagenumwobene Kap Bojador im südwestlichen Marokko, hinter dem dämonische Seeungeheuer, eine kochende See und sengende Hitze befürchtet wurden. Erst beim 15. Anlauf gelang im Jahre 1434 Gil Eanes die weiträumige Umfahrung. Damit überwand er eine gewaltige psychologische Barriere und gab den Weg frei für die Entdeckung des südlichen Afrikas und die Umrundung des Kaps der Guten Hoffnung durch Bartolomeu Diaz (1488). Dessen Reise erfolgte unter strengster Geheimhaltung, selbst das Mitführen eines Bordbuches war verboten, um nicht Seefahrer anderer Länder auf die Route zu locken. Die Namensgebung für das Kap drückte die Hoffnung auf die Entdeckung des Seewegs nach Indien aus, wo das wertvolle Handelsgut Pfeffer wuchs.

Dort landete Vasco da Gama schließlich 1498, nachdem ihm der arabische Lotse Ibn Madjid die letzte Etappe von Malindi über den Ozean zur Westküste Indiens gewiesen hatte. Während der nachfolgenden Indienexpedition entdeckte Pedro Álvares Cabral 1500 zufällig Brasilien, und Gaspar Corte Real erkundete gleichzeitig Grönland. Unter der Führung von Fernão de Magalhães (Magellan) gelang 1522 schließlich die Umrundung der Erde. Die Vorstellung von der Scheibenform der Erde hatte sich endgültig als falsch erwiesen, die Neuzeit konnte beginnen.

Die Seefahrten im Überblick

1415	Eroberung des nordafrikanischen Ceuta
1419	Entdeckung von Madeira
1427	Landung auf den Azoren
1434	Umseglung des Cap Bojador (Südmarokko)
1488	Bartolomeu Diaz umrundet das Kap der Guten Hoffnung
1498	Vasco da Gama erreicht Indien
1500	Álvares Cabral entdeckt Brasilien
1513	Jorge Álvares segelt als erster Europäer nach China
1518	Eroberung von Colombo (Ceylon)
1519–22	Erste Weltumseglung unter dem Kommando von Fernão de Magalhães, der während der Fahrt ums Leben kommt
1542	Fernão Mendes Pinto landet in Japan
1557	Portugal erhält das chinesische Macau als langfristige Pacht (bis 1999)

Das Erdbeben von Lissabon

»Am ersten November 1755 ereignete sich das Erdbeben von Lissabon, und verbreitete über die in Frieden und Ruhe schon eingewohnte Welt einen ungeheuren Schrecken. Eine große prächtige Residenz, zugleich Handels- und Hafenstadt, wird ungewarnt von dem furchtbarsten Unglück betroffen. Die Erde bebt und schwankt, das Meer braust auf, die Schiffe schlagen zusammen, die Häuser stürzen ein, Kirchen und Türme darüber her, der königliche Palast zum Teil wird vom Meer verschlungen, die geborstene Erde scheint Flammen zu speien; denn überall meldet sich Rauch und Brand in den Ruinen.«

Goethes Erinnerungen, nachzulesen in seiner Autobiografie »Dichtung und Wahrheit«, lassen die geistigen Erschütterungen erahnen, die sich in Windeseile über ganz Europa verbreiteten.

Voltaire regte das historische Ereignis in seinem Meisterwerk »Candide« zu der ewig aktuellen Frage an, ob es ein Lebensglück inmitten der von Mensch und Natur hervorgebrachten Zerstörungen geben kann. Kant nutzte die Erfahrungen aus dem Lissabonner Beben zu seinen naturwissenschaftlichen Betrachtungen. Die katholische Inquisition dagegen ordnete auf dem städtischen Hauptplatz eine Ketzerverbrennung zur Beruhigung des göttlichen Zorns an.

Zerstörung als historische Chance

20 000 Wohnhäuser, 54 Klosteranlagen, 33 Paläste waren in einen Steinhaufen verwandelt, bis zu 30 000 Menschen ließen ihr Leben, viele von ihnen in den zum Allerheiligenfest gut gefüllten Gotteshäusern. Der Klerus tat sich schwer mit schlüssigen Erklärungen, zumal die Kirchenkerzen eine Feuersbrunst auslösten, die sechs Tage dauern sollte.

Doch der Wegbereiter des aufgeklärten Absolutismus, Marquês de Pombal, begriff die Verwüstungen als Chance und ordnete den sofortigen Wiederaufbau der Stadt an. Gleichzeitig setzte er gegen heftige Widerstände eines Teils des Hochadels und des Klerus eine grundlegende Reform des Staatswesens durch. Die Sklaverei wurde verboten, die Inquisition reformiert, der mächtige Jesuitenorden ausgewiesen. Mittels einer Zentralisierung der Verwaltung, der erstmaligen Benennung eines königlichen Kämmerers zur Kontrolle der Staatsfinanzen und der Verstaatlichung des Bildungs-

Eindrucksvoll erinnert die Ruine der Carmo-Kirche bis heute an das Erdbeben

wesens wurden die finanziellen und geistigen Ressourcen für eine umfassende Modernisierung der portugiesischen Gesellschaft freigesetzt.

Ein Jahr nach dem Erdbeben hatte der deutsche Beobachter Johann Friedrich Seyfart vermutet, dass die Stadt die Zerstörungen für lange Zeiten nicht verschmerzen werde. Doch städtebaulich hatte Lissabon die Herkulesaufgabe schon nach wenigen Jahrzehnten gestemmt. Inzwischen ringt die Stadtpolitik um den Plan für eine grundlegende Sanierung der Unterstadt, die in der Anerkennung als Welterbe der Menschheit gipfeln soll. Manche Beobachter der Lissabonner Volksseele aber vermuten, dass sich die damalige Katastrophe noch heute in einem verbreiteten Fatalismus zeigt. Aberglaube jedenfalls ist geblieben. Als die Wahrsagerin Viviana da Conceição vor einigen Jahren unter großer Medienbegleitung ein neues schweres Erdbeben voraussagte, flohen viele Menschen aus der Stadt. Und viele Lissabonner meiden die Ende 2007 verlängerte blaue U-Bahnlinie unter der Praça do Comércio aus Angst, sie sei nicht erdbebensicher.

Datum: am 1. November 1755 gegen 9.50 Uhr morgens; **Stärke:** nach heutiger Einteilung geschätzte 9 auf der Richterskala; **Dauer:** ca. 9 Minuten

Literatur

Günther, Horst: Das Erdbeben von Lissabon, Frankfurt 2005. Kommentierte Schilderung der zeitgenössischen Reaktionen aus philosophischer Sicht.

Voltaire: Candide oder der Optimismus, Frankfurt 1972. Das Lissabonner Ereignis liefert den Hintergrund für eine vergnügliche Satire, in der ein Mensch in naivem Optimismus immer wieder an den Ungerechtigkeiten der realen Welt scheitert.

Ein historisches Flugblatt schildert die Folgen des »erschroecklichen Erdbebens«

Die Nelken des April

Es ist kurz nach Mitternacht. In den Kasernen rund um Lissabon sitzen Soldaten gebannt vor den Radiogeräten. Der katholische Rundfunk Renascença spielt ein verbotenes Lied des populären José Afonso, das verabredete Signal für die Operation ›Ende des Regimes‹. Am 25. April 1974 um 0.25 Uhr wurde die portugiesische Demokratie geboren.

Die eingeweihten, überwiegend jungen Armeeangehörigen verließen die Kasernen in Richtung Lissabon. Um 7 Uhr war die Praça do Comércio bereits in ihrer Hand, Rathaus, Zentralbank und verschiedene Ministerien umstellt. Diktator Marcello Caetano, der dem 1970 verstorbenen António Salazar nachgefolgt war, erteilte in der Polizeikaserne am Largo do Carmo die Befehle zur Niederschlagung des Aufstandes. Das Kriegsschiff Gago Coutinho erhielt den Auftrag, vom Tejo aus mit Kanonen auf die Revolutionseinheiten zu schießen. Die Matrosen verweigerten sich. Punkt 12 Uhr sollte eine Schützeneinheit auf dem Rossio den Marsch der aufständischen Soldaten Richtung Chiado aufhalten, schlug sich aber auf deren Seite. Eine halbe Stunde später war die Polizeikaserne umstellt. Der baumbestandene Platz auf den Höhen des Chiado füllte sich rasch mit einer riesigen Menschenmenge. Die Stimmung war gespannt, ein einziger Schuss hätte ein Blutbad anrichten können. Auf dem Platz blieb es friedlich, doch aus dem nahe gelegenen Hauptquartier der Geheimdienste wurde geschossen, vier Tote waren die letzten Opfer des Regimes. Um 17 Uhr kapitulierte Marcello Caetano und übergab die Macht an die Bewegung der Streitkräfte unter Führung von General António de Spínola. Tanzende und jubelnde Menschen ergossen sich auf die Straßen und verteilten Essen, Milch und Zigarren an die Aufständischen. Als Symbol ihrer Freude steckten sie den Soldaten Nelken in die Gewehrläufe, die Revolution der Nelken hatte gesiegt.

Vorausgegangen waren 48 Jahre einer Diktatur, die Portugal in das Armenhaus Europas verwandelt hatte. Wirtschaftliche Not, politische Unterdrückung und soziale Rechtlosigkeit hatten das Leben der Portugiesen bestimmt. Die Analphabetenrate lag 1974 bei rund 40 %. Nicht einmal die Hälfte aller Wohnhäuser besaß einen Wasseranschluss, mehr als ein Drittel war ohne Stromversorgung. Zusätzlichen Nährboden für ein Aufbegehren bildeten die blutigen Kolonialkriege etwa in Angola, Mosambik und Guinea-Bissau. Viele Armeeangehörige sahen längst keinen Sinn mehr in diesen Kriegen. Das Regime hatte sich überlebt und fiel in wenigen Stunden wie ein Kartenhaus in sich zusammen. Das Tor zu einer demokratischen Gesellschaft, eingebunden in die europäische Staatengemeinschaft, wurde an diesem einen Tage aufgestoßen.

Global Player Lissabon

Die Globalisierung begann mit Vasco da Gama! Gewagt klingt diese These in der schnelllebigen Zeit von heute, da doch der Seefahrer mit seiner 160-köpfigen Mannschaft länger als zehn Monate gebraucht hatte, um von Lissabon in das südindische Kalikut zu gelangen und damit ans Ziel der portugiesischen Träume.

Diese Träume waren klein und scharf: Pfefferkörner und andere orientalische Spezereien, die in europäischen Küchen und Apotheken heiß begehrt waren. Da wurde wenig drumherum geredet: »Wir sind gekommen, um Christen und Gewürze zu suchen«, machten die Portugiesen den arabischen Geschäftsleuten klar, die den lukrativen Handel kontrollierten, seitdem die Osmanen 1453 das Drehkreuz Konstantinopel erobert und den italienischen Handelshäusern den Landweg über die Levante abgeschnitten hatten.

Portugal beendete die Handelsblockade zwischen Asien und Europa. Gleichzeitig wurde der Warenaustausch über den Seeweg sehr viel einfacher und kostengünstiger. Die arabischen Zwischenhändler wurden ausgeschaltet, die ohnehin hohen Gewinnspannen stiegen noch einmal. Wirtschaftskampf pur um die Beherr-

Der Handel mit exotischen Gewürzen war Antrieb für die weiten Seefahrten

schung der Märkte des frühen 16. Jh.! Lissabon war glänzender Sieger, erstrahlte bald als reichste Hauptstadt Europas und entwickelte sich zum zentralen Umschlagplatz für Luxuswaren wie Zimt, Kardamom, Muskatnuss, Nelken, Ingwer und Pfeffer, der im Mittelalter wertvoller war als Gold und Silber. Mit Pfefferkörnern wurden Zölle bezahlt oder die Mitgift von adligen Bräuten aufgewogen.

Gewürze machten nicht nur Kaufleute, sondern auch Könige reich und wurden zum universellen Motor für die Weiterentwicklung des mittelalterlichen Transportwesens, der Schifffahrt. Die Welt wuchs zusammen. Der ökonomische Clou bestand darin, dass die Ware nicht nur heiß begehrt und teuer war, sondern auch noch klein und leicht und somit nur wenig Laderaum brauchte. Mit dem Erlös aus einer einzigen Schiffsladung wurden die Kosten der langen Überfahrt einer ganzen Flotte und die Gefahren durch Piratenüberfälle oder Stürme um ein Vielfaches aufgewogen.

Doch der Wunsch nach schnellen Gewinnen rief Rivalen aus anderen Ländern auf den Plan, die eigene Gewürzrouten etablieren und das portugiesische Monopol brechen wollten. Der Portugiese Fernão de Magalhães (auch: Magellan) segelte unter Spaniens Flagge mit dem Auftrag, für dieses Land einen alternativen Weg über Südamerika zu den Gewürzinseln Indonesiens zu finden.

Militärische Absicherung der Einflusssphären

Bist Du nicht willig, so brauch' ich Gewalt. Dieses Motto, das gegenwärtig in den weltweiten kriegerischen Auseinandersetzungen auch um ökonomische Einflusssphären noch gültig zu sein scheint, kannte bereits Portugal. Um seine Vormachtstellung zu behaupten, wurden die Handelsschiffe militärisch aufgerüstet und effiziente Festungen entlang der Handelsrouten erbaut. Vasco da Gamas zweite Indienexpedition zählte bereits 20 Schiffe und verfolgte militärische Ziele. Seine dritte und letzte Fahrt mit 3000 Soldaten an Bord diente einzig dem Zweck, mit der in Kalikut im Jahre 1521 herrschenden Gewalt und Korruption aufzuräumen.

Allerdings konnte das kleine, damals nur 1,3 Mio. Einwohner zählende Portugal auf Dauer die Rolle einer Weltmacht nicht ausfüllen. Bereits Mitte des 16. Jh. übernahmen neue ökonomische Riesen wie Holland und England das Ruder und quasi im Kielwasser der portugiesischen Karavellen den lukrativen Gewürzhandel.

Menschenhandel und Arbeitsimmigration

Die Stunde schlug für einen ökonomischen Kurswechsel und Portugal wurde erneut zum Vorläufer der modernen Globalisierung, die durch Konkurrenz von Arbeitskräften über alle Grenzen hinweg und Migrationsbewegungen geprägt ist. Portugal intensivierte seine Geschäfte mit einer neuen lukrativen Handelsware, dem »schwarzen Gold«. Bereits im 15. Jh. kamen westafrikanische Sklaven ins Land, zunächst um den Bevölkerungsmangel auszugleichen, den die Abwanderung nach Übersee verursacht hatte. Bald machten europäische Naschmäuler einen fernen Einsatzort noch profitabler: die ausgedehnten Zuckerplantagen in der Kolonie Brasilien. Zuckerrohr hatten die Araber bereits um die erste Jahrtausendwende aus Asien auf die iberische Halbinsel eingeführt und die Portugiesen verbreiteten es über Madeira bis nach Brasilien. Die dortige Zuckerwirtschaft feierte fantastische Profite, für die über die Jahrhunderte etwa 4 Mio. afrikanische Sklaven ihren Rücken krumm machen mussten. Die Fronarbeit überlebten sie selten länger als fünf Jahre. Die Portugiesen waren es, die den transatlantischen Sklavenhandel dominierten und als Erste das Gewinnpotential des Handelsdreiecks aus Europa, Afrika und Amerika erkannten. Frankreich sollte später mit der Verknüpfung von Sklaven- und Zuckerrohrhandel etwa auf Santo Domingo (Haiti) folgen. Aus den Gewinnen wurde so manches angesehene Weingut bei Bordeaux finanziert.

Nach dem Verbot von Sklaverei im Jahre 1888 eroberten europäische Emigranten den Arbeitsmarkt Brasiliens, wo mittlerweile auch Tabak, Baumwolle und bevorzugt Kaffee gepflanzt wurden. Ende des 19. Jh. besaß brasilianischer Kaffee in Europa einen Marktanteil von 80 %. Portugiesische Händler verdienten prächtig und viele Lissabonner wurden durch die einträglichen Geschäfte in die ehemalige Kolonie gelockt. Luxuriöse Stadtvillen und kachelverzierte Wohnhäuser, finanziert aus den Importgewinnen, prägen bis heute das Stadtbild. In einzelnen Kolonien, etwa São Tomé und Principe, lebte die Sklavenhaltung, zumindest in versteckter Form, bis ins 20. Jh. fort.

Ein Lesetipp

Der portugiesische Journalist Miguel Sousa Tavares beschreibt in seinem Roman »Am Äquator« den Kampf zwischen England und Portugal um die Vorherrschaft im Kakaohandel vor dem Hintergrund getarnter Sklavenarbeit auf den Plantagen von São Tomé. Das 2003 veröffentlichte Buch stand monatelang auf der portugiesischen Bestseller-Liste, die deutsche Übersetzung ist 2005 erschienen.

Portugals Ankunft in der modernen Welt

Der Beitritt zur Europäischen Gemeinschaft 1986 läutete die moderne Phase enger Wirtschaftsverflechtungen Portugals mit der Welt ein. Doch die Spielregeln hatten sich geändert. Plötzlich war das Land nicht mehr *global player*, sondern abhängig von den großen Wirtschaftsmächten, nicht zuletzt von Deutschland, mit einem Handelsvolumen von jährlich knapp 12 Mrd. € zweitwichtigster Handelspartner hinter Spanien. Zum wichtigsten Industriebetrieb in Portugal stieg das Volkswagen-Werk Autoeuropa südlich von Lissabon auf, in dem die Modelle Eos, Polo, Scirocco und Sharan gefertigt werden.

Die immer engere weltumspannende ökonomische Zusammenarbeit zog erneut Wanderungsbewegungen von Arbeitskräften nach sich. Während Portugiesen nach Frankreich, in die Schweiz, Luxemburg oder Deutschland emigrierten, kamen in den 1980er-Jahren viele Zuwanderer von den Kapverdischen Inseln, aus Angola, Mosambik und Guinea-Bissau nach Portugal. Sie waren auf der Flucht vor postkolonialen Bürgerkriegen. Viele verdingten sich als illegale Bauarbeiter. Ihnen folgten Brasilianer, zunächst Ärzte, Medienfachleute und Designer, seit der

PETER FLAMM

ICH?

ROMAN

Mit einem Nachwort
von Senthuran Varatharajah

S. FISCHER

Erschienen bei S. FISCHER

Hedderichstr. 114, D-60596 Frankfurt am Main
Dieser Roman erschien erstmals 1926 im S. Fischer Verlag.

Satz: Fotosatz Amann, Memmingen
Druck und Bindung: GGP Media GmbH, Pößneck
Printed in Germany
ISBN 978-3-10-397563-5

NICHT ICH, meine Herren Richter, ein Toter spricht aus meinem Mund. Nicht ich stehe hier, nicht mein Arm, der sich hebt, nicht mein Haar, das weiß geworden, nicht meine Tat, nicht meine Tat.

Sie können das nicht verstehn. Sie glauben, das muss doch ein Lebender sein, das ist doch ein Mensch, der da redet – oder ein Irrsinniger. Ich bin nicht irrsinnig, ich weiß nicht. Aber ich liege seit zehn Jahren in der Erde, meine Glieder sind verfault, meine Knochen graues Pulver, mein Atem – ich habe keinen Atem mehr. Es ist alles stumm. Es ist alles vorbei. Ich liege in der Erde, vor Verdun, oben sind die Trümmer von Douaumont, der Wind weht über verlassene Gräber, verlassene Erde, verlassene Tote. Fahren Sie hin, graben Sie in den Sand, hacken Sie links in den großen Granattrichter, es steht Wasser darin, vielleicht weicher Schlamm. Fürchten Sie sich nicht: Es ist kein Krieg mehr, keine Granate kommt und spritzt Sie in Stücke, kein Schrei gellt mehr, keine Glieder fliegen durch die Luft, kein Blut, keine zerfetzten Leiber. Es ist still. Alles. Endgültig. Da nun bücken Sie sich. Da tun Sie das bisschen Erde fort. Und dann finden Sie – mich. Ja, Knochen und Schädel und Staub und meinen Namen, der nicht mein Name ist und doch ist, mein Schicksal, das nicht mir gehört, sondern einem andern, und nun über mich gekommen, erstickend als mein eignes.

Wie soll ich das erzählen mit einer Zunge, die nicht meine, in einem Mund, der nicht meiner? Wie sollen Sie mir glauben, der ich mir selber nicht glauben kann? Aber es war so, es geschah so, es war Wirklichkeit, es war ein Tag wie andere, nein, nicht wie andere, denn der Leutnant Basch hatte uns gesagt, es sei Revolution, in München und Berlin Revolution, der Krieg sei aus, nach vier Jahren aus, keine Granaten mehr, kein Tod, kein Schlamm, kein Zwang, kein Gesetz, kein Eisen und Druck: Es löse sich alles auf, alles fällt auseinander, eine neue Zeit, ein neues Leben.

Ich war betrunken, wir waren alle betrunken; etwas sang in mir und rauschte hoch, ich stieg aus dem Graben, meine Sinne taumelten, das konnte doch nun nicht alles zu Ende sein plötzlich, wir haben ja doch so lange darauf gewartet, bis wir nicht mehr an ein Ende glaubten. Nun war ein neues Tor, ein neues Leben, man sollte nicht mehr im Dreck liegen, man sollte wieder in einem Zimmer auf weißem Laken sein, man sollte eine Zukunft haben. Eine Zukunft? Man würde arbeiten, ganz wieder von vorn anfangen müssen, wo sind die weißen Laken, man wird wieder vorn im Dreck sitzen, während die Generale hinten, immer sind da diese Generale hinten, diese Reichen, die in Autos fahren, die den Ruhm haben, Fressen und Weiber, während die andern verrecken, während man selbst –

Ich kletterte heraus aus dem Unterstand, fiel über

Hügel und Löcher, stolperte über Leichen und Stämme, es war eine kalte Nacht, der Mond schien, aus dem Unterstand duselte Musik, in meinem Blut brannte Fieber, ich war müde zum Umsinken, und doch trieb mich Unruhe, trieb und trieb – plötzlich lag etwas vor mir, eine dunkle Masse, fast wäre ich drübergefallen. Ich wollte vorbeigehn, zurück zum Unterstand, warum ging ich überhaupt hier herum, statt mit den Kameraden zu sein, mit ihnen zu singen, zu feiern, was zog mich hierher mitten in der Nacht, allein zwischen zerbrochenen Wagen und gestürzten Mauern, allein zwischen – Toten? Ja, es war ein Toter, ich wusste es ja, er war gestern Patrouille gegangen, vierundzwanzig Stunden vor dem Ende, der Krieg war aus, und er war einen Tag zuvor gefallen, auch die letzte Kugel traf eine Mutter, hatte man nicht einen Tag früher aufhören können, es ist lächerlich, nun war er tot, lag da, der Herr Doktor, ein »Gebildeter«, was hatte er nun davon, war ja doch nur Feldwebel wie ich, Leutnant wenn schon – nun war er tot, und ich – –. Meine Hand griff an seinem Leib herab, ich wollte nicht, es geschah ganz von selbst, ganz von selbst war ich hierhergegangen, hatte ich es gewollt, gewusst? Ganz von selbst. Wie? Meine Hand tastete zitternd über den Körper, über Schmutz, über klebriges Blut, ich drehte meine Taschenlampe an, gespenstisch griff der kleine stumpfe Lichtkreis durch die Schatten; da starrten zwei Augen zu mir hoch, tote, leere Augen blinzelnd zwischen herabgefallenen Lidern, ich fuhr zurück, meine Hand zitterte, nickte nicht der Kopf, war nicht ein verschmitztes Lächeln auf den kalten, blauen

Lippen? Ich wusste nichts mehr, wieder im Unterstand, griff ich nach meiner Brust, das Herz pochte wie rasend, aber über dem Klopfen fühlte ich in einer seltsam glücklichen Erregung das kleine graue Heft, den Pass, den ich dem Toten abgenommen, seinen Pass, seinen Namen – und sein Schicksal.

Damals wusste ich das nicht. Es fragte einen ja keiner, Revolution hurra, wer fragt nach einem Papier, wer kontrolliert denn das, wer kennt denn einen Namen? Wir sind alle Menschen, wir sind alle Brüder, und der andere war ja tot, das konnte ihm ja gleich sein, verfault im Schlamm, mit blinzelnden Augen, Knochen und Staub, pfui Teufel!

Ich saß in der Bahn, im Schnellzug, erster Klasse natürlich, wie leicht man sich da hineinfindet, wie seltsam auch, dass alle Erregung weg war, ganz selbstverständlich alles. Hatte ich am Ofenloch gestanden früher, mitten in der Nacht herausmüssen aus dem Bett? Und der Teig war aufgegangen und hart, und aus dem Loch stach die Glut mitten ins Gesicht und versengte einem die Haut, und wie der kleine Hennings sich die Schürze verbrannte und die eine Hand und so schrie – Unsinn, Unsinn, das war ich ja nicht, das bin ich ja nicht, ich fuhr ja hier, ein feingebildeter Herr, ein reicher Herr in roten Polstern, erster Klasse, die andern können einem ja leid tun, in der vierten Klasse zusammengepfercht wie Tiere, wie Vieh, nicht mal sitzen können sie und sind doch so müde, und die Knie zittern, aber sie müssen stehn, alle, auch der kleine, schmale Dragoner, das blasse Gesicht unter dem schwarzen Scheitel, der mich vorher immer so angestarrt mit solch schmerzhaften Blicken, bis er umgefallen, plötzlich ganz weiß im Gesicht. Oder habe ich das nur geträumt oder einmal auf einem Bild gesehen, und das ist Erinnerung von etwas, das ist – oder nicht ist?

»Wenn Sie nach Berlin kommen«, sagt die dicke Glatze auf dem Polster gegenüber, »Revolution, wer hätte das gedacht! Sie fahren doch nach Berlin?«

»Geht der Zug nach Berlin? So? Ja. Ich wollte zwar eigentlich – –. Natürlich fahre ich nach Berlin.«

Natürlich? Ja, warum bin ich gefahren? Ich wollte ja gar nicht, aber es zog mich hin. Ich glaubte freiwillig, aber wie konnte ich dann vergessen, dass meine Mutter, meine Schwester in Frankfurt, wie? Ein Jahr nicht mehr gesehn, ganz gleich, und nun nach Berlin? Natürlich Berlin. Es war gar nicht schwer, es war gar keine Frage. Ich lächelte, ich musste immer lächeln, aber trotzdem lag etwas Dunkles auf meiner Seele, ein seltsamer Schatten, wollte nicht weichen, schwer und erstickend.

Draußen auf dem Gang lehnte ein Mann gegen das Fenster und blickte auf die vorbeifliehende Landschaft. Ich konnte sein Gesicht nicht sehen, aber sein schmaler Rücken, die schiefe, links etwas höher als rechts gezogene Schulter, die eigentümlich gespannte Haltung des Halses, all das kam mir bekannt vor, etwas stieg auf in mir, eine seltsame Erregung, ein Hass ohnegleichen, ein fast körperliches Übelsein. Ich konnte den Blick nicht abwenden. War ich hypnotisiert? Ich fuhr hier in der ersten Klasse und kannte doch niemanden! Warum sollte ich einen fremden Menschen hassen, einen Hals, einen

Rücken, mit solchem Hass, ohne Sinn, ohne Grund? Was ging das mich an?

Jetzt wandte sich der Rücken um, der Hals bekam schräge Falten, nun kam der Kopf ins Profil: Ein fremder Mensch. Und doch, ich kannte ihn, doch brach alles Blut hoch in die Stirn, doch war da etwas Dunkles, das mir Angst machte, es war wie ein Schlag auf den Kopf, meine Gedanken verwirrten sich, ich wollte aufstehn, mich wegwenden: Da hatte jener mich bemerkt, mit einem Ruck drehte sich der Körper ganz zu mir, ein paar Augen wurden hart und wild, dass das Weiße herauszutreten schien, die Nasenflügel begannen zu beben, die Hand sich zur Faust zu ballen, einen Augenblick schien es, als wolle die Faust sich heben, hineinschlagen in die schmale, dünne Scheibe, die unser beider Gesicht trennte – dann mit einem Ruck ließ er sie fallen, wandte sich verächtlich und verschwand mit kurzer, zuckender Bewegung.

Ich saß wie betäubt. Was war das? Hatte ich das geträumt? Halluzinierte ich? Der Krieg hatte wohl auf meine Nerven gewirkt, kein Wunder, es würde wohl vorübergehn. Wenn ich erst Ruhe hätte, wieder an der Arbeit wäre –. Mit der Hand wischte ich mir über die Stirn: Seltsam, wie weiß meine Hand war, ganz schmal und durchsichtig, schmale blaue Adern wie durch Wachs sich schlängelnd, als wäre es gar nicht die meine, als wäre –

»Seltsam«, ging es mir durch den Kopf, »was bin ich für ein Mensch, was bin ich denn, was hier sitzt, und was habe ich für seltsame Hände!«

Der Zug fuhr in die Halle. Ich war noch nie in Berlin gewesen, aber ich wusste, das war Berlin, ich war gar nicht erstaunt. Ich ging den Perron entlang, die Bahnhofstreppe herab, links die Königgrätzer Straße herunter zum Potsdamer Platz. In der Bellevuestraße kam ein Mann auf mich zu, wollte vorbei, erschrak, blieb stehn, grüßte, etwas blitzte auf in seinen Augen, dann packte eine glückliche Hand stürmisch meinen Arm:

»Mensch, du, Doktor, du bist da, du lebst? Was wird Grete sagen? Ein Gerücht, dir sei etwas passiert – du hast ihr natürlich telegrafiert? Ich war noch gestern bei ihr, deine Mutter war auch gerade da. Sie waren sehr beunruhigt alle. Und dein letzter Brief war so seltsam, Todesahnungen, mein Gott, man soll so etwas nicht schreiben, und dann das Gerücht, nun bist du da, welche Freude, ich begleite dich ein Stück, wenn du willst, natürlich, komm, ein Auto, wie kannst du nur so langsam gehn, und war denn niemand auf der Bahn?«

Ich saß im Auto, ein fremder Mann neben mir fuhr mich zu einem Ziel, das ich nicht wusste. Ich konnte nichts denken, ich war über nichts verwundert, es ging alles von selber, ich glitt auf einem Strom, auf kühler, silberner Fläche, es war Krieg gewesen, und nun ist Frieden, ich bin in der Masse gelaufen, und nun kommt einer und fährt mich im Auto. Ist das nicht natürlich? Es ist alles natürlich. Einmal trifft das Glück jeden, man muss es nur greifen, und das Wunder bleibt nur so lange, bis es Wirklichkeit ist.

Der Wagen bog in die Straße, hielt. Das Surren des Motors stoppte plötzlich ab, eine seltsame Stille lag über meinem Gehirn, mechanisch stieg ich aus, sah gedankenlos zu, wie jener zahlte, sah das Haus hinauf, die Reihe der Fenster, ein einzelnes – plötzlich setzte mein Herz aus, der Boden schien zu wanken, vor meinen Augen begann es sich zu drehn, grüne und goldene Kreise: Aber immer war ihr Bild darin, wie sie oben am Fenster stand, wer?, eine Frau, ein Mädchenkopf, leuchtendes goldbraunes Tizianhaar über einem erbleichenden Gesicht, einem Gesicht voll Süße, Angst, Schmerz, Sehnsucht und solcher Liebe – wem das galt, wem diese Frau, diese Liebe zu eigen, wer sie besaß: Ein Leben würde ich geben, nein, ich will nicht fort, warum schiebt er mich denn zur Tür, ich will hierbleiben und stehn und immer hinaufschauen – – die Treppe, was soll ich denn, wohin soll ich denn, was hämmert denn mein Herz?

Mein Gott, eine Tür ging auf, es war in der zweiten Etage, es waren zweiundsechzig Stufen, warum habe ich das gezählt, ganz sinnlos gezählt, die Tür sprang auf, sie war schon offen, eine alte Frau stand da mit einem weißen Häubchen und zitternden Händen, und dann, aus dem engen Gang, im Windzug, im weißen flatternden Licht – stand plötzlich das Mädchen, vom Fenster die Frau, stand bleich und lächelte, mit einem kleinen, kranken, demütigen Lächeln, einem kleinen blassen zuckenden Mund, die leuchtenden Augen blau und ganz strahlend in die meinen, bis ein Zittern durch die schlanken Glieder ging, die Augen hinter den langen dunklen Wimpern versanken und der plötzlich wächsern gewordene Leib zu schwanken begann. Sie wäre gefallen, mit einem Sprung war ich neben ihr, sie lag in meinen

Armen, leise bewegten sich die erblassten Lippen, der warme Atem wehte mir ins Gesicht, zitternd hielt ich den warmen Leib umfasst, da hob sie wie im Traum die schmale Hand, tastete fassungslos wie suchend über mein Haar, langsam hoben sich die Wimpern, ein blauer Strahl von unsäglicher Zärtlichkeit glänzte aus ihren Augen, und während Träne auf Träne unaufhaltsam über die Wange tropfte, öffneten sich die Lippen feucht und weich zu unlöslichem Kuss.

Wie lange standen wir? Ich war fühllos gegen die Zeit, fühllos gegen die Welt, merkte nur, etwas zog mich am Bein, kam immer wieder, sprang an und wieder zurück, während etwas Heißes herabbrannte, ein heißer, tauber, durchdringender Schmerz. Ich hätte es auch jetzt nicht gemerkt, aber da war ihr Schrei und ihr entsetztes Gesicht, die Röte war wieder auf ihrer Stirn, ihre Hände waren plötzlich nicht mehr über mir, ihre weit aufgerissenen Augen schauten jetzt seitwärts, mir war, als drohte mir eine furchtbare Gefahr, als müsste ich mich mit aller Kraft auf mich selbst besinnen, aufwachen, mich wehren, aber ich war in solcher Verwirrung, der Duft aus ihrem Haar, von ihrer Haut betäubte mich, ich sah nur immer ihr Gesicht, es war ja kein Mensch, ich war ja selber gar nicht hier, es war alles Traum, ein Glück wie in der Luft, das gab es, man durfte nicht aufwachen, man musste sehr leise sein – was schrie denn da, warum gingen die Lippen weg, hatten mich doch berührt, hatten mich doch geküsst, was zuckt es denn nun, warum verzerrt sich dies Gesicht, was bricht denn herein, was reißt an mir?!

Zwei Hundeaugen sprühen grüne Flammen, ein schwarzer zottiger Leib, wilder, zottiger Kopf, weiße blanke Zähne, verbissen, verhakt in mein Fleisch, und Blut strömt, mein Blut, rieselt heiß und klebrig zum Fuß, den Strumpf herunter, da ist ein kleiner, dunkler Fleck auf dem Teppich, eine seltsam rote Masse, der Mann an der Tür schreit, seine breite Hand krallt in dem Fell des Tieres, er reißt es zurück, wieder stürzt es vor, er tritt ihm mit dem Fuß in die Schnauze, endlich lässt es los, die Lefzen fliegen, die rote Zunge hängt blutend und kraftlos heraus, scheu kriecht es an die Wand, knurrend, lässt mich nicht aus den Augen, nicht aus den Augen –

»Wie können Sie nur, Frau Grete«, sagt die keuchende Stimme des Mannes, »ein schöner Empfang! Das Vieh ist ja wahnsinnig, es hätte ihn ja zerreißen können. Vielleicht ist es tollwütig. Warum wehren Sie sich auch gar nicht? Sehn Sie nur, wie ihm der Geifer von der Schnauze fliegt, wie es herüberblickt, zu Ihnen hinstarrt, wie – ein Mensch.«

»Das war ja noch nie, noch nie«, bebt sie fassungslos, und plötzlich: »Hans, Hans, du bist da, du bist plötzlich da, mein Gott, ich verliere den Verstand, das Tier ist verrückt, es hat dich gebissen, warum hat es dich nur gebissen, so stehn Sie doch nicht da, holen Sie doch einen Arzt, es blutet ja.«

»Nicht schlimm, lassen Sie nur«, sagt der, »ein wenig Gaze, ein Pflaster, Sie haben doch im Haus –«

»Natürlich.« Und läuft und wieder zurück, und die Hose ist hochgekrempelt und die Wunde verbunden, sie ziehn mir, ohne zu fragen, den Mantel aus, warum sollen sie auch fragen, gehöre ich nicht ins Haus, ist es nicht mein Haus, mein Zimmer, meine Wohnung, meine – Frau?! Meine Frau! Dieses Mädchen, diese Hände, Lippen, Haar, diese Augen – meine Frau!! Das ist ja alles Wahnsinn, was geschieht denn da, das darf doch nicht sein. Wer ist denn das? Ich bin doch bei fremden Menschen. Ich kenne doch niemanden. Wer ist sie denn? Wie heißt sie denn? Wofür halten mich diese Menschen? Das ist ein Irrtum. Wer bin ich denn, wer bin ich denn?

»Du musst dich jetzt hinlegen«, sagt sie da, und ihre Stimme legt sich wie ein Strahl durch alles dunkle Gewölk. »Du sollst nicht nachdenken, nichts erzählen, erst einmal schlafen. Es hat ja alles Zeit. Der Krieg ist aus, und du bist bei mir. Nun ist alles gut, nicht? Ach, Hans –«

Was soll ich ihr sagen? Ich weiß ja gar nicht, ich verstehe das ja selber nicht. Es ist alles so viel auf einmal. Ich habe irgend etwas getan, aber ich weiß nicht mehr, was. Und ich bin müde. Ich will schlafen. Es ist alles gut, nicht? Alles gut.

Ich liege auf dem Diwan. Das Bein schmerzt. Ich habe die Augen geschlossen. Wenn ich blinzle, ist drüben das Tier, liegt kauernd in der Ecke, knurrt vor sich hin, mit gehobener Schnauze die Luft einsaugend, den Blick zu mir hinüber. Ich möchte schlafen, aber eine Unruhe treibt mich, hinter der Stirn hämmert es dumpf, ich bin sehr allein. Mein Gehirn ist in einem wundersamen Zustand. Ich zähle sinnlos die gelben und schwarzen Würfel auf der Tapete zusammen, die schwarzen dann gesondert, es sind hundertsechsunddreißig, ich fühle, wie mein Körper auf dem Diwan liegt, ich sitze selbst in meinem Körper und fühle ihn liegen, die Hände auf der Decke, das Gesäß auf dem weichen Stoff, das Gehirn schwimmt im Schädel, durch die Muskeln ziehn weiße Nerven und braune Adern. Wer bin ich? Wer bin ich?

Meine Hand gleitet über die Brust, streicht mechanisch wie streichelnd hin und her. Etwas knistert. In der Tasche links, in der linken Brust buckelt sich etwas vor, fühlt sich etwas pelzig. Plötzlich, bei dieser Berührung, beginnt mein Herz zu hämmern, plötzlich springt eine Feder auf im Hirn, öffnet sich durch die Mauer ein steiler Riss: der Pass!

Wie kann man das vergessen? Wo war ich denn? Welch ein Nebel, welch gespenstisches Zwielicht! Hier in der Tasche der Pass eines fremden Menschen. Gestohlen: Was macht das. Ein wehrloser Leichnam: Was schadet es ihm. Er wird nicht ärmer davon und ich dafür reicher. Was ist ein Name! Habe ich nicht genug gelitten unter dem meinen? »Bettuch, Wilhelm Bettuch?« Ist das ein Name? Name eines Menschen? Bettuch? In der Schule, in der Pause standen sie um mich, zogen mich an der Hose, an der Jacke, am Hemd. Bettuch, Tüchlein! Deck dich mit dir selber zu! Hast du gut geschlafen? Wedel mal! Komm, wir klopfen dich aus! Du bist ja ganz schmutzig! Stecken dich in die Tasche! Zipfelchen, Bettzipfelchen!

Bettuch! Was für ein Vater, was für ein Ahnherr, der das ruhig getragen! Sich wund gerieben daran und nicht aufgeschrien! Nicht abgeworfen das Joch! Ein Mensch hat einen Namen, kann nichts dafür, »wie heißen Sie?« – »Bettuch.« Er lächelt. Wer? Alle. Die Menschen. Die

Welt. Ziehn die Lippen krumm und lächeln. Wie kann man solch einen Menschen ernst nehmen? Ihm Vertrauen geben, ein Amt, Arbeit und Stellung? Wäre ich nicht längst Meister? Hat mich einer angenommen zur Lehre? Natürlich. Aber der andere, der weniger gekonnt, immer hat der weniger gekonnt, und ich musste doch zurückstehn. Immer zurückstehn. Im Tanzsaal die blonde Liesel: schaute mich an mit blauen Augen, beim Walzer ist ihr Hals ganz weich zu mir gebogen, die kleinen Löckchen streicheln verliebt und zutraulich gegen meine rechte Backe, ich bringe sie heiß und atemlos zum Platz, da ist die Mutter, »Bettuch«, sage ich und mache eine Verbeugung, »Wilhelm Bettuch!« Da wird die Liesel rot, die kleinen dunklen Lippen kneifen sich zusammen, in der Kehle sitzt ihr ein Kichern, immer dies Kichern, es ist überall, es mordet alles, was eben noch glänzt, wird stumpf, was sich in Wärme neigen will, erfriert, zieht sich zurück, und ich stehe allein.

Ein Name, ein Wort: Was hat das mit mir zu tun? Was ist ein Mensch und sein Name? Wie kann man einem Menschen überhaupt einen Namen geben wie einem Ding, einem Leben, das sich verändert, das immer anders ist? Er, der frei, nun von Geburt an im Netz, abgestempelt, gezeichnet! Immer geduckt, was nützt alle Kraft, immer gezähmt, was nützt Wildheit, Mut und Arbeit: Nun bin ich herausgeschlüpft, nun bin ich ein anderer, ich habe einen anderen Namen, ich bin ein anderer Mensch, das geht so einfach, man braucht nur das Kleid zu wechseln, Namen machen Leute, und nun bin ich der Doktor, Doktor Hans Stern, ja, ich bin das, ich,

ich bin ein gebildeter Mensch, ich bin reich, alle Sorge hat ein Ende, was ist ein Leichnam, ich habe mir sein Glück genommen!

Drüben aus seinem Winkel ist der Hund aufgestanden, schleicht lauernd im Zimmer umher, hält den Kopf schief, seine Augen leuchten grün. Immer wenn er einmal im Zimmer herum, bleibt er stehen, unten am Fußende des Diwans, richtet sich hoch, sieht mich an, legt die Tatzen auf den schweren Teppich, duckt den Kopf darauf und beginnt zu winseln, ein langes quälendes Heulen.

Was ist mit dem Vieh? Alle sind gut zu mir, alle lieben mich, fremde Menschen setzen mich in ein Auto, fremde Arme legen sich um meinen Nacken, fremde Hände streichen zitternd über mein Gesicht. Nur dies Tier ist böse, hasst mich, reißt mir das Fleisch vom Bein, dass es blutet, glüht mich an, wild und gereizt, ein dumpfer, lauernder Feind.

Man muss ihn zu gewinnen suchen, es ist ein gutes Tier. Er ist sonst immer gut, warum jetzt nicht? Man muss lieb zu ihm sein, ihn streicheln: Komm, Nero! Woher weiß ich den Namen? Nero? Ja, er kommt, ja, er horcht auf, die Buschen über seinen Brauen beginnen seltsam zu zucken, der Kopf hebt sich, der Schwanz wedelt, quirlt, peitscht in die Runde, plötzlich springt er auf den Diwan, erschrocken will ich hoch, da ist sein Kopf neben meinem, die weiche, feuchte Schnauze neben meiner Wange, und nun die Zunge über die Ohren, über Wangen, Kinn und Hände. Das Tier ist außer sich, weiß sich nicht mehr zu lassen, sein Winseln wird zum

Bellen, rau und heftig stößt die Stimme in die Luft, er springt vom Diwan hoch und wieder zurück, dreht sich wie unsinnig um sich selbst, wälzt sich am Boden, läuft zum Tisch, zum Schrank, zum Fenster, der ganze Körper zittert, da ist er wieder neben mir, saugt die Luft ein, schnuppert an meinem Schuh, die Hose herauf, am Verband, das Bellen hört auf, wieder nun ein klägliches, entsetzliches Winseln, er liegt platt auf der Erde, am Boden, auf kalter, trostloser Diele. Keuchend hängt ihm die Zunge heraus, die Nasenlöcher sind dunkelrot, Schaum steht vor der Schnauze. »Nero«, rufe ich mit einer ganz fremden Stimme, springe mit einem Satz vom Diwan hoch, neben ihn, um ihn zu streicheln, die Hand in sein Fell zu legen, den Kopf warm neben seinen – da bleibt die Bewegung in der Luft stehen, ich sehe den Hund im Spiegel, ich sehe die Gegenstände im Zimmer, den Stuhl vor dem Tisch, die Bücher darauf, den Aschenbecher, die Lampe, ich sehe das Tier am Boden – und einen fremden Menschen daneben, dunkles Haar über der Stirn, den Kopf über dem Fell des Tieres, die Hand –, erstarrt blicke ich auf, auch jener hebt sein Gesicht, zwei Augen starren zu mir herüber, entsetzt lasse ich das Tier los, auch jener – was ist das, ich fühle einen Schwindel, auch jener erbleicht, taumelt mit mir hoch, springt zum Spiegel, ich drehe mich suchend um, auch jener –: Niemand, es ist niemand im Zimmer außer mir, ich bin ganz allein, nur das Bild im Spiegel, und das – bin ich, ich selbst, es kann nicht anders sein, ich bin ganz allein, ich bin einsam, grauenhaft allein, ich taste meinen Körper entlang, Arme, Gesicht, eine Hand streift über die andere: Ich, ich, ich, ein anderer ist ich, ich bin der andere, der Tote, der nun lebt, Gesicht, Körper ein anderer, Muskeln, Fleisch, Därme, Gehirn und Seele. Nicht ich? Nicht mehr mein? Ich selbst nicht mehr ich? Was hier aus meinen Augen schaut, was meine Hände tasten, meine Gedanken, meine eigenen Gedanken – nicht mehr die meinen?!

Ein atemloses Entsetzen hält mich gepackt, ich versuche zu denken, wie erfroren ist alles, eisige Stille hinter der Stirn, aus dem Spiegel starrt ein angstvolles, marmorbleiches Gesicht. Plötzlich zuckt etwas auf, eine brennende Röte pulst hoch, wieder tastet die Hand wie vorhin mechanisch über die Brusttasche, nun ist alles klar: Der Pass, der Name des andern, der Name hat das andere nachgezogen, ist mystisch verknüpft damit, unlösbar Gesicht und Name, und nun bin ich der andere und muss seinen Tod zu Ende leben, sein Leben, während er draußen liegt unter der Erde im Schlamm, und gehe ein in sein Leben wie in einen Rahmen, aber ich weiß alles, ich stehe wie ein Zuschauer dahinter, ich bin trotzdem ich selbst und schaue mir zu, der ich der andere bin und doch ich, ein Mensch hinter seinem Bilde.

Eine Ruhe ist nun über mir, eine seltsame Stille. Es ist alles leer, ich habe keine Furcht mehr, es war vielleicht zu viel, ich bin müde, man kann nicht über ein Maß hinaus, ein Augenblick ist nie ganz zu fassen, man weiß alles nur aus der Vergangenheit, das ist gut so, die Seele würde sonst zerbrechen. Ein Schutz, ein Wall gegen einen selbst, gegen Irrsinn, Überwältigung und Wahn, es ist ja alles gut, alle Vergangenheit ausgelöscht, kein Krieg mehr, keine Arbeit, ich weiß gar nicht mehr, wie das früher war, es ist ja wohl auch gleich, ich bin ein neuer Mensch, ein neues Leben beginnt, neue Zukunft. Jetzt, jetzt das Glück, jetzt, wenn ich durch die Tür gehe, dahinter ist das Glück, dahinter –

Die Tür geht auf, langsam, vorsichtig, ein schmaler Spalt, ein Kopf zwängt sich hindurch, rostbraunes Haar glänzt in der Sonne, eine weiße Hand liegt auf der Klinke, große blaue ängstliche Augen lauschen herüber: Da ist sie neben mir, ihr Atem haucht in mein Gesicht – nein, nein, nein:

»Was hast du denn, wie siehst du mich seltsam an, warum weichst du zurück?«

»Nichts, ach, es bedeutet nichts, ich erschrak nur, ich bin das nur alles noch nicht gewohnt, dass jetzt – du da bist, ich war so lange allein im Graben, da waren nur Männer, immer Granaten, immer Lärm, immer Kommando und Bereitsein zum Tod und nun plötzlich – ist jemand neben mir, eine Frau, so schön –«

»Töricht Herz, ich werde ja rot«, und hält mir die Augen zu.

Soll ich es ihr sagen? Muss ich es ihr nicht sagen?

»Sieh doch nur, wie ich aussehe, mein Haar, mein Gesicht, das ist ja alles –«

Da geht es nicht weiter, sie hat mich im Arm, sie hängt an mir, ich bin ganz schwach, ich kann doch nichts dafür, dass ich schwach bin, dass ich sie liebe, ja, damals schon, sofort, ich sah ihr Gesicht und liebte sie und hatte keine Kraft, ihr zu sagen, dass ich es ja gar nicht war, dass sie einen anderen meinte mit ihren Küssen, einen andern liebte, einen andern, einen andern!

»Nun komm herein, du hast lange genug geschlafen, die Sonne ist bald unter, der Tisch ist gedeckt, so lange schon, es wird alles kalt geworden sein, und Mutter wartet, Mutter ist auch drin, ich habe es nicht ausgehalten und ihr gesagt, dass du da bist, sonst niemandem, du sollst erst einmal Ruhe haben heute, morgen ist es etwas anderes, da werden sich wohl deine Freunde nicht mehr zurückhalten lassen, Bobby hat schon dreimal seinen Diener geschickt, das war lieb, dass er dich gleich im Auto hergebracht, von Bussy Sandor ist ein großer Fliederstrauß da mit einem rosa Briefchen, ich rede alles durcheinander, du musst nicht böse sein, und denk nur, Sven Borges ist auch eben von der Reise heim, ich habe ihn die ganze Zeit nicht gesehen, er hat nur einmal Urlaub gehabt und wurde sehr zudringlich, ich erzähle dir das später, und nun, während du da drinnen liegst, vor einer halben Stunde geht das Telefon, seltsam, nicht? Er muss mit dem gleichen Zug gekommen sein wie du.«

Der Rücken, die schiefe Schulter, ist er das? Es muss derselbe sein wie in der Bahn. Wieder ist das Dunkel da, Sven Borges, wieder fühle ich eine Glasscheibe vor meinen Augen, man sollte sie zerschlagen, aber man kann nicht hindurch, kann nicht hindurch –

Es geht schon weiter, man hat gar keine Zeit zum Nachdenken, es ist wie ein Bilderbuch, immer eine neue Seite, immer eine neue Überraschung, und ist doch mein eigenes Leben: Da bin ich nun im Nebenzimmer, ein Tisch ist gedeckt mit feinem weißen Damast, Kristallgläser stehen, grüne und rote Kelche, Blumen liegen dazwischen, kleine violette Veilchen, in der Mitte eine große hohe Vase voll offener leuchtender Rosen, rechts und links zwei Kandelaber mit neun weißen Kerzen, es ist so feierlich, sie hat mich an der Hand wie ein Kind, so war das immer, wenn ich Geburtstag hatte, Mutter führte mich herein an der Hand, Überraschungen, Geschenke: Da steht eine alte gebückte Frau, ihr spärliches weißes Haar steht wirr um die alte, zermorschte Stirn, die schmalen, zusammengekniffenen Lippen zucken, ihre grauen, stillen Augen hinter der goldenen Brille blicken unverwandt ganz groß und staunend auf mich, nun stößt sie hart den Stock auf den Boden, kommt Schritt um Schritt auf mich zu, die Brille rutscht ihr von der spitzen Nase, der Stock fällt klappernd auf die Erde, die kleinen, vertrockneten Arme schlingen sich um meinen Hals, während der kleine greise Leib sich zusammenzieht in Schluchzen und Glück.

»Mutter –«

Mir kommen Tränen ins Auge, ich weiß nicht warum. Das ist meine Mutter. Eine Sehnsucht fasst mich, ein namenloses Weh, ich möchte ihr zu Füßen fallen, aber irgendetwas hält mich zurück, sitzt ganz schwer und trocken mir in der Kehle, dumpf und erstickend.

Nun sitzen wir an der Tafel, die Lichter flackern, es wird wenig gesprochen, die alte Dienerin trägt die Speisen, es ist weißes Porzellan, dünnes, durchsichtiges mit einem roten Drachenmuster, drüben rechts an der Wand hängt ein Bild, es muss Grete sein und ein junger Mensch daneben in Uniform; sie muss meinen Blick bemerkt haben, auch ihre Augen gehen hinüber, ein Lächeln ist auf ihrem Gesicht, sie hat ihre Hand auf meiner, zieht sie nun schelmisch zurück und sagt, den Kopf zurückwerfend:

»Eigentlich siehst du ja so in Zivil etwas schäbig aus. Weißt du noch, wie wir uns damals zum ersten Mal fotografieren ließen, Vater und Mutter wussten nichts von unserer Verlobung, ich war so stolz auf deine Uniform. Du dientest gerade, bis es so weit war mit deiner Anstellung und der offiziellen Mitteilung, hättest du sie wieder ausziehen müssen, da gingen wir hin, dein Schnurrbart, die schwarzen Borsten hast du noch vorher hochgekämmt, gottlob ist er weg, ist der Krieg zu etwas gut, das kitzelt ja zu dumm, und du sahst aus wie eine Postkartenschönheit, ich war ein dummes Mädel, mir gefiel das damals, schau nur –«, und springt auf und mit dem Bild in der Hand wieder zurück, mit einem ganz hellen Lachen: »Was du damals für runde Augen gemacht hast, wie ein Marzipanprinz, und die silbernen Litzen, wie die eine abriss, als wir uns an dem Abend so rasch trennen mussten, und du wolltest noch einen Kuss und bliebst an der Stuhllehne hängen, und ich nähte sie dir in aller Aufregung zusammen, und der Feldwebel hat es doch gemerkt und gefragt, aber du hast nichts verraten und lieber den Arrest auf dich genommen, nein, du, ein standhafter Zinnsoldat, den Namen wurdest du nun nicht mehr los, mein kleiner Zinnsoldat, und ist nun ein großer geworden und hat genug davon, und ich habe auch genug, trotz des Zivils, es ist besser so, wahrhaftig.«

Sie ist ernst geworden und nachdenklich, ihre feinen schmalen Finger spielen mit der silbernen Messerbank, ich wende mich halb, ihr Gesicht ist im Profil, der weiße

Nacken über das Bild gebeugt, eine weiche rührende Linie, plötzlich ist all ihre Heiterkeit weg, und mit einem wehen, seltsam müden und vergrämten Zug um die Lippen flüstert sie:

»Ein Teil des Lebens ist weg, der Krieg hat ihn uns genommen, uns um unser Leben betrogen, wo ist es nun? Wenn man verheiratet ist, muss man doch ein Leben zusammen führen, was hat es denn sonst für einen Sinn! Wie oft habe ich hier gesessen, mich gesehnt und gedacht, was machst du jetzt draußen, bist du im Graben, sprichst vielleicht mit Kameraden, trinkst, hast vielleicht mein Bild in der Hand und erzählst den andern, bist mit deinen Gedanken hier im Zimmer oder auch ganz woanders, bei dem Feind drüben, studierst seine Stellung, oder ein Hauptmann ist da, oder es beginnt gerade ein Angriff, und ich sitze hier und kann mich nicht rühren, es geschieht alles ohne mich, während ich hier ohnmächtig und wie blind bin, die Kugeln fliegen, rechts und links spritzt Blut, fliegen Arme und Beine, dem hängen die Därme heraus und dem das Hirn, eben hast du noch mit ihnen gesprochen, es ist grauenhaft, hier allein zu sitzen und die Mutter immer stumm und kein Wort, manchmal habe ich gedacht, habe ich ja gar nicht mehr gewusst, ob du überhaupt noch lebst, ob du nicht vielleicht schon in der Erde, längst eine unkenntliche Masse, dann habe ich plötzlich das Gefühl, ich bin mit einem Toten vermählt und weiß es nicht einmal, dann hätte ich schreien mögen, mein eigenes Leben, dass man so dasitzt, der Körper, der auf dem Stuhl sitzt, dann ist es zu Ende, es ist solch eine grauenhafte Kälte, die in einem hochsteigt, wie ein kaltes Fieber, ich habe manchmal stundenlang gesessen und konnte nicht aufstehen, nachts im Bett fand ich keinen Schlaf, ich sah dich neben mir liegen, auf weißem Laken, deine Stirn war ganz weiß, es war ein halber Traum, halber Wahnsinn, Blut war in einem Haar, und die Zeit lag wie eine Puppe darüber, ja, die Zeit, die, die ich lebte, die du lebtest, eine Puppe seltsam starr, mitten mir auf der Brust, mit einem tonlosen Atem an dem meinen saugend, dass ich fast erstickt.«

»Grete, Grete, Kind, du –«, zum ersten Mal ist der Name aus meinem Mund, es ist gar nicht mehr wunderlich, ich habe nur ihre Hand genommen und halte sie in der meinen, sie ist ganz kalt und zittert, ihr Gesicht ist sehr bleich, ich streiche über ihr Haar, immer wieder, ich kann gar nichts denken, ihre Brust geht auf und ab, über die Wange rinnt heiß und langsam eine Träne, ich stehe auf, ich nehme sie in meine Arme, ich küsse ihr die Träne weg, ein stummes, qualvolles Schluchzen erschüttert den Leib, ich lasse sie nicht los, endlich wird sie ruhiger, ein Lächeln ist wieder um ihre Lippen, mit Gewalt reißt sie sich zusammen, nimmt ihr weißes Taschentuch, wischt energisch über die Augen, lachend schon wieder und schelmisch über die meinen, setzt sich wieder an den Tisch, sticht hart mit der Gabel ins Fleisch, schneidet einen großen Bissen, stippt ihn in die Tunke, schiebt ihn mir in den Mund und:

»So, das ist wichtiger als alles. Ich bin ein dummes, hysterisches Ding, und nun wollen wir nicht mehr darüber reden, nicht?«

Nein, wir reden nicht mehr darüber. Aber sie ist bleich, ihr Mund lacht, sie spricht unaufhörlich, sie scherzt und beginnt tausend Schnurren, aber ich weiß, sie ist nicht dabei, es ist nur der Mund, der lacht, ihr Auge bleibt groß, ernst und erschrocken, und hinter der weißen Stirn liegt eine kleine Seele, krank und blutet aus tausend Wunden.

Das Essen ist vorbei, wir sind aufgestanden, die alte Magd räumt die Teller weg, die Mutter, die bisher stumm vor sich hinkauend dabeigesessen, nur Halbverständliches vor sich hingemurmelt, hat jetzt ihren Stock genommen, humpelt um den Tisch herum, hängt sich in meinen Arm, zeigt mit einem fast triumphierenden Ausdruck zur Tür links, ich blicke fragend zu Grete, ein süßes Madonnenlächeln ist auf ihrem Gesicht, über ihre Wangen fliegt eine zarte, glückliche Röte:

»Da liegt er drin und schläft«, strahlt sie, »jetzt kann er ruhig aufwachen, er hat ja nicht jeden Tag einen anderen Vater, der zurückkehrt.«

Gott, der am Kreuz hängt, der die Sünden der Welt trägt: Eine Woge hat mich erfasst und trägt einen fort, lässt mich nicht mehr los, man kann nicht mehr zurück, man kann nichts ungeschehen machen, die Küste entschwindet, hinaus aufs schwindelnde Meer, ohne Halten – es flammt mir vor den Augen.

Das kleine Zimmer ist ganz in Weiß, rosa und blaue Wände, weiße Decken, weißer Mull, die Fenster sind offen, die weißen Federgardinen bauscht der Wind ins Zimmer, auf der gelben Strohmatte spielen runde Sonnenflecke, es ist ganz still, ich höre meinen Atem, die beiden Frauen neben mir bleiben stehen, in der Ecke ist ein kleines Bett, weiß lackiertes Holz, weiße Kissen, mit drei Schritten ist sie hin, beugt sich tief über den Rahmen, das Holz presst sich ihr in den Schoß, das Kleid rutscht hoch, ich sehe ihre schwarzen Schuhe, die weißen Strümpfe, zwei runde Waden, der Körper kommt wie in einem Schwingen zurück, sie atmet hoch auf, in ihren Händen bewegt sich etwas, kleine, schlafdumpfe Bewegungen, reckt sich, wird wach und stark und wirft strampelnd die Decke von den hochgerichteten Beinchen. Ein zarter, winziger Körper quält sich nackt und rot auf ihren Armen, strampelt gegen das Licht, gegen Leben und Welt, die kleinen Fäustchen sind schmerzhaft geballt, die Lider fest zusammengepresst. Nun ist sie neben mir, hält das Kind wie eine Monstranz vor sich und reicht es mir in die Arme. Da schaue ich nun hinab und wage mich nicht zu rühren. »Dein Junge«, sagt sie, »nicht wahr, er sieht genau aus wie du, die schwarzen Härchen und die kleine runde Nase, ich habe noch Kinderbilder von dir im Schreibtisch gefunden, mit kurzen Höschen, süße, lustige Bildchen, siehst du, da muss er auch lachen, und die winzigen Händchen greifen nach deinem Finger, jajaja, der Papa ist wieder da, der Papa, sag einmal Pa-pa, Pa-pa, siehst du, er macht schon das Mäulchen rund, Pa-pa, da, wirklich, hörst du, sein erstes Wort, wie oft habe ich es ihm vorgesagt, nun hat er es begriffen, sagt es gerade heut zum ersten Mal, Pa-pa, Pa-pa, du mein Trostkind, mein kleines Geschöpf!«

Da ist ein Scharren an der Tür, ein dumpfes Knurren und Suchen, die Klinke klappt zweimal ungeschickt herab, und da ist der Hund im Zimmer, springt mit ein paar großen, wilden Sätzen gerade auf mich zu, mit beiden Tatzen nach dem Kind hoch, fast lasse ich es fallen, da reißt es mir Grete im letzten Augenblick aus der Hand, die Wut des Tieres lässt nach, mit großen roten Augen glimmt es mich an, springt noch einmal wie sinnlos bellend durchs Zimmer, zur Frau zurück, reibt sich winselnd an ihrem Knie, der Schwanz wedelt demütig, die rote Zunge hängt lang aus dem offenen Maul, er wendet den buschigen Kopf, blickt zu ihr wie bettelnd hoch, ist nun auf seinen Hintertatzen, an ihrem Arm, der krampfhaft das Kind hält, und leckt atemlos über Arme, Beinchen und den nackten Körper des Kindes.

»Bist du denn toll, Nero? Was fällt dir denn ein? Es wäre ja fast gefallen!«

»Schafft das Tier fort«, sage ich dumpf, »ich kann es nicht sehen«, und gehe zur Tür hinaus, zurück in mein Zimmer.

Mir ist sehr übel. Das Tier hat mich verwirrt. Ich hasse es. Es wird mich im Traum verfolgen. Es ist wie ein Mensch. Aber was will es? Was geht das Ganze ein Tier an? Lächerlich. Ich bilde mir das alles nur ein. Meine Nerven sind völlig entzwei. Der verfluchte Krieg. Aber es ist ja jetzt alles gut, ich habe ein Haus, ich habe – eine Frau, ein – Kind, warum denn nicht, ich habe das nicht gewollt, das war nicht gemeint, als ich den Pass nahm, ich wollte ja nur heraus aus dem Dreck, ich will ja nur ein neues Leben beginnen, ich bin kein Proletarier, ich bin jetzt ein feiner Herr, ich bin es doch, also täusche ich niemanden, sie kann ganz zufrieden sein mit mir, sonst hätte sie ja niemanden, das Kind würde sein »Papa« in die Luft sagen, wie es lächelte, die kleinen roten Beinchen, was geht mich denn das Tier an, es soll sich in Acht nehmen, ich gebe nichts wieder heraus, hier bin ich jetzt und verteidige es mit Zähnen, mein Kind, mein Weib – Grete! Das ist furchtbar! Ich betrüge sie, ich habe solch eine Frau nie gesehen, ich betrüge sie mit mir selbst, das ist alles so grauenvoll, aber ich liebe sie doch, ich liebe sie doch, so rasch kann das gehen, das ist ganz neu, wenn ich an sie denke, ist hier etwas in der Brust und schmerzt, ihr Haar, ihre Lippen, ihre Augen, wenn sie einen anschaut, wie sie über das Kind gebeugt war, was tue ich denn, was tue ich denn?

Es klopft. Sie ist es. Wie konnte ich so weg von ihr, allein in mein Zimmer. Ein Proletarier handelt so, aber kein gebildeter Mensch. Warum scheue ich mich, die Tür zu öffnen? Weil ich sie liebe? Bin ich ein Dieb? Ich werde wahnsinnig!

»Verzeih mir«, sagt sie, »das dumme Tier! Aber wie konnte ich das wissen. Du solltest vielleicht jetzt wirklich noch lieber hier eine Weile allein liegen und dich ausruhen, wo du Menschen nicht gewohnt. Du sollst ruhig bleiben, aber lass mich wenigstens nur neben dir sein, du schließt die Augen, ich will ganz still sein und dich immer nur anschauen dürfen, nur das, wenigstens dich anschauen, ja?«

»Leg die Hand auf meine Stirn«, sage ich ganz leise und schließe die Augen.

»Ja, so ist es gut, du bist nun mein anderes Kind! Nun nie, nie mehr aus meinen Armen!«

Wie lange liege ich so? Ihre Hand auf meiner Stirn, immer ihre Hand! Ich bin ihr Kind, ich bin geborgen, der Sturm hat mich unter diese Hände geweht, es ist alles gut.

Schlafe ich? Ich möchte reden, wenn ich doch reden könnte, alles dieser Hand sagen, die schmal, still und voll Glauben auf meinem heißen Gesicht ruht. Ich werde nie mehr reden können, das Geheimnis ist wie eine Barriere mir über den Mund gelegt, über Fröhlichkeit, Lust und Leben. Aber darum tat ich es doch, gerade darum! Ich will leben, ich will diese Hand küssen dürfen, die Lippen zwischen die schmalen Finger, über die kühlen runden Kuppen, die kleinen glatten rosa Nägel.

»Was machst du denn«, sagt sie verwirrt, »du sollst doch schlafen!«

»Ja, ja, ich schlafe ja: Es ist alles nur Traum, alles nur Traum, Grete, es ist ja ganz gleich, wir dürfen nicht darüber nachdenken, ob das wirklich so ist, aber du bist glücklich, nicht wahr, glücklich wie ich, du liebst mich, und wir sind zusammen, ich halte deine Finger, deine Hand, alles andere ist nur Gespenst, Dämonen, die einen hinabwerfen wollen ins Dunkel, aber du bist das Licht, du machst mich gut, es fällt alles von mir ab, ich will gut sein zu dir, nichts kann mich hindern, du bist mein Weib, meine Rettung, ich liebe dich, ich liebe dich, Grete!«

Ihre Lippen sind auf meinen, ich küsse sie auf Stirn, Brust, Hals und Augen, ihre Brust wogt, ihre Augen werden groß, weich und dunkel, ihre Hände ganz ohnmächtig, wir liegen beide auf dem Diwan, ihr Atem weht mir heiß und erregt ins Gesicht, ich fühle das Zittern ihres Leibes –: Da ist draußen eine Stimme, Worte vor der Tür, ist irgendwo eine Unruhe, ich muss das schon einmal gehört haben, es ist wie ein Stich, ich will nichts wissen, es geht mich nichts an, sie ist in meinen Armen, die Welt hört hier auf, eine Wand, ich weiß nichts anderes, ich kann jetzt nichts anderes wissen – da klopft es ganz schüchtern, und die Stimme der alten Magd sagt durch die Wand:

»Herr Sven Borges ist da: Er möchte Herrn und Frau Doktor seine Aufwartung machen.«

Sie hat sich erhoben, es ist Abend geworden, am Fenster klebt taubes Licht, ich kann ihre Augen nicht mehr sehen, die Stirn ist gesenkt, das sonst so weiche Kinn sticht hart und schwarz in den Dämmer.

»Wir wollen ihn nicht empfangen«, sagt sie endlich nach einem Schweigen, ihre Stimme ist unbewegt und seltsam heiser, ihre Glieder gespannt.

»Liebt er dich?«

»Ich weiß nicht. Vielleicht hasst er mich auch. Das geht mich nichts an. Ich mag ihn nicht.«

Plötzlich, sich wendend:

»Er war hier, auf Urlaub, vor einem halben Jahr, vor drei Monaten noch einmal, brachte Grüße von dir, ein Nachmittag wie jetzt, er saß im Stuhl gegenüber, seine Blicke immer in die meinen, er hat graue, runde Augen, wie kalte Kugeln, man wird das nicht mehr los, wie eine Ratte. Er hatte dich gesehen, war mit dir zusammen gewesen, ich war glücklich, etwas von dir zu hören, lud ihn zum Essen, warum denn nicht, ist er nicht dein Freund, du warst draußen weit im Graben, nun war etwas von dir im Zimmer, ganz nahe bei mir, er wusste dein letztes Gesicht, deine Worte, hatte dein Lachen gesehen, deine Bewegungen, etwas davon musste widerglänzen, in ihn eingegangen sein, ich war so froh, ich war nicht mehr allein, ich hörte seine Worte, ohne zu wissen, was, auch du hattest seine Stimme gehört, ich ging wie auf einer Brücke, schwebte über die endlose Breite des Stromes Zeit, über Meilen Landes zwischen uns, ich war bei dir, sah dich leibhaftig vor mir, es war alles wieder da.

Er aber verstand das nicht, glaubte, meine Heiterkeit gälte ihm, Freude, Seligkeit auf meinem Gesicht ihm, er nahm meine Hände, ich begriff noch immer nicht, plötzlich waren seine Lippen darauf, brannten heiß die Arme hoch, ich fuhr zurück, sah ihn erschrocken an, seine Hände griffen leer in die Luft, seine Lippen stammelten Unverständliches, zwei Sekunden nur, da hatte er sich wieder in der Gewalt, ein böses Lächeln stand auf seinen Lippen, seine Augen bekamen einen stumpfen Glanz, er verbeugte sich und war hinaus.«

»Das zweite Mal –«

»Nach drei Monaten war er wieder da. Warum bekam er immer Urlaub und du nie? Ich zürnte dir, war gekränkt, liebtest du mich weniger als er, vielleicht tat er mir auch leid, oder es war Eitelkeit oder Neugier oder doch nur, weil er im Zusammenhang war mit dir: Ich ließ ihn wieder vor, er schien gealtert, auf seiner Stirn waren seltsame Falten, seine linke Schulter war hochgezogen, sein Gesicht grau. ›Ist der Krieg bald zu Ende‹, fragte ich. ›Wünschen Sie es nicht‹, gab er zurück, seine

Stimme klang hohl, seine Lippen pressten sich schmal aufeinander, er schien, während er sprach, gar nicht im Raum, gar nicht da, wie mit etwas ganz anderem beschäftigt. Ich fragte nach dir, er wich mir aus, ich legte meine Hand auf seine, da sah er mich an, wund wie ein Tier, in seine Augen kam ein grünes Licht, die Falten auf seiner weißen Stirn zogen sich hoch zusammen, plötzlich schrie er: ›Ich lasse dich nicht, ich werde nicht eher ruhen, als bis ich alles weiß, ich bin ihm auf der Spur, ich bin ihm auf der Spur.‹«

»Wann? Wo? Ein Irrsinniger!«

»Ja. Ich glaube wohl auch. Seine Lippen waren ganz weiß und zitterten, die Schulter krümmte sich in die Höhe, ich konnte kein Wort herausbringen, nichts fragen, nichts ihm entgegnen. Er schien es auch nicht zu erwarten, an der Tür drehte er sich noch einmal um, die Spannung aus seinem Gesicht war jetzt weg, seine Züge waren schlaff, voll Leid und Armut. ›Verzeihen Sie‹, flüsterte er fast schluchzend, ›verzeihen Sie mir. Alles, was ich gesagt habe, alles, was ich tun werde, es ist stärker als ich, es ist über einem, ich sterbe daran, ich weiß das, aber er auch, er auch, vorher, zuerst!‹«

»Das ist doch alles –«

»Lass ihn nicht herein, ich fürchte mich!«

»Wovor denn? Wovor? Das ist doch alles lächerlich.«

Ich sprach sehr mutig, mein Blut brannte mir in den Schläfen, ich war aufgestanden und war nun vor ihr, etwas kroch mich an, man musste ihm begegnen, auf welcher Spur war er, was konnte er wissen, welch ein Mensch konnte etwas davon wissen, und wenn, man würde mit ihm fertig werden, ohne Schwierigkeit, ich war ja der andere, es konnte ja nichts geschehen, mir nichts und Grete nichts. Mir auf der Spur? Unmöglich. Niemals. Konnte ich ahnen, dass es das gar nicht war, dass es eine ganz andere Spur gab, etwas ganz anderes, das ich nicht wusste? –

Ich hatte den Arm ihr um den Leib gelegt, ich war jetzt ganz sicher, ich hatte eine Aufgabe, eine Verantwortung, sie schützen vor allem, sie war schwach und gab sich in meine Hut, ich war ihr Gatte, es gab keine Gespenster mehr, ich hatte alles Recht, sie war auf mich angewiesen, sie war in Not, und ich durfte sie retten, ich war sehr glücklich, der Stolz stieg in mir hoch, ein nie gekanntes Gefühl von Kraft, ich brauchte nicht zu ihr aufzusehen, sondern sie zu mir, sie in Schwachheit und ich in Kraft, wer wagte es, an meinem Glück zu rühren?

An der Schwelle noch einmal bleibt sie stehn, schlingt leidenschaftlich den Arm um meinen Hals, drängt den Leib zitternd gegen meinen, »geh nicht, geh nicht«, haucht sie, da ist ein Trotz in mir, fast wie ein Zorn, ich habe solch ein Gefühl nie gehabt, will sie sich auflehnen gegen mich, liebt sie vielleicht den andern, ja?, ich könnte sie schlagen, ich könnte meinen Arm aufheben gegen sie, in ihr Gesicht hinein, über die weißen Wangen, die weiße, durchsichtige Haut, den weichen, runden Nacken, dass das Blut strömt, sie ist mein Geschöpf, lebt in mir, nur durch mich, ich bin ihr Gatte, ihr Herr, warum sieht sie einen anderen an? Widerstand? Widerstand? Wie kann sie es wagen?!

»Was machst du für Augen«, sagt sie, ihr Gesicht ist ganz nah, hilflos und flehend blickt sie in die meinen,

»ich glaubte, das sei längst vorbei, das hättest du draußen vergessen?«

Vergessen? Was?

Ich blicke sie an, ich verstehe mich nicht, wo kam das her? Schlagen? Dies Gesicht? Diesen Leib? Dies Geschöpf, das mir geschenkt ist, anvertraut, ich gewürdigt, begnadet: Grete, Grete!

»Niemals mehr, nicht? Ich gehöre dir, nur dir, das weißt du nun immer. Alle Sehnsucht diese Jahre immer nach dir, alles Hoffen, alle Angst, alle Verzweiflung immer um dich, alle Liebe, alles Leben nur immer du, immer du, immer du!«

Ich küsse sie auf die Stirn, auf Augen und Mund, sie lächelt, sie ist ganz hingegeben und glücklich, ich könnte ihr jetzt zu Füßen fallen, ihre Füße küssen, die schlanken Beine, wie sie sich zu dem Kleinen beugte, mein Kind aus ihrem Schoß, mein Kind, ich liebe alles an ihr, jede Wimper, jedes Härchen, nun liegt ihr Kopf an meiner Brust, meine Hand über ihrem Haar, sie richtet sich auf, sie lächelt, es kann nichts mehr geschehen, »komm«, sagt sie nun selbst, und so gehn wir hinein, Arm in Arm.

Drinnen brennt schon das Licht, elektrisches Licht, die Vorhänge sind vor den Fenstern, um den Tisch in der Mitte stehn sechs leere Stühle, der Schreibtisch links ist breit und braun, ein schweres weißes Schreibzeug steht darauf, viereckig wie ein Grabmal, ein aufgeschlagenes Buch davor, was steht darin, wer hat es gelesen, vielleicht ich selbst, auch ich? Mein Schreibtisch, mir fällt schon alles wieder ein, hier habe ich gesessen, natürlich, hier habe ich gearbeitet damals, was denn nur, dieser Stuhl davor mit dem runden Strohgeflecht – ist ja zu drehn, immer herum, ich möchte mich jetzt daraufsetzen oder die Hand daran halten, und er soll herumkreiseln und der Schraubenstiel in der Mitte silbern und dünn und lächerlich hochwachsen wie ein ganz breiter, flacher Kopf auf einem dünnen Hals, und dann jagt die letzte Windung heran, und mit einem Krachen fliegt es herab, und der Hals biegt sich krumm, und nun setze ich ihn so verbogen wieder herauf, und er kugelt schief und wie betrunken wieder zurück, bis es nicht mehr weitergeht und das Holz stöhnt und die Kante der Scheibe sich schief hineingerammt. An der Tür links steht Sven Borges, er ist hochaufgerichtet, seine Schulter zuckt jetzt nicht, liegt ruhig und gerade, sein Hals gerade, er schaut auf Grete, er tritt heran und verbeugt sich, um seine Lippen ist ein verbindliches Lächeln, er neigt sich zu ihrer Hand und küsst sie, er tritt auf mich zu und reicht auch mir die Hand, er fasst sehr derb zu, seine Hand ist breit wie ein Gebirge, was sich da hineinirrt, ist zerdrückt, auch ich fasse zu wie Eisen, es ist wie ein Kampf zwischen den Händen, »lasst nur wieder los«, sagt Grete lachend, ein wenig heiser ist ihre Stimme, ein wenig gequält ihr Gesicht, »ich freue mich, dass Ihr erster Besuch gleich Hans und mir gilt, nun sind Sie beide da und beide lebend, der Krieg ist aus, Ihre bösen Ahnungen sind in Luft verweht!«

Sie will heiter scheinen und leicht, es gibt keine Schwere mehr, keine Gefahr mehr, ich bin bei ihr und lasse nichts heran, sie fühlt das, es ist gut, dass ich hier bin, man darf solch eine Frau nicht allein lassen, wie er sie ansieht, ich könnte mich auf ihn stürzen, aber es ist wie eine Wand davor, wie die Glasscheibe in der Bahn.

Nun sitzen wir am Tisch, Grete hat Likör kommen lassen, eine kleine geschliffene Karaffe, kleine bunte Gläschen, warum so viel Aufwand für ihn, man sollte ihn einfach am Kragen packen und hinauswerfen, abschütteln wie eine Viper, warum schweigt er immer und spricht nicht, sitzt nur immer da, »ein Gläschen noch« – »ich bitte« –, wie ein Maulwurf, sagt sie, ein Fisch, sich festsaugend mit tausend Saugnäpfen, man muss ihn herausreizen aus seiner Ruhe, keine Umwege machen, nicht herumschleichen wie er, was kann er wissen, wer ist er, hat er mir nicht schon einmal etwas getan, bevor Grete da war, bevor sie da war, gab es auch einmal solch eine Zeit, mir ist, als wenn ich selber im Grab liege, ich habe das alles schon einmal erlebt und weiß nicht wie, etwas kommt durch die Luft, landet und stößt gegen einen, lautlos und weiß schwimmt die Seele in der Luft, wie Gallerte ist alles, ungreifbar und schemenhaft, mitten in solch eine Welt ist man gesetzt voll Wunder, hier sitze ich in einem eleganten Zimmer, und da ist ein Mann gegenüber, der mich hasst, und ich weiß nicht warum, und da ist Grete, meine Frau, wie ein Spieler bin ich auf einer Bühne, werde ich meine Rolle wissen, ist mein Stück zu Ende geschrieben, vorher schon bestimmt, und ich sage es nur nach, etwas Uraltes, meine Worte fallen aus meinem Mund ganz von selbst, mein Blut findet seinen Weg allein, um mich herum sind Muskeln und Fleisch, ich sitze in mir selber drin und schaue aus meinen Augen wie aus einem schmalen Schacht, da ist die Welt, da ist das andere, Menschen und Straßen und Wolken und ein Zimmer und Schicksale, und ich gehöre selber dazu, selber dahinein – wo bin ich denn, es muss ja etwas geschehn, ich muss etwas tun, sonst geschieht es mit mir, ich muss zuhören, was die beiden sprechen, es ist sehr notwendig, warum steht Grete denn auf, ich sollte sie zurückrufen, geht hinaus mit kleinen leichten Schritten, tänzelnd, wie?, damit jener es sieht, wie?, liefert mich dem aus, verrät mich an ihn, liebt ihn, liebt ihn doch, ich will ihr nach, ich muss, mich auf sie stürzen und über sie, was geht mich denn der Mann an, sie ist mein Weib, ich will ihr nach, aber er zuerst, doch er zuerst, jetzt fasse ich ihn, packe ihn einfach bei der Gurgel –, da blickt er mich plötzlich an, kalt und durchdringend, und sagt:

»Ihre Frau ist herausgegangen, ich benutze die Gelegenheit, um mich mit Ihnen auszusprechen, wir wollen vergessen, was zwischen uns war, verzeihen Sie mir mein Benehmen heut im Zug, es kam so plötzlich, dass ich Sie sah, Oberst Koch sagte mir, Sie seien noch am letzten Tag geblieben, ich habe es nicht glauben wollen, ich ging noch einmal durch die Gräben, Sie wissen ja, ich lag nicht weit von Ihnen, wir hätten uns eigentlich öfter besuchen sollen, das ist nun vorbei, hätte ich Ihren Leichnam wirklich gefunden, ich hätte ihn vielleicht mit Rosen bekränzt, ich hätte alles vergessen, der Tod macht ja alles verlöschen, nun leben Sie, nun sind Sie wieder heim, heim bei Ihrer Frau, ich will wieder Ihr Freund sein.«

Mein Freund? Rosen? Seine Augen sind kalt und grau, sein Gesicht ist hart, sein Nacken dünn und gebeugt, die

Lippen zusammengekniffen, in der linken Schulter zuckt es, er hält sich zurück, er hat Zeit, er wartet auf seine Beute.

Es war schon einmal etwas, er saß mir schon einmal so gegenüber, ich weiß nicht wann, ich weiß nicht warum, es war sehr ähnlich wie jetzt, aber das ist ja nun gleich, er will mein Freund sein, man darf ihn nicht zurückstoßen, der Krieg ist zu Ende, es ist alles gut, man muss dankbar sein, dass man lebt, dass man nicht tot liegt, zerfetzt im Schlamm, ich bin sehr allein, man muss einen Freund haben, warum soll er es nicht sein, ich kenne ja niemanden sonst, ich erinnere mich nicht, überhaupt jemanden zu kennen, er ist klug, und ich habe keine Furcht, das soll niemand glauben, o nein, weder er noch Grete, ich bin ein Mann, ich habe es bewiesen, ich habe gewagt, was keiner sonst wagt, und ich bin am Leben, es wird jetzt neu anfangen, jetzt erst beginnt es, es wird nicht leicht sein, er soll mir helfen, ich will ihn in meine Pläne einweihen, ihn fragen, wie die Berufslage jetzt ist, er wird das schon wissen, denn sein Beruf schließlich – und meiner –

»Sie werden nun gleich an die Arbeit gehn?«, kommt es wie ein Echo von drüben.

»Ja, das heißt, nach ein paar Tagen, vielleicht, man muss erst einmal sehn, es ist möglich, dass dies und das noch vorher geordnet sein muss, dass – man muss sich ja auch erst ausruhn, nicht wahr, das tun Sie ja wohl auch, Sie nehmen ja wohl auch nicht gleich die ganze Portion wieder auf sich, man muss abwarten, wie die Situation sich macht.«

»Warum warten? Hinein, ehe die andern kommen. Jetzt strömt alles zurück in die Berufe, das große Wettrennen beginnt, wer sich jetzt nicht die Tafel deckt, kommt zu spät.«

Er will mich fangen, er will mich ausholen, ich werde mich nicht verraten, er soll mir nichts nachweisen können, er schnüffelt an mir herum, verfolgt seine Spur, ich habe nichts dagegen, bin so klug wie er, so gebildet wie er, ein Freund, ein Freund, der mich aushorcht, oder ich bin nur empfindlich, er meint es gut, sicher, wo nur Grete bleibt, man muss gewappnet sein für alle Fälle, nein, man muss angreifen, nein, man muss zuvorkommen, in die Flanke fallen, für alle Fälle.

»Und Sie? Und Ihr Beruf?«

»– beginnt morgen. Es gibt immer Verbrecher!«

»Ein trauriger Beruf –«

»Finden Sie? Das Barett tragen, Anwalt des Staates sein, Unrecht sühnen im Auftrag einer höheren Macht –«

»Die waltet schon allein.«

»Aber sie bedarf des Werkzeugs unserer Hände. Der Mensch muss vor sich selbst geschützt werden. – Früher haben Sie anders gesprochen.«

Früher? Will er wieder heran? Wem will er drohen? Von einer Deckung zur anderen: Er soll mich nicht finden.

»Der Krieg liegt dazwischen, Krieg und Tod. Da ist manches in uns anders geworden, ausgelöscht und geändert.«

»Aber es gibt Dinge, die verjähren nicht, bleiben immer bestehn, dem Eingeweihten sichtbar als ein blutiges Zeichen, bis es gesühnt ist.«

»Möglich.«

»Wenn auch das Gesetz nicht mehr straft: Es gibt Wunden, die heilen nie, brechen immer wieder auf, immer wieder. Weil etwas darin zurückgeblieben, ein Splitterchen nur; nun kann es nie heilen, bricht immer wieder der Eiter durch das feine Häutchen hindurch. Sie als Arzt sollten das am besten wissen.«

Ich, ich als Arzt, ja gewiss, wie, ich als Arzt, aber er, warum sagt er mir das, verrät das, so dumm, so lächerlich dumm, ich weiß es ja selbst, dass ich Arzt bin, Chirurg, natürlich, im Schrank da nebenan müssen Instrumente sein, die Tür rechts führt zum Untersuchungszimmer, es ist ganz weiß, und die Instrumente blinken, ein Gaskocher dampft hinter der Glaswand, da stehen Glasröhren, der Sterilisator, die Glastöpfe mit den eingeschliffenen Deckeln, Watte und Pulver und Jod, es ist alles klar, wie eine Wolke ist es nur vor meinem Hirn und dampft nun ab, ich muss gleich hinein, ich muss alles sehn, betasten, ob es noch am gleichen Platz, ob nichts zerbrochen, nichts verstaubt, Grete darf ja nicht herein, das habe ich ihr einmal verboten, wer hat nun dafür gesorgt, man muss gleich fragen, man muss gleich eine Schwester bestellen und einen Wärter, es muss alles wieder in Gang, alles wieder beginnen, die Kranken stehn schwarz im Vorraum, er muss mich entschuldigen, ich kann wirklich nicht mehr hier sitzen und mich unterhalten, mein Leben ist ja nicht so, man muss arbeiten, Geld verdienen, sehr viel, ich muss Grete einen Ring kaufen, mit einer schwarzen Perle, hat sie sich das nicht immer gewünscht, eine schwarze Perle, oder hat sie sie schon, auf dem linken Mittelfinger, schwarz auf der weißen Haut, für die große Operation damals, es war ein so großes Honorar, wie, ja, aber werde ich das denn jetzt können, werden meine Hände das können, in einen fremden Leib hineinschneiden, einen nackten Körper, zerbrochene Knochen, Riemen und Gips und Blut, Chloroform und nackte Frauen –

»Was ist Ihnen denn, was haben Sie, Sie sind ja plötzlich ganz blass«, wie ein Triumph ist es in seiner Stimme, seine Mienen können sich kaum beherrschen, in seinen Augen glüht offener Hass.

»Soll ich Ihre Gattin rufen?«

Da steht plötzlich wieder der Hund im Zimmer, ich habe ihn gar nicht bemerkt, er hat die ganze Zeit dabeigesessen, unter dem Stuhl von Borges gekauert, die Schnauze auf den Pfoten, jetzt kriecht er hervor, richtet sich auf, schleicht langsam hinaus, den Schwanz zwischen die Beine geklemmt.

»Es ist spät«, sage ich da endlich, während jener, in Schweigen versunken, mich fast vergessen zu haben scheint, »verzeihen Sie mir, wenn ich Sie jetzt bitte zu gehn. Grete hat sich wohl auch schon zurückgezogen, der erste Tag, bis man sich wieder an alles gewöhnt, es ist etwas viel, wie?«

»Ja, verzeihen Sie auch mir«, sagt nun jener aufstehend, »ich habe die Zeit unterschätzt, ich habe nur für einen Augenblick kommen wollten und Sie und Ihre Gattin begrüßen und mich entschuldigen, und nun, nicht wahr, sind wir Freunde und sehn uns öfter.«

»Ja, wir sehn uns öfter.«

»Und Frau Grete: Ich lasse mich auch bei ihr entschuldigen.«

Er ist hinaus, ich habe ihn bis zur Tür begleitet, nun bin ich wieder im Zimmer, ich stehe einen Augenblick allein, ich muss mich am Stuhl halten, ein feiner Schwindel hat mich erfasst, es dreht sich alles im Kreis, ich kann nichts mehr denken, ich will nichts mehr denken, etwas tut weh in mir und kann nun nie mehr schweigen, es ist alles so schemenhaft, ich weiß nicht, was ich tue, in meinem Kopf schmerzt es und sticht, warum habe ich ihn hereingelassen, warum nicht Grete gefolgt, schließlich, er ist ja dumm und harmlos, vielleicht auch gutmütig und will einen nur schrecken, jetzt ist es Nacht, jetzt ist es genug, jetzt will ich endlich ruhn und schlafen, morgen ist ein neuer Tag, morgen –

Nun ist sie im Zimmer, »Liebling«, sagt ihre Stimme und schmeichelt weich und zärtlich an meinem Hals, »bist du böse, dass ich hinausging, ich konnte ihn nicht ertragen, mir war, als schnürte mir etwas die Kehle zu, und nun bist du ja auch nicht mehr eifersüchtig, aber ich wollte dir doch zeigen, dass er mich nichts angeht –«

»Nein, dich nicht und mich nicht, es ist alles gut.«

Es ist alles gut, heute Abend, erst einmal schlafen, morgen beginnt es, morgen –

»Hat er dir etwas gesagt?«

»Bist du neugierig, willst es wissen, jedes Wort, ja?«

»Hans!«

Ach, wie kam das aus mir, so hart wie ein Riemenhieb, ich möchte so leise sein mit ihr, ich möchte sie immer nur streicheln, »Hans«, ihre Stimme ist wie ein Gefäß voll

Zärtlichkeit und Demut, in ihren Augen schmilzt etwas, ihre Lippen sind feucht, ich senke mich über ihr Gesicht, es scheint wie von innen zu leuchten, die Lider legen sich durchsichtig über die blauen Sterne, die langen dunklen Wimpern zittern, »komm«, flüstert sie fast unhörbar, »Mütterlein schläft schon lange, es muss spät sein, der dumme Mensch, ich habe nicht nach der Uhr geschaut, sie schlafen alle schon, komm, ich sehne mich – so nach dir!«

Ich schaue sie an, sie liegt in meinen Armen, ihr Körper ist schwer, ihr Atem haucht warm in mein Gesicht, in ihren Augen strahlt eine einzige Liebe. Plötzlich fasst mich eine rasende Angst, hämmert mein Herz wie im Sturm, in der Kehle sitzt mir etwas, was ist denn das alles, wann kam ich denn her, es ist Nacht, es muss ein Ende haben, ich will endlich allein sein, ich muss allein sein, sofort, was will sie denn, warum sieht sie mich denn so an?!

Sie hat sich aufgerichtet, sie hat nichts gemerkt, ihre Augen sind immer in meinen, sie müssen immer darin sein, sie gehn nicht mehr heraus, nun schiebt sie ihre Hand unter meinen Arm, mit der Linken öffnet sie die Tür, dreht drinnen das Licht an, es ist eine kleine gelbe Ampel, ein gelbes, mattes, gedämpftes Licht, da stehn zwei Betten, nebeneinander zwei Betten, ohne Zwischenraum, weißes Laken über beiden, weiße Decke –

»Nein, nein, nein!«

Wo kam der Schrei her, dunkel, unbekannt, grauenhaft aus meinem Leib, entsetzt springt sie zurück, ihre Augen sind weit offen, zitternd, bis in die Fingerspitzen erbleicht, schaut sie mich an:

»Was ist dir, Hans!«

Ich bin selber erschrocken, ich bin selber verwirrt, ich nehme ihre Hände in die meinen, sie sind kalt und feucht, ich bedecke sie mit Küssen, ich lege den Arm um ihren Leib, ihr Körper windet sich in Schluchzen und Scham, ich ziehe sie ganz zu mir, ich setze mich auf den Rand des Bettes, nehme sie auf meinen Schoß, ich sehe ihren weißen Hals, die kleine vibrierende Sehne, das kleine schlagende Herz, ich habe meine Hand über ihrer runden Schulter, die Bluse ist bei einer Bewegung am Pfosten hängengeblieben und aufgerissen, das weiße Fleisch leuchtet matt und durchsichtig, ich presse die Lippen darauf, sie vergisst alles, das Blut hämmert mir in den Schläfen, wie irr tasten die Hände über ihr Gesicht, über das rostbraune Haar, über den schmalen Hals, die weißen Brüste, die runden Knie –: Da ist ein Scharren an der Tür, ein Knacken und Kratzen, ich hebe den Kopf aus den Kissen, ich lausche, meine Hände vergessen, wo sie sind, der Nebel ist fort, es ist alles sehr nüchtern und klar, alles ist zur Tür gespannt, jetzt klingt es deutlich wie ein Rutschen, wie ein Splittern von Holz, ich springe auf, meine Schuhe gehn hart und knarrend über die Dielen, ich bin an der Tür, ich reiße sie auf, es ist ganz finster, es ist niemand da, vielleicht habe ich mich geirrt, vielleicht ist es nur das erregte Blut in meinem Ohr, oder die Granaten aus der Schlacht, vielleicht bin ich auch tot und träume das nur, es kratzt jemand an meinem Sarg, es ist immer noch Krieg, splitternde Mauern, Mörtel und Lehm, ich will die Tür wieder schließen, es ist ja lächerlich, so an einer Tür zu stehn und niemand ist da, ich will zurück zu ihr, wie konnte ich sie allein lassen, jetzt allein lassen, nun habe ich die Hand an der Klinke, nun drücke ich dagegen, da ist ein Widerstand, etwas Weiches, Elastisches, mich befällt plötzlich Furcht, ich drücke rasch mit aller Kraft dagegen, da wird ein Knurren deutlich, und nun sehe ich zwei Augen, ganz nah vor meinem Gesicht, große grüne Augen aus dem Dunkel, starre, funkelnde Punkte auf mich gerichtet, nun auch ein zottiger Kopf, gesträubtes Haar, ein dunkler, zottiger Leib, nach hinten gezogen wie zum Sprung, ich trete blind einen Schritt zurück, ich reiße einen Stuhl aus der Ecke, ich schwinge ihn hoch – da sind die Augen weg, der Kopf ist nicht mehr da, die Tür gibt nach, fällt klappend ins Schloss, ich drehe den Schlüssel zweimal um, draußen tappt es schleppend davon, nun ist es ganz still. Ich stehe noch einen Augenblick und lausche, es ist nichts mehr zu hören, mein Atem wird mählich wieder langsamer, ich kehre mich um, ins Zimmer zurück, da liegt sie noch auf dem Bett, sie hat sich auf den Bauch gedreht, der Kopf ist heiß und rot in die Kissen gewühlt, das Kleid hochgezogen, ihre Beine liegen nackt bis über das Knie, das Haar ist in einer Locke gelöst, das Bett zittert unter ihrem Schluchzen. Ich gehe leise zu ihr hinüber, sie ist mir plötzlich ganz fremd, ein fremder Mensch, still und behutsam ziehe ich ihr das Kleid über die Beine, setze mich auf den Rand des Bettes, ich möchte ihr etwas sagen, ich möchte meine Hand ausstrecken und über ihr Haar streicheln, aber es ist wie ein endloser Weg, meine Hand ist schwer und müde, meine Augen fallen mir fast zu, ich möchte nur schlafen, schlafen.

Ich weiß nicht, wie lange ich so sitze, vielleicht habe ich geschlafen, es ist möglich, ich habe vergessen, dass ich auf einem Bett sitze und eine Frau weinend neben mir, aber ich kann nichts dafür, ich bin wie Kaspar Hauser und komme aus einem dunklen Keller, ich sehe Licht zum ersten Mal, zum ersten Mal einen Baum, eine Wolke, einen Stein, einen anderen Menschen, eine Frau, meine Frau, die Erinnerung kommt ganz langsam, man muss mir sehr viel Zeit lassen, ich bin wie krank, ich sehe alles ganz neu, ich erlebe alles zum ersten Mal, das macht so müde, zwischendurch kommt immer wieder die große, dunkle Hand und deckt alles wieder zu, man steht wieder ganz allein, es ist so grauenhaft, die Welt und die Dinge und man selber, man selber am meisten.

Ich rüttle mich wach, ich kann ja nicht immer so sitzen, wie spät mag es sein, ihre schmale Hand liegt auf meiner Hand, sie hat die Decke über sich gezogen, die Decke bewegt sich ganz langsam, ganz gleichmäßig, es ist ihr Atem, sie schläft.

Ich betrachte gespannt ihre Züge, sie liegt jetzt auf dem Rücken, das Gesicht ist rot und verweint, ein Knie hochgezogen wie bei einem Kind, die Wimpern sind geschlossen, kleine Härchen stehn verwirrt und rührend um die Schläfe, die weichen Lippen sind halb geöffnet, ab und zu unterbricht ein tiefer Seufzer das ruhige Atmen, dann presst sie meine Hand im Schlaf, ich rühre mich nicht, ich halte den Kopf über sie gebeugt, ganz dicht über ihr Gesicht, über ihre Stirn läuft links eine kleine blaue Ader, verästelt sich über der Schläfe, es ist ganz still, nur immer der gleichmäßige Atem, immer auf und ab, etwas lebt da, von selber, immer auf und ab, ich halte es nicht mehr aus, ich beuge den Kopf noch tiefer über sie, meine Lippen berühren die ihren, es ist ganz weich, ganz süß, ich berühre, ich berühre das Leben, nun schlägt es die Wimpern hoch, tiefblaue Sterne sind unter mir, kommen staunend aus unbekannten, fernen Träumen.

»Grete«, sage ich jetzt ganz leise, »ich liebe dich, ich liebe deine Lippen und die Härchen um deine Stirn, ich liebe deine Augen und den fernen feuchten Glanz, ich liebe deine Tränen und deinen weinenden Mund, ich war lange fort, nun bin ich da, ich brauche Zeit, bis ich dich erkenne, hab Geduld mit mir, es ist ein weiter Weg, bis ich mich gefunden, es ist schwer mit mir, ich muss mich erst suchen, aber ich liebe dich, es gibt nichts mehr, was uns trennen kann, ich liebe dich, immer, in meinem Innersten, und lasse dich nicht mehr los.«

Zwei Augen wachen auf, zwei Augen hören, aus zwei Augen bricht ein blaues Strahlen, zwei Arme kommen und schlingen sich um meinen Nacken, ein Leib jubelt, schmiegt sich fest gegen meinen, es gibt keine Kleider mehr, es ist nichts mehr zwischen uns, Lippen auf Lippen, Leib auf Leib.

Die Nacht vergeht, unter den Gardinen wird es grau, ich kann kein Auge zutun, ich streife die Decke von der Brust, ich liege ganz bloß, mir ist heiß und seltsam zum Ersticken. Nun liegt sie drüben, auf ihrem Gesicht spiegelt sich ein Lächeln, sie träumt von mir, auch im Schlaf bin ich in ihr, ich bin nicht mehr allein, warum bin ich so unruhig, sie wird alles mit mir teilen, auch wenn etwas geschieht, was kann denn geschehn, Borges ist mein Freund, er hat es selbst gesagt, er hat mich um meine Freundschaft gebeten, was kann mir denn der Hund tun, und kommt er noch einmal, ich schlage ihn nieder, es ist gut, dass die Nacht vorbei ist, wer mir mein Glück nehmen will, den schlage ich nieder, es sind alles nur wüste Träume, und mein Kopf schmerzt, wenn es nur nicht so heiß wäre, die andern schlafen auch alle, die dicke Decke über den Körper, das Kleine und die Mutter, und ich allein wache, weil man aufpassen muss, weil jeden Augenblick etwas geschehn kann, kein Mensch ist sicher vor Schicksal, man geht den Fäden nach, sie sind wie in der Luft, man tastet ihnen nach, und plötzlich sind da Knoten, plötzlich – »du bist ja wach, Grete, ich glaubte, du schläfst, warum blickst du mich denn so seltsam an, warum setzt du dich hoch, was ist denn, ich habe mich abgedeckt, weil mir so heiß ist, nun bin ich wieder darunter, du schämst dich wohl, das ist schön, aber im Krieg, siehst du, hat man alles, auch die Scham verlernt, ich schlafe nicht so gut wie du, so sprich doch, so sag doch ein Wort, du bist ja ganz weiß im Gesicht, es ist doch jetzt alles gut, ich liebe dich doch, du liebst mich doch, es beginnt doch jetzt ein neues Leben, wir werden uns nie mehr trennen, auch im Traum nicht, nicht wahr, du, du –«

»Nimm doch – noch einmal – die Decke zurück«, stottert sie atemlos, »ich weiß nicht, du siehst so seltsam aus, als wenn – du hast ja gar keinen Nabel!«

»Keinen Nabel? Das ist doch lächerlich, jeder Mensch hat doch einen Nabel, jeder, der von einer Mutter geboren ist, da sind wir verbunden mit der Erde, mit allen Menschen, wir haben alle eine Mutter, du bist noch im Schlaf, Traum steht in deinen Augen!«

»Nein, nein, nein«, sie ist bei mir in meinem Bett, in ihrer kleinen Hand ist plötzlich eine starke Kraft, sie reißt mir die Decke herunter, sie starrt auf meinen Leib, Entsetzen ist in ihrem Blick, nun senke ich selbst das Auge, taste mit dem Finger über den Bauch: Er ist glatt, die Haut ist gespannt wie über einer runden Trommel, es ist keine Vertiefung da.

Ich habe keinen Nabel, ich habe keine Mutter, ich habe kein Kind, ich bin nicht eingereiht in die Kette, die durchgeht durch alle Leiber vom ersten zum letzten Menschen. Aus keinem Schoß geboren, Körper und doch keiner, ich und doch ein anderer, ein Name, ein Schicksal und doch kein Mensch. Wo fange ich denn an, und wo ist mein Ende? Ich fühle mich doch, ich lass es mir nicht entreißen.

»Grete? Erschrick doch nicht, es ist ja glatt, die Haut ist ganz glatt, vielleicht doch nicht so ganz, siehst du, hier ist eine Falte, sie ist klein, aber sie ist doch da, vielleicht hat mich auch im Krieg etwas an der Stelle getroffen, ja, eine Granate neben mir, ja gewiss, es war ein gewaltiger Druck, ich stürzte hin, wir stürzten alle nieder, habe ich es dir nicht geschrieben?, der ganze Graben brach zusammen, wir waren alle betäubt, Blut floss aus meinem Leib, ich bin wohl auf eine Drahtspitze gefallen, es war nicht viel, es war nur eine kleine Wunde, gerade hier in der Mitte, siehst du, und nun ist es vernarbt, nun ist es nur noch solch kleiner Strich, eine kleine Falte, fast ganz glatt, eigentlich schon ganz glatt und nichts mehr zu sehn, glaubst du nicht, glaubst du das nicht?«

»Du warst verwundet und hast mir nichts geschrieben? Warum hast du mir das nicht geschrieben? Meine Ahnung, das war meine Ahnung, immer sah ich dich am Boden, unter Sand und Lehm, immer sah ich dich blutend und tot, ach Hans, Hans, dass du da bist, dass es vorbei ist, dass du lebst, so nah war der Tod, hier, hier wäre es geschehn, wäre dein Leben verströmt, wäre alles zu Ende.«

Sie ist außer sich, ihre Lippen, ihre heißen Wangen sind auf meinem Leib, küssen die Stelle immer wieder, immer wieder. Dann richtet sie sich auf, kniet sich neben mich, schaut mir fest in die Augen:

»Warum hast du mir das verschwiegen? Weil du mich liebst, ich weiß. Aber du kennst mich nicht, weißt meinen Mut nicht und meine Kraft, es gibt nichts, was du mir nicht sagen könntest, nicht immer sagen kannst. Was immer es sei, ich fürchte mich nicht.«

Nein. Vor nichts? Ach, alles sagen, einem Menschen alles sagen, sich lösen können wie ein Gewitter! Und wenn ich jetzt vor sie hintrete, wenn ich jetzt aufstehe, ganz nackt im Zimmer, ihre Hand auf die Stelle legte und ihr sage: Sieh, ich habe keinen Nabel, ich bin von keiner Mutter geboren, es ist alles nicht wahr, ich bin kein Mensch, ich bin nicht ich, ich kenne mich selbst nicht, aber ich liebe dich –: Dann, dann wird sie doch zucken, dann wird sie doch schreien und mich zurückstoßen, ach, dann wird doch aller Mut und alle Kraft – und auch alle Liebe fort sein?

»Du bist traurig, Lieber, alle Vergangenheit ist tot, wir sind nun da und leben und werden glücklich sein.«

Wir sind da und leben. Ja, wir werden glücklich sein. Wir müssen glücklich sein. Wir werden allen Mut haben und alle Kraft.

»Es ist schon Morgen, es ist schon Tag, wir wollen unsere Kleider über unsere Körper ziehn.«

»Wie seltsam du das sagst: ›über die Körper ziehn‹!«

Seltsam? Wir schlüpfen in ein Gewand, wir hängen ein Gewand über unsere nackten Leiber, gehn an die Arbeit und sind dann erst Menschen. –

Ich habe ein weißes Hemd auf der Haut, ich trage einen hellen grauen Anzug, in den hellen Hosen ist eine Bügelfalte, meine Füße gehen in lila Strümpfen und braunen Schuhen, ich bin bei der Arbeit, draußen im Vorzimmer warten sie, ich sitze in einem breiten Sessel vor meinem Schreibtisch, es ist gar nicht verwunderlich, auf dem Stuhl daneben sitzt eine Frau über ihr Kind gebeugt, es ist sechs Jahre, es hat sich beim Spielen an einer Blechbüchse geritzt, ich wickle den weißen Verband herunter, der Finger ist rot und geschwollen, leblos und teigiges Stück Fleisch, wie für sich, den Arm hinauf ziehn feine, rote Streifen, feine blassrote Bänder, die schmalen Wangen sind gerötet, der Atem fliegt, die runden, braunen Augen glänzen fiebernd ins Weite.

»Werden Sie den Finger erhalten können, Herr Doktor, Sie meinten doch, wenn bis heute Nacht nicht das Fieber herunter –«

Eine Mutter ist wie geklammert an meine Worte, an mein Gesicht, steht da und vergeht, es ist wie ein Ringen, aber keine Träne kommt, ihre Standhaftigkeit ist wie eine Mauer und lässt nichts hindurch, ihre Tränen sickern nur nach innen, bis es ganz voll davon ist in der dunklen Höhle, und ihr Herz wird grau.

»Wie heißt er denn«, frage ich gedankenlos, um etwas zu sagen.

»Kurtchen, Sie wissen doch –«

Ach ja, Kurtchen! Ein runder, zärtlicher Name. Aber der Finger, das weiße, dicke Stück Fleisch: Auch das heißt Kurtchen? Gehört auch dazu? Aber Kurtchen wehrt sich dagegen, wehrt sich gegen sich selbst, ein Wall gegen sich selbst, alle Blutkörperchen eilen dahin, es kämpft in den Geweben, Kurtchen ist wie eine Landschaft, wie ein Schlachtfeld, es kämpft in ihm, er ist gar nicht mehr in seinem Finger, ist nicht mehr sein Finger, der ist schon ganz für sich, wenn man ihn nun abnimmt mit Messer und Säge, die Haut zurückzieht mit Gabeln, ihn herausschneidet und die Haut darüber vernäht, was liegt da nun für ein Finger im Eimer, bist du das auch, Kurtchen, gestern hast du das bewegt, damit gegriffen und gefühlt, gestern griff das mit vier andern zusammen nach der Hand der Mutter und war glücklich – wo hörst du denn auf, liegst da im Eimer und sitzt da im Bett, es geht auch ohne Finger, man kann dir auch den ganzen Arm abschneiden, beide Arme und beide Beine, wo bist du nun, Kurtchen, wo fängst du an und wo hörst du auf! Nun hast du keine Schmerzen mehr, die Schwester steht über deinen Kopf gebeugt und gießt etwas auf den weichen Flausch über dein Gesicht, du atmest und fühlst nichts mehr, dein Herz schlägt und fühlt nichts mehr, du lebst und weißt es nicht, und ich stehe neben dir und lebe nicht und glaube doch zu leben, ich stehe in meinem weißen Mantel, in mir und um mich fließt Blut, spritzt über weiße Laken und Gaze, es ist Blut von Menschen, es ist ein Teil ihres Lebens auf der Gaze, ich habe silberne Instrumente und klemme damit das Leben ab, im Eimer liegen Knochensplitter und Teile von Magen und Darm und Glieder, und in den Betten liegen Menschen, zu denen das gehört, und ich gehe zwischen all dem und atme, es atmet in mir, ich frage nach Fieber und Schmerz, ich betaste Körper und beuge mich über die Leiber, mein Ohr ist über ihrer Lunge und ihrem Herz, es schlägt ganz von selbst, und fühlen es nicht, sich selber nicht, ich höre, wie es atmet und schlägt, ich kann in sie hineinschauen, ich weiß den Rhythmus ihres Lebens, ich sehe die kleinen Bakterien am Werk, ich sitze an meinem Mikroskop und starre auf einen Fleck, ich schiebe an den Schrauben und sehe feine Muster und Maschen, Zellen in den Geweben, blaue und rote Punkte und Stäbchen, Bakterien, die von draußen kamen, und Blutkörperchen, die sie heraustreiben. Nebenan aber im Bett liegen sie und schlafen und wissen gar nicht, dass ich das von ihnen sehe, wovon sie selber nichts gewusst und niemals wissen werden.

Ach, alles Leben ist blind, ich weiß alles, ich sehe alles, allen helfe ich, nur mir selber nicht, unsere Augen gehn immer nach außen, aber innen ist eine dunkle Höhle, da sind wir drin und können uns niemals sehn.

Grete? Ja, es ist genug für heute, vielleicht aber stirbt nachts einer, hört das Klopfen auf in seiner Brust, und ich liege währenddes neben dir und umarme dich, mein Leben, mein Same strömt in dich ein, das Glück schmilzt uns ineinander, und während hier ein neues Leben beginnt, löscht da ein anderes, bleibt irgendwo, wohin niemand folgen kann.

»Du siehst müde aus«, sagt sie, »du hast Falten um deinen Mund, die ich sonst nicht kenne, du hättest erst ein paar Tage ruhn sollen und nicht gleich in die volle Arbeit gehn, es fasst dich härter an als sonst, es ist, als hätten sie alle nur auf deine Rückkehr gewartet, es gibt doch auch andere Ärzte –«

»Und du?«

»Ich bin glücklich, ich denke an nichts anderes als dich.«

»Aber Borges?«

»– ist fern.«

»Aber wenn er jetzt kommt?«

»Er kommt nicht, und selbst wenn –: Warum dich und mich quälen? Du weißt, ich liebe ihn nicht.«

»Und die ganze Zeit, während ich draußen war, im Graben lag, war niemand bei dir, immer allein, kein Mann, der dich begehrt?«

Sie bricht in Tränen aus.

»Ja, immer weinen, wenn ihr nicht weiter könnt –!«

»Du hast zu viel gearbeitet, du bist nur wieder überreizt –«

»Weil ich die Wahrheit sage –«

»Du weißt, es ist nicht die Wahrheit.«

»Du –«

»Schlag mich nicht, du weißt ja selbst, wie es ist.«

Sie zittert, sie hat den Kopf gebeugt, was will ich denn, warum redet das aus mir immer weiter, warum bin ich so, immer gegen mich, warum arbeite ich auch so viel, was gehn mich die Kranken an! Endlich einmal nicht arbeiten, das Leben feiern, dazu sind wir gemacht, dazu – haben wir uns gemacht!

»Frau Bussy Sandor –«

»Rasch die Tränen fort!«

»Wenn ich nun auch einmal eifersüchtig wäre –«, lächelt sie still und wischt mit dem weißen Tuch über die Augen.

Eine Unruhe ist in mir, eine seltsame Spannung, die ich nicht begreife, ich bin zur Tür gegangen, ich habe Grete fast vergessen, meine Schritte sind leicht und elastisch, ich fühle mich jung und elegant, aber zugleich schlägt mein Herz angstvoll, es reißt wie ein Stich in der Brust, da diese Frau nun hereintänzelt, mit kleinen, energischen Schritten, das schwarze, glatte Haar straff aus der weißen Stirn gerissen, den weißen Nacken kühl und gerade nach hinten geworfen, schwarze Wimpern, schwarze gerade Brauen, weißer Teint, durchsichtig wie Alabaster, und die Augen groß, dunkel und hart auf mich gerichtet; ich kenne diesen Blick, er befiehlt und bittet zugleich, er verführt und herrscht und scheint doch voll Demut. Wenn aber die Wimpern sinken und der Blick sich verschleiert, kommt ein feuchter Glanz in das Dunkel, das Weiß bekommt einen bläulichen Schimmer, die runden, schwarzen Pupillen fliehen unter die Lider, und der schmale Mund öffnet sich weich und purpurn, während der Nacken hingegeben zur Seite sinkt.

Jetzt aber ist ein Lächeln um diesen Mund, er ist hart und schmal und geschlossen, er zwingt sich gewaltsam zur Ruhe, in den Augen flackert es, die Linke hält krampfhaft ein Taschentuch und zerknüllt es erregt zwischen den weißen Fingern. Sie geht auf Grete zu, sie umarmt sie, und während die Wangen beider Frauen einen Augenblick aneinander, sieht sie über ihre Schulter hinweg, an ihr vorbei, hämisch mit einem triumphierenden und doch wie bittenden Lächeln mir gerade ins Gesicht.

Diese Frau ist furchtbar, geht es mir durch den Kopf, ich möchte jetzt lieber draußen sein, ihr nicht mehr begegnen, wer weiß warum, eine dumpfe Angst berührt mich plötzlich, sie soll Grete aus den Armen geben, ich darf die beiden nicht so zusammen lassen, da ist auch plötzlich wieder der Hund im Zimmer, fast liebe ich ihn jetzt, er schaut nicht auf mich, sondern geifernd auf jene, er meldet immer wie ein Gespenst, er hinkt, seine linke Pfote schleppt nach, sie ist hochgezogen und kürzer als die rechte, es klebt Blut daran, ich kann jetzt kein Blut sehn, es ist von der Nacht, fast tut er mir leid, warum muss er auch so wie ein Geist an der Tür stehn, er soll nur froh sein, dass ich ihn nicht erschossen, was schnuppert er immer, dies Parfüm, es ist wie sie, schwer und betäubend, es ist etwas Grausames darin, es geht einem ins Gehirn, das Blut beginnt zu kreisen, rote Nebel – da kann man wohl etwas vergessen, ganz hineinsinken muss man da, tun, was man nicht weiß: Verbrechen – Mord – Lust –

Sie reicht mir die Hand zum Kuss, ich beuge mich darüber, eine dunkle Welle steigt mir in die Schläfen, es liegt wie Blei auf meinem Hirn, ich beuge meinen Hals und spüre einen namenlosen Hass, aber wie mein Gesicht wieder hochtaucht, ist ein Lächeln darauf wie bei ihr:

»Sie waren lange fort, lieber Freund, die Zeit ist uns allen lang geworden«, ihre Stimme ist tief und weich wie ein Bett, als kostete die Lippe jedes Wort, ehe es gesagt.

»Ich war beschäftigt, der Krieg –«

»Ja, Sie waren ja solch ein Held, immer in vorderster Linie, im Kugelregen operiert, ohne Bedenken, die Pflicht, nicht wahr, das ist wichtiger als alles, der Tod, man kann ja öfter sterben –«

»Er war verwundet –«

»Verwundet?« Sie packt meinen Arm, all ihr Spott ist weg, alle Maske weg, alle Vorsicht vergessen, mit zwei Schritten ist sie bei mir, auf ihrem Gesicht steht nur Angst, nur Leidenschaft, nur Liebe. Es ist nur eine Sekunde, da hat sie sich wieder in der Gewalt, auf ihren Lippen ist wieder das liebenswürdig spöttische Lächeln, es ist nur noch ein leises Beben in der Stimme, sie wendet sich zu Grete, sie fasst sie unter den Arm:

»Sehn Sie, meine Liebe, so können Männer sein. Rücksichtslos und egoistisch. Nun aber haben Sie ihn wieder.«

Einen Augenblick nur blitzt sie mich an, es funkelt jetzt wie offener Hohn, es klingt wie eine Herausforderung, in diesem Augenblick hasse ich sie, ich muss an Borges denken, ich weiß nicht warum, was wollen alle Menschen von mir, drängen sich heran, belauern einen, greifen mit Armen an einen heran, ich will Ruhe haben, ich will nur ein wenig Glück, sie sollen alle gehn, ich will mit Grete allein sein, ich kenne niemanden, ich weiß nichts, ich will allein sein!

»Sie haben natürlich gleich mit der Arbeit begonnen, Sie haben viel zu tun, ich kann mir denken, und auch abends und nachts muss er fort, und Sie sitzen allein zu Hause und warten auf ihn, aber seien Sie sicher, er tut es nicht gern, alle Zeit, die er hat, wird er Ihnen widmen, so war es immer, und so wird es auch jetzt sein.«

»Wo sollte ich auch sonst bleiben, ist das nicht selbstverständlich?«

»Ja, das ist selbstverständlich.«

Ein böser Zug ist jetzt um ihre Lippen, sie tritt ganz nah neben mich, ihr Parfüm, der Duft von ihrer Haut ist betäubend, in der linken Braue flackert ein nervöses Zucken:

»Fürchten Sie nicht, Sie könnten Ihre Freunde so verlieren?«

Was will sie denn, womit droht sie?

»Unsere Freunde schätzen uns ja gerade deshalb«, sagt Grete, »glauben Sie, mein Mann hätte sonst diese große Praxis bekommen, wenn er sich nicht für seine Kranken opferte? Er tut seine Pflicht, ich tue die meine, indem ich zurückstehe und ihm so helfe, um dieser Pflicht willen liebe ich ihn, sein Beruf trägt eine Verantwortung, da muss alles andere schweigen, ich könnte es mir nicht anders denken, das sind Selbstverständlichkeiten.«

Mein Herz pocht, wovor fürchte ich mich, Grete hat recht, den Kranken helfen, natürlich, das Kind mit dem Finger, die andern, das sind Selbstverständlichkeiten, aber ich bin unsicher geworden, etwas krampft sich in mir zusammen, mein Gehirn ist müde und wie zerschlagen, ich kann mich kaum aufrecht halten, mir ist nicht wohl:

»Vielleicht gehen wir irgendwohin gemeinsam essen, es war doch etwas viel heute, man muss sich daran gewöhnen, vielleicht in ein Restaurant oder –«

»Du siehst elend aus, ist dir etwas nicht gelungen?«

»Doch, doch.«

»Kommen Sie doch ins Theater oder in die Oper! Licht, Musik, Menschen, in meiner Loge ist Platz für uns alle.«

Blinzelt sie mir zu?

»Die dummen Komödianten, in ihrem verlogenen Rampenlicht! Hampeln einen Abend lang in ihren erträumten Rollen herum, da haben sie ihre Schicksale und sind wichtig und spielen sich selbst was vor, und zu Hause sind sie doch nur arme Lumpen und haben ihre dürftige Not und ihre dürftigen Gefühle wie Kuchenbäcker.«

»Bleiben wir zu Hause«, sage ich, »es ist schon alles gut.«

»Was ist dir, hat dich etwas verstimmt? Magst du gern hin, komme ich natürlich mit, Frau Bussys Anerbieten –«

»Er fürchtet sich vielleicht vor den vielen Menschen. Ein anderer Vorschlag: Gehn wir zur Sternwarte und schauen uns die Sterne an. Es ist da einsam – und dunkel«, fügt sie flüsternd hinzu, ihr Handrücken hat wie zufällig den meinen berührt, es ist wie ein Streicheln, oder bilde ich es mir nur ein, habe es vielleicht selbst gewollt, selbst getan? Ich blicke ihr scheu ins Gesicht, es ist kalt und unbeweglich.

»Ein entzückender Einfall«, freut sich Grete, »wirklich einmal etwas Neues, lassen Sie sich umarmen dafür, das habe ich schon immer einmal sehn wollen, und du auch, nicht, oder wir fragen dich gar nicht erst.«

Sie ist plötzlich ganz hell und jung wie ein Kind, sie geht hinaus, ihr Kopf ist hoch aufgerichtet, die ganze Gestalt, das Haar, es ist wie ein Tanz, wie liebe ich sie jetzt, gibt es eine Frau wie sie!

Jemand packt mich von hinten am Arm, heiß und hart, es ist wie der dünne Greif eines Raubvogels, Bussys Gesicht ist dicht neben meinem, ihre Wangen glühn, die Augen funkeln in verhaltenem Glanz.

»Warum hast du auf meine beiden Briefe nicht geantwortet«, presst sie gehetzt heraus, »und wozu die dumme Komödie mit dem Fortgehn! Was brauchen wir sie dabei! Ich will dich allein bei mir haben, ganz allein! Morgen kommst du, morgen Nachmittag, du –«

Ihre Arme sind an meiner Brust, schlingen sich um meinen Nacken, ihre Lippen, ich bin ganz wahnsinnig, »liebst du mich nicht mehr«, zischt sie heraus, »reuig zurückgekehrt, ja?, zu der da?«

Warum reiße ich mich nicht aus diesen Armen? Warum schleudre ich sie nicht zurück? Warum verbrenne ich an diesem Kuss, wo diese Frau, wo doch Grete –

Sie hat mich losgelassen, ich stehe wieder allein, Grete hat ihren Hut und den schwarzen Mantel, sie lächelt noch immer, es ist ein kleines Grübchen da an der linken

Wange, ich presse den keuchenden Atem in die Brust herunter, ich bin ganz betäubt:

»Warum lächelst du denn?«, fragt Grete heiter, »ihr macht ja beide Gesichter, als hättet ihr eine Überraschung im Sinn?«

Eine Überraschung, ja, das ist komisch, man darf nichts verraten, was rede ich denn, hat sie es ihr gesagt, ich kann gar nicht denken, das Parfüm ist jetzt auf meiner Jacke, morgen werde ich es bei der Operation riechen, aber es ist widerlich, vielleicht bin ich selbst narkotisiert, ein anderer ist der Arzt, und ich erleide alles, alles geht über mich weg, während ich doch auf der Welle schwimmen will, auf dem Ozean, ganz frei, ganz frei –

»Der Mantel steht Ihnen prächtig«, sagt da Bussy und hat den Arm um Gretes Nacken, ihre Stimme ist wie zusammengeduckt, der Rücken gekrümmt, sie ist wie eine schwarze Katze.

Unten auf der Straße steht Borges, wo kommt er her, hat er hier die ganze Zeit gestanden, er scheint uns nicht erwartet zu haben, sein Gesicht blickt wie fiebernd zum Fenster hinauf, es ist gespenstisch weiß, ist es das flackernde Licht der Laternen, der Kopf steckt zwischen den hochgezogenen Schultern, die Lippen sind ganz schmal und zusammengepresst, der ganze Körper ist wie zusammengesunken. Jetzt hat er uns bemerkt, er schreckt zusammen, in der Schulter zuckt es wie Krampf, er richtet sich hoch, auf seinem Gesicht ist ein schüchternes, fast kindliches Lächeln, er verbeugt sich vor Grete, er küsst ihr linkisch die Hand, er begrüßt auch uns.

»Wo kommen Sie denn so plötzlich her«, tölpelt Bussy ihn an, »Sie sehn ja aus wie ein Mondsüchtiger!«

»Ich – der Abend – ich wollte noch – die Luft ist jetzt mild und erfrischend.«

»Kommen Sie doch mit uns mit«, und sieht mich listig an, »wir sind drei, zu vier geht sich besser. Wir marschieren zu den Sternen.«

»Wenn ich darf –«

Bussy drängt sich an mich heran, ich verstehe das Manöver, sie will ihn für Grete, sie will mich abdrängen von ihr, sie will neben mir sein, sie will im Dunkeln meine Hand halten, sie will ihren Kopf neigen, etwas nach links, ich werde in ihre Augen sehen, ihr Haar wird meine Wange berühren, ich will nicht!!

»Gnädige Frau«, sagt da Borges und reicht ihr den Arm, sie muss ihn nehmen, sie ist wütend.

Borges? Was will Borges mit Bussy? Eine Falle? Was kann ihm Bussy sein? Und Grete? Sie steht allein, sie sieht mich wie hilfeflehend an, ich bin bei ihr, ich vergesse alles, ich ergreife ihren Arm, wir gehen, ohne uns umzublicken.

»Siehst du«, sagt sie glücklich, »er wollte gar nicht mit mir gehn, er vermeidet es, es ist fast, als hätte er Furcht vor mir.«

»Er liebt dich«, sage ich und drücke fest ihren Arm gegen den meinen, »er geht jetzt mit Bussy hinter uns, um deinen Gang zu sehn. Fühlst du nicht seine Augen auf deinem Rücken?«

»Was geht das mich an?«

Ich bin sehr glücklich, wir gehn durch die nächtlichen

Straßen, und sie hängt an meinem Arm, es kommen Menschen vorbei, manche grüßen, freuen sich seltsam, wenn sie mich sehn, sie werden mich wohl kennen, vielleicht meinen sie auch einen anderen, was tut es.

»Siehst du, keiner hat dich vergessen«, sagt Grete.

Nein, ich vergesse auch nichts, was einmal in einem ist, das bleibt wohl irgendwo, es ist ja gleichgültig, die haben mich einmal gesehn, also kennen sie mich, da ist nichts Besonderes dabei, es ist so schön, so zu gehn, es ist ganz gleich, ob die beiden hinter uns sind, sie sind ja beide wie zwei Hunde, es ist sehr zum Lachen, aber da ist ja Nero, wahrhaftig Nero, wo kommt der denn her. »Hast du ihn denn nicht eingesperrt, Grete?«

»Vielleicht hat Mutter ihn herausgelassen, es macht ja nichts.«

Mutter? Nein, es macht nichts, es ist jetzt alles gleichgültig, wir laufen rasch, dass die andern uns nicht einholen, der Hund springt bellend neben uns her, auch er scheint glücklich, wir sind schon am Bahnhof, wir nehmen uns Karten und sind schon die Treppe hinauf, es geht gerade der richtige Zug, wir sind im Coupé, wir fahren, der Hund ist mit uns, Borges und die Sandor werden zehn Minuten warten müssen, hurra, der auf der andern Bank schaut uns so merkwürdig an, ja, wir sind ein Liebespaar, und wenn ich will, kann ich jetzt Grete nehmen und küssen, wenn ich will, da kann er ruhig sein Gesicht machen, ich nehme Gretes Hand und sage es ihr ins Ohr, sie errötet, sie ist so schön, wenn sie rot wird, sie lacht mich ganz hell an mit ihren glücklichen Augen, der Hund hat seine Schnauze ihr in den Schoß gelegt und die Augen geschlossen, sie hat einen Arm in dem meinen, die andere Hand streichelt über das Fell des Tieres, meinetwegen, es ist ja ein armes Vieh, ich will es auch streicheln, aber es knurrt gleich, zu dumm, und geht nun auch von Grete weg, schüttelt sich, legt sich allein in den staubigen Winkel unter die Bank, den Kopf auf den Pfoten, und schaut mich an, es ist solche Traurigkeit in seinem Blick, als wenn es weint, können denn Hunde weinen?

Der Zug hält, wir sind da, wir müssten wohl auf die beiden warten, Bussy wird wütend sein, ob sie jetzt Borges auch so von der Seite ansieht, es wird Borges sehr gleichgültig sein, auch ihr Parfüm, es ist nicht los zu werden, ich werde mir morgen einen andern Rock anziehn müssen. Nicht wahr, Grete, wir warten nicht, sie werden den Weg auch ohne uns wissen, sie können ja schließlich fragen, Borges versteht sich ja aufs Auskundschaften, haha, wie wenig Laternen hier sind, es ist recht dunkel, Nero hat die Schnauze am Boden und trottet mit gesenktem Schwanz lautlos hinter uns, wie still es in den Bäumen ist, es ist wohl spät, was ist denn Zeit, es gibt gar keine Zeit, unsere Schritte gehn ganz gleichmäßig, sie sind in der Stille wie für sich, da gehn nun unsere Füße nebeneinander, meine großen Schuhe und ihre kleinen, und das sind wir beide, wie es hallt, wir beide allein mitten im Raum, immer weiter, man merkt es schon gar nicht mehr, die Füße gehn ganz von selber, wie das Herz, klopft von selbst, bis es aufhört, von selbst, auf der andern Seite kommt jetzt ein Schritt entgegen, er geht ganz langsam und ruhig, das ist ein Mensch, der ruhig ist, ein

Herz, das ruhig ist, so müsste man auch sein, jetzt ist er auf unserer Höhe, er raucht eine Zigarre, man sieht das rote Fünkchen, alles andere ist nur ein schwarzer Schatten, wo geht der Schatten hin so allein, hat er niemanden, der neben ihm geht, so wie meiner, ich habe jemanden, ja, die schönste Frau, und sie liebt mich, und wir sind glücklich, jetzt verhallt der Schritt, nur noch unsere beiden.

Nun sind wir da, oben die Kuppel des Observatoriums ist halb offen und dreht sich lautlos auf ihren Schienen, die Röhre schaut unheimlich wie eine Riesenkanone in die Nacht, am wolkenlosen Himmel blitzt Stern neben Stern. Wir treten ein, ein alter Mann kommt uns entgegen, er hat weißes Haar und weißen Bart, seine Augen sind eisgrau, er spricht leise und flüsternd, unsere Füße gehn hart und hallend über Zement, wir sagen dem Alten, dass wir noch warten wollen, er scheint uns nicht zu hören, er ist taub, er hat wohl so lange da oben hineingelauscht, nun hört er nichts mehr, er steigt unbekümmert um uns seine Stufen hinauf, er setzt sich an das Instrument und beginnt, an den Schrauben zu drehen, seine Hand ist zwerghaft klein und dunkelbraun, die blauen Adern ziehn sich hindurch wie durch altes Holz, zusammengekauert sitzt er mit dürrem, vorgestrecktem Hals wie ein uralter Vogel auf seinem Stuhl, seine Augen sind schon Millionen von Meilen weg, nur sein Körper sitzt noch da, hängt klein und gebrechlich am Fernrohr und scheint wie leblos, ab und zu nur erschüttert ihn ein Husten, dann krampft er sich zusammen, wird blau und zappelt hin und her, aber Kopf und

Auge bleiben ruhig und festgebannt am Rohr, gibt nicht nach, weiß gar nichts von dem, ist draußen, weit draußen. Nun beginnt er zu murmeln, es ist schwer zu verstehn, er hat nur noch ein paar braune Zähne, warum soll man sich um Zähne kümmern, ich achte genau auf seine Lippen, sie sagen »Lichtjahre – Planetenbahnen – Heliumgas«, sie scheinen diese Worte zu tasten, sie scheinen nur wie Tropfen, die abfallen, von dem, was draußen mitschwingt.

»Er sieht ja aus wie ein Ziegenbock«, sagt Bussy kichernd und weist mit den Augen auf den Alten.

Ich habe ihr Kommen gar nicht bemerkt, wie lange sind wir schon hier, sie scheint böse mit mir und sieht mich nicht an, sie ist erregt, ihre Nasenflügel atmen auf und ab, sie geht taktlos und laut von einem Gegenstand zum andern, macht über alles Bemerkungen, fasst alles an, dreht an allen Schrauben. Borges ist immer neben ihr, er scheint Grete völlig vergessen zu haben, lacht laut und ungezwungen über Bussys Dummheiten. Endlich sind sie fertig.

»Wo sind denn nun die Sterne, das sind doch alles nur dumme Maschinen, die niemand begreift!«

Sie steht neben dem Mann oben am Okular, der kleine Körper da hat nichts von ihr bemerkt, nicht ihre Augen, nicht ihre weichen Glieder, nicht ihr Parfüm, es ist eine Stille im Raum, die selbst sie betroffen macht, niemand wagt zu atmen, es ist etwas Heiliges in dieser modrigen Luft, einen Augenblick zögert sie, sieht starr auf den alten gebrechlichen Mann, tippt dann verlegen auf den gekrümmten Rücken und sagt, etwas unsicher:

»Sie, Herr Professor, Sie kennen das doch nun schon sicher hundert Jahre, nun lassen Sie doch auch einmal einen andern da heran!«

Langsam löst der Alte sich von seinem Instrument, schaut sie verständnislos an, sein Blick ist noch in der Weite, bei Nebelsternen noch und endlosen Räumen.

»Ja, ja«, sagt er und nickt mechanisch mit dem alten Kopf, »ja, ja, doch drei Billionen, doch drei!«

Wir gehen nacheinander die Stufen hinauf, mir klopft das Herz, Bussy sitzt schon auf dem Stuhl, schlägt die Beine übereinander, dass der Rock sich bis zum Knie schiebt, ihre Heiterkeit scheint unbezwingbar, sie nennt den Saturn ein Wagenrad und den Sirius gut für eine Schlipsnadel, ihr Mund geht unaufhörlich, sie will alle Sterne sehn, endlich hat sie genug, rutscht von ihrem Stuhl herunter, dass ihr das grüne Strumpfband herausschaut, macht mit einer graziösen Bewegung Borges Platz, der dankt, der kennt das schon, interessiert sich nicht dafür, überlässt das den Wissenschaftlern, endlich ist Grete oben, sie ist ein wenig ungeschickt, verwirrt, sie kann sich zunächst nicht zurechtfinden, kann nichts sehn, dann aber beginnt das Gesicht zu strahlen, »wie schön«, sagt sie schlicht und innig, sie sieht aus wie eine stille Madonna, es ist fast etwas wie eine Frömmigkeit in ihren Zügen, dann steht sie auf, klammert ihre Linke an meinen Rock und: »Schau nur, Hans, das musst du sehn!« Ja, nun trete ich selbst heran, aber gerade wie ich mich setze und biege den Kopf zu dem Instrument und blicke hinaus in den unendlichen Raum, kommt eine Stimme von draußen, aus dem weiten, leeren Weltraum, eine einsame, jammernde Seele, die klagt, die mich ruft und keine Ruhe findet. Entsetzen fasst mich, es ist grauenhaft, da aus der Kälte, mein Herz krampft sich zusammen, ein eisiges Gefühl stockt in den Adern, vielleicht höre ich es nur in mir, aber nun ist es ein deutliches, herzzerbrechendes Weinen, wie bei einem Kind, ein Toter, der weint, ich selber, der weint, es flimmert mir vor den Augen, ich sehe grüne und rote Kreise, eine große, grüne und goldne Scheibe zittert im Glas, ist es in meinem Gehirn oder eine ferne Sonne, ich glaube der Sirius, es sind vielleicht Wesen da, etwas von mir ist nun da weit, ein Teil von mir, das ich da jetzt sehe, damals waren hier noch die alten Ägypter, da war ich noch gar nicht auf der Welt, ich sehe die Vergangenheit, ich sehe sie mit meinen Augen, das Licht hat so lange gebraucht, um hierherzukommen, vielleicht ist es in Wirklichkeit schon erloschen, man weiß es nicht, so ein Strahl bin ich auch, vielleicht bin ich schon tot da draußen und rufe durch den kalten Raum mir selber zu und höre mich nun selbst und sehe mich selbst und bin vielleicht gar nicht da –

Das Jammern, das entsetzliche Jammern – nun ist es still.

»Gottlob«, sagt Gretes Stimme gleichzeitig neben mir, »nun hört es endlich auf, das dumme Vieh, das ist aber nun doch das letzte Mal, dass es mitkommt.«

»Wer denn? Der Hund?«, sage ich, und meine Zähne schlagen wie im Fieber aufeinander.

»Hast du ihn denn nicht gehört: Kaum saßest du am Instrument, wer hat sich vorher um ihn bekümmert, er lag ja ganz ruhig irgendwo in der Ecke, sprang er auf, immer schnuppernd um das Instrument herum, und begann so erbärmlich zu winseln und zu heulen –«

»Doch, ich habe es auch gehört, ich habe es auch gehört«, sagte ich mit bleichen Lippen, »er hat vielleicht etwas gerochen, irgend etwas, lass ihn nur, und jetzt gehn wir heim.«

Schweigend gehn wir den Weg zurück, Bussy und Borges sind schwatzend ein Stück voraus, auch Grete schweigt, sie fühlt, dass ich leide, sie blickt mich manchmal, ohne dass ich es merken soll, besorgt von der Seite an, dann drückt sie meinen Arm fester, sie fragt nicht, ich bin ihr dankbar dafür. Der Hund läuft voraus, immer bis zu Borges und Bussy und wieder zurück, wohl hundertmal, die Zunge hängt ihm heraus, endlich sind wir an der Haustür, wir verabschieden uns:

»Morgen um vier«, flüstert mir Bussy zu, sie schaut mich nur ein einziges Mal an, in ihren Augen flammt ein Abgrund. Ich habe sie rasch vergessen, ich gehe in mein Zimmer. »Willst du nicht schlafen, es ist sehr spät«, sagt Grete, »ja, sehr spät«, wiederholte ich gedankenlos. »Ich will noch einmal zu dem Kind herein!« – »Jetzt, mitten in der Nacht?« Da stehe ich schon am Bett, ich nehme den kleinen Schläfer heraus, ich nehme seine kleinen Händchen, ich streichle die Füßchen, ich küsse es leise auf die Augen, lege es ins Bettchen zurück, ziehe sorgfältig die Decke hoch, drehe mich um, will etwas sagen und – stürze plötzlich Grete fassungslos zu Füßen.

»Um Gotteswillen, was ist dir denn geschehn, Liebling«, ruft sie atemlos und will mich hochziehen, ich aber umfasse den geliebten Leib, umschlinge ihre Knie, berge den Kopf in die Falten ihres Kleides und schluchze:

»Auch so ein Kind von dir, auch solch ein Kind von dir und mir – niemals, niemals!«

Sie zieht mich hoch, sie nimmt mich auf ihren Schoß wie ein Kind, sie streichelt leise über mein Haar, ihre staunenden Augen sind groß und tiefernst und fragend in den meinen, ihre Lippen bewegen sich, aber kein Wort kommt heraus. In dieser Nacht schliefen wir nicht mehr. – –

Ich träume: Ich sitze zusammengeduckt in einem runden Rohr, damit niemand mich sieht, es ist ein Fernrohr, ich halte es selbst in der Hand, verkehrt, da sehe ich mich am andern Ende klein und fern, ich drehe an der Schraube, da wird das Gesicht näher und deutlicher, es ist aber nicht ich, sondern ein anderer, so drehe ich immer hin und her, und immer wechselt das Gesicht. Dann ist Grete darin, aber auch sie wächst immer ferner. Plötzlich sitzt Borges neben mir im Rohr, wir würfeln, es geht um Grete und Bussy, er setzt seine Schlipsnadel und das ist Saturn, und ich dagegen meinen Kopf, das ist Sirius. Da geht das Rohr los, ich habe immer geargwöhnt, dass es eigentlich eine Kanone ist und eines Tages losgehn müsste, es ist wohl Borges, der Pulver hineingetan hat, mich fasst eine namenlose Wut, wir wirbeln draußen im Weltraum, er immer ein paar Lichtjahre mir voraus und auch Grete und Bussy, jeder ganz weit und rund und glänzend, und in der Mitte eine Sonne, die bin ich selbst, ich strecke voll Sehnsucht meine Hände danach aus und kann mich doch nicht erreichen. Endlich aber am Ende ist der Hund, er sperrt ganz groß seinen Rachen auf, ich nehme Sirius und will nach ihm werfen und treffe Borges, der taumelt, und nun fliegen wir alle hinein, hinein in den Rachen, Bussy und Borges und Grete, Sirius, Saturn und ich, es wird ganz dunkel, und die Tränen laufen wie goldene Tropfen aus des Tieres Augen über die runde schwarze Erde. –

Ich erwache, ich blicke neben mich, da liegt Grete, die blauen Augensterne bewegungslos zur Decke, das Gesicht tränennass, ich küsse sie ganz leise auf die Stirn, sie schlingt beide Arme um mich, voll solcher Leidenschaft, dass ich fast vergehe.

»Hans, Hansi«, sagt sie meinem heißen Ohr, »nun glaubst du auch das nicht, nun glaubst du mir nicht einmal unser Kind, was soll ich denn tun, es ist wie eine Krankheit in dir, warum quälst du mich so, du warst immer eifersüchtig, aber nun, dass du nun auch an dem Kinde zweifelst – die ganze Nacht habe ich mit mir gerungen, wie kann ich dir denn meine Liebe beweisen, wie kann ich es denn, wenn du mir nicht glaubst, wenn – ich kann ja nicht mehr.«

Schluchzen erstickt ihre Stimme.

»Es ist ja nicht das, du verstehst mich nicht«, sage ich außer mir, »ich kann es dir nicht sagen.«

»Was gibt es, das du mir nicht sagen kannst, du verheimlichst mir etwas, ich weiß, aber wenn du eine andere mehr liebst als mich, dann sage es mir doch, dann sprich doch nur, und wenn ich daran zerbreche, ich will ja alles für dich tun, ich will alles ertragen, ich will ja nur, dass du glücklich bist, weil ich dich so liebe, so liebe.«

Ach, mir ist elend, ich halte diese Qual nicht aus, wenn ich doch sprechen könnte, wenn ich doch tot wäre:

»Nein, ich liebe niemanden als dich, du sollst über nichts nachdenken und nur nicht zweifeln, es ist alles gut, gewiss, es wird alles wieder werden, habe nur Geduld mit mir, nur ein wenig Geduld!«

Ich gehe hinaus, was kann ich denn noch tun, es nützt ja alles nichts.

Draußen ist die Mutter.

»Wo ist Grete«, fragt sie und blickt mich von der Seite an, ihre schmalen, faltigen Lippen liegen übereinander und zittern kraftlos hin und her.

»Im Bett, sie kommt wohl noch, ihr ist nicht recht wohl.«

»Dann setz dich so lange her, zu deiner alten Mutter, wenn es dich nicht langweilt. Und schieb mir den Stuhl heran, wir können ja zusammen frühstücken, ich kann allein nicht recht sehn.«

»Ja – Mutter.«

Ich rücke ihr den Stuhl heran und setze mich selber an den Tisch, ich schiebe ihr die Tasse hin und gieße ihr den Kaffee ein, ich weiß nicht, was ich reden soll, ich beginne zu essen, auch sie nimmt sich von den Semmeln, bricht sie mit dürren Fingern auseinander, die Brille beugt sich schräg zu der Tasse, Stück um Stück bröselt sie die Brocken in das bittere Getränk, nimmt dann von dem Zucker drei Stück, wie widerlich süß das schmecken muss, denke ich, und wie unappetitlich die Finger sind, wie abgekaut die Nägel, und dann: Es ist meine Mutter, ich muss mit ihr sprechen, aber was soll ich ihr sagen?

»Das Brot ist so hart, meine Zähne können da gar nicht zubeißen«, mummelt sie vor sich hin, »der Bäcker ist nicht mehr gut, war früher viel besser, man muss einen anderen nehmen.«

»Ja«, fasse ich da zu, »das werde ich schon machen, es ist nur eine halbe Stunde zu lange im Ofen gewesen, auch ist es nicht genügend durchgewalkt, siehst du, hier ist solch eine Stelle, lass mich nur machen, ich gehe gleich, da hat nur der Lehrling nicht ordentlich aufgepasst.«

»Du, was verstehst denn du davon. Du redest ja so, als hättest du dein Leben lang nichts anderes getan als Semmeln gebacken.«

Sie schüttelt sich vor Lachen, ein Brosame ist wohl in ihre Kehle geraten, sie beginnt zu husten, ein hässliches, hartes Husten, sie wird ganz blau, krümmt sich über den Teller, ich springe erschrocken auf, mir ist ganz seltsam, ich bin rot geworden bis zur Stirne, so ein Brot, so ein Brosame kann einen wohl zu Tode bringen, was gehn mich denn die Semmeln an, woher sollte ich denn auch etwas davon verstehn, ich als Arzt, bei Magenkranken wäre es wohl wichtig, man sollte kochen lernen, alle Ärzte, neue Speisen erfinden, vielleicht kann man das Laboratorium erweitern, Kenntnisse sind immer gut, die Beschaffenheit von Teigwaren, wie die Magendrüsen auf Mehlsorten reagieren –

Sie hat sich beruhigt inzwischen, sie sitzt wieder über ihrem Kaffee und murmelt Unverständliches vor sich hin, was geht das mich an, ich habe keine Zeit mehr, ich muss arbeiten, meine Pflicht tun, »darum liebe ich ihn«, sagt Grete, arbeiten, arbeiten, was gibt es sonst!

Auf meinem Schreibtisch liegt Post, Briefe von andern Ärzten, Briefe von Kranken, die meinen Rat wollen, von Freunden, von wissenschaftlichen Vereinen, vom Gericht, was habe ich mit dem Gericht zu schaffen, es ist ein großes, graues Kuvert, es ist ein kleines Paket dabei, eine kleine Holzschachtel, ich öffne sie zuerst, es ist ein Röhrchen darin, gepackt auf Watte, ich öffne das Siegel, es sind Knorpel und Haut, wohl Menschenhaut, ein Kehlkopf, Vertiefungen auf der Haut, ein Biss, eine Wunde: Ich reiße den Brief auf, ich soll es untersuchen, ein Gutachten für das Gericht, ein Mord, eine Magd hat ihrem Dienstherrn die Kehle durchgebissen, im Bett, was es für Dinge gibt, weil der sie vergewaltigt, sie hat Geld haben wollen für ihre Mutter, die ist in Not, der Dienstherr hat es vorher versprochen und nun geweigert, wo er erreicht, was er gewollt: Da beißt sie ihm die Kehle durch. Oder es ist ein Hund gewesen, ein Hund soll auch dabei gewesen sein, man kennt ihn nicht, die Frau vom Absteigequartier hat ihn ins Zimmer springen sehn, gerade zur Zeit der Tat, vielleicht ist das Mädchen unschuldig, vielleicht ist es ein Hundebiss, und das Blut ist das Blut des Hundes, nicht Menschenblut, man kann ja feststellen, gewiss, sie hätten mir das Präparat auch etwas früher schicken können, um zwölf ist die Verhandlung, jetzt noch die Operation, der Blinddarm, um vier soll ich zu Bussy, ach Bussy, dies wahnsinnige Weib, sie reizt einen aufs Blut, immer wieder, ich sollte eigentlich nicht hingehn, es ist Borges, der das Schriftstück unterzeichnet hat, er führt die Anklage, natürlich, ein widerlicher Beruf, aber wenn es Mord ist, das ist rasch untersucht, das Mikroskop, ein kleiner Ausstrich aufs Glas, die Blutkörperchen werden gefärbt, die weißen mit den blauen Kernen, die roten, natürlich ist das von einem Menschen, es wird wohl ein Mord sein, es ist ein Mord, und jetzt zur Operation!

Er liegt schon angeschnallt auf dem weißen Tisch, die Handgelenke in Fesseln, über den Beinen ein breiter Riemen, er schläft schon, der Körper wirft sich noch einmal hoch, die Muskeln spannen sich im Krampf, das Gesicht unter der weißen Maske ist rot und gedunsen, die Schwester zieht ihm das linke Lid hoch und tippt ihm mit der Fingerkuppe ins Auge, er zuckt nur noch ganz wenig, ist das noch ein Mensch, jetzt lässt die Spannung nach, die Atmung wird tiefer, die Lunge bläst die Luft heraus wie ein, er schläft, wo ist er jetzt, er weiß nicht mehr, dass er lebt, man könnte ihn immer so weiterschlafen lassen, bis er tot wäre, warum fällt mir das jetzt ein, ich hasse diese Blinddarmoperationen, er wird vielleicht auch so gesund, es hat sich schon öfter gezeigt, dass es auch ohne Operation geht, man sollte überhaupt niemanden operieren, alle Menschen sollen sterben, wenn sie sterben, nicht mit dem Messer herein, die Haut zertrennen, mitten in den Leib. Jetzt bin ich fertig mit Waschen, meine Hände sind rein, es sind keine Bakterien mehr darauf, immer schleppt man die in Milliarden mit sich herum, überall hat man so Feinde und weiß nichts davon, und die leben auch, haben auch ein Recht, nicht mehr oder weniger als wir, man sollte überhaupt nichts mehr tun, es gibt keine Schuld, überall, wo man zugreift und sich rührt, steht gleich Schuld, ist gleich Unrecht und Mord, Borges versteht das nicht, kann das nicht verstehn, solch ein Mensch wird das nie begreifen, da ist immer nur Schuld oder Nichtschuld, einer ist tot, also muss einer schuldig sein, es gibt aber Dinge – was geht er mich an!

Ich habe Gummischuhe an den Füßen, eine Gummischürze um den Leib, darüber ist ein steriler weißer Mantel, ich nehme ihn mit roten, weggespreizten Händen, damit ich ihn nicht berühre, ich habe dünne, sterile Handschuhe und eine sterile, runde, weiße Mütze auf dem Kopf, der Äther dampft mir süß und ätzend in die Augen, ich sehe aus wie ein Bäcker, wir sind alle Bäcker mit den Mützen, der Kuchen ist jetzt gar, und man schneidet zur Probe hinein, da springt eine Luftblase, nein, es ist ein Blutgefäß, es spritzt hoch wie ein kleiner, roter Springbrunnen, es sind lauter kleine, rote Tüpfelchen auf dem weißen Laken, wie kleine rote Erdbeeren auf weißer Sahnetorte, das sind lächerliche Vergleiche, man muss es zuklemmen, sonst blutet es immer weiter, und sein Leben rinnt da heraus, und wieder ist einer tot, einer an Blinddarmentzündung gestorben, ziehn Sie nur mit der Gabel die Muskulatur zurück, man muss Platz haben, da ist schon das Bauchfell, es ist ganz fein und geht immer hin und her, da ist doch noch Gefühl, immer da, ein Teil fühlt mehr als der andere, man muss sich den Bauch aufmachen, um das zu wissen, er muss mehr Narkose haben, er erinnert sich, dass er lebt, es ist ein Mensch, der da liegt, der Körper will sich hochbäumen, nun schläft er schon wieder, und da ist der Darm, es ist etwas trübe Flüssigkeit da, der Blinddarm, der kleine

Wurmfortsatz, man muss ihn abbrennen, mit dem Glüheisen in den lebenden Leib, nun ist er draußen, er ist rot und entzündet, ein kleines, graues Geschwür an der Wand, lassen Sie ihn aufwachen, machen Sie nur die letzten Nähte allein, da hat man nun solch ein Ding im Leib, es ist ganz unnötig, es hat gar keine Funktion mehr, es ist nur übrig geblieben von unserem Vorfahr Tier, sinnlos vererbt und mitgenommen aus der Kette, nicht Vater und Mutter sind unsere Eltern, nicht ihr Blut nur, es sind alle Tiere in uns, alle Pflanzen, alle sprechen sie mit in uns, reden ihre dumpfe Sprache, als Embryo haben wir noch alle ihre Formen, atmen mit Kiemen, sind Fisch und Reptil und Tier, die ganze Schöpfung ist in uns, wir tun dann irgend etwas, wir bewegen uns, aber wir sind nur das letzte Resultat, die Summe aller, wo hören wir nun auf, wir sind alle Brüder, wir sind alle eins, es gibt keine Schuld, weil wir gar nicht wir selber sind, da ist unsere Ewigkeit, es gibt keine als diese, wir brauchen keinen Himmel, wir sind immer da, wir waren immer da, wir sind in allen Menschen und in allen Dingen und in aller Welt.

Es ist schon halb zwölf, man muss sich anziehen, ich möchte noch einmal zu Grete, aber es ist schon zu spät, ich muss mir einen schwarzen Rock anziehn, das Gericht ist streng, es ist alles dunkel und erbarmungslos, man steht da und bricht den Stab über fremde Menschen und fremde Schicksale, was so ein armes Mädel zum Mord treibt, das ist zu verstehn, wahrscheinlich ist dieser reiche Ehrenmann ein Lump, immer ist der Mann schuldig, und die Frau muss büßen, und die Kleine hat es für ihre Mutter getan, aus Not, sie wird auch schon ihr Vergnügen dabei gehabt haben, für jede Not gibt es schließlich Vereine, ein Bruder war auch da, ein Schmied oder Bäcker, sicher kein Bäcker, der ist gefallen im Feld, hätte vielleicht helfen können, arbeiten, es hätte keine Not gegeben, ein Mensch wäre lebendig geblieben, eine Frau ohne Schuld. Wie sie aussehn mag, sicher solch schwarzer Blutracker mit prallen roten Lippen und frecher Stirn, es wird gar nicht der Erste gewesen sein, dem sie sich gegeben, wahrscheinlich ist das Ganze nur eine sentimentale Komödie, die Mitleid erwecken soll, ausgedacht, um das Gericht milder zu stimmen, Unschuld und arme Mutter und Not, der Bruder Ernährer im Feld gefallen: Das ist nur eine Hure, der er nicht genug bezahlt hat, da sind sie im Streit, und sie drückt ihm die Kehle zu. Schließlich, was geht das mich an, ich habe meine Pflicht zu tun, meine Aussage, es ist Menschenblut, jawohl meine Herren, und damit fertig.

Es regnet, es ist ein fahles Licht am Himmel, das Auto federt durch den Tiergarten, über den Großen Stern, zur Brücke, an der Ecke steht ein Mädchen, es ist blond und trägt eine weiße Bluse, es schaut lächelnd zu mir in den Wagen hinein und errötet, irgendein fremder Mensch, sie will über den Damm, das Auto peitscht durch eine Pfütze, der gelbe Lehm spritzt ihr über die dünnen Strümpfe, etwas brennt in mir hoch, ich will den Chauffeur bitten, langsamer zu fahren, meine Stimme zittert, eine seltsame Unruhe ist in mir, warum bin ich so erregt, ich drehe mich zurück und will entschuldigend grüßen und sehe nur noch das herabgebeugte Gesicht und die Hände, die krampfhaft das helle Kleid in die Höhe zerren.

Der Wagen hält am Kriminalgericht, ich bin nervös und empfindlich, ich steige aus, ich irre über Korridore und Treppen, es stehn einzelne Menschen herum und dunkle Gruppen, keiner wagt laut zu sprechen, es ist das Haus des Schicksals, ich zeige einem Gerichtsdiener meinen Zettel, er weist mich gähnend in einen Quergang, ich lese die Zahlen über den Sälen, ich bin selbst sehr müde, es wird hoffentlich nicht lange dauern, ich mache meine Aussage und bin wieder heim, ja heim, ein schönes, seltsames Wort, hat ein Mensch eine Heimat?

Ich sitze auf meinem Platz, das Publikum drängt sich eng auf den Bänken, was wollen sie alle, es ist doch nur Neugier, Borges steht schon an seinem Pult, sein Gesicht ist rot, er sieht mich nicht, er liest eifrig in den Akten, ich bin viel zu früh gekommen, ich hätte lieber zu Fuß gehen sollen, als mit dem Auto fremde Menschen anzuspritzen, oder doch noch zu Grete, es ist ja gerade so, als hätte das Ganze für mich eine Wichtigkeit, und ist doch nur wegen eines gemeinen tierischen Verbrechens, ich bin Arzt und nicht Jurist, der Anwalt drüben mit seinem Kneifer sieht auch nicht sehr intelligent aus, wenn er jetzt Zeit hat, mit anderen zu reden und sich Witze zu erzählen, so nimmt er die Sache wohl nicht sehr ernst, er ist das gewohnt, aber gibt es das, wenn man einen Menschen vom Tode befreien soll oder vom Zuchthaus, solch ein Mädchen – da kommt schon der Gerichtshof, er sitzt endlich, es ist immer der alte Formelkram, die Angeklagte –, ich kann nicht genau sehn, das Regenwetter, die

Bank da oben ist halbdunkel, man brauchte ihr auch nicht gleich zwei Polizisten mitzugeben, das Publikum reckt die Hälse wie im Zirkus, ein Mensch ist ein Mensch, wenn er eine Tat, ein Verbrechen begangen, sieht er immer noch aus wie ein Mensch, gar nicht anders als andere, jetzt spricht sie, Name? »Emma Bettuch«, natürlich ist sie blond, Emma Bettuch, Bettuch, Bettuch?! Sie lachen im Publikum, natürlich, sie sollen nicht lachen, es ist ein ehrlicher Name, es ist nichts Komisches dabei, immer, immer dieses Lächeln, immer Kichern, man sollte die Lumpen schlagen! Emma? Sicher sagen sie Emmchen zu ihr, Emmchen? Ich muss sie sehn, was ist das für eine Stimme, wer ist das, Bettuch?

Ich bin aufgestanden, hinter mir ruft einer »sitzen bleiben«, natürlich, es ist ja kein Zirkus, ich werde noch lange warten müssen mit meiner Aussage, Mutter sitzt vielleicht immer noch am Kaffeetisch, Mutter? ich werde weit reisen müssen, auch Grete darf nicht mitkommen, das ist traurig, wie weich die Stimme des Mädchens ist, und wie traurig, das ist keine Verbrecherin, niemals, das ist ein armer Mensch, ein kranker, der in meine Fürsorge müsste, ich sollte aufstehn und sie mitnehmen, ich habe ein Anrecht darauf, nur ich verstehe das, ich bin Arzt, man soll sie in Ruhe lassen, wir sind alle Brüder und Schwestern, wir sind alle gleich schuld und gleich unschuldig, ich will zu ihr, sie ist ja doch ein Kind, was hat man ihr getan!

Nun spricht sie, ganz leise, als wenn sie sich auf die Zehen stellt und mir ganz zärtlich etwas ins Ohr flüstert, Vater ist gestorben, schon früh, ach ja, und Mutter ist krank, Mutter ist krank?! Sehr krank, was fehlt ihr, sie sagt es nicht, sie spricht immer von dem Bruder, der Bäcker war und die Familie ernährte und ins Feld ging und starb, am letzten Tage noch, sie hatten alles vorbereitet für seine Heimkehr, sie haben einen großen Kuchen gebacken, der kleine frühere Lehrling hat ihn gemacht, aus Gerstenmehl und Rosinen, der ungeschickte Bengel, das kann ja nichts Ordentliches werden, die Mutter hat ihren Stuhl ans Fenster rücken lassen und immer hinausgeschaut, man hat alles frisch rein gemacht und Tannen gestreut und einen großen Kranz geflochten, das Bett oben ist für ihn frisch bezogen, sie hat zur Überraschung ganz weiße Laken kaufen müssen, Mutter hat ihre letzten Ersparnisse hergegeben, wenn der Bruder kommt, wird ja gleich wieder Geld im Hause sein, er wird die Bäckerei gleich wieder übernehmen, Semmeln braucht man immer, essen muss jeder, es ist ein sicherer Verdienst, und es ist nur einmal Heimkehr, so viel Kameraden sind gefallen, so viel verzweifelte Familien, und sie nur empfangen ihren Helden, ihren Retter.

Es wurde Abend, und er kam nicht, er hat vielleicht nicht mehr den regelmäßigen Zug bekommen, es war ja alles so überfüllt, es gab ja wohl keine Ordnung mehr, die Revolution kam so plötzlich, da sind alle Bande fort, alle Ruhe fort, jeder wollte heim, man musste eben warten. »Zur Sache, bitte«, sagt der Vorsitzende, ist das denn nicht die Sache, ist das nicht –. Sie ist einen Augenblick verwirrt, ihre Stimme wird noch schüchterner, noch kleiner, flattert umher wie ein armer verirrter Vogel, was soll sie denn erzählen, es ist doch das Wichtigste, er kam doch nicht, sie saßen noch vier Tage so, die Blumen standen ganz welk, die Mutter blieb ganz starr, sie konnte es nicht glauben, ihr Gesicht wurde grau, aber keine Träne lief über die Wangen, alle kamen nach Haus, nur Wilhelm nicht, Wilhelm, Wilhelm Bettuch blieb verschollen, es hatte ihn niemand fallen sehn, Kameraden kamen und wussten nichts, Emmchen stand durch Stunden auf den Behörden, sie wussten nichts, die Mutter rückte den Stuhl vom Fenster wieder zurück, sie weinte nicht, aber Emmchen hörte nachts ein Stöhnen, das war wie von einem »zerbrochenen Gefäß«, wie kommt sie zu dem Ausdruck, ihr Bruder hat ihn immer gesagt! Nun kann die Mutter kaum mehr aus dem Bett, sie ist herzkrank, es hat sich in diesen Tagen durch die Aufregung, durch die stille Verzweiflung sehr verschlimmert, Emmchen muss arbeiten, sich eine Stellung suchen, Geld schaffen, wo hat sie das nötig gehabt früher, die Mutter sträubt sich dagegen, es hilft ja doch nichts, sollen sie denn verhungern, es muss ja sein, aber sie hat nichts gelernt, sie ist immer nur zu Hause gewesen, hat der Mutter geholfen und sich hübsch gemacht für den Bruder, den hat sie zärtlich geliebt wie niemanden, sie hat noch sein Bild, es steht immer auf ihrem Nachttisch, nun steckt sie es in die Bluse, wie das Bild eines Geliebten, lächelt sie?, und küsst die Mutter zum Abschied, es würgt ihr in der Kehle, sie hat ja keine Arznei mehr, sie hat keinen Pfennig im Haus, es muss Geld geschafft werden, auf sie allein kommt es nun an, sie irrt lange umher, alle Stellen sind ja besetzt, die Männer, die zurückkommen aus dem Feld, es ist nichts zu finden, endlich fährt sie nach Berlin, sie liest eine Annonce, als Dienstmagd auf ein Gut bei Friedrichshagen, eine Dienstmagd, aber es muss sein, die feinen Hände werden rau werden und rot, es muss sein, man wird ihr roh befehlen, vielleicht sie schlagen, ganz gleich, nur Geld, Geld, man muss einen Arzt haben, wenn die Mutter stirbt, es ist nicht auszudenken, es ist teuer, Medikamente, feine Nahrung, ach, sie will alles tun, sie ist schon draußen, der Gutsherr sieht sie an mit einem Blick, sie hätte ihm hineinschlagen wollen ins Gesicht: Geld, er ist klein, hat dicke Arme, dicke fleischige Hände, rötliches Haar und einen brutalen Mund, er schielt, er mustert sie von unten nach oben: nur Geld, die Frau fährt sie gleich hart an, sie ist alt und dürr und hat ein paar große Brillanten im Ohr, sie macht sich über ihr Kleidchen lustig, sie muss nun eine grobe Schürze tragen, gut, dass sie der Bruder nicht mehr so sieht, sie muss dem Pferdeknecht helfen, den Mist aus dem Stall tragen, das steht nicht in ihrem Kontrakt, sie ist empört, sie beschwert sich bei dem Mann, die Frau will sie fast schlagen, sie schluckt alles herunter, Geld, Geld, Geld, der Mann, der Herr schaut sie immer seltsamer an, im Garten, an einem Mittag, die Frau ist fortgegangen, nimmt er sie um den Leib, sie entwindet sich ihm, nun gibt es keine Ruhe mehr, die Frau kommt dahinter, ahnt etwas, wird eifersüchtig, jetzt ist es die Hölle, sie beginnt sie zu hassen, es wird immer schwerer, eines Abends fährt der Herr nach Berlin, sie soll mitkommen, schnell sich fertig machen, sie, die Magd mit ihm, vielleicht will er etwas einkaufen, und sie soll es tragen, so sind sie in Berlin, er nimmt für sie beide ein Auto, wo geht es hin, es ist eine Seitengasse, eine kleine dunkle Straße, sie weiß den Namen nicht mehr, unten am Haus ist eine Klingel, was ist das für ein Haus, soll sie unten warten, nein, sie soll mit herauf, sie zögert, sie weiß nicht, was sie tun soll, ihr Herz klopft voll Angst, plötzlich ist ein Hund da, kommt ein großer brauner Bernhardiner vorbei, mit einem weißen Fleck auf der Stirn, »komm«, sagt der Mann, »was schaust du so nach dem Tier«, sie weiß selbst nicht warum, der Hund beginnt zu bellen, zu winseln, kriecht ganz dicht an sie heran, schnuppert und saugt aufgeregt die Luft ein, will weiter und kommt wieder zurück, springt auf den Mann zu und fletscht die Zähne, oder es scheint nur so, unten steht eine Frau, sie ist nicht mehr jung, ihr Gesicht ist ganz verdorrt unter Schminke und rosa Puder, sie winkt ihm einzutreten, sie scheint ihn zu kennen, er schlägt voll Wut über das Zögern mit der Hand nach dem Tier und zieht sie hinein, das geschminkte Weib knickst ergeben und lächelt breit, es geht eine halbdunkle Treppe hoch, ihr wird entsetzlich angst, es ist ein enges Zimmer, ein Bett steht da, es ist dumpfige Luft, »komm«, sagt er, seine Nasenflügel beginnen zu zittern, er streckt seine dicken Arme nach ihr aus, sie will sich wehren, sie will schreien, da drückt er seine wulstigen Lippen auf ihr Ohr und flüstert ihr zu: Es ist ja nicht umsonst, du sollst ein Goldstück haben, jedes Mal, ich kaufe dir ein Kleidchen und Schuhe und was du willst, wenn es zu wenig ist und du bist recht lieb, gibt es auch zwei, dann bist du reich, und nachher heiratest du einen schönen Mann, so schön wie mich, haha! Sie erstickt fast, ein Schwindel fasst sie, zwei Goldstücke jedes Mal, ein einziges genügt ja schon für den Arzt, die Mutter wird wieder gesund werden, es wird ja nicht lange dauern, es wird alles wieder gut, sie wird dann zurückkehren nach Hause, Geld, Geld, Mutter, es wird alles gut. Sie ist halb ohnmächtig, er reißt ihr die Kleider vom Leib, er wälzt sich über sie – »haben Sie sich gewehrt«, fragt der Vorsitzende, wie soll sie denn, »es ist ja wohl ein Ohnmachtszustand, Herr Vorsitzender«, fahre ich dazwischen, meine Stimme ist heiser und rau, ich bin aufgestanden, ich weiß nicht warum. »Ich protestiere dagegen, dass der Herr Sachverständige dazwischenspricht, das ist Sache des Anwalts«, sagte Borges. Ja, gewiss, aber wenn der schweigt, wenn der nichts sagt, das ist etwas Ärztliches:

»Es ist ein ärztlicher Einwand, meine Herren –«

»Ich protestiere«, kräht Borges, er ist rot wie ein Truthahn und schlägt mit der Faust auf den Tisch, der Vorsitzende fährt mild mit der Hand durch die Luft.

»Die Angeklagte hat das Wort«, aber nun ist sie außer Fassung, ihre Stimme schwankt, sie beginnt zu schluchzen, sie weiß nicht, was nun geschah, er wollte plötzlich sein Versprechen nicht mehr halten, er war plötzlich ganz kühl und legte sich auf die andere Seite, er hatte das Seine, und nun war es gut, er lag da wie ein Vieh, es war alles umsonst, alle Hingebung umsonst, alle Opfer, er hatte sie getäuscht, belogen, sie war beschmutzt, entehrt, es gab kein Geld, die beiden Goldstücke, es gab nur Not, Mutter würde sterben, es war alles zu Ende, und er war schuld, ihre Jungfernschaft, es war ja nicht aus Liebe, es war um Geld, sie war zur Dirne geworden, durch ihn, den dicken, roten Leib, der da lag, es fasste sie ein maßloser Hass, sie hasste sich selbst, sie hasste ihn, es begann ihr vor den Augen zu schwimmen, sie wusste nicht mehr, was geschah, plötzlich war der Hund im Zimmer –

Sie spricht nicht weiter, auf keine Vorhaltung, auf kein Zureden, sie schweigt hartnäckig, sie sitzt nur da und weint ganz leise vor sich hin, ihr Gesicht verzieht sich, die Lippen beben, sie sieht jetzt aus wie ein geschlagenes Kind, sie scheint nichts mehr zu hören, sieht nur ein Bild vor dem inneren Auge, eine Tat und einen Toten, davor verstummt sie, da nun alles vorbei, was ist da zu sagen, was gehen sie die Richter an!

»Es beginnt Ihnen vor den Augen zu schwimmen, Sie fühlen einen maßlosen Hass, da kommt gerade der Hund, es ist doch auffallend –«, sagt der Vorsitzende, was ist da auffallend, »Sie behaupten also, dass nicht Sie, sondern dieser mystische Hund dem Mann neben Ihnen an die Kehle gesprungen, was ist das für ein Hund, dem Untersuchungsrichter haben Sie gesagt, Sie kennten ihn nicht, es habe plötzlich vor der Tür einen Lärm gegeben, die Türklinke sei heruntergestoßen, nun?«

Nein, sie schweigt, nein, sie sagt kein Wort mehr, hört sie überhaupt noch, weiß sie, wo sie ist?

Nun kommen die Zeugen, die dicke Kupplerin, in einem grünen Kleid, wie ein Papagei, sie hat den fetten quellenden Leib in ein Korsett gespannt, sie hat schwarze, kugelrunde Augen und in die Stirn gebrannte Löckchen, sie spricht sehr rasch und aufgeregt, sie lispelt, der Speichel fließt ihr über die wulstigen Lippen, in *ihrem* Haus, dass so etwas geschehen kann, es ist ein anständiges Haus, bei ihr verkehren nur feine Herren, der Herr Polizeirat kann es bestätigen, sie ist eine anständige Frau, sie lässt sich nichts Schlechtes nachsagen, den Herrn Rittergutsbesitzer hat sie gut gekannt, er war oft da, wenn er noch lebte, würde er ihr nur das beste Zeugnis ausgestellt haben, nun ist er auf so schreckliche Weise tot, ach Gott, der Arme!

Sie schnäuzt sich umständlich, im Publikum hört man Lachen, der Vorsitzende rückt unruhig auf seinem Platz hin und her, endlich hat sie sich beruhigt, das Weibsstück da habe den guten Herrn erwürgt, sie habe es selbst gesehen, wie denn, war denn der Hund nicht da, selbst gesehen? – ach, der Hund, doch, so genau könne sie das doch nicht sagen, wie der Hund gekommen, unten an der Tür, immer an dem Mädchen herumgeschnüffelt, sie wisse gar nicht, was das für ein Hund sei, ein brauner, wolliger Bernhardiner mit einem weißen Fleck auf der Stirn, wie der Herr Rittergutsbesitzer unten die Tür zugeschlagen, habe er auf der Straße gestanden, sei nicht weggegangen, immer hinaufgeschaut nach dem Fenster oben, immer hin und her gerannt und gebellt, die Leute seien schon auf der Straße stehen geblieben, da habe sie Angst gehabt und die Haustür aufgemacht, und der Hund hinein, und die Treppe ist er hinaufgejagt, gerade in die Stube hinein, wo die beiden – nun ja, sie sei gleich hinterdrein, da ist die Tür schon offen gewesen, der Hund läuft ihr gerade in den Weg und hinaus, und oben liegt der Herr Gutsbesitzer ganz nackt im Bett, blau und mit durchbissener Kehle, sie hat sehr schreien müssen und sehr geweint, ein so guter Herr, und das Weibsstück saß im Hemd daneben, ohne sich zu rühren, sie hat ihn umgebracht, hat sie immer angesehen, ganz wild und heiß, da hat sie Angst bekommen und ist zur Polizei gelaufen, da gibt es kein Fackeln!

Sie darf abtreten, sie nickt majestätisch mit dem Kopf, sie verbeugt sich, blickt triumphierend um sich und rauscht hinaus, es ist einen Augenblick Stille, dann sagt der Vorsitzende:

»Es hat offenbar ein Kampf stattgefunden zwischen dem Opfer und seinem Mörder, man hat Blutspuren gefunden, an der Bissstelle und auf der Diele neben dem Bett: Die Frage ist, was ist das für ein Blut, stammt es von dem Hund oder von dem Ermordeten? Ist es wirklich Hundeblut, was mehr als unwahrscheinlich, wie diese ganze Hundegeschichte ja wohl nur ein zufälliger Nebenumstand, so würde sich allerdings ergeben, dass der Hund verletzt, also tatsächlich ein Kampf mit ihm stattgefunden hat, und das Tier dem Mann aus unbekannten Gründen die Kehle durchbissen hat. Der Herr Sachverständige hat das Wort.«

Ich stehe auf, ich trete vor den Richtertisch, ich habe plötzlich das Gefühl, als wenn ich nicht selber ginge, der Tisch schiebt sich mir entgegen, die Worte laufen mir entgegen, ich will etwas ganz anderes sagen, mein Mund, meine Lippen bewegen sich von selbst, wie gegen meinen Willen und meine Stimme sagt:

»Hundeblut, meine Herren, die Untersuchung ergibt Hundeblut.«

Die Wirkung dieser Worte ist ungeheuer, das Publikum erhebt sich von den Bänken, erregte Zurufe werden laut, auf der Geschworenenbank steckt man die verdutzten Köpfe zusammen, die Erregung ist allgemein.

»Ist der Herr Sachverständige sich darüber klar, dass er seine Aussage wird zu beeiden haben«, schreit Borges mit überschnappender Stimme in den Lärm.

»Ich mache Sie auf Ihre Pflicht und die Bedeutung Ihrer Aussage aufmerksam«, fügt der Vorsitzende hinzu, »es hängt vielleicht der Ausgang des ganzen Prozesses davon ab!«

»Ich weiß es«, sagt die Stimme in mir.

»Ich bitte, vor der Vereidigung den Herrn Sachverständigen zu fragen«, trumpft Borges auf, »ob er zu der Angeklagten vielleicht in irgendwelchen Beziehungen steht, es ist immerhin möglich, bei der Wichtigkeit der Frage, ich würde seine Glaubwürdigkeit sonst anzweifeln.«

»Ich bin nur als Arzt hier«, sagt meine Stimme, »ich gebe ein Gutachten ab, Persönliches geht mich nichts an.«

»Ich habe Grund, die Glaubwürdigkeit des Herrn Sachverständigen und seine Pflichtauffassung anzuzweifeln, ich beantrage, einen anderen Sachverständigen hinzuzuziehen und diesen wegen Befangenheit abzulehnen.«

Ich stürze gegen ihn vor, das Blut strömt mir ins Hirn, ich vergesse, wo ich bin:

»Dieser Herr«, stottere ich heraus, »dieser Herr wagt es, mich hier anzugreifen; dieser Herr hat sich als mein Freund in meine Familie eingeschlichen, er hat beteuert, mein Freund zu sein, er hat –«

»Das gehört nicht hierher, Herr Doktor –«

»Er sitzt mir auf den Fersen, er will nachweisen –«

»Ich bitte um Gerichtsbeschluss«, sagt der Anwalt.

Die Geschworenen ziehen sich zur Beratung zurück, es ist eine kleine Pause, was ist mit mir, ich zerschlage die Scheibe, ich zertrete das Glas, das zwischen ihm ist und mir, ich hasse ihn, wenn er mir begegnet, ich schlage ihn über den Schädel, ich lasse mir nichts entreißen, auch das nicht, auch das Mädchen nicht, es geht mich nichts an, ich tue meine Pflicht, meine Pflicht?! Wie immer meine Pflicht?!

Einen Augenblick schwanke ich, mir ist sehr elend, vor meinen Augen beginnt alles zu tanzen, es ist keine Zeit zum Nachdenken, der Gerichtshof sitzt schon wieder auf seinem Platz, der Antrag des Staatsanwalts ist abgelehnt, man verzichtet auf einen anderen Sachverständigen, der Vorsitzende betont, das Gericht habe zu der anerkannten Autorität meiner Person und meiner Rechtschaffenheit volles Vertrauen, ich trete vor zur Vereidigung, wie hasse ich ihn, es ist um Grete oder um das Mädchen, es ist alles sehr verwirrt, ich lege den Finger aufs Kreuz, wer, ich, ich, meine Hand geht in die Höhe, es ist nicht meine Hand, ich kann sie abschlagen und in den Eimer werfen, sie ist ganz für sich, die Worte, meine Lippen ganz für sich, ich, ich weiß nicht, wer da spricht, es ist eine atemlose Stille im Saal, ich höre sie, und ich höre meine Worte, wie sie einzeln heraustropfen aus meinem Mund, und ich sehe mich selber stehn, ganz allein, wie im Grab, eine Stimme aus dem Grab, ein Schwur aus dem Grab, ich bin wie neben mir, es ist alles im Nebel.

Ich weiß nichts mehr, Borges spricht noch lange, und der Anwalt erwidert ihm, der Gerichtshof verschwindet wieder, es ist ein Gemurmel im Saal, dann kommen sie zurück, der Vorsitzende hält eine kurze Ansprache, es ist alles gut, das Mädchen ist frei, sie geht schwankend hinaus, Emmchen, im Vorbeigleiten sehe ich ihre Züge, sie blickt mich an, sieht sie mich, mich, mich selbst? Ihr Gesicht ist bleich, schneeweiß und wie tot, wo geht sie hin, ach, ihr folgen, sie ist frei, durch mich, ein Mensch ist durch mich *frei*, was habe ich getan, ich möchte lächeln, aber mein Gesicht ist hart und wie erstarrt, ich kann es nicht mehr bewegen.

Endlich raffe ich mich zusammen, Borges kommt an mir vorbei, sein Blick ist aus Eisen, sein Kopf zwischen die Schultern geklemmt wie ein böser Vogel, ich merke ihn kaum, ich gehe durch die halbdunklen Gänge, die Treppen hinab, ich fühle mich einsam, mein Körper ist schwer wie aus Stein, ich ersticke fast, ich kann nichts mehr denken, eine Müdigkeit ohnegleichen ist über mir, was ist das für ein Leben, nun bin ich auf der Straße, ich gehe heim, wer weiß wohin, plötzlich bricht es wie ein grelles Licht ins Dunkle: Da ist ja – der Hund, ein brauner Bernhardiner mit einem weißen Fleck auf der Stirn, das ist Nero, wartet drüben auf der anderen Seite der Straße, kommt aufbellend auf mich zu, quer über den Damm, der Hund, das ist ja – wie ist es möglich, was will er von dem Mädchen, schnuppert, hat etwas an ihr gerochen, wer, was – niemand darf ihn sehn, es ist ja sonst alles zu Ende, Abgrund, in den wir stürzen, alle, alle, fort, rasch, laufen, um die Ecke, über den Platz, durch die Straßen, das Tier immer hinterher, mit Riesensprüngen, atemlos, die Zunge heraus, nun durch den Tiergarten, Leute bleiben verwundert stehn, ein Schutzmann dreht sich um, ich sehe nichts mehr, ich denke nichts mehr, ich laufe nur ganz blind, immer weiter, zu irgendeinem Ziel, zu irgendeinem Haus, ich bin vor einer Tür, ich stürze eine Treppe hinauf, ich bin oben, Grete, ich bin in ihren Armen.

»Dass du da bist, ich war so unruhig, und auch der Hund ist wieder weg, immer läuft er weg, auch als du im Feld warst, einmal einen ganzen Tag, nun werden wir wieder lange suchen müssen.«

»Er kommt wohl bald, er ist wohl schon wieder da.«

»Soll ich ihn einsperren, hat er dich wieder beißen wollen?«

»Nein, nein.«

»Ist etwas geschehn? Er darf nie wieder heraus.«

»Nichts. Hat er Blut im Maul? Schließlich ist auch alles gleich.«

»Ist das Mädchen freigesprochen?«

»Ja.«

»Du hast mitgeholfen dazu?«

»Ja.«

»Bist du nicht froh darüber?«

»Doch.«

»Aber dein Gesicht, es ist etwas in dir, die ganze Zeit –«

Warum fragt sie, sie soll nicht fragen, niemand soll fragen, ich will endlich Ruhe haben, ich will irgendwo in der Welt still liegen können, ich möchte die Augen schließen und tot sein und unten in der Erde liegen, es ist ein seltsamer Tag, ist es nicht gerade ein Jahr, dass ich heimkam, was ist geschehen seitdem, alles ist gegen mich, alles zieht an mir, immer ist mir einer auf den Fersen, ich bin umlauert und umstellt, ich komme nicht zur Ruhe, es will nicht stimmen, ich bin eine Asche im Wind, ich bin ein Flüchtling vor mir selbst, ich habe ein Ziel irgendwohin, mein Schwerpunkt ist außer mir, ich greife immerzu, aber die Hände bleiben leer, ich kann mich nicht verwurzeln, ich bleibe immer unsicher, ich gehe durch die Menschen, und sie sind mir seltsam und fremd: Wo, wo sind die Hände, die mich endlich halten, wo der Grund, zu dem ich mein Leben hinablasse, ich schwimme auf dem Meer, ich schwimme auf der Welle, aber in der Tiefe ist mein Anker, im blauen Dunkel liege ich fest, und oben, oben tanze ich im Licht.

»Hansi«, sagt eine Stimme neben mir, und das Blau schaut mich an aus zwei Augen, überwältigt in Liebe, »Hansi«, und legt ganz leise und zart ihren Arm um meinen Hals, »ich möchte dich etwas fragen, es ist so schwer, wenn du die Augen schließt und so dasitzt für dich, als wäre ich gar nicht neben dir, aber es muss nun sein, ich kann es nicht mehr allein tragen, man kann es mit Trauer nicht, aber ein Glück, siehst du, ein Glück, etwas wie dieses – warum hast du damals gesagt, niemals würde ich mehr ein Kind von dir haben, und jetzt, jetzt ist es doch so weit, dass ich – ich trage doch jetzt – ein Kind von dir –«– –

Ich höre einen Ton, ist da Musik, eine Stimme kommt und sagt etwas, ich fasse nichts, ich begreife nichts, es kann ja nicht sein, es ist ja gar nicht möglich, es ist ja

Wahnsinn, ich ersticke, ich möchte schreien, ich habe ein Kind, von ihr, in ihr, ich ein Kind, ich ein Kind, ich ein Kind – – Grete!!

»Was ist dir denn, du erschreckst mich, du hast ja ein Gesicht – freust du dich denn nicht?«

Das kann Liebe, ich, nun ein Mensch, das, das, da hinüber, das kann Liebe, über den Abgrund, da hinüber –

»Grete!«

»Du –«, jubelt sie, ihre Stimme schwankt und lacht und bricht und springt wie meine, »so lass mich doch los, deine Arme, ich kann ja nicht atmen, was hast du für Kräfte, ich ersticke ja – –«

»Ewig, ewig«, stammle ich erschüttert, ich küsse sie auf die Lippen, während ein Strom von Tränen gewaltsam aus den Augen bricht, nun ist alles gut, doch noch die Sonne, doch noch ein Glück, nun hat alles ein Ende, nun kann nichts mehr geschehn, sie hat die Brücke geschlagen, mitten durch alles, stärker als alles, nun bin ich eingeschlossen in die Kette der Lebenden, nun kann nichts mehr geschehn?!

Ich reiße sie noch einmal krampfhaft in meine Arme, Augen fragen hart und brennend in die ihren, sie biegt den Kopf zurück, sie blickt mich an, tief und ernst, ihre Lippen sind ihre Antwort.

Nun beginnt das Leben. Liebe überwindet das Leben, es ist alles gut, es ist alles gut. –

Sie ist nun müde, sie muss sich hinlegen, ja, es war wohl etwas viel, ich trage sie auf das Sofa, sie wehrt sich, es ist ein rührendes Lächeln auf ihren Lippen, sie will nicht schlafen, ich streichle über ihr Haar, ich lege die

Hand über ihre Lider, endlich gibt sie nach, schläft sie?, ich ziehe ganz leise meine Hand zurück, ich sitze neben ihr, auch ich schließe die Augen, ich bin glücklich, in meinem Ohr singt eine Melodie, ich komme nicht darauf, was es ist, die Zeit rinnt, rinnt unhörbar, man muss jede Sekunde halten, die große Uhr tickt und tickt, jetzt holt sie zum Schlage aus, wie spät ist es, es sind vier dunkle Schläge, vier Schläge, ich zähle sie mechanisch mit, es ist nur wie ganz draußen, dann sickert es langsam in mich hinein, etwas beginnt zu brennen, ja, es ist vier Uhr, sollte ich nicht etwas tun, Bussy, ich muss zu ihr gehn, habe ich es nicht versprochen, es ist wie eine Ewigkeit und war doch erst gestern, was geht sie mich jetzt an, hier ist mein Platz, aber sie wird warten, sie hat sich geputzt und die Locken hochgesteckt, ihre Augen schauen jetzt vielleicht schon zum Fenster, ganz dunkel und voll Sehnsucht, ihre Lippen, und der Kopf ist etwas zur Seite gebeugt, wie hasse ich sie, man sollte sie wegschleudern wie Schmutz, war sie auch bei dem Prozess, das ist ja ganz gleich, es ist alles gleich, mein Platz ist hier, mein heiliger Altar, hier in diesem Leib bin ich schon, wachse ich, aus ihr und mir, man trägt milliardenfach sich in sich selber, und eins davon wächst nun in ihrem Schoß und wird ein Mensch, ein anderer Mensch, aber doch etwas, das ich war, ist nun ein anderer, und ich selber bin so, aus zwei anderen, man sollte knien, man sollte vor jeder schwangeren Frau den Kopf entblößen, so nah, so sichtbar ist alles Wunder, wir brauchen keinen Himmel, Gott war und ist immer auf Erden, das Himmelreich ist immer auf Erden. Nun muss ich gehn, zum letzten Mal, ich werde Nero mitnehmen, ich bin gleich wieder da, wenn sie aufwacht, bin ich wieder da, sie wird mein Fortgehn gar nicht bemerken.

Ich küsse sie in Gedanken auf die Stirn, auf Augen und Hände, ich zögere hinauszugehn, mein Herz beginnt wieder zu klopfen, warum ist wieder alle Unruhe da, wenn ich zurück bin, wird alles wieder gut sein, ich taste mich auf Zehenspitzen über die Diele, ich öffne leise die Tür, ich blicke mich noch einmal um, ich präge mir dies Bild der Schlafenden tief in die Seele, lächelt sie nicht, eine Sehnsucht ist in mir, plötzlich ein unsäglicher Schmerz, ich möchte noch einmal zurück, ich möchte bleiben, endlich reiße ich mich los, schließe die Tür, mache den Hund frei und bin draußen.

Der Regen hat jetzt aufgehört, auf einzelnen Pfützen spiegelt sich ein helles Licht, ich gehe am Kanal entlang, es ist eine laue Luft, auf dem Wasser schwimmen junge Enten, sie haben noch fast die Form des Eies, die Federchen stehen struppig gelb, grau und braun in die Luft, sie piepen ganz hell um die gravitätisch einhertreibende Mutter, rudern mit kleinen Füßchen in dem großen schmutzigen Wasser, stecken die Schnäbelchen hinein, fangen sich irgendetwas und sind guter Dinge, ein breiter Kahn trudelt von der Brücke her ihnen entgegen, ein Mann stemmt mit langem Ruder gegen den Grund und schiebt ihn vorwärts, sein Gesicht glüht rot in der Sonne, hinten am Steuer steht eine junge Frau, sie hat ein blaues Kopftuch um ihr blondes Haar, sie ruft dem Mann etwas zu, aus dem kleinen Schornstein der Kajüte steigt ein feiner, blauer Rauch, die Entchen schrecken nach links, woher wissen sie das, woher können sie das, ich muss an meine Amöbe im Laboratorium denken, sie hat einen Leib, der sieht, hört, frisst, friert, zeugt und sich bewegt, es ist alles zusammen, es sind keine Augen, keine Ohren, keine Haut, kein Mund und kein Herz, es ist alles zusammen, es ist alles in sich geschlossen, es ist bewegtes Leben, so müsste man sein, so bin ich wohl, aber die andern, nicht einmal die Frauen, nur Grete, daher kann sie das alles, daher überwindet sie alles, sie lebt und lacht und weint und liebt, jetzt liegt sie auf ihrem Sofa und träumt, ich muss mich beeilen, was stehe ich denn hier, rasch, dass ich heimkomme, ich will ihr einen großen Strauß Blumen bringen, Blumen sind auch so, leben in Farben und Duft, dann kommt der Wind und schaukelt den Samen durch die Luft, und irgendwo fällt er nieder, und da blühen sie weiter.

Ich gehe jetzt rasch, ich habe nun keine Zeit mehr, ich überquere den Lützowplatz, an der Ecke ist ein Blumenladen, ich gehe hinein, ich kaufe drei große Feuerlilien, sie sind in meiner Hand wie drei blutige Speere, ich bin an der Untergrundbahn, ich gehe durch die steintoten Straßen Schönebergs, an einem Haus in der Prager Straße bleibe ich stehn, ich kenne das Haus nicht, der Hund kriecht mit eingezogenem Schwanz die Treppen voran, an jedem Absatz dreht er sich nach mir um, in seiner Haltung liegt etwas Lauerndes, Hämisches, vielleicht bilde ich es mir auch nur ein, vor der Tür im zweiten Stock hält er still und wedelt mit dem Schweif, ich klingle, ein Mädchen öffnet, ich bin im Vorraum, sie sieht den Hund, ihr Gesicht wird verlegen:

»Der Hund, soll der nicht vielleicht lieber draußen warten?«

»Nein, er kommt herein.«

Meine Stimme ist gereizt, was geht es den Dienstboten an, wo der Hund bleibt, wenn er etwas beschmutzt, soll sie es reinigen, dazu ist sie da, sie will sich die Arbeit sparen, andere müssen auch arbeiten, schwer und ungerecht, das Leben ist so, dem Knecht den Mist aus dem Stall tragen, die Frau ist eifersüchtig, und der Mann fährt mit ihr in die Stadt, in eine dunkle Gasse, er fragt nicht viel und wirft sie aufs Bett.

Arbeiten oder verhungern, Geld oder verhungern. Man sollte dem allem nachgehn, ein Mensch ist frei, aber was macht er dann mit seiner Freiheit? Ist nun alles gut?

»Später konntest du nicht kommen«, sagt Bussy schmollend, mit bösem Mäulchen, »aber wenigstens hast du mich doch nicht ganz vergessen und doch noch ein wenig an mich gedacht.«

Sie greift nach den Lilien, ich habe sie mechanisch, gedankenlos in der Hand behalten, ich habe sie doch nicht dazu – es war doch etwas ganz anderes, was wollte ich denn damit?

»Was ist denn, willst du sie mir nicht hergeben, du hältst sie ja in der Hand wie für die Ewigkeit«, fragt sie erstaunt.

»Doch, doch, ich wollte nur, ich – suche nur nach einem geeigneten Gefäß, einer Vase –«

»Gib nur, die finde ich schon selbst, oder hole die von nebenan aus dem Schlafzimmer, die kristallene mit dem silbernen Fuß, du hast ja hoffentlich noch nicht alles vergessen, aber sei vorsichtig, ich setze inzwischen den Tee auf, du wirst ja wohl welchen mögen, obwohl ich natürlich mit Gretes nicht wetteifern kann.«

Mir ist unbehaglich zumute, ein Schatten kriecht mir über die Seele, ich gebe ihr die Blumen in die Hand, es sind dunkel glühende Pfeile, die Mariens Herz durchbohren, ich wende mich zögernd und gehe ein paar Schritte zur Tür, plötzlich ist sie dicht hinter mir, ihr Kopf nahe an meinem, ihr Haar berührt meine Schläfe:

»Ist das deine ganze Begrüßung?«

Ihre Stimme ist verschleiert, dunkel und weich wie ihre Augen, der blasse Kopf hingebend zur Seite gebogen, sie trägt ein bronzefarbenes Seidenkleid, der Hals, die Schultern sind nackt, die Haut weiß und glatt, ich senke den Kopf, ich küsse sie auf dies kühle, runde Elfenbein, ihr Körper bebt, sie fasst meinen Kopf zwischen ihre weißen Hände, ihre dunklen Lippen –

»Beiß doch hinein, tief, mit deinen weißen Zähnen«, bebt sie heiß, »wie habe ich mich danach gesehnt!«

Sie hat noch die Blumen in der Hand, eine Blüte streift gegen die Tischkante und bricht ab, ich bemerke in ihrem rechten Auge ein kleines grüngoldenes Pünktchen, ihr Atem weht mir heiß ins Gesicht, sie ist mir plötzlich ganz fremd, ich spüre einen seltsamen Ekel, ich löse wie zufällig meine Hände von ihrem Leib, was will ich denn hier, sie hat nichts gemerkt, streift sich ihr Kleid zurecht, schaut mich mit ihren ewig feuchten Augen schmelzend und voll Hingebung an und flüstert:

»Die Vase, die eine Lilie ist ein wenig geknickt, das

macht nichts, mein Herz ist auch so, du nimmst es in deine Hände, und es ist wieder gut.«

Ich öffne die Tür und bin im Nebenzimmer, es ist eine süße, parfümierte Luft, mir wird schwindlig, über dem Bett an der Wand hängt ein großes Ölbild, ein nacktes Mädchen mit einem Buch in der Hand, auf dem weißen Spiegeltisch mit der Marmorplatte stehn Flaschen, Schächtelchen in allen Größen und Farben, in Elfenbein, Porzellan und Kristall, neben dem großen ovalen Spiegel blinkt die Vase, ich will sie herabnehmen, ich halte sie vorsichtig in Händen, da ist in meinem Rücken ein Knacken, ich drehe mich um: Nero ist auf das Bett gesprungen, die beiden Pfoten haben den breiten Überwurf als Spielzeug entdeckt, die feuchte Schnauze rupft Stück um Stück von dem kostbaren Spitzenbesatz herunter, erschrocken will ich auf ihn zu, da halte ich inne, was mache ich hier in diesem Schlafzimmer, was soll ich denn hier, was will diese Frau von mir, es ist ja ganz lächerlich, sie soll mich in Ruhe lassen! Eine seltsame Heiterkeit ist plötzlich in mir: Da stehe ich nun in diesem Schlafzimmer und habe eine Kristallvase in der Hand, mein Hund liegt statt meiner im Bett und zerpflückt behaglich die Decke, als wäre es die feinste Delikatesse, als wären es Schweineknochen, ich muss laut auflachen, ich kann mich nun nicht länger zurückhalten, Nero hat sich in die Decke hineingewickelt und schaut jetzt mit runden, erstaunten Augen und roter, hängender Zunge wie unter einer weißen Nachtmütze hervor, ein Lachreiz ohne Maßen überkommt mich, ich vergesse alles, ich stehe da und schaue dem Tier zu, bis mir die Tränen aus den Augen springen, ich will sie mit dem Handrücken abwischen, da fällt mir die Vase aus der Hand, ich greife noch einmal zu, sie liegt in tausend Scherben.

Bussy ist an der Tür, sie sieht mich vor den Scherben stehn, auch jetzt noch ist das fassungslose Gelächter nicht zu beruhigen, sie sieht den Hund im Bett, sieht ihre kostbare Decke zerrissen, die Vase in Scherben am Boden, ihre ganze Haltung ist hin, sie stürzt auf den Hund zu, sie will ihm das Tuch entreißen, das Tier ist hartnäckig, hat sich darein verbissen, hält es vielleicht für ein lustiges Spiel, lässt nicht nach, ihre Erregung steigert sich, es ist wie ein Wettlauf, wie ein wahnsinniger Tanz, ich stehe immer noch und lache, ihre Wut steigt auf den Höhepunkt, kirschrot im Gesicht, ihrer selbst nicht mehr mächtig, kreischt sie mich an:

»Du lachst, du stehst da und lachst! Meine Decke, mein Glas! Hier ist kein Schützengraben!«

Ihr Haar hat sich gelöst, sie sieht aus wie eine Furie, Nero ist jetzt vom Bett heruntergesprungen, ein Teil der Decke hat sich um seine linke Hinterpfote geschlungen, er sucht mit der Schnauze danach zu haschen, dreht sich wie toll wie ein Kreisel um sich selber, kugelt auf den Rücken, die Beine in die Luft, jetzt geht es gegen den Spiegel, Bussy kreischt auf, ehe ich es verhindern kann, kippt der ganze Tisch um mit Fläschchen, Tiegelchen, Puder, Scheren, Parfüm, auf der Erde spritzen Scherben, eine grüne Flüssigkeit fließt breit und langsam über das Parkett, es riecht nach Ambra und Lavendel.

Das Tier hält erschrocken inne und läuft, immer mit der Nase am Boden, dem fließenden Duft nach, das ist zu viel, ich vergesse mein Lachen, ich benutze den Augenblick und entreiße ihm die Überreste der Decke, ich gebe sie, schwarz und zerrissen, in Bussys Hände.

Sie lässt mir die Hand in der Luft und bricht in Tränen aus, sie tut mir leid, zitternd steckt sie sich ihr Haar zurecht, ihr Kleid ist bei dem Kampf zerknittert, die Bluse offen, sie weint wie ein Kind, ich trete auf sie zu, ich ziehe ihr leise die Hände vom Gesicht, sie will nichts wissen und wirft sich schluchzend aufs Bett. Ich warte eine Weile, stehe verlegen zwischen all der Verwüstung und kann doch nicht traurig sein, Nero hat sich in die Ecke verkrochen und blickt mich an, was ist das für ein Blick, ist es nicht fast wie ein Lachen, warum stehe ich hier, es sind draußen so wichtige Dinge, es ist sehr ernst, es ist sehr nötig, dass diese lächerliche Situation ein Ende hat, die Geduld verlässt mich, ich trete an den Bettrand, ich fasse brutal ihren Arm, meine Stimme ist hart und hässlich:

»Ich gehe jetzt, ich muss gehn.«

Sie ist sofort hoch, sie vergisst die zerschlagene Vase, die zerrissenen Spitzen, ihre getretene Sinnlichkeit schreit auf, ergießt sich in einem Schwall von Schimpfworten über mich, ich bin ein nichtswürdiger Lump, ein elender Verräter, der Krieg hat ein lächerliches, gemeines, selbstsüchtiges Vieh aus mir gemacht, vielleicht bin ich überhaupt betrunken, das würde sie gar nicht wundern, wenn ich betrunken zu einer Dame käme, bei Grete würde ich mir so etwas nicht erlauben, wer weiß, was ich jetzt an Frauenzimmern gewöhnt sei, sie aber verbittet sich das, ja, und nun könne ich ruhig gehn.

Ich mache eine Wendung, ich atme auf, ich bin entschlossen, ein Ende zu machen und wirklich zu gehn, sie hat es wohl nur für Komödie gehalten, sie bricht von neuem in Tränen aus, ballt das Taschentuch in den Mund hinein, springt auf, schlingt leidenschaftlich und hysterisch die Arme um mich, fleht mich an, sie nicht zu verlassen, jetzt nicht allein zu lassen, sie würde auch ganz gut wieder sein, sie sei in der letzten Zeit so nervös, weil ich auf die Briefe nicht geantwortet, sie hätte Grete so gehasst, vielleicht liebte ich sie wirklich wieder, aber das sei doch lächerlich, solch eine armselige Frau gegen sie – sie sieht jetzt hässlich aus, die Schminke ist verwischt, über dem Puder sieht man die Spuren der Tränen, die Bluse ist noch weiter aufgerissen, ihre eine Brust ist nackt, mich ekelt, ich kann den süßlichen Parfümgeruch nicht länger ertragen, ich küsse ihr die Hand, ich will noch etwas sagen, aber warum, es geht mich alles nichts mehr an, ich bin schon an der Tür. Da hört ihr Schluchzen plötzlich auf, sie ist einen Augenblick ganz starr, dann rafft sie mit einer ungeschickten Bewegung die offene Bluse über den Hals zusammen, ihre Augen bekommen ein unheimliches Funkeln, ihre weichen Lippen werden ganz hart und schmal, mit heiserer Stimme schreit sie heraus:

»Geh nur, geh nur, ich brauche dich nicht mehr, ich brauche dich schon lange nicht mehr, kehre nur reuig heim zu deiner süßen Grete oder nimm dir irgendein Frauenzimmer, das ist der Dank für alle Liebe, ich weiß nun genug von dir, ich habe auch so genug, wenn nur mein Mann noch lebte, er würde dir schon die Wahrheit sagen, eine schutzlose Frau zu beleidigen, mein armer Mann, du hast ihn gemordet, Borges weiß es auch, wärst du damals mit mir nicht davongefahren, wie er den Blinddarm hatte, hättest du ihn operiert, würde er heute noch leben, du hast deine ärztliche Pflicht gemein verletzt, das weißt du ganz genau, ich bin unschuldig daran, du hättest nicht folgen brauchen, mein guter Mann, mein guter Mann!«

Ich starre sie wie ein Gespenst an, das Blut weicht mir aus den Wangen, mein Körper beginnt zu zittern, ich kann kaum aufrecht stehn, sie bemerkt meine Veränderung, auf ihrem Gesicht spiegelt sich ein dunkler Triumph, ihre Wut, ihr Hass kennt jetzt keine Grenzen mehr:

»Ja, jetzt hast du Angst, ich sage mich los von dir, das mit dem Eid gestern, sagt Borges, war auch so, Borges ist ein Ehrenmann, er weiß mit Frauen umzugehn, wenn er etwas sagt, so stimmt das, er ist viel mehr als du, er versteht sich auf Frauen, er ist zart und rücksichtsvoll, und er liebt mich, er liebt mich schon lange, er hat es mir selber gestanden, aber du, du, mach, dass du heraus kommst, du und dein Hundevieh – so lange habe ich auf dich gewartet, und jetzt, jetzt –: Ich hasse dich, das sollst du büßen!«

Ich bin betäubt, ich höre nichts mehr, ist das dieselbe Frau, derselbe Mensch? Wo ist Schönheit, Bildung, Eleganz, Hingebung, Liebe? Alles Tünche, alles Schwindel, was tue ich hier, hinaus.

Ich blicke mich nicht mehr um, es ist gut so, sie ist hässlich und gemein, ich gehe durch den Salon, der Tee steht noch unberührt auf dem Tischchen, die Teemaschine dampft, man müsste das Feuer auslöschen, da ist Tee und niemand trinkt ihn, man wird ihn wieder abräumen müssen, es ist eigentlich sehr komisch, es ist alles komisch, das hätte ich von Nero nicht gedacht, wie fiel ihm das ein, er ist wie ein Mensch, er geht wie ich, wir gehn zu einer Wohnung hinauf und sind nun wieder auf der Straße, immer geht man Treppen hinab und andere hinauf und ist dazwischen auf der Straße, es war schon einmal so, irgendwo steht ein Mensch am Fenster und ruft, ruft immerzu, und von der Straße kommt einer, komme ich und gehe die Treppen hinauf, es sind immer andere Treppen, breite, helle und frohe, und schmale, die eng sind und düster und führen zu Armut und Tod.

Die Haustür schnappt hinter mir ins Schloss, es ist etwas geschehn, es ist etwas erledigt, auch das war eine Pflicht, da habe ich nun wirklich einmal meine Pflicht getan, und sonst, und sonst nicht?, sie hasst mich, sie droht, was kann sie tun, sie ist wie eine Wanze, sie will stechen, man zerdrückt sie, und es kommt Galle heraus.

Die Lilien hat sie nun auch, sie waren gar nicht für sie bestimmt, sie hat sie zerknickt, es war, als wenn Blut auf ihnen lag, er soll sich in Acht nehmen, sie sollen sich alle in Acht nehmen, sie hätten weiß sein sollen, Lilien müssen weiß sein, es sind Totenblumen.

Ich bin sehr bedrückt, alle Spannung in mir ist fort, ich bin nun frei, aber ich bin leergelaufen, was nützt die Freiheit allein, man muss sie zum Blühen zwingen können, ein Freispruch ist noch kein Glück, ich hätte der

Magd folgen sollen, dann wüsste ich ihren Weg, könnte sie begleiten und ihr helfen, ihr weiterhelfen – und wüsste den Weg.

Da irre ich nun wieder durch die Straßen, hatte ich nicht schon ein Ziel, war nicht schon alles wieder gut, eingereiht in die Lebenden, ja, ich will heim, wie lange hast du gewartet, vier Tage durchs Fenster geschaut und immer gewartet, endlich den Stuhl wieder zurückgesetzt und nicht geweint, nein, keine Träne. Ach, ich bin so voll Sehnsucht, eine Mutter hat ein Kind, eingereiht in die Lebenden, dann stirbt die Mutter, und ihre Stimme sucht und ruft, sucht und ruft – bis sie gefunden.

Es ist schon dunkel, Dämmerung über der Straße, aus den Häusern, aus den Büros, aus den Geschäften strömen die Menschen, die ersten Laternen entzünden sich, sie sind noch klein, gelb und rund, wie für sich, alles Licht kommt von unten, vom silbernen Asphalt, oben sind die Häuser in einem grauvioletten Schatten, mir ist, als ginge ich durch einen offenen Tunnel, die Luft ist lau, die Luft ist müde, alle Menschen gehn wie gebückt, nun bin ich am Potsdamer Platz, die Signalscheiben wechseln, der Strom staut sich und fließt, ich treibe mit, über den Platz hinüber, nun bin ich am Bahnhof, ich gehe zum Schalter, ich habe ein Billett in der Hand, ich gehe die breite Treppe hinauf, es sind viele Menschen da, sie tragen in ihren Koffern ihre Habe mit sich, in ihren Gesichtern fiebert es, ich gehe allein, ich bin allein für mich wie unter einer schweren Glocke, an der Sperre staut sich die Masse zu einem dunklen Kreis, die Barriere fällt, die Masse schiebt sich zusammen wie durch einen engen Hals, sie schimpfen, sie lachen, nun sind sie frei, laufen mit ihren Koffern, mit Schachteln und Stöcken schleppend und doch wie hüpfend den Perron entlang, ich gehe langsam dazwischen, ich stehe am Wagen, ich schaue ihnen fremd zu, wie sie ungeschickt, mit der Schulter nach vorn, sich und das Gepäck in den Wagen schieben, ich steige nun auch langsam ein, drinnen laufen sie, hetzen, stoßen zusammen im engen Gang, endlich, endlich ist das Coupé gefunden, der Platz gefunden, sie legen das Gepäck oben ins Netz, das Fenster geht herunter, weil doch Luft sein muss nach alledem, und hier drinnen scheint sie zu stehn, dumpf, erstickend und wie verstaubt seit Jahrtausenden.

Ich habe meinen Platz in der Ecke, meinen Platz am Fenster, Nero liegt mir zu Füßen, ich lasse ihn auf meinen Platz springen, ich gehe noch einmal hinaus, noch einmal den Perron entlang, als hätte ich etwas vergessen, ich tue so, als wollte ich noch einmal durch die Barriere zurück, in die Stadt zurück, ich habe mich vielleicht nur geirrt, ich schaue auf die große, matt erleuchtete Uhr, es fehlen noch fünf Minuten, ich schaue hinauf zu der großen Wölbung, es sind einzelne gelbe Lichtkreise im Raum, ich schaue durch den großen Bogen, da geht es gleich hinaus in die Nacht, da sind Lichter hoch und unten, golden und rot und grün, ich schließe einen Augenblick die Augen, es ist ein seltsames Summen um mich, ich höre das erregte Atmen der Lokomotive, ein kleiner Wagen mit Handgepäck rollt von selbst mit kleinem, leisem, beunruhigtem Klingeln dicht neben meinen Füßen, eine Stimme ruft »Cakes« und »Siesta, Nachtruhe« dazwischen wie eines Mohammedaners Ruf zum Gebet, es sind noch zwei Minuten, die Menschenmassen ziehen sich an den Zug heran, es ruft »Einsteigen«, die Fenster gehen herunter, Köpfe von denen, die abfahren, blicken hinab, von denen, die bleiben, sind wie hinaufgebogen, es gehen noch, wie auf einer Brücke, Worte hinüber, ich stehe allein an meinem Fenster, wer sollte zu mir sprechen, ich habe niemandem etwas zu sagen, der Zug zieht an, gleitet aus der Halle, zieht die winkenden, weinenden, rufenden Menschen noch ein Stück mit und ist nun wie aus einer dunklen Hülle gekrochen, schlank und schwer draußen, holpert, sich wiegend, über ein paar Weichen, die goldenen und roten Lichter werden seltener, zwei hell erleuchtete Vorortbahnhöfe laufen vorbei, ein Vorortzug auf dem Gleis drüben gibt bald den Versuch einer Wettfahrt auf, ich sehe die Menschen in den erleuchteten Coupés hinter den Scheiben, die kleine ratternde Lokomotive, oben aus dem Schornstein fliegen im roten Schein goldene Funken, endlich ist es dunkel, ein paar Lichter noch rasen vorüber, die Strecke liegt frei, es geht in die Nacht, in die Weite.

Ich gehe auf meinen Platz zurück, Nero legt sich wieder unter die Bank, ich schließe bald die Augen, es ist wie in einer Stube, eine Stube fährt durch die Landschaft, es ist heiß, an der Decke brennt das runde elektrische Licht.

Mir gegenüber sitzt ein Mädchen, blondes, strähniges Haar umrahmt ein blasses, müdes Gesicht, sie trägt eine Windjacke, die zarten Füße stecken in groben, braunen Stiefeln, neben ihr eine ältere Dame, vielleicht eine Lehrerin, auf einem grauen Sitzkissen, die faltigen Wangen blasen die Luft hinein, sie hat sich umständlich eine Brille aufgesetzt und ist in ein Buch versunken, von den drei Männern hat sich einer die Jacke ausgezogen, die Weste ist offen, er hat die Stiefel mit Hausschuhen vertauscht, man sieht seine grauen, wollenen Socken.

Dann kommt der Schaffner und revidiert, der eine wird schon nach drei Stunden aussteigen, der andere und die alte Dame um Mitternacht. Ich sitze eine Weile und schaue zum Fenster hinaus, in die dunkle Landschaft, der Zugwind weht kalt gegen meine rechte Wange, ich ziehe den Kopf zurück, eine seltsame Unruhe ist in mir, der in der Ecke hat sich eine dicke Zigarre angezündet, der ätzende Rauch weht schwer und blau gegen die Decke, der neben ihm hat die Hände über dem Bauch gefaltet und scheint schon zu schlafen, ich klettere über sechs Beine, ich schiebe die Glastür zurück und bin wieder auf dem Gang draußen, ich gehe in der entgegengesetzten Richtung des Zuges, ich schaue durch die Fenster in die Coupés hinein, da sitzen Menschen hinter den Scheiben, traumhaft wie Gegenstände in einer Auslage, ich höre gedämpfte Gespräche, im nächsten ist schon Dunkel, Schlaf liegt über ihnen, ich kehre in mein Coupé zurück, das Mädchen ist von ihrem Platz aufgestanden und lehnt zum Fenster hinaus, ich trete neben sie, wir sprechen, sie hat zehn Tage Urlaub, sie will in die Berge, wir schauen zusammen hinaus, wir sprechen von den Sternen, die über uns sind, wir sprechen von ihrer Arbeit, ihrer Mutter, von Schicksalen und den Menschen, die da noch draußen beim einsamen Licht in den Dörfern wachen, wir sind gar nicht mehr im Coupé, wir hängen mit unseren Köpfen in die Nacht hinaus und haben die Menschen hinter uns vergessen, wir gleiten immer weiter, Bahnhöfe schleifen mit ihren Lichtern vorbei, ein anderer Zug, die Lichter tanzen wie eine goldene Schlange vor unseren Augen, dann wieder ist nur noch die weite Ebene und unser Gespräch in die Nacht.

Es ist weit nach Mitternacht, wir sind müde geworden, außer uns ist nur noch ein Mensch im Raum, er hat seine Schuhe ausgezogen und liegt lang und hart auf der Holzbank, wir ziehen die Scheibe hoch, wir sind plötzlich wieder in der Wärme und im Zimmer, ich bitte sie, sich hinzulegen, sie zögert, sie blickt mich an mit blauen, durchsichtigen Augen, mir ist sehr weh, an wen erinnert sie mich, ich lege ihr meine Decke über die Bank und setze mich in die Ecke, sie liegt neben mir, ihr Kopf ruht auf meinem Schoß, von dem blonden Haar hat sich eine kleine Locke gelöst, die Augen sind geschlossen, die langen, dunklen Wimpern zittern, ein Lächeln ist über ihrem bleichen Gesicht, all das kenne ich doch, all das kenne ich doch, ich kann nicht schlafen, in meinen Augen brennt es, hinter meiner Stirne ist ein dumpfer Schmerz, das Holz der Wand drückt hart gegen meine Schläfen, aus dem Nebencoupé hört man gedämpft ein Gespräch, der Mann in der Ecke schnarcht, sein Mund ist offen, seine Nase scharf und eigenartig weiß, auf meinem Schoß schläft der blonde Kopf eines fremden Mädchens und lächelt, es ist ganz still, draußen fliegt die Landschaft vorbei, über die Stirn des Mannes drüben kriecht langsam eine Fliege.

Ich muss wohl endlich auch eingeschlafen sein, es ist jetzt hell im Raum, draußen schläft noch eine Hügellandschaft unter bläulichem Nebel, meine Hand liegt auf etwas Weichem, es ist Nero, er ist wohl in der Nacht von der Bank drüben heruntergesprungen, was hat ihn so plötzlich zu mir getrieben, hasst er mich nicht mehr, »Nero«, ruf ich ganz leise, halb noch im Traum, seine Schnauze liegt auf meinem Knie, sein Schwanz wedelt, er blickt mich fragend und traurig an, seine Zunge geht warm über meine Hände. Ich streichle gerührt sein Fell, ich bin jetzt fast glücklich, das Tier liebt mich wieder, warum liebt es mich jetzt und hat mich vorher gehasst, ich schließe noch einmal die Augen, ich schlafe tief und fest.

Es ist kurz vor dem Ziel, ich helfe dem Mädchen die Koffer aus dem Netz nehmen, sie sieht jetzt hässlich aus und grau, der Mann zieht sich die Schuhe über seine grauen Socken, der Zug hält, wir sind im Bahnhof. Ich gehe durch die Sperre, ich gehe die Kaiserstraße hinauf zum Rossmarkt, der Hund ist dicht und wie in Angst an meinem Fuß, ich biege nach rechts in die engen Gassen, es ist, als wenn mich etwas zieht, ich gehe ganz blind, es kommt mir alles bekannt vor und doch unendlich fremd, ich will doch eigentlich gar nicht hierher, ich muss ja ganz wo anders hin, sie liegt auf ihrem Sofa und schläft, ehe sie aufwacht, bin ich da, bin ich bei ihr.

Nun stehe ich vor der alten Kirche, ich gehe im Kreise, an diesen Häusern war ich schon, vorhin, vielleicht gehe ich wieder zum Bahnhof zurück, es hat ja keinen Sinn, hier in den engen Gassen herumzulaufen, der Hund scheint auch müde, er geht immer langsamer und bleibt schließlich zurück, er dreht seinen Kopf nach allen Seiten, an der Ecke sitzt ein altes Weibchen und isst in der Sonne ihr kärgliches Frühstück, er bleibt vor ihr stehn, wedelt mit dem Schwanz, sie strahlt auf, die kleinen alten Hände streicheln und klopfen das braune Fell, kauend reißt sie mühselig ein Stück von ihrem Brot ab und hält es ihm hin, er schnappt gierig danach und legt sich vor ihr Verkaufstischchen, den Kopf auf den Pfoten, die Alte beugt sich zu ihm herab, es ist, als unterhielten sie sich miteinander, ich pfeife, er bleibt ruhig liegen, ich muss zurückgehen und ihn holen, auf dem Tischchen stehen Seife, Zigaretten, bunte Gläser, ich kaufe der Alten ein paar Zigaretten ab, sie knickst und kichert und »für den schönen Hund vielleicht eine Schleife, grün oder braun«, ich nehme auch die, alle beide, ich zahle, Nero steht widerwillig auf, streckt sich in der Sonne, die Irrfahrt beginnt von neuem, ich bin nun auf der Zeil, die ersten Käufer kommen, ich gehe in ein paar Läden, betrachte die Dinge, und wieder hinaus, ich biege abermals nach rechts, in einer kleinen Seitengasse ist eine Bäckerei, ich gehe hinein, die kleine Glocke an der Tür klingelt, silbern und hell und will nicht zur Ruhe kommen, in einem Korb stehen frische Brötchen, auf weißem glatten Porzellan Kuchen und Torten. Ich lange über den Ladentisch, nehme mir eine Semmel und breche sie auseinander:

»Es ist nicht erlaubt, sich selbst zu bedienen«, sagt der kleine krausköpfige Verkäufer mit wichtigen, hochgezogenen Brauen.

»Nimm dir erst mal die Schürze ab, wenn du in den Verkaufsraum kommst«, sage ich, »und die Semmeln sind auch wieder viel zu klantschig.«

Der Junge stutzt einen Augenblick, ist erst verlegen, wird dann rot, schließlich stellt er sich trotzig hin:

»Es ist verboten, der Meister hat es verboten, sich über den Ladentisch herüber etwas zu nehmen.«

Ich bin beruhigt, ich muss plötzlich lächeln, ich bitte höflich um ein Stück Kuchen, ich finde ihn gut und schmackhaft, ich frage:

»Ist dein jetziger Meister gut zu dir, hat er viel verändert?«

Jetzt wird der Junge zutraulich; nein, der Meister hat alles gelassen, wie es war, nur nach hinten wolle er noch anbauen, im nächsten Jahr vielleicht, aber sonst sei er geizig, der frühere Meister sei viel freigebiger gewesen, er habe ihm auch mehr Lohn gegeben, nur zu ehrgeizig war er und jähzornig, oh, manchmal –

»Aber du hast ihn gern gemocht?«

Sehr gern, er sei ja nun ein Jahr schon tot, ob ich ihn gekannt hätte? Nein, nein, und nun ist es gut, und was kostet der Kuchen?

Ich bezahle, ich gebe ihm das Dreifache, er schaut mich verwundert an, ich bin schon wieder draußen, schon wieder auf der Gasse, ich schließe die Augen, mir ist, als rufe mich jemand beim Namen, ich gehe ein Stück mit geschlossenen Augen, es wird kühl, ich bin aus der Sonne heraus, ich stehe in einem Torweg, links geht eine alte hölzerne, gewundene Treppe herauf, ich pfeife dem Hund, er ist nicht da, ich gehe wieder hinaus, er liegt wieder in der Sonne, ich rufe ihn beim Namen, er widerstrebt und ist nicht von der Stelle zu bringen, soll ich ihn schlagen, warum, er will in der Sonne sein, er soll in der Sonne bleiben, ich gehe in den Schatten zurück, ich gehe die knarrende Treppe hinauf, mir ist, als liege ein schweres schwarzes Tuch mir auf der Seele, ich kann kaum atmen, eine Angst ohne Maßen ist in mir, ich kann keinen Schritt weiter, ich stehe bewegungslos im Dunkeln, vor mir ragt die Holztür, sie ist nur angelehnt, ich wage nicht zu klopfen, ich bin wie gelähmt, endlich lege ich mein Ohr gegen die Tür, dahinter geht etwas vor, dahinter geschieht etwas, ich muss mich beeilen, aber ich habe keine Kraft, ich höre ein Stöhnen und Atmen und dazwischen ein leises Weinen, eine dunkle Männerstimme spricht ernst und sachlich, ich höre Plätschern von Wassern, dann ist eine Pause und nur immer das Stöhnen, ich will gerade zurücktreten, ich bin doch kein Dieb, umkehren, davonlaufen, da geht die Tür von innen auf, ein Mann tritt heraus, mit einem kleinen Köfferchen, setzt sich die Brille zurecht und sagt halblaut ins Zimmer zurück:

»Ich gehe jetzt in die Klinik, wenn etwas geschehen sollte, lassen Sie mich rufen! Und schön verständig sein und jede Aufregung fernhalten, absolut jede Aufregung!«

Es kommt keine Antwort, er geht die Treppe hinab, er geht an mir vorbei, ich stehe im Schatten, er sieht mich wohl nicht, mir ist, als müsste ich schreien, ich kann jetzt nicht mehr zögern, ich muss da hinein, da liegt wer auf dem Sofa und wartet auf mich, hat die Augen zu, und wenn sie aufwacht, bin ich schon da, stehe ich bei ihr, und sie hat gar nicht gemerkt, dass ich fort war.

Ich stehe im Türrahmen, es ist ein kleines, helles Zimmerchen, eine kleine Mansarde, das Licht sticht mir ins Auge, ich habe so lange im Dunkeln gestanden, nun kann ich im ersten Augenblick nichts sehen, ich höre nur einen leisen Schrei und gleich darauf einen dumpfen Fall, ich gehe mit großen heftigen Schritten gegen die Ecke, da liegt das Mädchen am Boden, ächzend an den Stuhl gesunken, ich beuge mich zu ihr auf die Knie, sie schlägt die Augen auf, der ganze Körper zittert, während ihre Augen groß und entsetzt mich anstarren:

»Jetzt nicht«, lallt sie, fast unhörbar, sich windend in Qual, »jetzt dürfen Sie mir nichts tun, ich bin freigesprochen, das Urteil ist rechtskräftig, man kann es nicht mehr rückgängig machen, Sie können sich ja geirrt haben, das ist ja möglich, sicher haben Sie sich geirrt, aber jetzt, jetzt – brauche ich alle meine Kraft, wenn da drinnen –, wenn sie wieder gesund ist, dann kommen Sie nur, dann ist alles gleich, dann bin ich zu allem bereit, was Sie wollen, ich will aussagen, was Sie wollen, dann meinetwegen will ich gern sterben, nur jetzt nicht, jetzt nicht, ich will auch alles bekennen, es ist zu schrecklich, ich habe ihn zu sehr gehasst, meine Hände gingen ganz von selbst an seinen Hals, ich drückte zu, bis ihm die Augen herausquollen, immer fester, immer fester, ich biss ihn in die Kehle, immer mehr, meine Hand krallte sich in seine Haut, Blut floss, sein Atem wurde immer schlürfender, die Muskeln am Hals spannten sich, ich ließ nicht nach, bis er still war, ich wusste ja nicht, was ich tat. Der Hund, was weiß ich, was das für ein Hund ist, roch an mir immer herum, unten schon am Tor, und nun plötzlich hier im Zimmer, bis er scheu wieder hinauslief, vielleicht war es der Teufel, vielleicht – –. Da wissen Sie alles, ich bin eine Mörderin, Sie haben mich gerettet, tun Sie mit mir, was Sie wollen, es ist mir alles gleich, das Leben hat keinen Sinn mehr für mich, aber jetzt muss ich leben, jetzt bin ich noch nicht bereit, jetzt muss ich leben, muss ich leben –«

»Emmchen«, sage ich atemlos an ihrem Ohr, »Emmchen, was redest du denn da, ich komme ja nicht deshalb, das ist ja nun alles gut, ich komme ja nur – da drinnen die Mutter, wie?«

Sie steht auf, ihre Augen sind ganz starr, sie sieht mich scheu von der Seite an, sie ist ganz weiß im Gesicht, das Taschentuch hat sie vor dem Mund, ihre Stimme bebt:

»Sie wollen mir nichts tun, nein, Sie sind gut zu mir, Sie haben mir geholfen, warum haben Sie mir geholfen, warum sind Sie so gut zu mir?«

»Die Mutter da drinnen, wie –?«

»Die Mutter, ja, sie ist sehr krank, ich weiß nicht, der Doktor war eben da, er sagt, er hat einen lateinischen Namen dafür gesagt, er hat – Sie wollen zu ihr, Sie wollen – woher wissen Sie denn –«

»Sie hat mich gerufen.«

»Die Mutter? Wann? Durch wen?«

»Schon lange, lange, schon über ein Jahr«, sage ich und schließe wieder die Augen.

Sie geht einen Schritt zurück, ihr Gesicht ist voll neuem Schrecken, Entsetzen und Angst steht in ihren Mienen, sie glaubt mir nicht:

»Spielen Sie nicht mit uns – Gott kann mich nicht so strafen, wenn Ihnen etwas heilig ist, Sie sind ja Arzt, Sie waren gut zu mir: Helfen Sie, retten Sie, warum waren Sie gut zu mir, und wollen mich jetzt allein lassen –?«

»Komm«, sage ich und fasse statt aller Antwort ihre kalte Hand. An der Schwelle bleibe ich stehn, ich lege ihr meine Hand auf die Schulter, meine Stimme wankt in Erschütterung, ich bekomme kaum ein Wort heraus vor Erregung:

»Emmchen«, sage ich, »vertraue mir, glaube, frage jetzt nicht, lass mich allein da hinein, und wenn nichts zu helfen ist, wenn sie wirklich – stirbt –«

Ich kann nicht weiter, meine Stimme bricht ab, ich warte auf keine Antwort, ich sehe ihr Gesicht nicht mehr, ich weiß kaum, dass sie noch neben mir steht, ich gehe Schritt um Schritt da hinein, ich schließe die Tür hinter mir wie den Stein eines Grabes, ich bin jetzt mitten im Raum, das kleine Fenster steht offen, ein Leierkasten spielt, auf dem Fußboden sind goldene Sonnenringel, sie liegen gerade auf meinem Weg, ich muss über sie hinüber, mit meinen groben Füßen, es ist wie Entweihung, ich bin auf heiligem Boden, da drüben steht das Bett, da drüben aus der Ecke atmet es, atmet dumpf und schwer, kämpft eine Lunge, quält ein Herz, stirbt ein Mensch –

Mutter –

Ja, nun bin ich am Bett, ich knie nieder, die Welt hört hier auf, meine Hände sind auf der weißen Decke, meine Hände fassen die ihren, ach, ihr weißes Haar und das blasse Gesicht, Hände, die gesucht haben, Haar, das bleich geworden unter Warten, Sorge und Not!

Ich fasse die Kissen und lege sie unter die pfeifende Brust, ich ziehe den armen, kleinen, ächzenden Körper hinauf, dass er bequem liegt und weich, ich feuchte das Tuch neu an, dass es kühl liegt auf der verrunzelten Stirn, ich bin ja Arzt, ich kenne ja Leiden und Tod, ich weiß ja die Wege, die Mittel zu Linderung und Trost.

Nun schlägt sie die Augen auf, die Lider gehen hoch, fliehen zur Decke, irren rund und betäubt umher, an mir vorbei, über mich hinweg, sehen mich nicht, sehen mich nicht –

Ich beuge mich ganz zu ihr, ich fasse mit beiden Händen krampfhaft das Kissen, mein Gesicht ist an ihrem Ohr:

»Mutter«, schluchze ich heraus, die Stimme versagt mir, die Tränen laufen heiß und haltlos über Mund und Wangen, »Mutter, ich bin da, hör mich doch, sieh mich doch, du hast nicht umsonst gewartet, ich war so lange unterwegs, ich habe dich so lange gesucht, es war sehr schwer, es war alles gegen mich, ich bin gar kein Mensch mehr, es war alles immer im Nebel, ich war immer auseinandergerissen, ich kenne mich ja selbst nicht, niemand ist neben mir, ich bin ja doch immer allein, ich bin immer wie ein Schatten vor mir und kann mich nicht sehen – aber du, du bist da, du warst immer da, ich war immer auf dem Wege zu dir, du hast nur geschlafen so lange. Du hast hier gelegen, und ich war einen Augenblick unterwegs, aber jetzt bin ich heim, jetzt bin ich da, jetzt musst du die Augen öffnen und mich hören, weil ich zurück bin, einmal nur noch hören, nur einmal noch, einmal noch – –«

Ich bedecke ihre Hände mit Küssen, ihre Stirn mit Küssen, sie ist kühl und feucht, ich lege das Ohr auf ihr Herz, es tickt nur noch ganz leise und kaum hörbar, es ist nur noch wie ein Flämmern, bald wird es still sein, oben kämpft es noch, atmet hart und wund, rasselt schnarrend in der Brust, der Mund ist offen, der rechte Mundwinkel heruntergefallen, über den spitzen Backenknochen fällt die Haut zusammen, die Nase wird kühl und scharf, ich lasse nicht nach, ich staue alle Kraft in mir zusammen, sie muss mich hören: Mutter, Mutter, Mutter – – da gehen noch einmal die Augen auf, sie schauen strahlend in die meinen, es ist ein Glanz darinnen, sie sehen durch den Körper hindurch, sehen mich, mich selbst, in den Lippen zuckt es, die Hand will sich nach mir heben, sich streichelnd auf mein Haar legen, auf halbem Wege sinkt sie zurück, der Atem steht, mein eigenes Herz setzt aus, es ist eine entsetzliche Stille, noch einmal hebt sich die Brust in furchtbarem Kampf, der Mund krümmt sich zusammen wie in letztem Ekel, die Augen sinken herab, das Gesicht wird weiß und kalt, es ist zu Ende.

Ich stehe noch und lausche, wo ist sie nun, eben noch ein Mensch, Mutter, will sie sich nicht noch einmal bewegen, die Hände, die Lippen, ein Wort noch sagen – es ist alles zu Ende, alle Wärme hin, alles Leben hin, da liegt ein kalter Körper, da war etwas, nun ist es vorbei.

Was stehe ich denn noch, was tue ich hier, ein fremder Mensch, eine fremde alte Frau liegt dort, kalt und tot, ich weiß nicht mehr, was mich hergetrieben, ich bin in einem kleinen, alten, hässlichen Zimmer, von draußen kommt Sonne und Luft, irgendwo auf der Straße schreit ein Kind, was mag der Grund sein, ich trete ans Fenster, ich blicke auf die Menschen herab, unten liegt Nero in der Sonne, Knaben stehen um ihn herum, der Leierkastenmann nimmt gerade Drehorgel und Affen auf den Rücken und geht zum Nebenhaus, ich schließe das Fenster, ich lasse die weißen Gardinen herab, das Zimmer ist nun grau und im Schatten, es ist ganz still, ich trete noch einmal ans Bett, es ist nichts weiter, ein toter Mensch, eine arme, alte Frau, ich habe nicht mehr helfen können.

»Wie steht es«, fragt es angstvoll flüsternd aus dem Nebenzimmer, »ist Hoffnung, glauben Sie –«

»Sie ist soeben gestorben«, sage ich, »Sie müssen den Arzt rufen, der die Kranke behandelt hat.«

Mit einem Schrei ist sie im Zimmer, mit einem Schrei sinkt sie neben dem Bett zusammen, ich stehe unbewegt dabei, es ist traurig, wenn Menschen sterben, aber es trifft uns alle.

Ich hebe die Weinende auf, sie hängt völlig gebrochen in meinem Arm, mechanisch streiche ich über ihr Haar, wie unglücklich sind Menschen, wie unglücklich bin ich selbst!

Was soll ich tun, ich kann ihr nicht helfen, ich lasse sie aus den Armen, ich lege auf den kalten Kamin ein paar Geldscheine, ich blicke mich nicht mehr um, ich gehe zur Tür hinaus und bin in der Sonne.

Ich pfeife Nero, er springt glücklich auf, er wedelt mit dem Schweif, es ist Sonne, es ist Sonne, aber ich fühle sie nicht, die Menschen, die mir begegnen, schauen an mir vorbei, es weiß niemand, wo ich war, niemand, dass ich so früh schon bei einer Toten war, sie sind alle sehr geschäftig, warum haben sie solche Eile, eines Tages liegen sie in einem Zimmer, und die Sonnenkringel auf der Erde verwehen im Schatten.

Es ist ganz still in mir, es ist keine Trauer und kein Glück, keine Sonne und kein Leid, ich bin nur unendlich müde, es ist alles umsonst, es war alles umsonst, während ich hier gehe, liegt oben in einem kleinen Zimmer eine alte Frau auf weißem Bett, ich möchte auch irgendwo liegen, jemand stürzt weinend neben mir zusammen und kniet an meinem Bett, aber ein fremder Mensch wird daneben stehen und sagen: Es ist traurig, wenn Menschen sterben, aber es trifft uns alle.

Wohin gehe ich, die Spuren hinter mir verlöschen, die Stimme hinter mir ist fort, hinter mir ist Stille, das Seil ist gerissen vom Grund, nun treibe ich, treibe hin und her, ich will nichts mehr, ich suche nichts mehr, ich will nur noch Land, wo ich ruhe, Erde, die mich mit Frieden beschattet. – –

Nach Westen, nach Westen, wo will ich hin, ich sitze wieder im Zug, die Grenze ist längst passiert, wohin, das sind französische Uniformen, französische Dörfer, das Coupé ist voller Menschen, an mein Ohr schlägt eine fremde Sprache, das Fenster ist offen, ich sehe nichts, ich höre nichts, Menschen steigen ein und aus, wir fahren in einem kleinen Tal einen Fluss entlang, wir fahren an grünen Hügeln vorbei, durch weite Felder, durch kleine, malerische Städte – ich sehe nichts, ich sitze in meiner Ecke wie in einem Grab, ich gehe durch weite, unterirdische Hallen, die Decke ist niedrig und drückend, es ist ein Unterstand, kommen die Granaten, Erde über uns, der Schritt hallt einsam von den feuchten steinernen Wänden, es ist ein blauer Dämmer, das Licht fällt müde und zerbrochen aus ein paar Rissen in der Wand, es sind die Toten, es sind alle Toten, ich taste mich von Sarg zu Sarg, ich klopfe auf jeden Deckel, ich bücke mich nach jedem Namen, ich trage eine kleine Kerze in der Hand, die kleine Flamme zuckt und flattert, von den Wänden strömt eisige Kälte, ich kann die Namen nicht lesen, es fehlen Buchstaben darin, sie sind schon herausgebröckelt durch die Zeit, sind grün überwachsen, verwischt, verweht, ich habe keine Zeit, still zu stehn, es geht immer weiter, ruhlos immer weiter, meine Füße werden wund, meine Ohren taub vom immer gleichen Schritt, mein Gewand blättert ab, nun bin ich nackt, meine Haut sind nur noch Krusten und Borken übereinander, auch sie fallen, auch Hirn, Muskeln und Nerven, Zwerchfell und Darm, nur das Herz bleibt, zuckt, eine kleine, rote Flamme, sucht und bückt sich, sucht immer weiter, schlägt immer weiter, möchte nur ruhn, endlich ruhn und kann doch nicht und ist doch müde, ist doch so müde – –

Schlafe ich schon, mitten am Tag? Das Fenster ist offen, ich sehe nicht hinaus, alle Pracht der Landschaft, Pracht der blühenden Erde, Pracht der gesegneten Äcker zieht an mir vorbei, ich sehe es nicht, es ist nicht für mich, es ernten andere, es haben andere gesät, ich bin ihnen nicht neidig, ich bin niemandem neidig, ich war es wohl früher, jetzt ist das vorbei, jeder trägt sein eigenes Schicksal, es ist niemand glücklich, man soll auch die Toten nicht versuchen, es gibt einen Willen, der bäumt sich hoch, der will aus seinem Rahmen springen, über sich hinaus, der will sein Schicksal brechen, der will selber Gott sein, der will über die Erde, über Not und Körper und Sarg – und fällt doch zurück und ist doch verhaftet mit sich selbst und kommt nicht los von sich, es türmt sich gegen ihn, es greift mit Händen nach ihm, er taumelt zurück, bis er erstickt.

Schlafe ich schon, ich habe solch eine Sehnsucht und weiß nicht wonach, ich will wachen, ich will mein eigenes Leben sehen, bis zu Ende, ich bin hineingesprungen in einen Strom und muss nun schwimmen, bis er mich wieder hinausspeit, wir sitzen alle in diesem Zug, das Leben gleitet wie diese Landschaft vorbei, mit Hügeln, Feldern, Städten und Menschen, aber doch haben wir immer nur auf unserem Platz gesessen, in unserer Ecke gesessen und vor uns hingestarrt, immer dasselbe Holz drückt uns den Rücken wund, immer dieselbe Bank steht uns gegenüber, immer derselbe andere Mensch, immer dieselbe andere Maske sitzt neben uns, und einmal nur hält der Zug, endlich stehen wir auf, können aussteigen, und die Fahrt hat ein Ende.

Wo bin ich, draußen liegt schon Dämmerung, das Land hat sich verändert, halb verfallene Kirchen, zerfallene Dörfer und Ruinen ziehen vorbei, hier pflügt ein Graben durchs Land, hier liegen Draht und vermorschte Bretter und Holz, hier floss Blut, hier tobte Mord, Hölle und Wahn, hier haben Menschen gesessen wie Maulwürfe unter der Erde, haben sich belauert und zerfetzt, hier ist kein Baum mehr, das Laub ist abgefallen und verdorrt, die Stämme sind nackt und schwarz, hier ist kein Haus, das nicht begraben unter Schrei, Schicksal und Not, hier hat die Luft gezittert unter dem Grauen der krepierenden Granaten, hier irgendwo habe ich selbst gesessen, wer, ich, wer, was denn, wo bin ich denn, hält der Zug, ist die Reise zu Ende?

Ja, ich gehe über Land, über Erde, ja, ich steige die Höhen hinauf, es ist Verdun, es sind die Höhen von Douaumont, ich verlasse die zerschossene Stadt, es stehen überall Gerüste, es wird überall gebaut, es sind neue Mauern, neue Wände, sie sind noch gelb und nackt, ich sehe das nicht, es ist mir gleich, ich höre nur das Wimmern um diese Stadt, den Feuergürtel um diese Stadt, ich höre nur das Wimmern der Toten: Hier hat die Welt gebrannt, hier sind Millionen verkohlt und verblutet, hier liegen unsere Brüder, hier liegt Europa, hier liegt die Menschheit, hier bin ich, hier liege ich, hier liegt mein Leben, hier sind Gräber, Gräber, Gräber, Kreuz neben Kreuz, Erde neben Erde, schwarze Kreuze die Deutschen, weiße Kreuze Franzosen, schwarze Steine, weiße Steine, wer hat dies Brettspiel in der Hand, wer hat die Steine gezogen Zug um Zug, wir können die Steine tauschen, wer ist der Gott, der unser Leben biegt – gegen uns: Es ist eine Straße, die geht den Berg hinauf, da sind sie gefahren mit Kanonen, da kam das Wasser den Durstenden und wurde Blut, da zog das Leben herauf und zog als Tod zurück, nun bin ich auf den Hügeln, es wächst kein Gras mehr, es ist kein Grün und kein Strauch, es ist alles grau, es ist alles glatt rasiert, kein Wind weht, kein Hauch kommt, es ist still, es ist endgültig still, unten ist Fleury, unten war Fleury, unten war ein Dorf, waren weiße Häuser, war Leben, war Wärme, war Schicksal, war Liebe, wo ist Fleury, eine Tafel steht »Fleury«: Das ist nun Fleury, Gräben und Erde und Staub, oben ist Douaumont, oben am Hügel liegt zerborstener Zement, zerborstene Erde, Panzertürme, zerborstenes Eisen und Stahl: Hier flammte der Tod, nach rechts und nach links, hier schossen Deutsche und schossen Franzosen, hier liegen Deutsche und liegen Franzosen, es gibt keinen Krieg, hier liegen Menschen, es gibt keinen Feind, es gibt keine Staaten, es gibt keine Schicksale, keine Unterschiede, keine Offiziere, keine Reichen, keine Arbeiter und Gemeine: Wir sind nackt, nackt, wir sind nackte, sterbliche Menschen.

Es wird dunkel, ich stehe oben am Denkmal am Hang, ein Löwe haucht, getroffen vom Pfeil, sein schweres marmornes Leben in den Sand, etwas Dunkles schaut aus der Erde, ich bücke mich, es ist brüchig und hart, ich ziehe es heraus, es ist ein Stück Leder, Riemen von einem Tornister, es sind Flecken darauf, altes trockenes Blut, ein Jahr ist vorbei, und hier ist noch Blut, ich werfe es weg, der Hund springt danach, ach, der Hund, er bellt und jagt umher, er ist ganz verändert, im Zug schon immer hin und her, von einem Platz zum andern, in den Gang hinaus, ans Fenster, die Nase in die Luft, schnuppernd, erregt, außer sich, dann wieder an meinem Knie, schaut mich bittend an, wedelt mit dem Schweif, springt wieder auf die Bank zurück, drückt seinen Leib eng und zitternd an den meinen, die Zunge keucht, der Kopf liegt platt auf meinem Schoß, die Augen sind zu, es ist, als wenn er weint, er stößt ein leises Winseln aus, ich streichle ihn, er drückt seine Schnauze zwischen meinen Arm und Körper. Jetzt aber scheint er kaum noch von mir zu wissen, ich habe ihn an die Leine genommen, er reißt mich durch Gräben, über Felder, über Zäune und Draht, er ist immer mit der Nase am Boden, er stöhnt und winselt und bellt, er hört auf keinen Ruf mehr, beißt um sich, Schaum steht ihm vor dem Maul, ich kann ihn nicht mehr halten, mit einem Ruck reißt er sich los, springt hoch, jagt davon, die Leine schleift, sich verhakend, hinterher, jetzt verschwindet er in einem Graben, es steht Wasser darin, er spritzt hindurch, ist drüben weit schon bei Douaumont, ich muss einen Umweg machen, ich sehe ihn nicht mehr.

Die Sonne ist weg, es wird langsam dunkel, es wird langsam kühl, ich gehe immer noch atemlos über die Hänge, ich habe wie der Hund das Auge am Boden, ich krieche mehr als ich gehe, was suche ich denn, gehe ich nur dem Tier nach, suche ich meinen Hund, suche ich einen Menschen oder vielleicht gar mich selbst, ich kann kaum mehr etwas sehn, ich kann kaum mehr etwas unterscheiden, ich stolpere über Stoppeln, über Bretter und Draht, an meinem Fuß ist etwas Warmes und Klebriges, ich glaube, es ist Blut, es ist noch warm, es kann wohl kein fremdes sein, ich habe mir den Fuß geritzt, ist es mein Blut, ich gehe immer weiter, ich bin ganz allein unter Toten, es ist jetzt ganz finster, ich fürchte mich, ich, ein Lebender, fürchte mich, ich habe eine kalte, entsetzliche Angst, aber ich kann nicht weg, ich muss meinen Hund suchen, warum ist er weggelaufen, die Stille wird immer furchtbarer, meine Kehle ist mir wie zugeschnürt, ich sehe wieder den langen, blauen, hallenden Gang, ich sehe wie im Fieber wieder die Särge, ich klopfe an jeden von ihnen, da strecken sich überall kleine weiße Fäden heraus, weiße Spinnwebfüße, sie knicken sich hoch, die Särge heben sich, sie schieben sich lautlos nebeneinander, rings um mich beginnt es zu wandern, von allen Seiten kommen sie aus der Tiefe, die Erde bricht auf wie aus tausend weißen Wunden, es sickert heran, der Zug formiert sich, er reicht von Horizont zu Horizont, Verdun brennt, Verdun brennt, und mein Herz hüpft in der Dunkelheit, mein Flämmchen hüpft und zuckt um jeden Sarg, es tanzt und glüht, zwei Punkte glühen aus der Nacht, ich stolpere, meine kalte Hand fühlt am Boden, fühlt etwas Warmes, Zitterndes, Weiches, die beiden Lichter wenden sich, beginnen zu tanzen, sich zu bewegen, ich bin dem Wahnsinn nah, ich will schreien –: Es ist der Hund, es ist Nero, es ist ein warmer Leib, ein warmer, atmender Körper, er liegt an der Erde, ich sehe nur seine Augen, ich taste seinen Leib, ich taste die Erde neben ihm, hier rechts muss ein Draht sein, spanische Reiter, dahinter ist der Horchgraben, ein kleiner spitzer Vorsprung, es kommt mir alles sehr bekannt vor, unter dem Brett hing ein Telefon, tickte es immer ganz hell und singend, wenn der Wind von drüben kam, konnte man das Grammophon hören, bis es zerschossen wurde, es hat wohl nun ein Loch, es ist Blech mit einem runden Loch, und liegt vielleicht auch hier, ich war schon einmal an dieser Stelle, hier geschah etwas, war es gestern, aber es war Tag, aber es war Lärm drüben, Stimmen jauchzten herüber, und ich, ich war einsam, ich war kalt, Wind ging wie jetzt, zwei Augen waren auch so, glühten aus dem Nichts, wollten sich nicht schließen, es waren Menschenaugen, ich wollte aus der Dunkelheit heraus, aus der Nacht heraus, aus Not, aus Krieg, aus Elend, aus Einsamkeit und Tod –: Ich will zur Musik zurück, ich will zu Menschen zurück, ich bin in die Irre gelaufen, ich bin rückwärts gelaufen, es ist nichts zurückzudrehen, es ist nichts aufzuhalten, das Leben nicht und nicht der Tod, es ist kalt, und ich will in die Wärme, zwei Augen glühen mich an, aber es sind Hundeaugen, Körper sind um mich, Tausende in der Erde, aber ich will zu Lebenden, ich will Blut anfassen, ich will Wärme fühlen, ich will weg von hier, ich will zum Licht zurück, ich will leben – Grete! Grete! Nero, komm, Nero, Tier, glotz mich nicht an, es ist da nichts, warum rührst du dich nicht weg, du kommst mit, ich, dein Herr, befehle es dir, lachst du, willst du beißen, was tust du da, es ist nur Erde, es sind nur Knochen, es ist nur Staub, es lag einmal ein Mensch da, jetzt ist es kalt, ein Gespenst geht um, was tot ist, ist tot, wer dankt dir Treue, wirst du kommen, ich werfe dich mit Steinen, du rührst dich nicht, was ist denn das, was schaut es denn immer, ich habe Angst, ich werde wahnsinnig, ich bin mit einem irren Tier allein, das Tier liegt auf mir, liegt auf meiner Brust, es ist vielleicht auch schon tot, es soll verrecken, es soll liegen bleiben bis zum jüngsten Gericht, es soll – –

Ich laufe, ich renne schon, ich stürze über Äcker und reiße mich wieder hoch, mein Fuß schmerzt, wo ist der Weg, wenn ich ihn nun nicht finde, wenn ich die Nacht hierbleiben muss, zwischen Grauen und Tod, von drüben kommt noch das Winseln, es ist, als schreit ein Kind, ein Mensch schreit um Hilfe, die Toten schreien um Hilfe, die Toten wollen zum Licht, noch einmal ein entsetzlicher Laut, das Tier, es weiß ganz allein, was mit mir ist, es weiß alles, besser als ich, ich werde es nicht mehr sehen, es war sein letzter Schrei, es ist vielleicht auseinandergerissen, vielleicht sitzt nur seine Seele da drüben bei dem Leichnam und schreit, und es kommt doch noch gelaufen, hinter mir her, immer hinter mir her: Nein, ich will nicht, es soll da bleiben, es soll bei den Toten bleiben, es ist vielleicht selber tot, ich bin vielleicht selber tot, ein Gespenst, das zwischen Kreuzen kriecht, ein Mensch, ein Tier: Laufen, laufen, weg von hier, weg von mir, zu Menschen, Menschenaugen, Menschen, Grete, der Weg, weißer Kies, der Löwe aus Stein, es ist alles aus Stein, es ist alles tot, ich selber bin tot, jetzt die Kurve herum, jetzt geht es herab, die Stadt, Lichter, jetzt Stimmen, Klingeln, Musik, Häuser, eine Straße – ich bin gerettet. – –

Wie lange war ich weg, sind es Stunden, waren es Tage, liegt sie noch auf dem Sofa, schläft sie noch, ich hätte nicht fortgehen sollen, vielleicht hat sie auch nichts gemerkt, gewiss nicht, schläft immer noch, und ich bin da, ich halte leise ihre Hand, die Uhr tickt, sie öffnet die Augen, über ihre Lippen geht ein Lächeln, »ich habe lange geschlafen, hast du die ganze Zeit hier gesessen?« – »Ja«, werde ich dann lügen, »ja, es ist warm im Zimmer, ich habe deine Hand gehalten, ich habe immer gewartet, bis deine Augen aufgehen, vielleicht waren meine Gedanken einmal fort, es ist möglich, wenn man Stunden so sitzt, fällt einem mancherlei ein, aber doch warst du immer da, doch habe ich immer hier gesessen und deine Hand gehalten und deinen Schlaf bewacht, und nie werde ich weggehen, niemals, weil ich dich liebe, Grete, weil ich dich liebe.«

Nun bin ich an der Haustür, es war alles nur Spuk und wüster Traum, es ist alles gut, ich werde in ihren Augen ausruhen, ich werde lächeln lernen, rein und still wie sie, ich werde – ein Kind haben, mein Gott, habe ich das vergessen, ist es möglich, dass man das vergisst, wenn ihr nun etwas geschehen, niemand war bei ihr, wenn sie nun aufgestanden und hingefallen, oder irgendwer ist gekommen, irgendein Mensch über die Schwelle, ein Schicksal über die Schwelle – –: Ich bin mit einem Satz oben, ich reiße an der Klingel, sie zittert und schrillt, ich presse mein Ohr an die Tür, mir ist, als hörte ich Stimmen, Weiberschreien, erregtes Laufen, was ist denn das, kenne ich diese Stimme nicht, Grete, nein, ein Mann, die Scheibe, das Glas, jetzt trete ich es mit den Füßen ein, ich ziehe an der Klingel, dass sie reißt, macht denn niemand auf, ich schlage mit der Faust gegen die Tür, endlich kommen Schritte, langsam und schwer, der Riegel geht zurück, das waren doch Männerschritte, wo ist denn die Alte, die Tür öffnet sich, da steht – Borges, sein Gesicht ist weiß, sein Auge brennt mich höhnisch an, er steht mitten im Weg, aus dem Zimmer kreischt Bussys Stimme: »Wenn er *will*, lass ihn doch herein«, ich fasse ihn am Arm, ich begreife nichts, ich kann keinen Gedanken zusammenbringen, endlich sage ich wie abwesend:

»Warum stehen Sie denn hier, wie kommen Sie denn hierher, was wollen Sie denn, wo ist denn – Grete?«

»Drinnen.«

»So machen Sie doch den Weg frei«, keuche ich heraus, »wer erlaubt Ihnen denn –«

»Sie werden hier nicht hereinkommen, diese Frau gehört nun mir, ich werde sie vor – Verbrechern zu schützen wissen.«

Ich taumle zurück, ein eisiges Gefühl steigt in mir hoch, ich sehe ihn ganz ruhig an, wie etwas Fremdes, zum ersten Mal, meine Stimme bebt nur unmerklich, ich frage:

»Wo ist Grete, Sie gehen mich nichts an, ich kenne Sie nicht, wo ist Grete?«

»Drinnen«, wiederholt er, und die Schulter bebt wie im Krampf, »wir wissen alles, Bussy hat alles erzählt, Sie haben sie böswillig verlassen, Sie sind ein Meineidiger, Sie haben schändlich Ihre Arztpflicht verletzt, Sie sind ein Mörder, ich habe es damals geahnt, ich habe nach Material gesucht, Bussy liebt mich, sie hat mir alles gestanden, man wird mit Ihnen zu verfahren wissen.«

Meine Hand greift gegen seine Brust, er weicht einen Schritt zurück:

»Versuchen Sie nichts, es ist alles umsonst, ich habe mit Bussy nichts zu tun, ich habe ihr die Komödie meiner Liebe vorgespielt, um Sie zu entlarven, ich weiß jetzt alles, es genügt mir, ich habe es Grete gesagt, sie gehört mir, ich liebe nur sie, sie weiß alles, sie ist vor Erregung ohnmächtig, sie blutet, das Kind, sie will keine Verbrecher aufziehen, wenn sie stirbt, besser so, mit Mördern und Meineidigen hat sie nichts gemein.«

Habe ich geschrien, brach Blut aus meinen Augen, lag ein Hammer da, war es nur ein Brett, ich weiß nichts mehr, es war schwer in meiner Hand, meine Hand packte zu, schwang heiß und hoch in die Luft und krachte mitten in sein Gesicht, er stürzte auf die Diele, es war ein furchtbarer Fall, Blut floss, rann aus dem linken Auge, dem linken Ohr, ich trat mit dem Fuß darüber, ich bin an der Tür, ich presse sie auf mit einem Ruck, ich bin im Zimmer, Bussy steht angstbleich und schreit, was kümmert mich Bussy, auf dem Bett aber liegt sie, liegt Grete, ist sie tot, ihre Lippen sind weiß, ihre Augen starren stier und groß und weit aufgerissen auf mich, wohin schauen sie, was ist mit meiner Hand, ich lasse das Instrument fallen, ich habe es noch in der Hand, es kracht zur Erde, ich stürze neben ihrem Bett in die Knie, sie hebt mit letzter Kraft die bebende, durchsichtige Hand, sie wehrt sich, will mich zurückstoßen, nein, nein:

»Grete«, schreie ich außer mir, »es ist alles nicht wahr, ich kann nichts dafür, ich bin ja nicht ich, ich habe das ja nicht getan, ich bin kein Mörder, damals nicht, damals war es noch der andere, was geht das mich an, er soll es mit sich ausmachen, ich liebe nur dich, diesen mordete ich um dich, ich lasse dich nicht, du bist mein Weib, ich habe den Namen von ihm, ich mordete auch jetzt nur, weil ich seinen Namen habe, weil er ein Mörder ist, nicht ich, er ein Meineidiger, nicht ich, er ein Verbrecher, nicht ich, aber dich liebe ich, jenseits von allem, dich liebe ich, ich aus meinem Kern, aus meinem Wesen, aus meinem Innersten, stoß mich nicht zurück, verlass mich nicht, jetzt nicht, jetzt kennst du mein Geheimnis, ich habe nicht den Mut gehabt, es dir zu sagen, ich war feige, nun ist es zu spät, nun ist einer tot, es kam von selbst, ich bin unschuldig, was begreift solch eine Kreatur davon, aber du, du wirst es verstehen, du musst es verstehen, der Hund hat das gleich anfangs gewusst, frage doch das Tier, es hat das ganz allein begriffen, nun ist es auch tot, liegt irgendwo im Dunkeln, verzeiht mir auch, wird mich auch nicht hassen, aber du, du musst leben, ich habe schon so viel verloren, ich habe immer gewollt und gewollt, heraus aus mir, es ging nicht, es ist ungerecht, ich könnte schreien, warum ist der Offizier und jener reich und ich bin Proletarier, nein, ich bin beides, ich bin ein Gebildeter, ich bin Arzt, ich fordere mein Schicksal, ich fordere mein Glück, aber es ist voll Leid wie dies, voll Qual wie dies, es ist eines wie das andere, es lohnt sich nicht, was habe ich davon gehabt, man hat sein Leben, es ist gleich in welchem Rahmen, man nimmt es und lebt es herunter, *es sind doch immer nur die Stunden, immer nur ein Mensch*, Grete, ich lasse dich nicht, ich kann dich nicht lassen, jetzt nicht, niemals!«

Ihr Blut rann und rann, zwei Leben, die in einem versanken, ich war ja Arzt, hätte es vielleicht halten können, aber ich habe keine Kraft mehr gehabt, ich achtete nur auf jede ihrer Mienen, ob sie mich noch liebte, ob sie mir glaubte, ob sie mir verzieh, einmal zuckte ihre Hand zu mir hin, es schien mir plötzlich alles so bekannt, so war schon einmal eine Hand, so war ich schon einmal glücklich in einer Stunde, was sollte da noch kommen, das Gesicht wurde blasser und blasser, der Glanz ihres Auges sank und sank, dann kam ein ganz leises Zittern, dann war alles vorbei. Ich ging aus der Tür, ich drehte mich nicht mehr um, Bussy stand bleich daneben und wollte mich halten, wieder stand ein Weib neben einem Bett, aber es war mir fremd, ich erinnere mich kaum mehr ihrer Stimme – –

Hier bin ich nun, meine Herren Richter, tun Sie mit mir, was Sie wollen, es ist alles gleich, verlangen Sie, was Sie wollen, nur – den Namen, den Pass, ja, ich muss ihn bei mir haben, er ist hier in der Tasche, hier im Rock über dem Herzen, was wollen Sie damit, warum glauben Sie mir nicht, da ist er, da haben Sie ihn, es ist das Einzige, was ich noch zu verschenken habe, und es ist – was geschieht mit mir, was tue ich, ist mein Haar nicht weiß, wird meine Haut gelb, ich fühle mich so müde, ich kann mich nicht mehr aufrecht halten, es ist, als drückten Steine auf mir, eine Zentnerlast, ich kann ja nicht mehr atmen, es ist ja – Erde, ich atme ja Erde, ich liege ja unter der Erde, ich ersticke ja, helfen Sie mir doch, ich bin ja uralt, ich bin ja kein Mensch mehr, ich bin ja gar nicht hier, neben mir stehen Kreuze, Kreuze, die Erde ist schwarz, kommen noch Granaten, ich liege ja so lange schon – in der Erde, ich habe ja Frieden, ich habe ja Frieden.

1959 WAR Peter Flamm, der eigentlich Erich Mosse und nach seiner Ankunft in den Vereinigten Staaten amerikanisiert Eric P. Mosse hieß, nach Deutschland gekommen und hatte bei einem großen internationalen Kongress des PEN in Frankfurt am Main (Thema: »Schöne Literatur im Zeitalter der Wissenschaft«) einen Vortrag gehalten. Die Rückkehr in die alte Heimat setzte eine Beschäftigung mit der eigenen schriftstellerischen und jüdischen Vergangenheit in Gang und führte zu diesem sich selbst befragenden Rückblick.

RÜCKBLICK

WENN ICH mich recht erinnere, war es der immer etwas saure und moralistische Ibsen, der schrieb:

Leben heißt: Dunkler Gewalten Spuk bekämpfen in sich,

Dichten: Gerichtstag halten über das eigene Ich.

Ich sehe keine scharf profilierten Abgrenzungen in dieser Definition. Schriftsteller oder nicht, jeder ist verdammt – oder gesegnet –, die spukhaften Blasen, die aus den dunkel brodelnden Wassern seines Unbewussten steigen, zu bekämpfen. Freud hat das besser gesagt, kühler und nüchterner: Das kritische »Ich« steht im ewigen Kampf mit dem emotional-archaischen Erbe des »Es«. Es ist des Dichters Vorrecht, diesen Prozess zu registrieren. Es ist eine seelische Bestandsaufnahme, kein Gerichtstag. Der mittelalterliche Geruch von Schuld und Sühne ist in den literarischen Nasen des 19. Jahrhunderts haften geblieben. Es ist an der Zeit, an Desinfektion zu denken. Die Akten des Staatsanwalts und der ewige Staub der äußerlichen wie innerlichen Gerichtshöfe braucht ein besseres Lüftungssystem. Wir wollen uns umblicken können als Schriftsteller, nicht mehr aburteilen, anklagen und verfolgen. Die moralische Wertungsmaschinerie war einst erfunden ad majorem dei gloriam.

Aber der Gott sind wir nun selber. Es ist ein selbstzerstörender Morast, steril, anmaßend und lähmend. Als Schriftsteller springen wir aus all dem heraus. Wir versuchen sub specie aeternitatis auf das Planetensystem zu blicken. Wir und die Erde sind zufällig ein Teil davon. Müssen wir immer mit Wertungen leben?

Ein kurzes, periodisches Stehenbleiben und seelische Identifizierung im hektischen Marathonlauf scheinen heilsam und fruchtbar. Diese Pause wird der naiven Freude unserer Existenz nicht schaden, sondern sie vielleicht erhöhen. Die Frage nach dem »Warum« ist mehr als ein freundlicher Zeitvertreib. Wir spielen gern, aber der Reiz unserer Kindlichkeit muss der Tatsache weichen, dass wir die dramatischen Bronzetüren zum Paradies rein vegetativen Daseins unmutig hinter uns gelassen haben. Es hilft alles nichts: Wir müssen – wie jede Pflanze – aufwachsen.

Die Frage, warum ich nicht in der Deutschen Bundesrepublik lebe, ist nie ernsthaft zu den Zellen meiner Hirnrinde heraufgestiegen. Ich bin zu sehr eingefangen von der Gegenwart meines Daseins, wie es ist. Vielleicht ist das gut so. Vielleicht kann ich es mir nicht leisten, Hand in Hand mit der Vergangenheit zu leben. Dafür war sie zu schmerzhaft, und die Hand wurde zu leicht gelähmt. Ich vergesse, was ich vergessen will. Ich habe das eine konstruktive und gesunde Neurose genannt. Man kann nicht allen Ballast dauernd mit sich herumtragen. Man wirft über Bord, was stört – soweit das möglich ist. Noch einmal denn: je n'accuse personne! Psychiatrie hat mich gelehrt zu verstehen, nicht zu richten.

Gut also, für diese besondere Gelegenheit lasse ich mich mit meiner zuverlässigen Müllabfuhr verbinden und hole die verblassten Erlebnisfilme aus dem verschmutzenden Papierkasten. Ich lasse sie durch den Projektionsapparat meines Bewusstseins laufen – und hier sind sie:

Ich bin als Jude geboren, aber ich fühlte mich mehr deutsch als manche andere Deutsche. Ich sprach deutsch, ich schrieb deutsch, ich fühlte deutsch. Mein bewunderter Bruder fiel im Ersten Weltkrieg als bayerischer Leutnant vor Verdun. Er hatte sich an der Spitze seiner Kompanie für eine hoffnungslose Patrouille gemeldet, während keiner seiner Mitdeutschen mit ihm gehen wollte. In seiner Tasche fand man einen Brief mit der Zeile: »Wir wollen nicht umsonst unsere deutschen Klassiker gelesen haben.« Nein, es war nicht umsonst. Er fiel – für die deutsche Idee.

Mein Vater war der erste bedeutende jüdische Jurist, der Oberlandesgerichtsrat wurde. Seine Ernennung kostete dem Justizminister sein Amt. Mein Vater sollte ans Reichsgericht. Der neue Minister bekannte in zynischer Offenheit, dass er nicht Wert darauf lege, das Schicksal seines Vorgängers zu teilen. Aber wenn sich mein Vater taufen ließe …? »Gern«, gab der Herr Geheimrat zurück, »aber nur katholisch.« Der Minister verstand. Mein Vater wurde Ehrendoktor, ordentlicher Honorarprofessor an der Universität, Stadtrat und Stadtältester von Berlin. Es war ein gigantisches Pflaster mit vielen Schichtungen über einer Wunde, die ich nicht sehen wollte.

Mein Onkel gründete das »Berliner Tageblatt«. Es hatte nichts zu tun mit Judentum. Es war deutsche aufgeklärte Demokratie; kämpfte für Völkerverständigung und Frieden. Später, als ich größer wurde, arbeitete ich unter meinem Pseudonym (Peter Flamm) hier und für Ullstein und alle großen demokratischen Zeitungen und Zeitschriften. Der Schatten über meiner Kindheit hatte sich verflogen. Ein adliger junger Herr und Mitschüler in meinem Gymnasium nannte mich einst »Judenjunge«. Ich schlug ihm in sein weißes, teigiges Gesicht, aber ich bin gewiss, dass diese erzieherische Auszeichnung ihn nicht zurückgehalten hat, später Obergruppenführer oder so etwas Ähnliches in der Nazihierarchie zu werden. Mich selber hat das nicht weiter angerührt. Ich war der Beste im deutschen Aufsatz und im christlichen Religionsunterricht. Später arbeitete ich als Arzt, und meine Patienten waren meine Freunde. Ich veröffentlichte vier Romane, und meine Leser und sogar einige Kritiker mochten sie. Ich war anderer Meinung und fragte meinen Freund Max Scheler, wie man lernen kann, in welcher Weise das menschliche Uhrwerk tickt. Er sagte: Lies Freud. Ich las Freud. Mein Freund hatte recht: Man muss etwas über seelische Röntgenbilder wissen, bevor man andere Bilder malen kann. So geriet ich in die Psychiatrie und Psychoanalyse. Es half mir selbst, und ich half anderen. Ich schrieb weiter. Für die Bühne mehrere Theaterstücke, die an einem halben Dutzend deutscher Bühnen aufgeführt wurden. Ich wurde Dramaturg in Frankfurt und Hamburg und Berlin und Regisseur in Kassel. Ich sprach und debattierte und trompetete die Sendungen meines Herzens und Hirns über alle deutschen Sender. Bis der Morgen kam, wo an einem Tage alles abbrach. Wo der Tod hart neben mir stand und wo ich ohne Geld, Heimat, Freunde und Sprache als ein Geschlagener und Gedemütigter mich aus Deutschland durch Hintertüren hinausschleichen musste. Ich war ein Preuße, kennt ihr meine Farben?

Ausblenden. Ende des ersten Teils. Meine Damen und Herren, bitte verlassen Sie nicht Ihre Sitze. Diese Pause ist mit Notwendigkeit nur eine kurze. Wenn Sie hinausgehen und sich erkälten wollen, ich schmeichle mir nicht, Sie erwärmen zu können. Hier ist, Sie in der Zwischenzeit zu unterhalten, der Conférencier. Die Amerikaner nennen ihn »commentator«. Er hat kurz dies zu sagen: »Ich war ein Preuße, kennt ihr meine Farben?« Aber das wissen wir ja nun, und warum etwas wiederholen, wenn es doch nicht verstanden wird – nicht verstanden sein wollte. Besser gehen wir gleich zum zweiten Teil über. Ich habe vorausgesagt, die Pause würde nur kurz sein. Ich habe so viel vorausgesagt, aber wie viele haben Ohren, zu hören?

Aufblenden. Dies ist die Stimme Amerikas. Dies ist der Empfang im freien Amerika. Dies ist die unerwartete Großzügigkeit. Die Opferbereitschaft und Nächstenwärme. Dies ist das wirklichkeitskalte Dollarland, wo alles rennt, alles gleich ins Gigantische hochgeschraubt ist. Wo Technik mit Stahl, Glas, Zement und Elektronik doch nicht die schweigenden Stimmen gläubiger Irrationalität ersticken kann. Hier sind die Wolkenkratzer und die soziale Krätze. Es ist die gleiche Besessenheit hinter beiden. Der gleiche zwanghafte, bis ins Utopische reichende Drang einer grenzenlosen Motilität, die ebenso gut architektonisch in den Himmel greift, wie – in einem schwindelnden Tempo – sozial und ethisch alle Krätze der Welt in einem Ansturm zu beseitigen sucht. Es ist das Leben selbst in allen Schattierungen und Gegensätzen. Hart, unsentimental, materialistisch – und doch durchaus nicht kalt. Berechnend – und doch naiv. Oft kleinbürgerlich – und doch mit einem zustoßenden Idealismus, der bis ans Quijotische grenzt.

In New York sind die United Nations. Sie hausen in einem Glashaus. Sehr hoch und luftig. Und wehe, wer hier mit Steinen schmeißt! Über die Stadt verteilen sich ihre kulinarischen Vertreter, nicht weniger schmackhaft, und oft genauso wenig bekömmlich wie die im Glashaus sitzen: russisch, skandinavisch, italienisch, französisch, chinesisch, japanisch und javanisch – und dein Magen ist dein Schlachtfeld.

All das ist meine Welt. Ich gehe durch die nackten Straßen und die angezogenen Parks. Ich gehe zum Hafen, und da liegen die Riesenleiber der Dampfer, die mich hergebracht über die See und die mich jeden Sommer wieder zurückbringen; für kurze Zeit. Ich stehe vor den Auslagen in der Fifth Avenue, und meine Augen kaufen alles, was meine Frau und mein Kind gern hätten. Mein Kind ist schön und voll von Lachen. Ich habe es, noch nicht einmal geboren, aus dem deutschen Moralzusammenbruch gerettet, und nun geht es mit mir durch die Straßen von New York, durch die Parks, wo die Eichhörnchen einem über den Weg laufen. Es hat seinen Arm unter meinen gehakt, und es besitzt den seltenen Ring, vor Gott und Menschen angenehm zu machen. Es hat einen amerikanischen Mann, der aussieht, als ob er von Albrecht Dürer gezeichnet wäre, und es spricht neben seinem literarischen Englisch eine Sprache, die klingt fast wie Deutsch, aber es ist eher eine Art Mittelhochdeutsch. (Es sagt zu mir: »mein sueßer Bursche!«) Es ist voll von eigensinnig-schöpferischen Ideen, nicht nur für ihren Verlag – und ihr freudvolles Glück schreit gen Himmel. Und das, wie könnte es anders sein, ist mein Glück.

Meine Frau sitzt mit mir in einer Wohnung hoch über dem Park. Sie ging mit mir durch alles Elend und allen Triumph. Wir blicken aus jedem Fenster ins Freie. Es ist wie in einem schönen, bequemen Leuchtturm. Nur ist unten kein Ozean, sondern das Grün. Im Herbst wird es rot, purpurn, orange und zitronengelb, und dahinter steht die graue und blaue Silhouette der hohen Häuser. Abends stehen sie schwarz vor dem flammenden Untergang, und dann kommen die tausend Lichter und ein blutender Mond mit einem schnarrenden Flugzeug darunter, das von Deutschland kommt oder von irgendeinem anderen Punkt der Erde. Magie starrt dich an von allen Seiten – in dieser realsten Stadt aller Städte.

So ist es mit allem andern. Ein Mann hat einen Traum, all die zerkrümelnden, kranken Elendhäuser herunterzureißen und an ihre Stelle ein gigantisches Kulturzentrum zu setzen: moderne Bauten mit Bäumen und Pflanzen herum, für Theater und Musik, für Tanz und Wissenschaft – eine ganze Universität soll dazu gebaut werden. Sie wird gebaut, das Geld ist noch nicht alles beisammen, aber in kurzem wird es da sein: Washington und der Staat von New York und die Stadt New York, und alle ihre Bürger, die es sich leisten können, werfen ihre Dollars zusammen, und in zwei Jahren steht da die größte Konzentration von Kunst, Wissenschaft und Schönheit, von Lehrinstituten und Experimentalbühnen, von Opern- und Konzertbauten, wie keine Welt es je gesehen.

All das ist meine Welt. Ich bin mit meinen Freunden und meinen Feinden, und ich will sie nimmer aufgeben. Ich kam mit nichts hierher. Ich verlor alles in jener einen Stunde – und ich schaffte mir selbst aus eigener Kraft alles neu. Ich dachte: ›do or die‹. Ich entschied mich für leben, dies Leben. Die klare Fülle dieser neuen Sprache ist nun meine Sprache, mein neuer Reichtum. Ich war nicht damit geboren, und – leider – ich brauche immer noch einen, der sie mir zurechtstutzt. Ich sitze zwischen zwei Stühlen und zwei Kontinenten. Ich bin nicht gebrochen unter dieser Last. Mein Horizont ist weiter und klarer. Ich bin stärker geworden – und dankbarer.

Ausblenden. Es wäre noch so viel zu sagen, aber es ist nun genug. Wir brauchen keinen neuen Film. Hier ist wieder der Conférencier. Er wünscht noch eine Kleinigkeit hinzuzufügen:

Nach all dem kam ich ein paarmal nach Deutschland zurück – als Amerikaner. Ich nahm teil am Internationalen PEN-Club-Kongress in Frankfurt und hielt meine kurze Ansprache auf Englisch. Meine Freunde fuhren mich ungnädig an. War ich nicht ein deutscher Dichter? Ja, aber auch ein Mitglied der amerikanischen Delegation. Nachdenklich betrachtete ich die Ruine der Berliner Wilhelm-Gedächtnis-Kirche. Ich dachte, warum muss man diesen alten Willy verewigen, da es nun bessere neue gibt? Ich hörte von dem Streit, was von neuer Architektur hinzuzufügen war. Vielleicht drei Eingänge und drei Flügel, fiel mir ein: einer mit katholischer, einer mit evangelischer und einer mit jüdischer Architektur. Solche Stilmischungen bewundern wir in unseren mittelalterlichen Kathedralen. Ihre harmonische Zusammenfassung wäre ein großes Symbol gewesen, würdig einer neuen Zeit und eines neuen Geistes – wenn er wirklich vorhanden ist.

Ich besuchte die anderen Ruinen: die menschlichen neben den andern. Der Stil ihres »Aufbaus« war nicht immer nach meinem Geschmack. Ich bewunderte die Stehaufmännchenkräfte, die konstruktive Zielsetzung, den ehrlichen Widerstand gegen neue Bewaffnung. Aber ich bemerkte mit Entsetzen, dass ehemalige Nazis in höchsten Machtstellungen saßen; dass neben einer anklagenden, sensitiven, begabten und gutwilligen Jugend immer noch ein rücksichtsloses, arrogantes und lautes Benehmen diese Entwicklung zu blockieren sucht. Ich war angerührt von dem Geschmack, dem Können und der schöpferischen Geistigkeit einer Theaterkultur, die ich nicht fähig war mit dem früheren Kulturrückschlag zu vereinen. Und ich konnte die Geste jenes Mannes nicht vergessen, der seine Arme um mich schlang, weil ihn meine Radiosendung »so sehr erschüttert« hatte. Ich schätzte seine Bewegtheit, aber während sein Körper zu nah dem meinen war, konnte ich mir den Gedanken nicht wegschütteln: Und wen hast du umgebracht?

Ich wollte das alles nicht sagen. Ich bemühe mich, das Licht zu sehen neben dem Schatten. Jedes Licht wirft seinen Schatten. Ich spreche und schreibe dies mit einer Art inbrünstiger Scham. Noch immer will die alte Liebe nicht sterben: die Liebe zur deutschen Landschaft und Sprache. Zu einer Kultur der Vergangenheit, die meine Gegenwart geblieben ist. Zu einem Leben, das sich verbunden fühlte mit Freunden, die ich bewunderte und schätzte. Manchmal gehe ich in New York in eine der deutschen Gaststätten. Ich lache über das Spießertum, über den Lärm und das Bier und die köstlichen Bratwürste. Und ich lache über mich selbst. Über eine lächerliche Wehmut und eine kleine sentimentale Traurigkeit. Dann gehe ich wieder durch diese nächtlichen Straßen und diesen Lärm voller Wunder, und ich sage jedem Stern gute Nacht. Gehn wir nach Hause! Aber wo ist das? You can't go home again.

Doch, ich habe es auch gehört, ich habe es auch gehört

NACHWORT ZU PETER FLAMMS ROMAN *»ICH?«*
von Senthuran Varatharajah

DER MUND

Ich möchte reden, wenn ich doch reden könnte, alles dieser Hand sagen

DER MUND. Der Strich. Das Glas. Der Nabel. Nicht ich; nicht ich. *Nicht ich, sondern ein anderer*. Die Erde vor Verdun: muss schwarz gewesen sein. Nach den Granaten und dem Ende des Lärms, nachdem die Maschinen auch den Körper widerlegt hatten und das Blut vom Boden nicht mehr zu unterscheiden war, wendet sich ein verspäteter Mensch an seine Richter, ein Toter: ist wiederauferstanden. Ein Toter: *spricht aus meinem Mund*. Sein Gesicht: ist ein anderes geworden. Seinen Namen: ließ er im Krieg zurück. Sein Leben: gehört der Vernichtung, der er nicht entkam. Ihre Mitte: hat das erste Wort. *Sie können das nicht verstehn. Sie glauben, das muss doch ein Lebender sein, das ist doch ein Mensch, der da redet – oder ein Irrsinniger. Ich bin nicht irrsinnig, ich weiß nicht. Aber ich liege seit zehn Jahren in der Erde, meine Glieder sind verfault, meine Knochen graues Pulver, mein Atem – ich habe keinen Atem mehr. Es ist alles stumm. Es ist alles vorbei*. Er stürzt: durch zerbrochene Spiegel, aus dem Rand der eigenen Gattung, in das Zittern der Sprache hinein. Mit einer Hand, *über den Körper, über Schmutz, über klebriges Blut*, wendete er die Schwerkraft. Er fiel: von unten nach oben. Das Tuch, das ihn aus der Falte seines halbierten Namens rief, legte er dort ab. Den Stern: hatte er in dieser Nacht in einer Brusttasche gefunden. Der Mond über ihm: zeigte dem Erzähler seine Gestalt. Ein Mensch, der nicht starb, ist deshalb nicht am Leben. Hier: werden Kreuze stehen. Mit einer programmatischen Negation, die in den ersten beiden Sätzen sechsmal wiederholt wird, lässt der Schriftsteller und Psychiater Erich Mosse unter dem Pseudonym Peter Flamm seinen Roman beginnen; mit einer rätselhaften Verteidigungsrede, unverständlich, und hilflos wie die Nacht, aus der sie kam, nachdem alles bereits verloren war; nicht einmal, aber in zweifacher Hinsicht: *Nicht ich, meine Herren Richter, ein Toter spricht aus meinem Mund. Nicht ich stehe hier, nicht mein Arm, der sich hebt, nicht mein Haar, das weiß geworden, nicht meine Tat, nicht meine Tat.* Er fängt mit sechs Negationen an: mit dem verzweifelten Insistieren auf eine Verneinung, in deren kurzem, aber tiefer werdenden Schatten der Verneinte, als sich selbst Verneinender, nicht nur semantisch, sondern auch syntaktisch steht; mit jemandem, der beteuert, jemand anderes zu sein; mit einem ich, das nicht ich geworden war. Der Roman geht von einem doppelten Ende aus: vom ersten Tag nach dem Ende des Ersten Weltkrieges sowie vom erschöpften Ende der Ereignisse, die noch erzählt werden müssen. Er ordnet die Sprache: nach dem Maß der Vernichtung, die ihr vorausging und die der Erzähler in der Einsamkeit der wörtlichen Rede, die folgt, nachholen wird. Der Mund ist eine verwundbare Stelle. Durch ihn spricht ein Mensch, der sich selbst annulliert; ein Mensch, der sich auch in den Sätzen nicht ertragen kann: sechsmal Nichts; dann das Personal- und Possessivpronomen. Das Fragezeichen im Titel weist darauf hin: ein Mann wurde erschüttert. Ein Überlebender: kehrt als Toter zurück. Mit einer Handbewegung: ist der Bäcker Wilhelm Bettuch zum Arzt Hans Stern geworden. Mosse erzählt davon, unter einem anderen, gleichlangen Namen: auch als ein anderer; als ein Mann, der fast brennt; als Flamm: von einer Wunde, aus der zwei Stimmen sprechen. *Wie soll ich das erzählen, mit einer Zunge, die nicht meine, in einem Mund, der nicht meiner?*

DER STRICH

Hätte ich ihren Leichnam wirklich gefunden, ich hätte ihn vielleicht mit Rosen bekränzt

EIN MANN bekennt sich; er weint aus seinem Mund. Der Name, den er unter den Toten fand, trägt er in seiner Brusttasche: wie ein zugefallenes Versprechen, das er jetzt halten muss; wie ein nachgereichtes Herz, aus Seiten und dem dünneren Papier. Den Namen: hatte sich seine Hand gegeben. Das *kleine graue Heft*: zieht ihn in eine andere Richtung; in eine andere Stadt; dorthin, wo er noch nie war, aber gewesen sein wird. Bettuch sitzt im Zug. In Frankfurt wartet seine Mutter, seine Schwester: hört nicht auf, auf ihn zu warten. Ein anderer Stern wird nach Hause kommen, bis zur Kenntlichkeit entstellt. Der Roman erzählt die Tränen dieses Geständnisses. Bettuch fährt nach Berlin. *Der Pass, der Name des andern, der Name hat das andere nachgezogen* (...), *unlösbar Gesicht und Name, und nun bin ich der andere und muss seinen Tod zu Ende leben, sein Leben während er draußen liegt unter der Erde im Schlamm, und gehe ein in sein Leben wie in einen Rahmen, aber ich weiß alles, ich stehe wie ein Zuschauer dahinter, ich bin trotzdem ich selbst und schaue mir zu, der ich der andere bin und doch ich, ein Mensch hinter seinem Bilde*. Er spricht um sein Leben, im doppelten Sinn: um sein Leben herum und um sein Leben zu retten. Flamm beschreibt diese Szene wie die anderen auch: wie einen Traum; wie eine *Überwältigung*; wie einen *Wahn*. Der Roman folgt ihrem Gesetz; den Trümmern eines Menschen, den sie sich wie eine Familie teilen. Betttuch ist das zerstörte Objekt seiner Erfahrung geworden: ein Mann, dem ein Leben zufiel; ein Erzähler, dem ein Leben widerfährt. Die Bilder des Schmerzes lösen sich ab: geräuschlos und mit einer unbestechlichen Konsequenz, bis in die äußerste Stille der Sekunden hinein, dort, wo es nicht mehr weh tut: *vielleicht ist es nur das erregte Blut in meinem Ohr, oder die Granaten aus der Schlacht, vielleicht bin ich auch tot und träume das nur, es kratzt jemand an meinem Sarg, es ist immer noch Krieg, splitternde Mauern, Mörtel und Lehm, ich will die Tür wieder schließen* (...). Diese Bilder: bleiben nicht allein. Kein Bild: steht nur für sich selbst. Bettuch: darf bei ihnen nicht stehen bleiben. Flamm überblendet sie: sie gehen ineinander über; sie verdrängen sich; sie sprechen sich aus. Ein verzögertes Wort, plötzlich, und fast wie eine Erinnerung, ein Wort: nach dem anderen. Der Rhythmus zerschneidet die Zeit. Nur ein Mensch: kann diese Bilder ertragen. Bettuch erzählt hypotaktisch. Er stürzt durch die Interpunktionen. Die Sätze: biegen ihn. Die Sätze müssen ihn aus der schwarzen Erde holen. Die Entfernung zum Satzanfang: wird in den Sätzen größer. Der Anfang aber: findet immer zurück. Kein Gott wird Bettuch helfen. Ein Mensch: steht hinter den Bildern. *Gott, der am Kreuz hängt, der die Sünden der Welt trägt: eine Woge hat mich erfasst und trägt einen fort, lässt mich nicht mehr los, man kann nicht mehr zurück, man kann nichts ungeschehen machen, die Küste entschwindet, hinaus aufs schwindelnde Meer, ohne Halten – es flammt mir vor den Augen.* Der Strich: kommt aus der Atemnot der Stimme, wie ein verlassener Horizont; der Mund unterbricht sich; er bricht ab. Er streicht die Wörter, die Bettuch nicht sagen kann: bis sie sich selbst verraten. Im Strich äußert sich die unverfügbare Absicht des Schweigens, in die Flamm langsam den Sinn lenkt, zwei Lippen, versiegelt für weniger als einen Augenblick. Die Wörter aber: müssen weitersprechen. Nur in einem Traum: gehört ein Wort sich selbst. Das ist kein Trost.

DAS GLAS

Aber innen ist eine dunkle Höhle, da sind wir drin und können uns niemals sehen

IN BERLIN: hält eine Mutter Bettuch für ihren Sohn. Eine Frau: glaubt, ihr Mann sei zurückgekehrt. Jeder Name: verändert den Sinn, die unsichere Ordnung des Körpers, der auf ihn hören wird, das langsame Zögern der Hände wie die Trauer eines beschädigten Gesichts, auf die er sich berufen kann, bis in das älteste Geheimnis der Muskeln hinein; dort, wo sie reißen können, und *der schmalen blauen Adern*, die der Krieg bespricht. Ein Name: sagt, was er bedeutet. Ein Name: verwandelt das Fleisch. In diese paradoxe Lage hatte Bettuch sich gebracht. Er wusste nicht, worauf er sich einließ. Er kannte die Bilder wie den Schatten eines Schattens, aber die Vehemenz des Namens kannte er nicht: nicht sein Wille geschehe, sondern der andere. [*E*]*in anderer ist der Arzt, und ich erleide alles, alles geht über mich weg, während ich doch auf der Welle schwimmen will, auf dem Ozean ganz frei, ganz frei* – Der Strich setzt die Rede außer Kraft: an den Stellen, die er sich sucht; an den Stellen, die er für richtig hält. Die Sprache scheitert im Menschen. Die Wörter beißen in den Rachen. Ein Komma: ist ein Mal auf der Stirn. Das ist die Würde der Verzweiflung: zwei Stimmen verneinen sich in einen Mund. Mit einem limitierten Register unauffälliger Motive erzählt Flamm vom Fall eines Menschen, der bereits zerfiel: um weiterzerfallen zu können. Das Glas gehört zu diesen Motiven. Das Glas verbindet die Dinge, die es trennt, aber anders; es operiert anders als der Strich: der Strich bricht den

Satz. Das Glas: zerbricht nicht von selbst. [*W*]*ieder fühle ich eine Glasscheibe vor meinen Augen, man sollte sie zerschlagen, aber man kann nicht hindurch, kann nicht hindurch – Es geht schon weiter, man hat gar keine Zeit zum Nachdenken, es ist wie ein Bilderbuch* (…). Das Glas ist nicht nur die technische Materialisierung einer symbolischen Grenze, sondern eine soziale Kategorie; es steht zwischen ihren Namen; das Glas definiert die Entfernung, die es sichtbar macht. Bettuch zerfällt: er stürzt, von unten nach oben. Sein Name: ist ein Gebrauchsgegenstand; der Stoff, auf dem man liegt. *Ist das ein Name? Name eines Menschen? Bettuch?* (…) *Komm, wir klopfen dich aus! Du bist ja ganz schmutzig!* (…) [*I*]*ch wollte ja nur heraus aus dem Dreck,* (…) *ich habe schon so viel verloren, ich habe immer gewollt und gewollt, heraus aus mir, es ging nicht, es ist ungerecht, ich könnte schreien, warum ist* (…) *jener reich und ich bin Proletarier, nein, ich bin beides* (…). In einer Szene: spricht Stern zu ihm, aus beiden Richtungen; aus der leisesten Gegend, aus der sein Name gekommen war, wie aus dem zuverlässigen Geräusch in seinem Brustkorb. Bettuch und Grete: besuchen ein Observatorium. Als er durch das Fernrohr sieht, in die Demut und Gnade der Nacht, bis in das Innenmaß der ausgeschnittenen Dunkelheit über ihm, kann er Stern hören, wie ein Echo; mit Verzögerung: *kommt eine Stimme von draußen, aus dem weiten, leeren Weltraum, eine einsame, jammernde Seele, die klagt, die mich ruft und keine Ruhe findet. Entsetzen fasst mich, es ist grauenhaft, da aus der Kälte, mein Herz krampft sich zusammen, ein eisiges Gefühl stockt in den Adern, vielleicht höre ich es nur in mir, aber nun ist es ein deutliches, herzzerbrechendes Weinen, wie bei einem Kind, ein Toter, der weint, ich selber, der weint, es flimmert mir vor Augen, eine* (…) *Scheibe zittert im Glas.* Diese Haut: kann zwei Namen kaum halten. Wohin Bettuch auch flieht: Er flieht darauf zu. Vor sich selbst: gibt es kein Entkommen.

DER NABEL

Wie still es in den Bäumen ist, es ist wohl spät, was ist denn Zeit, es gibt gar keine Zeit

FLAMM LÄSST Bettuch in der Sprache der Verzweiflung sprechen, in deren Mitte sich eine Zahl verbirgt: ruhelos, und abrupt. Vor Verdun: sind zwei Männer gestorben. In Frankfurt und Berlin: sterben zwei Mütter. Zwei Familien: zerstört dieser Roman im Krieg. Auch nach seinem formalen Ende bleibt niemand von ihm verschont; weder die, die ihn sehen mussten, noch die, die warten. Bettuchs Schwester: wird ihren Bruder nicht wiedererkennen. Die Erde, die schwarz ist und aus Blut, dauert an. Das Ende eines Krieges: ist nicht das Ende der Vernichtung. Hier: stehen Kreuze. Flamm erzählt davon: bis zuletzt. In diesem Roman kann es keine Kapitel geben. Er besteht aus Bettuchs bestürzender wörtlicher Rede und aus der wörtlichen Rede der anderen, die beide ihrem Prinzip nach wiederholte, wiederherholende Reden sind: Der Roman ist die verzweifelte Verteidigungsrede eines verlassenen Mannes, der vor seinen Richtern spricht und der im Präsens erzählt, was er nicht versteht, als wäre keine Zeit vergangen; als wäre nichts geschehen; als würden die Sätze nur eine formende Zeit kennen, nur diese eine imaginierende Permanenz, nachdem alles bereits verloren war; nicht einmal, sondern in zweifacher Hinsicht. Bettuch: will verzweifelt nicht er sein, und verzweifelter jemand anderes. Der Stern, den er gefunden hatte und der ihn erlösen muss, von der Armut seines Namens und von sich selbst, war kein Stern der Erlösung, sondern ein entfernter Spiegel in einem Stern. Der

Tod konstituiert Bettuchs Sprechen. Er ist das Objekt, und Subjekt, der einsame Gott seiner Sprache: der Konstituierte und der Konstituierende; die Konstitution. *Hier hat die Welt gebrannt, hier sind Millionen verkohlt und verblutet, hier liegen unsere Brüder, hier liegt Europa, hier liegt die Menschheit, hier bin ich, hier liege ich, hier liegt mein Leben, hier sind Gräber, Gräber, Gräber, Kreuz neben Kreuz, Erde neben Erde,* (...) *wer ist dieser Gott, der unser Leben biegt – gegen uns* (...). Der Mund: weint nur in Wörtern. Der Strich: hält seinen Atem an. Das Glas: ist eine *Wand*; bis zum Ende, bis Bettuch sie zerbricht; zweimal, und an zwei verschiedenen Stellen. Das erste Mal als Wunsch, das letzte Mal als dessen zu späte Erfüllung: *ich zerschlage die Scheibe, ich zertrete das Glas, das zwischen ihm ist und mir* (...), *jetzt trete ich es mit den Füßen ein* (...). Das Glas: ist auch im Spiegel. In ihm sieht Bettuch sich spiegelverkehrt; als ein Mensch, ohne Abbild; als ein Toter, vor einem Bild: *niemand, es ist niemand im Zimmer außer mir, ich bin ganz allein, ich bin einsam, grauenhaft allein, ich taste meinen Körper entlang, Arme, Gesicht, eine Hand streift über die andere: Ich, ich, ich, ein anderer ist ich, ich bin der andere, der Tote, der nun lebt, Gesicht, Körper ein anderer, Muskeln, Fleisch, Därme, Gehirn und Seele.* Bettuch rekonstruiert die Ereignisse, die ihn erzählen und die er im Erzählen wiedererlebt, so, wie ein traumatisierter Mensch sich erinnert: allein; ohne den Trost der Gattung. In einer Szene liegt er neben Grete im Bett; sie sieht, was ihm fehlt. Er sagt, wie er sich selbst sieht: [*i*]*ch habe keinen Nabel, ich habe keine Mutter, ich habe kein Kind, ich bin nicht eingereiht in die Kette, die durchgeht durch alle Leiber vom ersten zum letzten Menschen. Aus keinem Schoß geboren, Körper und doch keiner, ich und doch ein anderer, ein Name, ein Schicksal und doch kein Mensch.* Zwei Tote teilen sich einen Mund. Ich? Nicht ich; nicht ich. Nicht ich. Und auch kein anderer.

INHALT

Jahrtausendwende auch Hilfskräfte, etwa Kellner, Putzfrauen und Hausangestellte. Zur gleichen Zeit fanden osteuropäische Arbeitsuchende ihren Weg nach Portugal und übernahmen einfache Arbeiten im Straßenbau, in der Landwirtschaft oder in Gaststätten, zu denen keine Portugiesen mehr bereit waren

Racismo light

Über das Lissabonner Völkergemisch urteilt Migrationsforscher Bruno Peixe Dias in einem Gespräch mit den Autoren dieses Reiseführers: »Während sich die vielfach gut qualifizierten Brasilianer oder Ukrainer fast geräuschlos eingegliedert haben, kämpfen afrikanische Zuwanderer mit einem unterschwelligen *racismo light*«. Zwar sähen sich die Portugiesen selbst als ausländerfreundlich, doch sie behandelten die Afrikaner als Bürger zweiter Klasse, denen kaum Bildungs- und Aufstiegschancen offen stünden. Im Vergleich zu anderen europäischen Ländern führen gemeinsame Sprache und Religion allerdings oberflächlich betrachtet zu einem viel freundlicheren Umgang miteinander, von dem immerhin die mehr als 10 % der Lissabonner Bevölkerung profitieren können, die aus den ehemaligen Kolonien stammen. Auch Osteuropäer sind im Stadtbild allgegenwärtig.

Und so wird der moderne Urlauber seinem Tagebuch jene Worte anvertrauen können, die bereits ein anonymer Reisender aus Italien anfangs des 16. Jh. erstaunt zu Protokoll gab: »Güter aus aller Herren Länder finden sich auf den bunten Lissabonner Märkten, auf denen sich Menschen aller Hautfarben tummeln«.

Etwa 10 Prozent der Lissabonner Bevölkerung stammen aus den ehemaligen Kolonien

Jedem Stadtbesucher fällt sofort ins Auge: In den Altstadtvierteln stehen zwar fröhlich-bunt sanierte Gebäude, zahlreicher aber sind fast abbruchreife und kaum mehr bewohnbare Häuser, die oftmals allein in den großflächig gekachelten Fassaden einen letzten Halt zu finden scheinen. Die Konsequenz heißt Abwanderung junger Menschen, Überalterung der Bevölkerung, kulturelle Verödung, Pendlerflut und Verkehrslawinen, die sich werktags über Lissabon ergießen. Die Ursachen für dieses kommunalpolitische Drama in mehreren Akten liegen tief.

etwa 20 € kosteten. Diese billigen Mieten waren lange Zeit sogar an die Kinder vererbbar. Entsprechend sank das Interesse der Hausbesitzer an einer kostspieligen Sanierung. Sobald aber ein alter Mieter das Zeitliche segnete und die Wohnung frei wurde, erlagen Eigentümer nicht selten der Versuchung einer exorbitanten Mietsteigerung auch ohne grundlegende Renovierung. Denn gesetzliche Mietobergrenzen gibt es nicht. Allerdings fühlen sich immer weniger junge Menschen und Familien willens oder in der Lage, für schlecht ausgestattete Wohnungen astronomische Mieten zu zahlen.

Überalterte Bevölkerung und innerstädtische Erneuerung

Vorausgeschickt sei, dass Lissabon seit dem Erdbeben 1755 glücklicherweise von Zerstörungen durch Kriege oder Naturgewalten verschont geblieben ist. Daraus erklärt sich ein relativ alter Hausbestand.

Einfrierung der Mieten während der Diktatur

In den 1940er-Jahren ließ Diktator António Salazar die Wohnungsmieten in den portugiesischen Großstädten einfrieren. Die entsprechenden Regelungen galten bis 2007 und führten dazu, dass 60 m^2 Wohnfläche teilweise nur

Manche Viertel sind noch nicht saniert

Das Versagen staatlicher Wohnungspolitik

Die eklatante Vernachlässigung des gewachsenen, historischen Baubestands lässt sich an folgenden Zahlen ablesen: Mindestens 40 000 Wohnungen in Lissabon stehen leer, etwa 30 000 bedürfen einer grundlegenden Sanierung, weitere 120 000 kleinerer Renovierungsarbeiten – trotz ehrgeiziger Sanierungsprogramme, für die von der Stadt bereits 450 Mio. € an Zuschüssen bereitgestellt worden sind. Und dies in Zeiten klammer Kassen. Besonders eklatant ist die Situation im Stadtviertel Baixa, in dem 500 stattliche Häuser unbewohnt sind und die Einwohnerzahl um etwa 65 % auf weniger als 5000 gesunken ist. Erst 2024 sollen auch hier alle Gebäude renoviert sein – ein Riesenprojekt, das auf rund 1 Mrd. € geschätzt wird.

Abwanderung und Verkehrschaos

In den 1990er-Jahren grassierte das Betonfieber. Überwiegend auf der grünen Wiese platzierten private Investoren landesweit 900 000 Eigentumswohnungen, ohne Zögern bewilligt von den Lokalpolitikern. Ihr Anreiz war die Immobiliensteuer, die wichtigste direkte Einnahmequelle der Kommunen. Moderne Wohnungen außerhalb der umweltbelasteten Innenstadt wurden zum Lebenstraum vieler Lissabonner, den sie sich mit Hilfe lang laufender Kredite und oftmals lebenslanger Überschuldung erfüllten. In nur zwei Jahrzehnten verlor Lissabon ein Drittel oder beinahe 300 000 Bewohner an das Umland, die nun auf dem Weg zur Arbeit mehrere Stunden im Verkehrsstau verbringen.

Kulturelle Verödung der Innenstadt

Der Exodus der aktiven Mittelschichten ließ einige, zumeist kinderlose *young urban professionals* zurück, die sich eine teure, renovierte Altbauwohnung leisten wollen, sowie Studenten, die sich Kosten sparend die Bleibe teilen. Mehrheitlich aber blieben betagte, meist arme Menschen mit billigen Mieten aus den alten Zeiten. In den 1990er-Jahren schlossen die wichtigsten Theaterbühnen, im inneren Citybereich machten alle kommerziellen Kinos dicht. Lange vergaß die Stadt die Bedürfnisse ihrer Einwohner und konzentrierte sich auf die medienwirksame Durchführung von Großereignissen. 1994 war Lissabon europäische Kulturhauptstadt, 1998 Ort der Weltausstellung, 2004 Zentrum des europäischen Fußballgeschehens.

Hoffnung

In den letzten Jahren setzte ein zögerliches Umdenken bei vielen Verantwortlichen ein. Die Wiederbelebung der City begann. Theater und Oper wurden saniert und wieder eröffnet. Lissabon entwickelt sich derzeit zu einer Metropole der Filmkunst, und das einstige Premierenkino São Jorge in der Avenida da Liberdade wird nach seiner Schließung durch die kommerziellen Betreiber inzwischen als kommunales Festivalkino fortgeführt.

Noch erfreulicher ist die allmähliche Verbesserung der alltäglichen Lebenssituation. Hierzu gehört die Altbausanierung in den historischen Vierteln. Ein Spaziergang im kleinen Bezirk Castelo auf dem Burghügel führt durch ein behutsam und sozialverträglich restauriertes Lissabon, das alten wie neuen Mietern endlich befriedigenden Wohnraum zur Verfügung stellt. Auch in der Alfama steigt die Zahl der instand gesetzten Gebäude unübersehbar, langsamer allerdings im Bairro Alto. Im gutbürgerlichen Stadtteil Chiado locken inzwischen zahlreiche luxussanierte Wohnungen und Neubauten eine zahlungskräftige Klientel an.

Die Herkulesaufgabe ist damit für die Lissabonner Stadtregierung allerdings noch nicht geschultert. Denn erst ein geglücktes Zusammenspiel von bezahlbarem Wohnraum, effizientem öffentlichen Verkehrssystem und attraktiven Kulturangeboten wird aus der Stadt wieder einen Ort mit hoher Lebensqualität machen.

Lissabons überschwängliche Architektur

Bei genauerem Hinsehen erkennen selbst ungeübte Augen verblüffende architektonische Gemeinsamkeiten: Lissabons hypermodernes Expo-Gelände zitiert Gestaltungsideen des Hieronymusklosters aus dem 16. Jh. Auf diese Weise bildet es eine Klammer zwischen den manuelinischen Prunkbauten der Entdeckerzeit und einer zukunftsorientierten Stadtentwicklung.

Steingewordene Märchenwelten

Im Spätmittelalter entwickelte sich im ganzen Lande und speziell in Lissabon eine kreative Eigenständigkeit der Baukunst, an deren Entwicklung zahlreiche ausländische Bauleute beteiligt waren. Mit dem Selbstbewusstsein der großen Seefahrernation und dank des Reichtums einer bedeutenden Handelsmacht entstand im ausgehenden 15. Jh. eine portugiesische Spielart der Spätgotik, die der Freude der Portugiesen an ihren weltlichen Leistungen den angemessenen architektonischen Ausdruck verlieh. Der Stil wird Manuelinik genannt, denn es war König Manuel I., der das Land während der großen Zeiten der Entdeckungsfahrten von 1495 bis 1521 regierte. Großzügig, üppig und zugleich verspielt wirken die Bauten in ihren fantasievollen Ausschmückungen. Sie überwanden die strengen Regeln der Gotik und öffneten sich erstmals auch außereuropäischen Einflüssen. Diese hatten die portugiesischen Entdecker in ihren begeisterten Berichten aus den neuen Welten mitgebracht, ebenso wie jede Menge faszinierender Souvenirs von

Bombastisches Beispiel moderner Architektur: der Pavilhão do Atlântico

den fernen Küsten Afrikas, Asiens und Südamerikas. Die exotische Pracht und Herrlichkeit hinterließ in der abendländischen Kunst und Architektur ihre Spuren und tat dies in Lissabon mit besonderer Intensität. Fremde, anmutig in Stein gehauene Pflanzen, Farne und Fabelwesen im Hieronymuskloster und Torre de Belém erinnern an orientalische Arabesken. Überall erscheinen Anspielungen an die Seefahrt: Säulen, die wie Schiffstaue gedreht und verknotet sind, Anker oder Netze, Muscheln, Korallen. Der Torre de Belém scheint vom Fluss aus gesehen gar einem Schiff nachgebildet.

Vom Lissabonner Hafen brachen die Entdecker einst zu ihren abenteuerlichen Reisen auf und brachten den Reichtum ins Land, der eine fast rauschhafte Baukunst möglich machte. Zu den bedeutendsten Baumeistern zählen Diogo de Boytac, Diogo und Francisco de Arruda, João de Castilho und Nicolas de Chantarène, der bereits dann den Übergang zur Renaissance einläutete.

Das Meer in der Moderne

1998: Genau 500 Jahre sind seit der Entdeckung des Seewegs nach Indien vergangen, 24 Jahre liegt die demokratische Nelkenrevolution zurück und 12 Jahre der Beitritt zur Europäischen Gemeinschaft. Die Portugiesen fanden dank der neuen Freiheiten und eines wirtschaftlichen Aufschwungs zu einer lange verschütteten, zukunftsgewandten Lebensfreude zurück. Und wie vor einem halben Jahrtausend führte diese der Zukunft zugewandte Euphorie zu einem neuerlichen Aufschwung der Architektur. Die modernen Bauleute erinnerten sich ihrer Vorgänger und ließen – diesmal im äußersten Osten der Stadt – gleichsam als modernen Gegenentwurf und kongeniale Ergänzung zu Belém den Stadtteil des 21. Jh. entstehen.

Zu ihnen gehört der spanische Stararchitekt Santiago Calatrava. Und was für einen genialen Bahnhof hat er dem Expo-Gelände vorangestellt, die Gleise überdacht von Glas und weißen Stahlträgern, die sich spitz zulaufend in neogotischen Bögen zu einem hellen Palmenwald vereinen. Die Parallele zur Hallenkirche von Belém ist unübersehbar, deren Erbauer aus dem weichen Sandkalkstein ebenfalls einen lichten Wald aus einer fernen Welt modellierten und die hochgotische Strenge hinter sich ließen.

Die zeitgenössische Entsprechung zum Torre de Belém, dem Abschluss des manuelinischen Ensembles im Westen bildet der Torre Vasco da Gama als Abschluss des avantgardistischen Expogeländes, gestaltet als Schiffsmast mit Segel. Doch darauf bleiben die Bezugnahmen auf Meer und Schifffahrt nicht beschränkt. Einer Miesmuschel gleicht die Veranstaltungshalle, Schiffsrümpfen die unübersehbaren Zwillingsbauten neben dem Einkaufszentrum, dessen Inneres einem Ozeanriesen gleicht. Da mag es nicht weiter überraschen, dass auch die farbenfrohen Kachelbilder im U-Bahnhof das Leitmotiv der Meere künstlerisch umsetzen (s. Auf Entdeckungstour S. 218).

Barocke Pracht aus brasilianischem Gold

Ziemlich genau in der Mitte dieser fünf Jahrhunderte umfassenden Zeitspanne erlebte Lissabon eine weitere Phase wirtschaftlicher Prosperität. Im frühen 18. Jh. ermöglichten bedeutende Goldfunde in der Kolonie Brasilien ökonomischen Aufschwung und die Entfaltung des Barocks in Portugal, mit dem auch die Vertreibung der spanischen Könige und die wiedererlangte nationale Souveränität verschwenderisch gefeiert wurde. Zwei hervorstechende Stilelemente sind die vergoldeten Holzschnitzarbeiten, die *talha dourada,* und prächtige blauweiße Kachelbilder, die biblische und zunehmend weltliche Themen in Szene setzten.

Erneut hatte die portugiesische Kunst und Architektur einen eigenständigen Weg eingeschlagen, doch mangelte es dieses Mal an einem breiten, kulturellen Enthusiasmus. Während das Volk hungerte, ergötzten sich die Mächtigen an ihren Reichtümern, die sie goldenen Zufallsfunden verdankten und mitnichten einer eigenen, verdienstvollen Fortschrittlichkeit. Ein wahrhaftes Meisterwerk dieser Epoche ist die mit Edelsteinen überzogene Johanneskapelle in der Igreja São Roque, die bereits den Übergang zum Klassizismus vollzieht.

Das wichtigste Bauwerk in jeder Epoche

Römisch: Theaterruinen (oberhalb der Kathedrale Sé)
Romanik/Frühgotik: Kathedrale Sé
Hochgotik: Igreja do Carmo
Manuelinik: Hieronymuskloster
Renaissance: Igreja São Vicente de Fora
Barock: Igreja Madre de Deus
Klassizismus: Palácio da Ajuda
Romantik: Palácio da Pena (Sintra)
Art déco: Cinema Éden
Postmoderne: Torre Amoreiras
Avantgarde: Parque das Nações

Azulejos – portugiesische Kachelkunst

Prachtvolle Kachelfriese im Jugendstil, kunstvoll gekachelte Treppenhäuser oder Hausfassaden, deren Fliesenkleid im Sonnenlicht glänzt – Azulejos sind seit Jahrhunderten der Schmuck der Stadt, das i-Tüpfelchen in Lissabons urbaner Garderobe. Allein das Studium der jahrhundertealten Kachelkunst lohnt eine Reise in die Stadt am Tejo.

Azulejos begleiten den Besucher auf Schritt und Tritt. Sie zieren seit dem ausgehenden Mittelalter als wichtiges dekoratives Element Paläste, Kirchen, Klöster und Bürgerhäuser. Einem Chamäleon gleich passt sich die Kachel immer wieder neuen Moden, Geschmäckern oder Auftraggebern an. Alte Farblasuren glänzen noch nach vielen Jahrhunderten und laden zu einem Rundgang durch die portugiesische Kunstgeschichte ein.

Arabische Ursprünge

Die ältesten *azulejos* ließ Manuel I. Ende des 15. Jh. für den Königspalast von Sintra von arabischen Handwerkern in Sevilla fertigen. Vielförmige maurische Ornamente auf bunten Reliefkacheln zieren die Palastwände im sogenannten Mudejar-Stil, der auf der iberischen Halbinsel sehr beliebt war. Die plastische Oberfläche der arabischen Kacheln verhinderte dabei das Ineinanderlaufen der Farben während des 1400 °C heißen Brennvorgangs. Den gleichen Effekt erzielten eingefettete Schnüre oder eine Mischung aus Mangan und Leinöl, die zwischen den Farben aufgetragen wurden.

Gemälde auf Ton gebrannt

Erst ab 1580 verbreiteten sich glatte *azulejos*, produziert in der aus Italien stammenden Majolika-Technik. Dieses Verfahren verhindert dank einer Zinnglasur das Verlaufen der Farben und ermöglicht das Bemalen der *azulejos* ähnlich einer Leinwand. Es entstanden bildhafte Werke, die vom Künstler wie ein Gemälde signiert wurden. Ein frühes Beispiel dieser neuen Malweise ist in der Kirche São Roque im Stadtviertel Bairro Alto (s. S. 98) zu bewundern. Auf blau-gelben Renaissancekacheln finden sich figürliche Darstellungen und großflächige Dekors, die Orientteppiche oder dreidimensionale Diamantenspitzen nachahmen. Aparte Randmuster setzten einen portugiesischen Akzent.

Unter der spanischen Herrschaft dominierten schlichte religiöse Motive ohne großen künstlerischen Anspruch, doch nach der portugiesischen Restauration erlebte die Kachelmalerei in der zweiten Hälfte des 17. Jh. einen neuen

Überbordende Kachelkunst im Garten des Palácio Fronteira

Aufschwung. Im Palácio Fronteira und seinen Gartenanlagen (s. S. 209) fühlt man sich in eine Kunstgalerie versetzt, so variantenreich sind die Motive, die auf den *azulejos* verewigt sind: königliche Porträts, mythologische Allegorien, Historienbilder und schließlich humorvolle Karikaturen auf das höfische Leben, in denen Affen die Rolle des Adels übernehmen.

Wenig später tauchten in den Barockkirchen weiß-blaue Kachelpaneele auf, die oft aus Werkstätten bedeutender flämischer Künstler stammten und deswegen den Delfter Fayancen ähnelten, etwa in den Klosterkirchen von Madre de Deus und Cardães. Gold aus Brasilien finanzierte im 18. Jh. den barocken Prunk von Hof und Adel, die eigenständige portugiesische Kachelproduktion erlebte ihre Blütezeit. Weltliche Motive und monumentale Figurenmalereien wie im Kreuzgang von São Vicente de Fora (im Viertel Graça, s. S. 126) traten ihren Siegeszug an.

Während des Rokokos kehrten, wie auf den allegorischen *azulejos* im Schloss von Queluz (s. S. 263), die Farben zurück. In der 1767 gegründeten königlichen Manufaktur wurde der nach dem Erdbeben immens gestiegene Kachelbedarf unübersehbar nur mit Hilfe flüchtiger Pinselstriche gedeckt.

Kachelkunst in den Metrostationen Lissabons

Oriente: s. Auf Entdeckungstour S. 218

Parque: Françoise Schein und Federica Matta setzen die Entdeckungsfahrten in ein spannungsreiches Verhältnis zum Sklavenhandel und der UN-Menschenrechtserklärung.

Marquês de Pombal: Die Künstlerin Menez skizziert die politischen Reformen des Kanzlers Marquês de Pombal nach dem Erdbeben von 1755.

Jardim Zoológico: Júlio Resende bannt in Aquarelltönen die Zoobewohner auf die Kacheln.

Picoas: Martins Correia zeichnet mit kräftigen Farben Lissabonner Frauen, darunter auch die längst vergessenen schwarzen Straßenverkäuferinnen und Fischhändlerinnen.

Olivais: Ratten verlassen das sinkende (portugiesische?) Schiff.

Kachelkunst der Moderne

Im Zuge des erstarkenden Liberalismus verzierten ab Mitte des 19. Jh. Kacheln mehr und mehr die öffentlichen Orte, wofür der Zeitungsladen Monaco am Rossio ein hübsches Beispiel ist. Gleichzeitig brachten die gekachelten Hausfassaden viel Farbe in das Stadtbild. Anfang des 20. Jh. schmückten kunstvolle Jugendstilornamente Bäckereien und Cafés, bunte Kachelbordüren dekorierten Gebäude. Straßennamen, Reklameflächen, Ladeneingänge fallen noch heute dank fantasievoller Kachelbilder ins Auge. Auch Metrostationen wurden gekachelt, während der Diktatur aus Kostengründen zunächst nur mit preiswerten Dekors. Seit den 1990er-Jahren wurden namhafte portugiesische und ausländische Künstler mit der Gestaltung beauftragt. Mit der Entwertung eines einfachen Metrotickets beginnt so die unvergessliche Fahrt durch eine faszinierende Galerie für Gegenwartskunst (siehe Auf Entdeckungstour S. 218).

Ankunft des Nachtzuges – Bitte aussteigen!

Lissabon scheint ein idealer Ort, um dem eintönigen Alltagstrott zu entfliehen und sich auf die Suche nach einer neuen, optimistischen Lebenseinstellung zu begeben. Zumindest in der Literatur. Gerne gewählt wird die Anreise per Nachtzug, der im Gegensatz zum rasanten Flugzeug viel Raum zur kontemplativen Betrachtung der Welt und zum Nachdenken über die eigene Persönlichkeit verspricht.

Auch Felix Krull, die hochstapelnde Romanfigur Thomas Manns, tritt seine Bildungs- und Liebesreise nach Lissabon im Nachtzug an. Sie soll zum entscheidenden Ereignis seines Lebens werden. In gewählten Worten führt er in die Stadt ein und telegraphiert bereits unmittelbar nach seiner Ankunft: »Schwelge in neuen Eindrücken«.

Unterwegs mit Felix Krull

Von der Avenida da Liberdade, eine der »prächtigsten« Straßen, die Felix Krull je vorgekommen ist, und immerhin kommt er direkt aus Paris, schlendert er durch die »schmucksten« Straßen zum Rossio. »Mit seinen beiden Bronze-Brunnen, seiner Denkmalssäule und seinem in sonderbaren Wellenlinien dahingehenden Mosaikpflaster [...], mit den Gebäuden, die hoch über den Saumhäusern des Platzes so malerisch ins Blau ragten, der gotischen Ruine einer Kirche«, schildert Felix Krull diesen Hauptplatz so, wie Sie ihn mit all der herrlichen Überhöhung auch gegenwärtig noch empfinden können, einschließlich dem Vergnügen, »sich vor einem der Cafés an einem Tischchen niederzulassen, um auszuruhen«. Dort können Sie sich dann »aufs herzlichste über die lebhaft die Augen bewegenden Einheimischen freuen, [...] ihre Gesichter, ihr Mienenspiel betrachten, auf ihre fremde Rede, ihren oft etwas exotisch heiseren Stimmenklang lauschen«.

Oder sich träumerisch forttragen lassen in das Kloster Belém »mit seinen Spitztürmchen und fein-feinen Pfeilerchen in den Bogennischen, seiner gleichsam aus Engelshänden aus mild patiniertem Sandstein geschnitzten Märchenpracht, die nichts anderes tat, als könne man mit dünnster Laubsäge in Stein arbeiten und Kleinodien durchbrochenen Spitzenzierrats daraus verfertigen.« Aus Begeisterung über die Schönheit der Stadt und ihrer Frauen verlängerte die Romanfigur ihren Aufenthalt, wie es manch Urlauber sicher auch gerne täte. Allerdings ist ihr Erschaffer Thomas Mann selbst nie in Lissabon gewesen, er bezog seine Stadtkenntnisse lediglich aus Berichten!

Auf der Suche nach dem blauen Haus

Im 21. Jh. ist es ein Schweizer Sprachlehrer, der im Roman von Pascal Mercier den Ausstieg aus dem Einerlei seines Daseins per Nachtzug einläutet. Dieser Raimund Gregorius begibt sich gleichfalls vor der Kulisse Lissabons auf eine Suche nach dem Lebenssinn und reflektiert dabei über das intellektuelle und oppositionelle Wirken in Zeiten der portugiesischen Diktatur. Die Leuchtkraft des »betörenden Lichtes« war es, die ihn in eine ungewisse, gleichwohl mit neuer Hoffnung erfüllte Zukunft aufbrechen ließ. Fortan zeichnet die Hauptperson ein freundliches Bild der portugiesischen Gesellschaft. Auf der Fahndung nach einem bereits verstorbenen Arzt und Poeten findet er in der hellen Stadt schließlich seine eigene Bestimmung.

Kein Wunder, dass er gleich Felix Krull voller Begeisterung das Schachbrett der Straßen in der Unterstadt abschreitet und seinerseits die Rua Augusta als die schönste Straße der Welt bezeichnet, an deren Ende sich das Meer »im fahlen Licht der Frühe wie eine glatte Fläche aus mattem Silber« zeigt. Zwar fühlt sich Gregorius nicht als Tourist, und doch erliegt der Suchende, wie wohl jeder Urlauber, dem zeitlosen Charme einer nostalgischen Straßenbahnfahrt. »Als er jetzt durch das Fenster des Tramwagens hinausblickte, gehörte die Zeit, in der der Wagen quietschend und ächzend dahinkroch, ganz ihm, sie war einfach die Zeit, in der Raimund Gregorius sein eigenes Leben lebte.« Zeit hin, Zeit her, für manche Fans des Buches bleibt eine vielleicht nicht ganz so elementare Frage: Wo befindet sich das blaue Haus, in dem sich für den Romanhelden so manches Rätsel löst? Das Geheimnis lüftet sich in der Rua Luz Soriano vor der Kachelfassade des Hauses Nr. 75 (s. S. 175).

Deutschsprachige Literatur aus und über Lissabon

Thomas Mann: Bekenntnisse des Hochstaplers Felix Krull, Frankfurt/Main, S. Fischer Verlag.

Pascal Mercier: Nachtzug nach Lissabon, München, Hanser.

Erich Maria Remarque: Die Nacht von Lissabon, Köln, Kiepenheuer & Witsch.

(Portugiesische Lesetipps in deutscher Übersetzung und literarische Stadtspaziergänge s. S. 15)

»Existieren ist reisen genug«

Während die literarischen Figuren Felix Krull und Raimund Gregorius per Nachtzug auf der Suche nach neuer Identität von weither anreisten, fuhr Portugals größter Dichter des frühen 20. Jh. nur »von Bahnhof zu Bahnhof im Zug meines Körpers«. Kurz und bündig stellte dieser Fernando Pessoa klar: »Existieren ist reisen genug.« Und gleichsam wie einen Vorwurf an die vorgenannten Romanhelden gerichtet, gab er weiter zu Protokoll, dass nur die äußerste Schwäche der Einbildungskraft einen Ortswechsel rechtfertigen würde.

Fernando Pessoa selbst war eine multiple Persönlichkeit, die sich in unzählige neue Identitäten vervielfachte, in denen er literarisch in Erscheinung trat. Zweifelsohne eine ungewöhnliche Art, der Banalität seiner Existenz zu entfliehen – ganz ohne zu verreisen. Auf ferne Exkursionen verzichten konnte er vielleicht auch deswegen, weil er bereits unter dem südlichen Himmel lebte: »Kein Blumenstrauß hat für mich je die farbige Vielfalt Lissabons im Sonnenlicht.«

Fado – Musik zwischen Melancholie und Leidenschaft

Aus Radiogeräten und kleinen Kneipen schallt die Lissabonner Musik hinaus auf die engen Straßen der Altstadt: Fado! Die Ursprünge dieses melancholischen Gesangs liegen im Dunkel der Geschichte, in frühen jüdisch-maurischen Klageliedern, in Gesängen der Seeleute und Verbannten, in afrikanisch-brasilianischen Tänzen.

Um 1840 erstmals erwähnt, wird der Fado zunächst in schummrigen Kaschemmen des Hafenbereichs vorgetragen und findet schon wenig später den Weg in aristokratische Salons, Revuetheater und die *casas de fado.* Mit häufig schwermütigen Melodien wird er zum musikalischen Ausdruck der *saudade,* einem rückwärts gewandten, wohlig-schmerzlichen Gemütszustand.

Unbestrittener Star des Fado ist die 1999 verstorbene Amália Rodrigues. Sie befreite den Fado aus den ärmlichen Hinterhöfen und zwielichtigen Hafenkneipen und begeisterte die gesellschaftlichen Eliten für ihren Gesang. Im Pariser Olympia erlebte sie ebenso rauschende Erfolge wie in Madrid, New York, Moskau oder Tokio. In

Ganz nah an der portugiesischen Seele: in einem volkstümlichen Fadolokal

den 1960er-Jahren begann Amálias zukunftsweisende Zusammenarbeit mit dem französischen Komponisten Alain Oulman, der maßgeschneidert für ihre Stimmlage virtuose Tonfolgen komponierte. Ihr melodiöser *fado canção* voller Reichtum an Harmonien führte die bislang einfach strukturierten Klanglinien des traditionellen Fado auf die musikalischen Höhen eines Chansons.

Der neue Star des Fado: Mariza

CD-Tipps

Amália Rodrigues: The Art of Amália (EMI, 1998). Die wichtigsten Titel der Ikone des Fado.

Camané: Do amor e dos dias (EMI 2010). Ausdrucksstärkster männlicher Fado-Interpret.

Mariza: Concerto em Lisboa (EMI, 2006). Livekonzert vor dem Hiernoymus-Kloster, mit Lissabonner Sinfonikern aufgenommen.

Ana Moura: Leva-me aos Fados (World Vill 2010): Traditionsfado einer Sängerin, die schon mit den Rolling Stones aufgetreten ist.

Mit ihrem Tod »starb die Stimme Portugals, mit Amália ging ein Teil unseres Landes und unseres Volkes dahin«, lautete der Nachruf in der Zeitung Público. Doch schlagartig trat eine junge Generation von Sängerinnen aus dem Schatten des Vorbildes und entfachte einen wahren Fadoboom: Mafalda Arnauth, Cristina Branco oder Kátia Guerreiro gesellten sich zu Mísia, die intellektuelle Texte etwa von José Saramago vertont.

Und ein neuer Star wurde entdeckt: Mariza. Die 1976 in Mosambik geborene exaltierte Sängerin wuchs – wie seinerzeit Amália – in der Lissabonner Mouraria auf. Sie wagt eine behutsame Öffnung des Fados aktuellen Musikstilen gegenüber oder orchestriert auch schon einmal ihren Gesang, während der Traditionsfado spartanisch nur von zwei unterschiedlichen Gitarren begleitet wird. Dank ihrer weichen Stimme, ihrer persönlichen Ausstrahlung und dem tiefen Einfühlungsvermögen eilt sie von Erfolg zu Erfolg. 2003 von der BBC als beste Interpretin der World Music ausgezeichnet, trat sie 2007 als einzige portugiesische Künstlerin beim Live-Earth-Konzert auf. Eine schöne Einstimmung auf einen Lissabonurlaub bietet ihr Auftritt im Internet (www.mariza.com).

In ihrem Fahrwasser erfährt der Amateurfado in kleinen Tavernen neue Beachtung. Wenn auch stimmlich oftmals brüchig, wird dort ein volkstümlicher Fado mit großer Leidenschaft geschmettert.

Doch reicht Portugals aktuelle Musik weit über den klassischen Fado hinaus. Faszinierende Verschmelzungen unterschiedlicher Musiktraditionen gelingen vielen Künstlern aus den früheren portugiesischen Kolonien, allen voran Sara Tavares, deren westafrikanisch beeinflusste Melodien amerikanischen Gospel und portugiesische Klänge aufnehmen. Die stark beachtete Jazz-Szene belebt die kreative Maria João mit eigenwilliger Stimmakrobatik. Zu Weltruhm hat es die Pianistin Maria João Pires dank ihrer Mozartinterpretationen u. a. mit den Berliner Philharmonikern gebracht.

Kaum bekannt sind dagegen die Rockmusiker. Umso größer ist die Freude über den internationalen Erfolg der Kanadierin Nelly Furtado, deren Nachname unschwer ihre portugiesischen Wurzeln offenbart.

Mit Portugals Fado-Star Mariza im Gespräch

Was bedeutet Fado für Sie, was möchten Sie mit Ihrer Musik ausdrücken?
Fado ist das Abbild der Seele Portugals. Das Wort stammt aus dem Lateinischen – *fatum* und bedeutet Schicksal, Bestimmung. Die Musik ist für mich das Zelebrieren der unterschiedlichen Lebensgefühle, *saudade*, Traurigkeit, Melancholie, aber auch Freude, Glückseligkeit, Zufriedenheit. Fado ist meine Bestimmung.

»Mit Amália starb die Stimme Portugals«. Verstehen Sie, die Vertreterin einer jungen Fado-Generation, sich als die neue Stimme Portugals?
Amália wird immer Amália bleiben! Niemand kann sie ersetzen. Ob ich die Stimme Portugals bin oder nicht – darüber zu entscheiden obliegt nicht mir. Ich gebe mein Bestes und tue alles mir Mögliche, um diese so durch und durch portugiesische Kultur zu verbreiten. Das Publikum begegnete mir bisher ausgesprochen wohlwollend und so lange dies so bleibt, werde ich meinem Weg folgen.

Sie sangen mit Sting, lassen sich von fremden Musikstilen inspirieren, akzeptieren nicht-traditonelle Musikinstrumente. Liegt die Zukunft des Fado in einer modernen Weltoffenheit?
Der Fado ist eine urbane Musik. In dem Maße, wie sich das städtische Leben in permanenter Bewegung befindet, wurde er zu allen Zeiten von anderen Musikstilen und Kulturen beeinflusst und beeinflusste selbst andere Musikstile und Kulturen. Das scheint mir gegenwärtig nicht anders zu sein. Meiner Meinung nach wird der Fado bestimmt durch die Interpretation der Sängerin oder des Sängers und ihrer Fähigkeit, die unterschiedlichen Empfindungen zu vermitteln.

Wie wichtig sind die Texte, die Urlauber leider nicht verstehen können, zum Verständnis Ihrer Musik?
Die Tatsache, dass es sich um eine Musik handelt, die über Gefühle spricht, hebt die Sprachbarriere ein wenig auf. Dennoch ist die Kenntnis der Verse ebenfalls wichtig, denn sie vermittelt dem Publikum ein besseres Verständnis für den Fado.

Auf Ihrer DVD »Concerto em Lisboa« treten Sie u. a. in einer Fadokneipe auf. Kann auch ein Urlauber Sie einmal in einem kleinen Lokal sehen?
Immer wenn ich nach Lissabon zurückkehre, liebe ich es, diese Orte aufzusuchen. Sie sind in gewisser Weise Kultstätten für mich, und dort tanke ich Energie auf. Die Wiederbegegnung mit den Freunden, den Fadomusikern und dem Fado in Lissabon ist wesentlich für mein Selbstverständnis als Künstlerin.

Unterwegs in Lissabon

Einen der schönsten Ausblicke auf die Stadt am Tejo hat man vom Elevador Santa Justa

Das Beste auf einen Blick

Mouraria, Castelo, Graça und Alfama

Highlights!

Castelo São Jorge: Panoramablicke über Stadt und Fluss, umweht vom Hauch der Geschichte. 5 S. 120

Alfama: Nirgends ist Lissabon typischer als im labyrinthischen Gassengewirr des sympathischen Viertels der kleinen Leute. S. 131

Museu Nacional do Azulejo: Weltweit einmalig – eine Kultstätte der Kachelkunst. 24 S. 134

Auf Entdeckungstour

Mit der Gelben hinauf und hinab: Sie schaukeln in den nostalgischen Straßenbahnen 12 und 28 manchmal nur Zentimeter an einer Hauswand vorbei. S. 114

Das Lissabon der Arbeiter: Vor 100 Jahren schufen sozial engagierte Unternehmer modernen Wohnraum für ihre Arbeiter. Heute sind es Oasen der Ruhe im volkstümlich-trubeligen Stadtteil Graça. S. 124

Kultur & Sehenswertes

Chapitô: Kabarett, Theater, Jazz, Klassik, Zirkus, Aussichtsrestaurant und Gartencafé vereint. 1 S. 118

Kreuzgänge und Kacheln: Zudem begeistern Fernblicke und ein Café im Kloster São Vicente de Fora. 14 S. 127

Wie aus Nordfrankreich importiert: So wirkt die romanisch-gotische Kathedrale Sé inmitten Lissabons. 29 S. 135

Aktiv & Kreativ

Fotogene Geschichte: In mittelalterlichen Kostümen können Sie sich im Atelier Nobre Povo beim Castelo ablichten lassen. 6 S. 120

Miradouro-Hopping: Über sieben Hügel zieht sich Lissabon, auf jedem ruht mindestens ein Aussichtspunkt. Die *miradouros* mit dem weitesten Blick liegen im Stadtosten – hüpfen Sie einfach von einem zum anderen. 7, 11 und 12 S. 122, 126, 128

Genießen & Atmosphäre

Esplanada da Graça: Sie sitzen über den Dächern von Lissabon und genießen je nach Tages- oder Nachtzeit Ihren Kaffee oder Cocktail. 11 S. 138

Café Monastérium: Wasserspiele plätschern, Orangenbäume blühen und darunter sitzen Sie im Patio und genießen einen Snack aus dem Klostercafé. Ein kleiner Urlaubstraum wird wahr. 12 S. 138

Abends & Nachts

Bei Catherine Deneuve: Sie und John Malkovich sind Mitbesitzer von Lissabons Trendy-Diskothek Lux-Fragil, die ihren Weltruf aber auch dem hippen Ambiente und den DJ's verdankt. 3 S. 138

Santiago Alquimista: Der Alchimist bringt Musik und Theater ins Burgviertel. Schon das Flair einer alten Eisenwarenfabrik lässt kulturelle Seelen höher schlagen. 2 S. 138

Das Lissabon der kleinen Leute

Auf dem Burghügel wurde Lissabon vor drei Jahrtausenden gegründet. Weithin sichtbar thront das Castelo São Jorge über der Stadt, umrahmt von *miradouros,* den Aussichtspunkten, die Besuchern ein herrliches Panorama schenken. Aus luftiger Höhe kann man sich ein wunderbares Bild vom Lissabonner Stadtgebiet und dem an dieser Stelle breiten Tejo bis zu den Gestaden des Atlantiks machen. Schon deshalb sollte eine der ersten Besichtigungstouren hier hinauf führen.

Einst regierten von der Burg aus Portugals Könige das Land. An diese Epoche erinnern vereinzelte Adelspaläste und mittelalterliche Klosterbauten. Inzwischen aber hat sich die soziale Zusammensetzung in der östlichen Altstadt grundlegend gewandelt. Sichtbarster Ausdruck sind die seit dem Ende des 19. Jh. entstandenen sozialen Arbeitersiedlungen *vilas operárias* im Stadtteil Graça.

In der engen Mouraria scheint das Mittelalter fortzuleben, und in der Alfama fühlt man sich zurückversetzt in alte arabische Zeiten, als Moslems, Juden und Christen hier friedliche Nachbarschaft pflegten. Die Häuser schmiegen sich wie zufällig hingeworfen eng aneinander, Frauen halten ihren Schwatz in winzigen Gemüseläden, in schummrigen Kneipen wird lebhaft debattiert. In diesem urbanen Milieu der kleinen Leute wuchsen viele Fadosänger auf, unter ihnen Mariza, ihr neuer Star (s. S. 105).

Infobox

Reisekarte: ▶ O–R 9–11

Ausgangspunkt
Der hier vorgeschlagene Rundgang beginnt am Largo Martim Moniz. Sie haben von hier aus die Möglichkeit, den Burghügel durch das ursprüngliche Maurenviertel, die **Mouraria,** zu Fuß zu erobern oder auf direktem Wege mit der historischen **Straßenbahnlinie 12.** Spannender, aber länger ist die Fahrt mit der **Straßenbahn 28** (s. Auf Entdeckungstour S. 114), die zunächst durch den Arbeiterstadtteil **Graça** führt. Haben Sie erst einmal die östlichen Stadthügel erklommen, so können Sie sich durch die engen Gassen hinab durch die **Alfama** treiben lassen.

Largo Martim Moniz

Seit der Weltausstellung von 1998 finden Sie den Martim-Moniz-Platz mit Marmorplatten und Wasserspielen neu gestaltet. Der Springbrunnen mit stilisierten Zinnen markiert den Verlauf der früheren Stadtbefestigung. Doch im Vergleich zu den anderen prächtigen Plätzen Lissabons wirkt er noch immer vernachlässigt, seit Diktator António Salazar in den 1940er- bis 1960er-Jahren einen großflächigen Abriss der Häuser veranlasst hatte. Selbst historische Gebäude wie das Apollo-Theater oder Teile der gotischen Stadtmauer blieben davon nicht verschont. Zeitgemäße Nutzungskonzepte für den Platz fehlen noch immer. Doch an der Längsseite entstehen nun städtisch geförderte Wohnungen für junge Leute, die der Umgebung neues Leben einhauchen sollen.

In der Alfama spielt sich das alltägliche Leben vielfach vor der Haustür ab

Intendente
Rua Andrade
Rua Capitão Renato Baptista
Rua dos Anjos
Rua Maria
Rua Maria da Fonte
Mercado do Forno do Tijolo
Rua Angelina Vidal
Avenida General Roçadas
Tv. do Maldonado
Largo do Intendente Pina Manique
Rua dos Sapadores
Cal. dos Barbadinhos
Rua Machado de Castro
Rua Bartolomeu da Costa
Rua Afonso Domingues
Rua do Vale de Santo António
Av. Almirante Reis
Rua da Bombarda
Rua Damasceno Monteiro
Rua Josefa Maria
Rua da Graça
Tv. da Sra. da Graça
Rua do Cabral
Rua da Bela Vista
Tv. do Olival
Tv. das Terras do Monte
Rua da Senhora do Monte
GRAÇA
Rua de São Gens
Rua das Beatas
Rua Senhora da Glória
Tv. de S. António
Rua do Benformoso
Rua de São Lázaro
C. do Monte
Tv. do Monte
Rua do Sol
Rua Damasceno Monteiro
Rua das Olarias
Vila Berta
Rua de Santa Engrácia
Rua Leite de Vasconcelos
Rua C
Rua do Terreirinho
Tv. do Jordão
Largo das Olarias
Rua dos Lagares
Largo da Graça
Rua Voz do Operário
Tv. da Pereira
Rua da Verónica
Tv. do Rosário
Tv. das Flores
Rua dos Cavaleiros
Martin Moniz
Rua do Capelão
Cal. de Santo André
Calçada da Graça
Liceu Gil Vicente
Rua da Verónica
Tv. São Vicente
Tv. das Mónicas
Campo de Santa Clara
Praça Doutor Bernardino António Gomes
Largo Martin Moniz
Rua Marquês de Ponte de Lima
MOURARIA
Largo São Vicente
Costa do Castelo
Igreja do Socorro
Rua M. Moniz
Largo Rodrigues Freitas
Rua São Vicente
Calçada do Cascão
Paraíso
Rua das Farinhas
Igreja do Castelo
Calçada de Tijolo
C. de São Vicente
Cruz de Santa Helena
Rua do Corvos
Tv. do Meio
Rua do
Largo dos Caminhos de Ferro
Santa Apolónia
Largo da Achada
Miradouro de São Jorge
CASTELO
Rua de São Tomé
Rua do Salvador
Rua das Escolas
ALFAMA
Rua do Museu de Artilharia
Rua da Madalena
Esplanada do Castelo
Largo das Portas do Sol
Rua da Regueira
Gerais
Rua do Vigário
Rua dos Remédios
Beco de Penabuquel
Rua Dom Duarte
Rua dos Douradores
Rua do Milagre de Santo António
Largo Loios
Largo do Contador Mor
Santa Luzia
Largo de São Miguel
Rua São Miguel
Largo do Chafariz de Dentro
R. do Jardim do Tabaco
Rua de São Mamede
R. São Tiago
Rua de Saudade
Rua do Limoeiro
Rua de São Pedro
Rua do Terreiro do Trigo
Santa Maria Madalena
ALFAMA
Rua Augusto Rosa
Rua do Barão
São João da Praça
João da Praça
Doca do Terreiro do Trigo
BAIXA
Santo António
Largo da Sé
Cruzes da Sé
Rua de São
Rua dos Bacalhoeiros
Igreja da Conceição Velha
Rua Cais de Santarém
Rua da Alfândega
Avenida Infante Dom Henrique
Doca de Marinha
Rio Tejo
Terreiro de Paço
Estação Fluvial

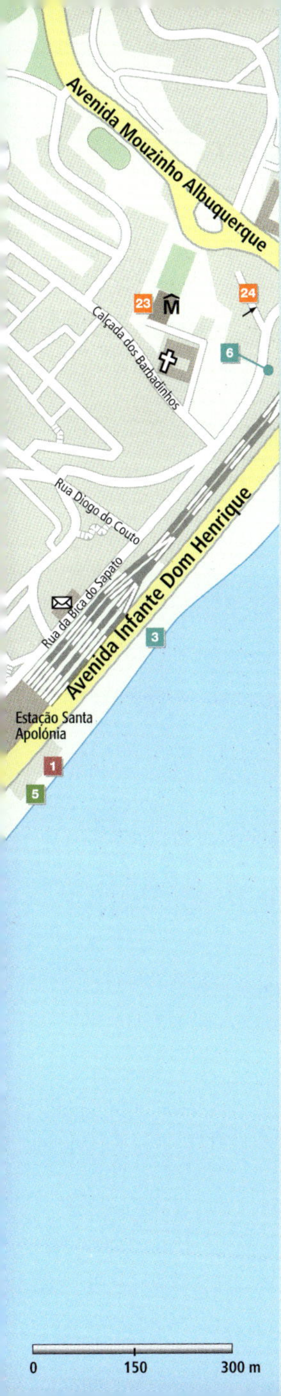

Mouraria, Castelo, Graça und Alfama

Sehenswert

1 Ermida da Senhora da Saúde
2 Wohnhaus von Maria Severa
3 Igreja São Christovão
4 Teatro Taborda
5 Castelo São Jorge
6 Palácio Belmonte
7 Miradouro Santa Luzia
8 Museu-Escola de Artes Decorativas
9 Bairro Estrella d'Ouro
10 Kino Royal Cine
11 Miradouro Nossa Senhora do Monte/ Ermida de São Gens
12 Miradouro da Graça
13 Igreja da Graça
14 Igreja São Vicente de Fora
15 Claustro São Vicente de Fora
16 Pantheon Santa Engrácia
17 Igreja São Miguel
18 Igreja Santo Estevão
19 Ermida do Espírito Santo
20 Museu do Fado
21 Jardim do Tabaco
22 Militärmuseum
23 Museu da Água
24 Museu Nacional do Azulejo
25 Judenghetto
26 Casa dos Bicos
27 Museu Teatro Romano
28 Aljube
29 Kathedrale Sé
30 Igreja und Museu de Santo António

Essen & Trinken

1 Bica do Sapato
2 Santo António de Alfama
3 Jardim do Marisco
4 Tentações de Goa
5 O Pitéu da Graça
6 O Cantinho do Aziz
7 Churrasco da Graça
8 Ramiro
9 Haweli Tandoori
10 Barracão de Alfama
11 Esplanada da Graça
12 Café Monastérium
13 pois, café
14 Centro Ideal da Graça

Einkaufen

1 Feira da Ladra
2 Arte da Terra
3 Viúva Lamego
4 Artantica
5 Delidelux
6 Atelier Nobre Povo

Abends & Nachts

1 Chapitô
2 Santiago Alquimista
3 Lux-Frágil
4 Onda Jazz
5 Bar das Imagens
6 Clube Ferroviário
7 Clube de Fado
8 A Baiuca
9 Esquina de Alfama
10 Parreirinha de Alfama

Auf Entdeckungstour

Mit der Gelben hinauf und hinab

In fast vergessene Zeiten entführt Sie die Reise mit einer der nostalgisch schaukelnden Straßenbahnen, die seit über 100 Jahren mutig Lissabons Hügel erklimmen und sich quietschend durch die engen Altstadtgassen zwängen.

Für wen: Pflichtprogramm für jeden.

Zeit: 30–90 Minuten je nach Strecke.

Planung: Startpunkt der Linie 28 ist der Largo Martim Moniz, die Linie 12 hält u. a. an der Praça da Figueira.

Was wurde nicht bereits alles geschrieben über die historischen Straßenbahnen Lissabons, die es schon auf die Titelseiten so mancher Reiseführer geschafft haben. Den sinnlichen Eindruck der eigenen Fahrt in dem ruckelnden und zuckelnden Gefährt kann freilich keine noch so gelungene literarische Betrachtung ersetzen.

Die berühmte 28

Ausgangspunkt der Straßenbahnfahrt ist der Largo Martim Moniz, wo die Linie 28 zu einer abenteuerlichen Tour durch die Altstadtviertel Graça und Alfama aufbricht und dabei das Burgviertel streift. Nicht selten trennen den Wagon nur wenige Zentimeter von der nächsten Hauswand, manchmal möchte man in eine Gemüseauslage greifen oder einem Koch in seiner Küche beim Abschmecken helfen. So erleben Sie eine unvergessliche Fahrt durch den Lissabonner Alltag. Und sollten Sie Lust auf mehr haben, bringt Sie die Tram sogar noch weiter durch die Baixa, den Chiado, Estrela, Campo de Ourique bis zum Friedhof Prazeres am westlichen Ende der Stadt. Planen Sie dann für die einfache Fahrt mindestens eine Stunde Spaß ein.

Millimeterarbeit

Zu einer kürzeren, aber ebenso fröhlichen Schnupperfahrt lädt die Linie 12 ein, die den Burghügel umfährt und dabei die Aussichtspunkte oberhalb der Alfama und die Kathedrale passiert. Machen Sie sich allerdings auf einige Wartezeit gefasst, denn angesichts der wachsenden Pkw-Flut und oft sorglos auf den Schienen parkenden Autos sind die Straßenbahnen längst kein verlässliches Verkehrsmittel mehr. Nicht selten dauert es eine halbe Stunde, bis die nächste Tram kommt, dann wiederum folgen gleich drei direkt hintereinander. Denn ihr schrilles Bimmeln, das die Autofahrer verscheuchen soll, ist zwar weithin hörbar, erfüllt jedoch nur selten seinen Zweck. Oft wird das Rangieren zur Millimeterarbeit, oder ein paar beherzten Fahrgästen gelingt es, das Hindernis von den Gleisen zu bugsieren.

Seit 1873 unterwegs

Os *amarelos,* die Gelben, wie sie auch genannt werden, reihen sich ein in Lissabons ungewöhnliche Verkehrsmittel, die seit Ende des 19. Jh. die zumeist fußlahme bessere Gesellschaft von den Mühen eines beschwerlichen Hügelaufstiegs befreite. So führten damals immerhin zwei Standseilbahnen und zwei Lifte auf den vornehmen Chiado-Hügel. Bereits 1873 begann Carris mit von Pferden gezogenen Schienenfahrzeugen, den *americanos,* ein öffentliches Verkehrsnetz aufzubauen.

1901 wurden die elektrisch betriebenen Trambahnen, die *eléctricos*, eingeführt. Dabei wagten seinerzeit fast nur die Herren der Schöpfung diese teuflisch schnellen Gefährte zu besteigen. Wie das im Carris-Museum ausliegende erste Verzeichnis der Inhaber von Dauerkarten zeigt, waren diese anfänglich zu 99 % männlichen Geschlechts. Immerhin hatten die frühen Wagen noch *salva-vida* (Lebensretter) genannte Scherengitter an ihrer unteren Frontseite, um das zufällige Überfahren von Fußgängern auszuschließen, und die Hauptaufgabe des Wagenführers lag ganz offensichtlich im Bremsen, wurde er doch *guarda-freio* (Bremsen-Wächter) tituliert. Aus den Strafgeldern für Schwarzfahrer finanzierte sich eine betriebliche Gesundheitskasse, die den Carris-Bediensteten und ihren Familien zugute kam – angesichts leerer öffentlicher Kassen gar ein Modell für die Zukunft?

Ermida da Senhora da Saúde 1

Als einziges altes Bauwerk blieb die Ermida da Senhora da Saúde aus dem Jahre 1505 erhalten. Angeblich soll der gottesfürchtige Katholik Salazar persönlich ihren Abriss verhindert haben. Durch ein barockes Portal gelangt man in den Kirchenraum, der mit blau-weißen Azulejos verziert ist. Tradition besitzt eine volkstümliche Prozession aus Anlass der verheerenden Pestepidemie 1570: Heute noch ziehen die Gläubigen kalenderabhängig am ersten oder zweiten Sonntag im Mai hinter der festlich geschmückten Statue Unserer Lieben Frau der Gesundheit durch ihr Stadtviertel.

Schier erdrückt wird das bescheidene Kirchlein, dessen Fassade kunstvoll im Pflastermosaik der Seitengasse gespiegelt wird, vom klotzigen **Centro Comercial da Mouraria.**

Das ehemalige Maurenviertel Mouraria

Das multikulturelle Shoppingcenter aus den 1980er-Jahren steht in denkwürdiger historischer Kontinuität. Denn einst hatte der erste christliche König Afonso Henriques den besiegten Mauren gerade diesen Bereich als Wohnort zugewiesen. Christlichen Frauen drohte die Todesstrafe, wenn sie das Ghetto betraten, während in christlichen Vierteln angetroffene Araber ausgepeitscht wurden.

Die Mauren lebten sozial gering geachtet am Rande der mittelalterlichen Stadtbevölkerung, gleichwohl waren sie als kunstfertige Schreiner, Maurer, Töpfer oder Produzenten von Binsenmatten geschätzt. Innerhalb ihres Viertels hatten sie einen eigenen Bürgermeister und Kadi, hier lagen ihr Friedhof und die Moscheen, über die noch im Jahr 1494 der deutsche Reisende Hieronymus Münzer erstaunt berichtete. Heutige Straßennamen leiten sich von ihren einstmaligen Töpfereien (Rua das Olarias) und Olivenölpressen (Rua dos Lagares) ab, denn die arabischen Wohnhäuser waren umgeben von Olivenhainen und Gemüsegärten. Doch trotz Zusicherung von persönlicher Freiheit und sozialer Selbstverwaltung innerhalb der Mouraria flohen die muslimischen Araber scharenweise aus der Stadt.

Rua do Capelão

In der Straße stand ehemals eine stolze Moschee, bis König Manuel I. im Jahr 1496 per Dekret die freie Religionsausübung aufhob und Mauren und Juden vor die Wahl zwischen Zwangstaufe und Emigration stellte. Ungeachtet der Glaubenszugehörigkeit blieb die Mouraria ein Viertel armer Menschen, in dem frei gelassene schwarze Sklaven, Tagelöhner, Prostituierte und Zuhälter ihr Zuhause fanden.

Dieses zwielichtige Milieu war im 19. Jh. die Geburtsstätte des Fado. In der Rua do Capelão wohnte damals die legendäre Fadosängerin **Maria Severa** (1820–46). An dem nach ihr benannten bescheidenen Platz vor ihrem **Wohnhaus** 2 ziert eine aus schwarzem Basalt geformte Gitarre das Straßenpflaster. Ihre gefühlvolle Stimme machte sie ebenso berühmt wie ihre stürmische Liebesgeschichte mit dem Grafen Vimioso, die die Wellen hoch schlagen ließ, war die Sängerin doch zugleich eine stadtbekannte Hure.

Rua Marquês de Ponte de Lima und Rua da Farinhas

Ein ehrwürdiger rosafarbener Palast, das erste Jesuitendomizil Lissabons, schließt die ansonsten ärmliche Straße ab. Hier biegt man rechts in die Rua Marquês de Ponte de Lima ein, deren Ende die frühere Grenze des arabischen Ghettos markiert. Weiter am Burghügel entlang führt die Rua da Farinhas durch ein sympathisches Viertel der kleinen Leute. Man sieht die Anwohner beim alltäglichen Plausch in winzigen Lebensmittel- und Brotläden oder kann den Wirt eines populären Restaurants beobachten, wie er gewissenhaft sein Angebot auf einen Papieraushang schreibt. In dieser Gegend führen einige afrikanische und indische Restaurants die multikulturelle Prägung der Mouraria fort.

Igreja São Cristovão und Palácio de Vagos

Völlig überraschend erhebt sich aus dem Gassengewirr die weiße **São-Christovão-Kirche** 3. Eine bemerkenswerte Holzstatue zeigt links vom Eingang den hl. Christopherus mit dem Jesuskind auf der Schulter. Schräg gegenüber liegt ein Stadtpalast, der **Palácio de Vagos,** dessen Mauern von rauschenden Festen des Adels und sogar von der prunkvollen Hochzeit einer portugiesischen Prinzessin mit dem deutschen Kaiser Friedrich III. im Jahre 1451 erzählen könnten. Heute ist hier eine genossenschaftlich organisierte Poliklinik untergebracht. An eine mittelalterliche, verkehrspolitische Maßnahme erinnert die Ausbuchtung an der rechten Hausecke, eine kutschengerechte Verbreiterung der engen Gasse.

Rua Costa do Castelo

Über die Calçada do Marquês de Tancos kommen Sie schließlich in die Rua Costa do Castelo. Die Terrasse der **Bar das Imagens** 5 bietet Ihnen Raum für einen erholsamen Zwischenstopp. Später am Tage können Sie auch mit einem Drink das kulturelle Nachtprogramm einläuten. Das nahe **Teatro Taborda** 4 (Nr. 75) bietet ein engagiertes Off-Theaterprogramm. Die Bühne aus dem ausgehenden 19. Jh. war Schauplatz manch bedeutender politischer Versammlung in der jungen Republik. Lange zweckentfremdet und verwahrlost, bewahrte eine Totalsanierung Mitte der 1990er-Jahre das Gebäude vor dem drohenden Abriss.

Durch das schmale Haustor der Nr. 7 betreten Sie eine andere erfolgreiche Stätte alternativen Kulturschaffens, das **Chapitô** 1, mit attraktivem Gartencafé und Panoramarestaurant (s. S. 118/119).

Rua do Milagre de Santo António

Kurz dahinter wechselt der Straßenname und erinnert an die Wunder des hl. Antonius. José Saramagos Lesern mag diese Rua do Milagre de Santo António bekannt vorkommen, wohnt hier doch die Hauptperson Raimundo Silva seiner »Geschichte der Belagerung von Lissabon«. Der Romanheld steigt mit Vorliebe die Escadinhas de São Crispim hinunter. Diese malerische Treppe ist nach dem Schutzheiligen der Schuhmacher benannt – vielleicht weil deren häufige Benutzung die Schuhsohlen ruiniert und die Schuster des Viertels in Lohn und Brot brachte?

Rua Bartolomeus de Gusmão

Das Straßenschild weist den namengebenden Bartolomeus (1685–1724) als Vorläufer der Luftfahrt aus. Tatsächlich gelangen dem Jesuitenpater eine Reihe technischer Erfindungen. Er gewann die Gunst des portugiesischen Königs João V. und schickte einen Heißluftballon vom Schlosshügel hinab zum neuen Königspalast. Schnell zog er den Neid der Hofschranzen und das Misstrauen der Inquisition auf sich und musste Portugal fluchtartig verlassen. José Saramago hat diese historische Figur in seinem Roman »Das Memorial« gewürdigt, in dem ein Pater Bartolomeu Lourenço eine Flugma-

Lieblingsort

Chapitô 1
Kultur wird zum Genuss in diesem einflussreichen Zentrum alternativen Kulturschaffens. Das Chapitô in der Costa do Castelo bringt Theater, Kabarett und anspruchsvolle Musikprogramme zur Aufführung. Von Fado über Jazz bis Klassik ist für jeden Geschmack gesorgt. Der Clou: Im schattigen Garten und auf einer kleinen Aussichtsterrasse wird auch Kaffee und Süßes gereicht, zu etwas höheren Preisen zwar, aber in traumhafter Umgebung. Manchmal verzaubern die Clowns aus der hauseigenen Zirkusschule die herumtollenden Kinder und Erwachsene ebenso. Lassen Sie sich einfach überraschen.

Carlsberg
Carlsberg

schine konstruiert, die von Tausenden menschlichen Willenskräften betrieben werden soll. Sie erweist sich als wenig funktionstüchtig und lässt den fliegenden Pater eine unsanfte Bruchlandung erleiden. In Hausnummer 23 können Sie sich oder Ihre Kinder im **Atelier Nobre Povo** 6 in den Kostümen von Rittern, Seefahrern und Adeligen selbst fotografieren oder vom Profifotografen ablichten lassen (www.nobrepovo.com, 5 bzw. 20 €).

Noch ein letzter Anstieg und Sie erreichen die mächtigen Burgmauern, die im 12. Jh. erstmals schriftliche Erwähnung beim arabischen Geografen Edrici fanden. Unmittelbar hinter dem äußeren Eingangstor steht in einer Mauernische der Schutzpatron der Krieger, São Jorge, der der Befestigung ihren Namen gab.

Rund um die Burg

Castelo São Jorge ! 5

www.castelosaojorge.egeac.pt, Nov.–Feb. tgl. 9–18, März–Okt. 9–21 Uhr, Eintritt 7 €

Zugegeben, der Eintrittspreis ist unverschämt hoch und hat in Lissabon selbst für viel Protest gesorgt. Sie können sich durchaus überlegen, das Geld besser in eine Tasse Kaffee und ein Stückchen Kuchen in einem der Terrassencafés auf den umliegenden Aussichtspunkten zu investieren. Doch der Rundgang durch die Burganlage verspricht eine einzigartige Sicht über Stadt, Land und Fluss. Der Wind bewegt sanft die Kiefern und Olivenbäume, steinerne Bänke laden zum beschaulichen Verweilen ein. Die wahrhaft majestätische Stadtkulisse wird gerne als Hintergrund für romantische Hochzeitsbilder gewählt.

Auf diesem strategisch günstigen Hügel gründeten vor drei Jahrtausenden die Phönizier den Ort Olisipo, den nacheinander Griechen, Römer, Westgoten und Araber bewohnten. Die ersten Befestigungsmauern stammen aus der römischen Herrschaftsperiode. Während der arabischen Regierungszeit blieb der befestigte Bereich, die Kasbah, als exklusiver Wohnort dem Adel und Militär vorbehalten, während das einfache Volk hangabwärts in der ummauerten Medina wohnte.

König Dinis ließ Ende des 13. Jh. eine mittelalterliche Wohnburg errichten, die 1506 von Manuel I. aufgegeben wurde. Dieser bezog einen neuen Palast am Hafen und Handelsplatz in der Unterstadt, wo die Karavellen ihre Kostbarkeiten aus Indien entluden. Im Ausland wurde Manuel deshalb als ›Krämerkönig‹ verspottet, galt doch die Beschäftigung mit dem vorwiegend von Juden betriebenen Handel für gekrönte Häupter als höchst unschicklich.

Von der mittelalterlichen Burganlage ließ das große Erdbeben nur Ruinen zurück. Ihr heutiges Aussehen erhielt sie durch wirkungsvolle Nach- und Neubauten anlässlich einer großen Staatsfeier der Diktatur 1940. Den früheren Waffenplatz, der heute friedlich von Bäumen geschmückt wird, markiert die heroisch gestaltete Statue

Durch wuchtige Befestigungsmauern gelangt man in das Innere der Burganlage

von König Afonso Henriques. An den mittelalterlichen Löwenzwinger, Zeugnis der prunkvoll-exotischen Hofhaltung der portugiesischen Könige, erinnert der Name des Restaurants Casa do Leão, Haus des Löwen.

Auf 2600 m² wurde 2010 die Ausgrabungsstätte **Núcleo Arqueológico** geöffnet. In drei Abschnitten sind Häuserreste aus dem 7.–3. Jh. v. Chr., Mauern eines maurischen Viertels und eines mittelalterlichen Palastes zu bestaunen. Ein Terrassencafé, ein kleines Museum mit Ausgrabungsfunden und der **Torre de Ulisses** runden das Angebot ab. In diesem Turm des Odysseus bringt Ihnen ein Periskop in einem 360°-Rundblick die Details des Stadtbildes nahe (Eintritt jeweils inkl.).

Stadtviertel Castelo

Ein Geheimtipp geblieben ist der Bummel durch die umliegenden Gassen der nur 400 Bewohner zählenden kleinsten Stadtgemeinde Lissabons, Castelo. Seit 1995 wurden die Häuser grundlegend saniert und mit den heute gültigen Standards ausgestattet. Denn die öffentlichen Wannenbäder *(balneários)* in der Rua Santa Cruz do Castelo mussten noch bis Anfang des neuen Jahrtausends von zahlreichen Anwohnern aufgesucht werden, deren Wohnungen nicht einmal über fließendes Wasser verfügten. Die abgeschlossenen Sanierungsarbeiten in der kleinen **Rua Espírito Santo** mit ihren nunmehr bunten Fassaden und der vor der Haustüre flatternden Wäsche zeigen, dass die früheren Mieter, in ihrer Mehrheit mittellose Rentner, wieder in die renovierten Wohnungen zurückgekehrt sind. Dank umfangreicher öffentlicher Förderung der Bauarbeiten blieben für sie die Mieten bezahlbar.

Am Ende dieser Gasse nach links einbiegend, erleben Sie hinter den Mauern des **Solar do Castelo** den sozialen Gegensatz. Ein Stadtpalast, der im 18. Jh. auf den Trümmern der mittelalterlichen Palastküche errichtet und zwischenzeitlich dem Verfall preisgegeben war, wurde in ein kleines, fast familiär anmutendes Luxushotel umgebaut.

Palácio Belmonte 6

Am Ende der **Rua Chão da Feira** ermöglicht ein historisches Urinol männlichen Burgbesuchern ein luftiges ›Austreten‹. Wenige Schritte entfernt lohnt ein Blick durch das rostrote Holzportal in einen Adelspalast aus dem 15. Jh., das Luxushotel Palácio Belmonte. Statt mit Fernsehern sind die Zimmer mit einer Bibliothek ausgestattet. Vor der aufwendigen Sanierung drehte Wim Wenders 1994 in den ehrwürdigen Mauern den Film »Lisbon Story«.

Miradouro Santa Luzia 7

Wenige Schritte südlich öffnen sich vom Aussichtspunkt Santa Luzia hinter dem gleichnamigen Kirchlein die Blicke über die Dächer der Alfama zum Tejo. Die von violetten Bougainvilleen umrankten, gekachelten Sitzecken verleihen dem Platz zusätzliche Romantik. Sehenswert sind die an der Kirchenmauer angebrachten Kachelbilder. Eines zeigt Lissabon aus der Zeit vor dem großen Erdbeben, das zweite die Legende von Martim Moniz, der den christlichen Soldaten 1147 die Einnahme der Stadt ermöglicht haben soll, indem er sich mit seinem Körper in den Türspalt warf, als die Araber das Stadttor öffneten.

Museu-Escola de Artes Decorativas Portuguesas 8

www.fress.pt, Mi–Mo 10–17 Uhr, Eintritt 4 €

Die mächtige rote Hausfassade des Azurara-Palastes aus dem 17. Jh. beherrscht den benachbarten Largo das

Portas do Sol. Dahinter verbirgt sich das sehenswerte Kunstgewerbemuseum Artes Decorativas der privaten Stiftung Ricardo Espírito Santo Silva. Ein kunstsinniges Mitglied der bekannten portugiesischen Bankiersfamilie ließ das Gebäude im Stil eines typischen Adelspalais des 18. Jh. restaurieren und bestückte es mit einer unvergleichlichen Sammlung an Möbeln, Textilien, Gemälden und erlesenem Porzellan. Dem Stiftungsauftrag entsprechend soll die Geschicklichkeit portugiesischer Kunsthandwerker dokumentiert und für deren Fortbestand gesorgt werden.

Largo das Portas do Sol

Benannt wurde der Platz nach dem frühen arabischen Sonnentor, dem östlichen Stadtportal. Alleine wegen der Aussichtsplattform sollten Sie hier heraufkommen. Ihr Blick schweift ungehindert über das mächtige Kloster São Vicente da Fora, die auffällige Rundkuppel der Igreja Santa Engrácia, die Dächer der Alfama und hinab zum Flussufer bis zur neuen Tejobrücke Vasco da Gama am nordöstlichen Horizont.

Doch bevor wir Sie auf Ihrem romantischen Streifzug durch die verwinkelte Alfama begleiten, möchten wir Sie noch zu eben diesen Gotteshäusern, zu den vielleicht schönsten Aussichtspunkten und den Sozialsiedlungen des Arbeiterviertels Graça entführen. Dorthin gelangen Sie mit der Straßenbahn 28 vom Largo das Portas do Sol ebenso wie direkt vom Largo Martim Moniz aus.

Abstecher nach Graça

Vor der christlichen Eroberung Lissabons lagen hier oben Obstgärten und Olivenhaine, dann ließen sich Augustinermönche nieder. Im 16. Jh. folgten nach verheerenden Pestwellen zahlreiche Adelsfamilien, die in der gesunden Luft des Hügels ihre Landgüter und Stadtpaläste errichten ließen. 1834 wurden die großen klösterlichen Ländereien säkularisiert, an Privatleute verkauft oder dem Bezirk übereignet.

Rua da Graça

Die Rua da Graça wird von zahlreichen gekachelten Hausfassaden gesäumt, die charakteristisch für die Bauweise in der zweiten Hälfte des 19. Jh. sind. Damals waren sie Ausdruck des Wohlstands ihrer bürgerlichen Erbauer, heute scheinen die Azulejos den teilweise sehr heruntergekommenen Häusern einen letzten Halt zu geben.

Dort, wo sich die Tram durch die sich stark verengende Straße quält und vorbeigehende Passanten brüsk an die Hauswand drängt, liegt eine Hinterlassenschaft des galizischen Süßwarenfabrikanten Agapito Serra Fernandes, der sich auch um das kulturelle Wohl seiner Arbeiter sorgte und neben der nördlich anschließenden Arbeitersiedlung **Bairro Estrella d'Ouro** 9 (s. Auf Entdeckungstour S. 124) 1929 das **Kino Royal Cine** 10 errichten ließ. Mit seinen 900 Plätzen zog es von weit her Publikum an und zeigte 1930 den ersten portugiesischen Tonfilm. In den 1990er-Jahren wurde es zu einer gesichtslosen Supermarktfiliale umgebaut, doch blieben die Jugendstilfassade und eine alte Uhr in der Vorhalle erhalten, die noch den früheren Namen des Gebäudes trägt.

Hübsch anzusehen sind die volkstümlichen Obst- und Gemüseläden, in Nr. 154 überrascht die stattliche Auswahl eines kleinen Fischladens, und immer wieder fallen winzige, schummrige Schusterwerkstätten ins Auge. Bei Nr. 164 lohnt ein Blick in das Kaffeegeschäft, an dessen hinteren ▷ S. 126

Auf Entdeckungstour

Das Lissabon der Arbeiter

Im ausgehenden 19. Jh. lockten neue Fabriken entlang dem Tejoufer zahlreiche Arbeiter nach Lissabon. Sie mussten zunächst in Baracken, verfallenen Klöstern und Adelspalästen hausen, bis sozial eingestellte Unternehmer eigene Arbeitersiedlungen bauen ließen. Am besten erhalten sind sie im Stadtteil Graça.

Für wen: Alle, die interessiert sind am sozialen Leben im frühen 20. Jh. und an den architektonischen Antworten auf den industriellen Aufschwung in Lissabon.

Zeit: Etwa 1 Std.

Start: Die Rua da Graça im gleichnamigen Viertel, und zwar vor dem Kachelbild am Eingang des Bairro Estrella d'Ouro, 22/Ecke Rua Virgínia, erreichbar mit der Straßenbahn 28 und den Bussen 12 und 726.

Mit der Säkularisierung 1834 kam das umtriebige klerikale Leben in den mächtigen Konventen auf den Hügeln von Graça zum Erliegen, in der Folge verließen auch viele Aristokraten ihre Wohnhäuser rund um die Rua da Graça. Mit der Ansiedlung von Industrie am Tejo begann eine proletarische Zuwanderung. Die ersten Fabrikarbeiter hausten noch in verfallenen Palästen, verlassenen Klöstern oder Barackensiedlungen. Doch bereits Ende des 19. Jh. entstanden *vilas operárias,* die Fabrikbesitzer in Hinterhöfen oder auf Zwischengrundstücken errichteten.

Die ersten Arbeiterwohnungen

Hierin führt Sie dieser kurzweilige Spaziergang, der im **Bairro Estrella d'Ouro** 9 beginnt. Ein Kachelbild am Eckhaus Nr. 22 in der Rua da Graça würdigt den Süßwarenfabrikanten Agapito Serra Fernandes, der die Siedlung für etwa 120 Arbeiterfamilien 1907–09 vom Architekten Norte Júnior erbauen ließ. Die hier abzweigende, schmale Rua Virgínia führt Sie vorbei an einem gekachelten Chronometer, der immer 7 Uhr anzeigt, um die Arbeiter auf ihren morgendlichen Arbeitsbeginn hinzuweisen. Sterne aus schwarzen Basaltsteinen (Symbol der Freimaurer), die im Straßenpflaster eingelassen sind, weisen den Weg in das Zentrum der Siedlung.

Die Bauweise ist überaus Platz sparend: Bei den zumeist zweistöckigen Häusern tritt man direkt von der Straße oder über eiserne Außentreppen in die Wohnungen. Der Bauherr selbst zog in die benachbarte Vivenda Rosalina ein, in der seit 1945 ein Altersheim untergebracht ist.

Die grüne Oase

Als grünes Idyll und Ort der Stille inmitten des quirlig-lauten Stadtviertels überrascht die nahe **Vila Berta** hinter einer Hofeinfahrt an der Rua Sol à Graça (Nr. 55–59). 1902–1908 entstanden die attraktiven Reihenhäuser mit Loggien, die sich charmanten Vorgärten öffnen. Der Erbauer und Metallfabrikbesitzer Joaquim Francisco Tojal bewohnte selbst die frei stehende Villa am Ende des Ensembles und hatte somit seine Arbeiter immer fest im Blick. Ein farbenfrohes Jugendstil-Kachelbild ziert die Rückseite des Eingangsgebäudes.

Die wuchtige **Vila Sousa** können Sie an ihrer blauen Kachelverkleidung erkennen. Bereits 1890 erbaut, gleicht sie einem Berliner Mietshaus. Im Vordergebäude lagen die großbürgerlichen Wohnungen, während sich die Arbeiterunterkünfte im Hinterhaus verbargen.

Palast der Arbeiter

Gewissermaßen als Krönung proletarischer Architektur im frühen 20. Jh. erhebt sich hangabwärts das monumentale **Palais Voz do Operário**. ›Stimme des Arbeiters‹, so die deutsche Übersetzung, hieß die Zeitung der Tabakarbeitergewerkschaft. Die Vereinigung schuf 1912–32 nach den Plänen des Architekten Norte Júnior einen Sozialpalast, der bis heute eine bedeutende Rolle im sozialen und kulturellen Leben Lissabons spielt.

Über 500 Kinder drücken hier die Schulbank, Arbeitslose erhalten eine handwerkliche Fortbildung, kostenlose ärztliche Betreuung gibt es für die Ärmsten. Intellektuelle Köpfe finden in der gediegenen Bibliothek Werke von Marx, Hegel und Goethe sogar in deutscher Sprache. Und wollen Sie einmal ganz ›proletarisch‹ Kaffee trinken oder zu Mittag essen, so steht die Kantine hinter der Eingangstür links allen Besuchern offen.

Tresen sich die Anwohner bei einer Tasse Kaffee und exzellentem Gebäck treffen. Auch die große Auswahl an Kaffeemischungen und Teesorten, Trockenfrüchten und exklusiven Pralinen ziehen die Stammkunden an.

Miradouro Nossa Senhora do Monte und Ermida de São Gens 11

So 10–13, Di–Fr 15.30–18.30, Sa 15.30–20 Uhr

Der Blick von dem **Miradouro Nossa Senhora do Monte** ist fantastisch (s. S. 128/129), und auch das kleine Kirchlein, das eine Einsiedlerkapelle aus dem Jahre 1243 ersetzte, besitzt ihre Sehenswürdigkeit. Die **Ermida de São Gens** ist dem ersten Bischof Lissabons geweiht. Berühmtheit erlangte dessen Stuhl *Cadeira de São Gens*, der sich hinter einer Holztür rechts vom Eingang verbirgt. In der Tradition alter Fruchtbarkeitskulte setzten sich Schwangere darauf, unter ihnen auch manch eine portugiesische Königin, um die Gnade einer leichten Geburt zu erwirken (die Tür zum Bischoffstuhl wird von der Küsterin gegen eine kleine Spende aufgesperrt).

Igreja da Graça 13

tgl. 9.30–12.30, 14.30–19 Uhr, Eintritt frei

Wo heute die Igreja da Graça steht, hatten König Afonso Henriques und seine christlichen Truppen während der Belagerung Lissabons 1147 ihr Heerlager aufgeschlagen. Nach der Stadteroberung dankte er dem Augustinerorden für dessen tatkräftige Unterstützung und überließ ihm diese Ländereien, auf denen ab 1271 ein Kloster erbaut wurde. Das große Erdbeben brachte Fassade, Deckengewölbe und den Chor zu Fall, und der anschließende Wiederaufbau, stark vom Rokoko geprägt, zog sich bis zum Jahr 1905 hin. Das ehemalige Augustinerkloster wird heute als Polizeikaserne genutzt und soll zu einem Luxushotel umgebaut werden.

Igreja São Vicente de Fora 14

Di–So 9–12.30 und 15–18 Uhr, Eintritt frei

Bombastisch ist der Anblick des weiß strahlenden Gebäudes schon von Ferne. In Erfüllung seines Gelübdes ließ König Afonso Henriques nach der

Unser Tipp

Miradouro da Graça 12

Auch dieser Aussichtspunkt am südlichen Ende des Largo da Graça ist eine Wucht. Dafür sorgt nicht zuletzt das Terrassencafé Esplanada da Graça, auf dessen Terrasse unter alten Kiefern Sie tagsüber bei Kaffee und Kuchen und später bei einem Cocktail bis spät nachts das Panorama über die nördliche Stadt, die Burg, den Tejo und die grünen Hügel des Umlands genießen. Über das Geländer gebeugt, sehen Sie den steilen Fußweg Caracol da Graça tief hinabführen, im Mittelalter die einzige Verbindung vom christlichen Graça-Hügel durch das islamische Maurenviertel zur christlichen Unterstadt. Bei dem wuchtigen, türkis gekachelten Gebäude hinter dem Aussichtspunkt handelt es sich um das Arbeiterwohnhaus **Vila Sousa** (s. Auf Entdeckungstour, S. 125).

Einen pittoresken Blick auf die Kirche São Vicente bietet der Miradouro Portas do Sol

Eroberung Lissabons am Bestattungsort für gefallene Kreuzritter eine romanisch-gotische Wehrkirche errichten. Für den Augustinerorden wurde das angrenzende Kloster São Vicente de Fora erbaut, welches direkt dem Schutz der Krone unterstand und sich damit dem Einflussbereich des Lissabonner Bischofs entzog. 1290 gründete der Orden die erste Universität des Landes, die bis zum Jahre 1537 in der Nachbarschaft angesiedelt blieb.

Im 16. Jh. war das Gotteshaus bereits recht baufällig geworden. Dies veranlasste den spanischen König Philipp II., der seit 1580 auch Portugal regierte, zum Abriss, um mit dem Bau einer prächtigen neuen Kirche sich und der Dynastie Habsburg ein sichtbares Zeichen der Macht zu setzen. Sie war den Heiligen Vinzenz und Sebastian geweiht, die Augustinus über dem Hauptportal in ihre Mitte nehmen. Zu den Architekten zählen der Italiener Filippo Terzi und der Spanier Juan de Herrera, und nicht zufällig erinnern Fassade und Innenraum an die Klosterkirche von El Escorial. Sie ist eine der seltenen Renaissancekirchen der Stadt und trug in Anlehnung an den römischen Petersdom die erste Rundkuppel in Lissabon. Ihre wuchtige barocke Orgel wird heute gerne für Konzerte genutzt. Das kühle, ganz aus Marmor erbaute Kirchenschiff trägt die deutliche Handschrift der Gegenreformation.

Claustro São Vicente de Fora 15

Di–So 10–18 Uhr, Eintritt 4 €

Die beiden Kreuzgänge des Klosters sind mit prächtigen Kachelpaneelen aus dem 18. Jh. ausgeschmückt. Im Eingangssaal zeigen azulejos die Eroberung Lissabons und der mittelportu-

Lieblingsort

Miradouro Nossa Senhora do Monte 11

Vielleicht ist Lissabon hier am schönsten. Auf dem höchsten Aussichtspunkt fühlt man sich der Stadt enthoben, deren Hektik nur durch das Heulen mancher Polizeisirene heraufschwappt. Der Blick schweift über die Dächer von Lissabon, linker Hand liegt die Burg, dahinter der silbrig glitzernde Fluss, auf dem sanft die Fähren schaukeln. Wind säuselt in den Baumwipfeln. Die wenigen Holzbänke laden zu einem Picknick vor der grandiosen Kulisse ein. Oder einfach nur zum Ausruhen und Sinnieren über die Freuden des Lebens. Entsprechend gerne kommen Liebespaare herauf. Einfach traumhaft.

giesischen Stadt Santarém. Die Erbauung der ersten Vinzenzkirche im 12. Jh. verklären die Kachelbilder; sie stellen vorwegnehmend bereits den Habsburger Kirchenneubau aus dem 17. Jh. dar.

Im Obergeschoss verbirgt sich ein weiterer Schatz der portugiesischen Fliesenkunst. Auf 38 Azulejo-Paneelen, die ursprünglich an den früher zugemauerten Bögen des unteren Kreuzgangs angebracht waren, sind die Fabeln von La Fontaine nachgebildet. Das ehemalige Refektorium wurde 1885 in das Mausoleum der letzten Königsdynastie Bragança umgewandelt, erst spät wurden die unter Glasdeckeln zur Schau gestellten Toten in nüchterne Marmorsarkophage umgebettet. Noch 1928 beschrieb Reinhold Schneider in seinem Reisetagebuch, wie er mit heftigem Erschaudern in das halbverweste Antlitz des 1908 erschossenen Königs Carlos blickte.

Ein wahres Kleinod hingegen ist der von Wasserspielen gesäumte und mit Orangenbäumen bestandene Patio, in dem Sie das **Café Monastérium** 12 bei schönem Wetter mit schmackhaften Tagesgerichten und leckeren Kuchen bewirtet. Auch auf einer versteckten Dachterrasse mit Ausblick und im Innenraum unter gotischen Gewölben können Sie genüsslich rasten.

Feira da Ladra 1

Di und Sa 8–17 Uhr

In Gestalt der kleinen Markthalle Santa Clara hielt 1877 erstmalig die Gusseisenkonstruktion in die Lissabonner Stadtarchitektur Einzug. Allerdings mussten die Standbesitzer wegen der nachlassenden Kauffreude der Kunden schließen, die Supermärkten den Vorzug geben. Doch an den Tagen des großen Flohmarkts Feira da Ladra (›Markt der Diebin‹) tobt rundherum das Leben. Wenn Sie auf Ramsch, Kitsch und Nippes stehen, sollten Sie sich das bunte Treiben nicht entgehen lassen. Zusätzlich verkaufen professionelle Händler billige Kleidung und gebrauchte Möbel.

Pantheon Santa Engrácia 16

Di–So 10–17 Uhr, Eintritt 3 €

Der Name des Nationalen Pantheons steht für die Portugiesen als Synonym für nicht enden wollende Bauarbeiten, sie sprechen dann von den ›Arbeiten von Santa Engrácia‹. Denn der Beginn der Arbeiten erfolgte im Jahre 1570 auf Initiative der jüngsten Tochter Manuels I., der unverheirateten, humanistisch gebildeten Infantin Maria. Vollendet wurde der Tempel 1966! Und wie immer in solchen Fällen, gibt es natürlich auch für dieses Kuriosum eine besondere Geschichte:

1630 wurden aus der Sakristei geweihte Hostien geraubt. Der Neuchrist Simão Pires Solis machte sich verdächtig, als er in der Nähe eine adlige Novizin besuchte und wurde des Einbruchs angeklagt. Um die junge Dame nicht zu kompromittieren, schwieg der Ehrenmann und wurde zum Tode verurteilt. Im Angesicht des Galgens verlor Simão, wen verwundert's, seinen Edelmut und er verwünschte den mittlerweile beschlossenen Neubau der entweihten Kirche: So wahr er unschuldig sei, werde die neue Kirche niemals vollendet!

Der Fluch sollte offensichtlich Folgen haben: Die umgebaute Altarkapelle stürzte bei einem Sturm kurz vor ihrer Fertigstellung 1681 ein. Kurzerhand wurde ein völlig neuer, italienisch inspirierter Kirchenbau beschlossen, der schließlich Elemente der Spätrenaissance, des Manierismus und des Barock vereinte. Den schlichten, dank der Verwendung von farbigem Marmor erhaben wirkenden Innenraum auf dem Grundriss des griechischen Kreuzes schließt eine riesige Kuppel ab, deren glasdurchbrochene Spitze, die Laterne, als einzige Lichtquelle den Kirchenraum beleuchtet.

Zwar wurde das Gebäude bereits 1916 von der jungen Republik zum nationalen Pantheon bestimmt und deren erste Präsidenten und liberale Denker und Dichter hier begraben, doch wirklich fertig wurde die ewige Ruine erst 50 Jahre später, um nunmehr die Kenotaphe für Protagonisten der glorreichen Entdeckerzeit aufzunehmen. Im neuen Jahrtausend zog mit der Fado-Sängerin Amália Rodrigues endlich auch die erste Frau in diesen Ruhmestempel großer Portugiesen ein. Den Aufstieg zur 40 m hohen Aussichtsplattform, auch per Aufzug möglich, belohnt der Panoramablick.

Alfama !

Arabische Stadtmauer

Und nun geht's zu Fuß durch das labyrinthische Gassengewirr der stimmungsvollen Alfama. Vom Largo das Portas do Sol (s. o.) steigen die Stufen entlang der Überreste der arabischen Stadtmauer hinab. Der maurische Festungsgürtel *cerca moura* verlief von der Burg zum Tejo und schützte das westlich liegende Handwerks- und Handelsviertel, während die heutige Alfama damals größtenteils ungeschützt vor den Toren der Stadt lag. Ihr Name lässt sich auf heiße Quellen am Flussufer, arabisch *al-Hama*, zurückführen, die bereits im 11. Jh. von arabischen Reisenden gepriesen wurden.

Rua Norberto Araújo

Nach einer Rechtskurve öffnet sich die Gasse auf einen kleinen Platz, wo in einer kleinen Werkstatt *azulejos* bemalt werden. Anwohner haben Bänke, Stühle und Grillroste vor ihre engen, dunklen Wohnungen gestellt und nutzen den Platz an sonnigen Tagen gerne als erweitertes Wohnzimmer. Leicht überkommt einen das Gefühl, ungebeten in privates Leben einzudringen. Kürzlich sanierte Häuser säumen den Weg, andere aber verkommen zu Ruinen. Nach dem Zusammenbruch eines Gebäudes findet eine jahrhundertealte Praxis ihre Fortsetzung. Wie früher wird auf derselben Fläche ein neues Haus in ursprünglicher Größe errichtet. So bewahrt sich die mittelalterlich-maurische Atmosphäre der Alfama bis in die Gegenwart.

Largo und Rua de São Miguel

Der Vorplatz der hoch aufragenden **Igreja São Miguel** 17 wird gerne zum Wäschetrocknen oder Fußballspielen zweckentfremdet. Eine hünenhafte Palme wetteifert in ihrer Höhe mit den Kirchtürmen. Das Gotteshaus wurde nach dem Erdbeben 1755 wieder aufgebaut. In deutlichem Kontrast zu den ärmlichen Wohnungen steht der überladene barocke Innenraum, der nur während der Gottesdienste einen Einblick gewährt.

Die Rua de São Miguel bildet seit alten Zeiten eine zentrale Lebensader des Viertels, deren *taskas*, Lebensmittelläden oder Drogerien wichtige kommunikative Stätten der Anwohner sind. Manch einen Fado-Sänger vom Vorabend sieht man hier am helllichten Tage wieder. Vormittags bieten die Seitenstraßen ein unvergessliches Schauspiel, wenn unter freiem Himmel Fischfrauen mit lautem Marktgeschrei fangfrischen Fisch anpreisen. Allerdings werden es immer weniger.

Die meisten der einfachen Wohnhäuser blieben von den Zerstörungen des Erdbebens weitgehend verschont, während die Marmorkirchen und Adelspaläste zusammenbrachen. Dies versetzte die Kirchenfürsten in Erklärungsnot, hatte damit doch die ver-

Im Fado-Museum erläutert: Ausschließlich Gitarrenklänge begleiten die schwermütigen Lieder des traditionellen Fado

meintliche Strafe Gottes gerade die zum zwielichtigen Hafen- und Dirnenviertel heruntergekommene Alfama ausgespart. Doch wurden die Kirchen anschließend neu erbaut, während die Bausubstanz der Wohngebäude mehr und mehr verfiel. Der portugiesische Reisende Alfredo Mesquita hätte 1905 gar »zum Wohle der Volksgesundheit« am liebsten »die Spitzhacke geschwungen«, denn in den »verpesteten Bruchbuden« blieb den Bewohnern kaum die Luft zum Atmen. Mitte der 1980er-Jahre begann endlich eine grundlegende Sanierung des Bairro, wovon immer mehr hübsch anzusehende Gebäude und noch so manche Baustelle beredtes Zeugnis ablegen.

Rund um die Igreja Santo Estevão

Die engste Gasse der Alfama, Beco do Carneiro, über der sich die Dächer beinahe berühren, führt zur meist verschlossenen **Igreja Santo Estevão** 18 aus dem 18. Jh. Ein pittoresker Brunnen an der südlichen Kirchenmauer mit verwitterten barocken Kacheln erinnert an die vielen Quellen und Wasserstellen dieses Viertels. Die grauen Palastmauern hinter der Kirche dienten bereits im 14. Jh. einem königlichen Kanzler als Wohnstätte, als der aufstrebende portugiesische Fernhandel die Alfama erblühen ließ.

Die unterhalb gelegene Rua dos Remédios endet am Kirchlein **Ermida do Espírito Santo** 19. Das Gebäude aus dem 16. Jh. ziert ein bezauberndes manuelinisches Portal. Einer Schutzheiligen der Fischer geweiht, wurden früher in einem angeschlossenen Hospital in elf Betten kranke Fischersfrauen versorgt, deren Männer weit entfernt auf hoher See weilten.

Largo Chafariz de Dentro

Der Name des Largo Chafariz de Dentro erinnert daran, dass das dicht bevölkerte Stadtviertel von der fernandinischen Stadtmauer aus dem 14. Jh. geschützt wurde, denn *de dentro* bedeutet ›innerhalb der Mauern gelegen‹. Heute erstrahlen die Gebäude nach einer umfassenden Altstadtsanierung in neuem Glanz.

Museu do Fado 20

www.museudofado.pt, Di–So 10–18 Uhr, Eintritt 4 €

Das rosafarbene, frühere Wasserpumpwerk aus dem Jahr 1868 wurde in ein Dokumentationszentrum des Fado umgewandelt, das die Entwicklung des melancholischen Gesangs nachzeichnen will. Die Ausstellung richtet sich speziell an Eingeweihte und Fans. Besucher ohne Vorkenntnisse werden mit einem Audioguide ziemlich alleine gelassen, denn die wenigen Ausstellungsstücke erklären für sich gesehen nur unzulänglich Herkunft, Charakter und Zukunft der Musik. Allerdings stellen kurze Filme wichtige Sängerinnen und Sänger vor, darunter auch die Ikone Amália Rodrigues. Der angeschlossene Laden hält eine große Auswahl an CDs vor.

Die Hafengegend

Das dominante Gebäude in der Rua Terreiro do Trigo stammt aus dem 18. Jh. und diente zunächst als städtischer Getreidespeicher, später als Zollamt. Heute ist in die alten Lagerhallen des Zolls, unmittelbar an der Wasserlinie gelegen, neues Leben eingezogen. Das größte Gebäude, **Jardim do Tabaco** 21, wurde zu einer lichten, offenen Halle umgebaut, in der Restaurants, Bars und Cafés mit Terrassenbetrieb für einen unterhaltsamen Aufenthalt sorgen. In unmittelbarer Nachbarschaft entsteht bis zum Jahr 2013 Europas modernste Anlegestelle für Kreuzfahrtschiffe. Der Bau war heftig umstritten, da eine Kaimauer, ein Hotel, ein Geschäftszentrum und die Ozeanriesen den freien Blick auf den Tejo verstellen.

Lebendiges Treiben erfüllte die Hafengegend bereits im Mittelalter. Dank der reichlich sprudelnden Wasserquellen war sie bevorzugter Ort von Wäscherinnen und Gerbereien. König Manuel I. ließ eine Keksfabrik erbauen, um seine Karavellen mit dem notwendigen Schiffsproviant zu versorgen. Fischer verkauften ihren Fang, Kalfaterer besserten leckgeschlagene Schiffe aus und Seeleute konnten die Trinkwasservorräte ihrer Schiffe auffüllen. Für sie war laut königlicher Verordnung aus dem 13. Jh. eine der damals sechs Wasserröhren des Brunnen Chafariz de Rei reserviert. Die übrigen waren jeweils den freien Schwarzen, Sklaven männlichen bzw. weiblichen Geschlechts und weißen Männern oder Frauen vorbehalten.

Sehenswürdigkeiten im Osten der Alfama

Je nach Lust und Kraft können Sie ihren Besuch der Stadtviertel der kleinen Leute nun langsam ausklingen lassen oder noch einige Highlights am östlichen Rande der Alfama besuchen. Ein Alternativ-Spaziergang (s. u.) führt durch das Judenviertel zur Kathedrale in der westlichen Alfama.

Bahnhof Santa Apolónia und Militärmuseum

Museum Di–So 10–17 Uhr, Eintritt 3 €

Weiter in Richtung Fluss gelangen Sie durch kleine Gassen zum **Militärmuseum** 22, das mit besonders schönen barocken Kachelbildern ausgekleidet ist. Der gegenüber liegende **Bahnhof Santa Apolónia** war früher ein Frauenkloster. Heute starten hier die Züge nach Nordportugal, Frankreich und Spanien. Bei seiner Einweihung Mitte des 19. Jh. bot er gar eine direkte Umsteigemöglichkeit zu den Fähren, die bis zur Aufschüttung der Uferstraße an den Außenmauern des Bahnhofs anlegten.

Museu da Água 23

http://museudaagua.epal.pt, Mo–Sa 10–18 Uhr, Eintritt 2,50 €

Ebenfalls in einem ehemaligen Kloster untergebracht ist das stadthistorisch höchst interessante Wassermuseum, das nach etwa zehnminütigem Fußweg erreicht ist. Vom begrünten Vorgarten eröffnet sich ein hübscher Blick über den Tejo, während sich im Hintergrund der ehemalige Heizkesselraum der Wasserpumpstation Barbadinhos erhebt. Dank eindrucksvoller Bilder, Fotos und technischer Ausstellungsstücke werden die Probleme und Lösungen bei der Wasserversorgung einer Großstadt anschaulich dargestellt, auch wenn die Erläuterungen nur in Portugiesisch gehalten sind. Die imposanten Wasserpumpen, die sich über drei Stockwerke erstrecken und zwischen 1868 und 1928 unter Dampf liefen, werden auf Nachfrage vom Museumspersonal per Knopfdruck in Gang gesetzt, ein tolles Erlebnis nicht nur für Technikfreaks.

Museu Nacional do Azulejo ! 24

http://mnazulejo.imc-ip.pt, Di 14–18, Mi–So 10–18 Uhr, Eintritt 5 €

Die Umgebung könnte nicht besser gewählt sein für ein Museum, das in überzeugender Weise den *azulejos* jenen Platz in der Lissabonner Stadtarchitektur zuweist, der ihnen gebührt. Das **Kloster Madre de Deus** wurde 1509 von Königin Leonor gegründet und über die Jahrhunderte mit kostbaren Kachelbildern ausgeschmückt. 1980 zog das weltweit einzigartige **Museu Nacional do Azulejo** ein und dokumentiert die stilistische Weiterentwicklung der Kachel in Portugal. Über einen Zeitraum von sechs Jahrhunderten spannt sich der Bogen von den ältesten Mudejarkacheln zu bunten Kacheln der Renaissance, den blauweißen der Barockzeit und weiter bis zur Kachelkunst in den Metrostationen unserer Tage.

Glanzpunkte der Sammlung sind das polychrome Altarbild Nossa Senhora da Vida (1580) sowie eine 23 m lange Stadtansicht aus dem Jahre 1700, die Lissabon vor der Verwüstung durch das Erdbeben zeigt. Die Barockkirche Madre de Deus ist prachtvoll mit flämischen Kachelbildern aus dem 17. Jh. dekoriert, die restaurierten Gemälde und der aufwendig vergoldete Holzschmuck unterstreichen die königlich-feierliche Atmosphäre. Die frühere Klosterküche beherbergt eine Cafeteria mit ausgesprochen hübsch begrüntem Innenhof, der sich bestens für eine Ruhepause eignet.

Durch das jüdische Viertel zur Kathedrale

Der alternative Weg führt vom Fado-Museum und dem Brunnen Chafariz de Rei durch das alte Judenviertel zur Bischofskirche.

Judenviertel

In der florierenden Hafengegend fand auch die jüdische Bevölkerung ihren Platz. Rege am beginnenden Fernhandel beteiligt, genossen die sozial geachteten Juden den direkten Schutz des Königs. Insgesamt waren ihnen vier Wohngebiete als *judiarias* zugewiesen, in denen ihre Synagogen, Krankenhäuser, Herbergen, Bäder, eine Bibliothek und ein Gefängnis standen. Christlichen Männern war tagsüber der Zugang erlaubt, doch nach dem Ave-Maria-Läuten schlossen sich die Tore.

Hinter dem Arco do Rosário entstand im 13. Jh. an der Außenwand der noch sichtbaren arabischen Stadtmauer das kleinste der vier **Judenghettos** 25, an das der Straßenname Rua da Judiaria erinnert. Hinter diesen Überresten der Stadtmauer gelangen Sie zur Rua de São João da Praça, wo Lebensmittel- und Weinläden aus alten Zeiten überlebt haben und hübsche Kachelbilder die Hauswände zieren.

Casa dos Bicos 26

Unterhalb in Flussnähe erhebt sich Lissabons einziges säkulares Gebäude der Frührenaissance, die Casa dos Bicos, das Haus der Spitzen, so genannt wegen der nach italienischem Vorbild spitz zulaufenden Steinquader an der Fassade. Der Legende nach hat der Bauherr, der uneheliche Sohn des portugiesischen Vizekönigs von Goa und Malaca, in jede der vorstehenden Steinpyramiden einen Diamanten eingelegt. Inzwischen wird das Gebäude von der José-Saramago-Stiftung genutzt, die die Erinnerung an den Nobelpreisträger u. a. mit Ausstellungen wach halten will.

Im 17. Jh. bauten zahlreiche Adelige ihre herrschaftlichen Häuser entlang dem Tejo. Die rechts angrenzende **Casa das Varandas** fällt dank ihrer vielen Balkone ins Auge. Erst wenige Jahre vor dem Erdbeben errichtet, konnte sie bald nach den Zerstörungen mit Hilfe noch vorhandener Orginalpläne wieder aufgebaut werden. An den früheren Lebensmittelmarkt unter freiem Himmel, auf dem auch exotische Waren und fremdartige Früchte aus Übersee gehandelt wurden, erinnert der Name des Platzes: Campo das Cebolas bedeutet Zwiebelfeld.

Museu Teatro Romano 27

Di–So 10–13, 14–18 Uhr, Eintritt frei

Ein besonderer Vorzug des Römischen Museums – einige Schritte den steilen Hügel hinauf – hat gar nichts mit den Römern zu tun: eine kleine Terrasse mit großem Ausblick auf die benachbarte Kathedrale und den Tejo im oberen Stockwerk.

Aber natürlich dürfen Sie auch Römisches erwarten, denn an diesem privilegierten Ort hatten die Römer in der ersten Hälfte des 1. Jh. v. Chr. ihr bis zu 5000 Zuschauer fassendes Theater errichtet und bis ins 4. Jh. n. Chr. betrieben. Die anschließend überbauten Ruinen wurden erst bei Aufräumungsarbeiten nach dem großen Erdbeben entdeckt und sind nun im oberen Außenbereich des Museums der Öffentlichkeit zugänglich. Zusätzlich sind einige archäologische Funde und die Reste von Wohnhäusern aus dem 17. und 18. Jh. zu bestaunen.

Aljube 28

Der Aljube, der frühere bischöfliche Kerker im großen Gebäude unterhalb des Römermuseums, diente in den Zeiten der Diktatur der berüchtigten Geheimpolizei PIDE als Gefängnis, in dem auch der spätere sozialistische Staatspräsident Mário Soares, der Kommunist Álvaro Cunhal und der Dichter Miguel Torga einsaßen. Ein schlichtes Kachelbild erinnert mit einem Gedicht an diese Schreckenszeiten.

Bischofssitz Sé 29

Kirche: tgl. 9–19 Uhr, Eintritt frei, Kreuzgang: Okt.–April So 14–18, Mo–Sa 10–18 Uhr, Mai–Sept., jeweils bis 19 Uhr, Eintritt 2,50 €, Sakristei: Mo–Sa 10–17 Uhr, Eintritt 2,50 €

Typisch portugiesisch sieht dieses Gotteshaus sicher nicht aus und ist es auch gar nicht. Und das kam so: Unmittelbar nach der Stadteroberung ließ König Afonso Henriques die große Moschee abreißen und an ihrer Stelle die Kathedrale Sé errichten. Als Dank an die Kreuzritter wurde der Normanne Gilbert von Hastings zum ersten Bischof Lissabons und sein Landsmann Pater Robert zum Baumeister der neuen Kirche ernannt, woraus sich die Ähnlichkeit zu romanischen Wehrkirchen Nordfrankreichs erklärt.

Zwei zinnenbewehrte Türme unterstreichen den monumentalen Gesamteindruck, der sich im romanischen Tonnengewölbe des Hauptschiffs fortsetzt. Die gotischen Umbauten des 14. Jh. betrafen vor allem den Chorumgang. Es entstand eine Wallfahrtskirche, in der man um den Altar herum zu den Reliquien des hl. Vinzenz pilgerte. Sie sind zusammen mit einer edelsteinbesetzten goldenen Monstranz und weiteren Kirchenschätzen in der Sakristei zu bewundern.

Links vom Eingang befindet sich ein romanisches Taufbecken, in dem der hl. Antonius (1195–1231) getauft wurde. Ein naives Azulejo-Bild stellt seine Predigt an die Fische vor den Toren Riminis dar. In den Seitenkapellen des Chorumgangs fallen drei anmutige gotische Grabmäler reicher Adliger und eine romanische Reixa auf, ein aus eleganten Spiralen kunstvoll geschmiedetes Eisengitter.

Im romanisch-gotischen Kreuzgang fördern Archäologen seit 1992 Funde aus der phönizischen Besiedlungszeit, ein Teilstück einer römischen Straße, einen arabischen Hauseingang sowie Überreste der früheren Moschee zutage. Auch ein vergessener Schatz arabischer Münzen wurde entdeckt, der

Einziges Zeugnis der romanischen Epoche: die Kathedrale von Lissabon

in ein Leinentuch gewickelt jahrhundertelang in den Abwasserkanälen der Moschee versteckt lag.

Igreja und Museu de Santo António 30

Kirche: tgl. 9–19.30 Uhr, Eintritt frei, Museum: Di–So 10–13, 14–18 Uhr, Eintritt frei

Wenig unterhalb der Sé liegt die dem populäreren Schutzheiligen geweihte Antonius-Kirche und ein ihm gewidmetes Museum. An der Stelle seines Wohnhauses wurde eine frühe Kapelle solange erweitert, bis sie die beachtlichen Ausmaße einer Barockkirche erreicht hatte. Der nach dem Erdbeben notwendige Wiederaufbau wurde zum großen Teil aus Sammlungen Lissabonner Kinder finanziert, die in Antonius ihren besonderen Fürsprecher sehen.

Während des Lissabonner Stadtfests am 13. Juni (s. S. 79) lebt die Tradition fort, dass Kinder um eine kleine Münze für den Heiligen bitten. Nach ihm ist auch der wohlschmeckende Kuchen aus Hefeteig benannt, den die gegenüberliegende Pastelaria Flôr da Sé nach hauseigenem Rezept bäckt, während Ihnen das **pois, café** 13 unmittelbar hinter der Kathedrale österreichischen Apfelstrudel serviert.

Essen & Trinken

En vogue – **Bica do Sapato** 1: s. S. 33.

Nicht nur für Kinofans – **Santo António de Alfama** 2: Beco de São Miguel, 7, Tel. 218 88 13 28, www.siteantonio.com, Metro: Terreiro do Paço, tgl. 12.30–15, 20–2 Uhr, Hauptspeisen ab 13 €. Umrahmt von den Fotos internationaler Filmstars isst man z. B. Blutwurst auf Apfelpüree, Endivien-Gorgonzola-Salat oder Entenkeule mit Oliven-Orangen-Salat.

Meeresfrüchte satt – **Jardim do Marisco** 3: Avenida Infante D. Henrique, Doca Jardim do Tabaco, Pavilhão A/B, Tel. 218 82 42 40, Metro: Santa Apolónia, Mo–Fr 12.30–24, Sa/So 13–24 Uhr, Hauptspeisen ab 13 €, Meeresfrüchte nach Gewicht. Der lichtdurchflutete ›Garten der Meeresfrucht‹ in den Speicherstätten am Tejo bietet eine große Auswahl an Garnelen, Muscheln, Langusten, ergänzt von verschiedenen Schnitzelgerichten.

Versuchung aus Goa – **Tentações de Goa** 4: s. S. 36.

Beliebt im Stadtteil – **O Pitéu da Graça** 5: Largo da Graça, 95, Tel. 218 87 10 67, Straßenbahn 28, Mo–Fr 12–15, 19–22.30, Sa 12–15 Uhr, Hauptspeisen ab 10 €. Einen ›Leckerbissen von Graça‹, so der übersetzte Name, bietet dieses Restaurant vor allem den besser gestellten Bewohnern des Stadtviertels. Die Liste der typischen portugiesischen Gerichte erreicht eine beeindruckende Länge.

Curry & Erdnüsse – **O Cantinho do Aziz** 6: s. S. 36.

Eine Überraschung – **Churrasco da Graça** 7: Largo da Graça, 43, Tel. 218 86 05 47, Straßenbahn 28, Mo–Sa 12–14.30, 19–22 Uhr, Hauptspeisen ab 7 €. Bevorzugt Fisch wird in diesem unscheinbaren Restaurant, toll gegrillt und ohne viel Schnörkel, im hinteren Speisesaal gereicht.

Für Wagemutige – **Ramiro** 8: s. S. 35.

Einfach indisch – **Haweli Tandoori** 9: Travessa do Monte, 14, Tel. 218 86 77 13, Straßenbahn 28, Mi–Mo 19–22.30 Uhr, Hauptspeisen ab 8 €. Ohne dekorative Ansprüche, auch der Service ist etwas lax. Trotzdem eines der besten indischen Restaurants der Stadt, das mit seiner Küche aus Nordindien auch Größen aus Politik und Kultur auf den Graça-Hügel bringt.

Einheimisch – **Barracão de Alfama** 10: Rua de São Pedro, 16, Tel. 218 86 63 59,

Metro: Terreiro do Paço, tgl. 12–14.30, 19–24 Uhr, Tagesgerichte ab 6 €. Eine große Auswahl an einfacher Hausmannskost steht auf der dicht beschriebenen Speisekarte, Grillgerichte wie Sardinen, Kohleintopf mit reichlich Fleisch (*cozida portuguesa*) und vieles mehr.

Fast Pflichtprogramm – **Esplanada da Graça 11**: Miradouro da Graça, Straßenbahn 28, tgl. 12–2 Uhr. Die Preise des Terrassencafés sind etwas höher, dafür ist der Blick über Stadt, Burg und Tejo so grandios, dass Sie einmal dort gewesen sein sollten. Abends und nachts Barbetrieb.

Im Kloster – **Café Monastérium 12**: Mosteiro São Vicente de Fora, Tel. 218 88 56 52, Straßenbahn 28, Di–So 10–18 Uhr. Unter Orangenbäumen im Patio des Klosters oder unter gotischen Bögen im Innenraum werden Snacks, Mittagsgerichte und Süßes gereicht.

Noch österreichisch – **pois, café 13**: Rua São João da Praça, 93–95, Tel. 218 86 24 97, Metro: Terreiro do Paço, Di–So 11–20 Uhr. So lange ein österreichisches Café mit Sachertorte, bis der geplante Besitzerwechsel vollzogen ist.

Bestes Gebäck – **Centro Ideal da Graça 14**: Largo da Graça, 4, Straßenbahn 28, tgl. 8–22 Uhr. Hier genießen die Nachbarn bei einem Schwatz die große Auswahl an ausgezeichnetem Gebäck.

Einkaufen

Trödelmarkt – **Feira da Ladra 1**: s. S. 40.

Hochwertiges Kunsthandwerk – **Arte da Terra 2**: s. S. 39.

Wertvolle Kacheln – **Viúva Lamego 3**: s. S. 40.

Handbemalte Reproduktionen – **Art-antica 4**: s. S. 40.

Gaumenkitzel – **Delidelux 5**: Av. Infante D. Henrique Armazém B Loja 8, Metro: Santa Apolónia, Di–Fr 12–22, Sa 10–22, im Sommer jeweils bis 24 Uhr, So 10–20 Uhr. Internationale und portugiesische Feinkost von höchster Qualität. Auch Snackbar mit Tejoblick.

Fotospaß – **Atelier Nobre Povo 6**: s. S. 120.

CDs für das Fernweh – **Fado-Museum**: s. S. 133.

Abends & Nachts

Essen & Kultur mit Aussicht – **Chapitô 1**: s. S. 56.

Theater und mehr – **Santiago Alquimista 2**: Rua de Santiago 19, Tel. 218 88 45 03, www.santiagoalquimista.com, Straßenbahn 28, Mo–Do 20–2, Fr, Sa 20–4 Uhr. Kulturhaus auf verschiedenen Galerien in einer früheren Eisenwarenfabrik. Veranstaltungen von Musik bis Theater, auch Theaterkurse, Bar und Cafébetrieb.

Von Weltruf – **Lux-Frágil 3**: s. S. 43.

Mit eigener Bigband – **Onda Jazz 4**: s. S. 44.

Mit Terrasse – **Bar das Imagens 5**: Calçada Marquês de Tancos, 1–18, Tel. 218 88 46 36, Straßenbahn 12 und 28, Di–So 16–2 Uhr. Der Hit ist die Terrasse, aber auch das sympathische Innere und die guten Cocktails ziehen Theaterleute und Künstler an. Musik: Jazz, Chill Out.

Beim Eisenbahner – **Clube Ferroviário 6**: s. S. 56.

Fado

Klassisch – **Clube de Fado 7**: s. S. 45.

Urig – **A Baiuca 8**: s. S. 45.

Es singt die Nachbarschaft – **Esquina de Alfama 9**: s. S. 45.

Bei Argentina Santos – **Parreirinha de Alfama 10**: s. S. 46.

Die schmalen Gassen der Alfama führen hinab zum Tejo

Das Beste auf einen Blick

Baixa und Chiado

Highlight !

Elevador Santa Justa: Der Stadtlift, eines der Lissabonner Wahrzeichen, wurde von einem Schüler Gustave Eiffels erbaut. Etwas schwindelfrei sollten Sie sein, wenn Sie die holzgetäfelte Kabine über die Dächer der Baixa befördert. Zu Ihrer Beruhigung: Seit in Betriebnahme 1902 ist noch niemand runtergefallen. 5 S. 148

Auf Entdeckungstour

Go underground – eine archäologische Lehrstunde: Gruseln Sie sich in Gewölben unter der Stadt vor einem römischen Skelett und entdecken Sie grüne Pinienstämme, die vor Erdbeben schützen. 7 S. 150

Nostalgisch einkaufen: Lassen Sie sich entführen in einen Kolonialwarenladen wie aus dem Bilderbuch oder jene Konditorei, die den Königskuchen kreierte. S. 156

Kultur & Sehenswertes

Igreja da Conceição Velha: Die Jungfrau Maria im manuelinischen Portal schützt den Papst und insbesondere die portugiesische Königsfamilie. Falsche Bescheidenheit zeigten die Monarchen nicht. 14 S. 155

Museu do Chiado: Das wichtigste Museum im historischen Zentrum präsentiert nicht nur Portugals Kunst von 1850 bis heute, sondern auch uralte Backöfen aus dem 19. Jh. 19 S. 161

Aktiv & Kreativ

Vini Portugal: Ihr Geschmack ist gefragt in der Probierstube Sala Ogival der portugiesischen Weingesellschaft, alles kostenlos und nur mit der Bitte um Ihr Urteil zur Qualität. 12 S. 155

Associação Bacalhoeiro: Ein Epizentrum alternativer Kultur in der Unterstadt, mit Tanzkursen, Mal-Workshops, Livemusik und Filmabenden. 1 S. 165

Genießen & Atmosphäre

Rossio: Das Karree der Cafés mit dem Suiça, wenn Sie gediegene Kaffeehauskultur bevorzugen, und dem Nicola für alle, die sich im lupenreinen Art déco wohlfühlen. 1 S. 142

Largo do Carmo: Über Ihnen die Blätter exotischer Jacarandabäume, seitlich eine gotische Kirchenruine und ein barocker Brunnen, vor Ihnen das Getränk des Terrassencafés. S. 163

Abends & Nachts

Café Brasileira: Ums Nachtleben ist's eher schlecht bestellt im Stadtteil. Dafür aber gibt's in einer lauen Nacht auf der Terrasse des Café Brasileira ab 23 Uhr frische Backwaren und natürlich jederzeit einen Absacker. 9 S. 160

Opernhaus São Carlos: Zwar fehlt der Oper ein eigenes Ensemble, doch die Gastspiele im Rokokosaal zeugen oftmals von hoher Qualität. 18 S. 161

Das Lissabon der harmonischen Gegensätze

In Lissabons Zentrum stoßen Sie auf das architektonische 18. und 19. Jh. mit einem Hauch Moderne versehen. Sie finden Vielfalt auf engstem Raum: großzügige Plätze an der Seite schmaler Gassen, ein Lissabonner Traditionsgeschäft direkt neben H&M, das uralte Kaffeehaus in der Nachbarschaft der Studentenkneipe. Nur das Nachtleben macht einen großen Bogen um diese Stadtteile, besonders in der Unterstadt Baixa werden abends die Bürgersteige hochgeklappt.

Vor dem Erdbeben 1755 war die Baixa von einzeln stehenden Häusern und engwinkligen Gassen geprägt, in denen zum Leidwesen reicher Adliger nicht einmal Pferdekutschen einander passieren konnten. Unmittelbar nach der Katastrophe und dem völligen Zusammenbruch des Viertels organisierte Premierminister Marquês de Pombal den Aufbau eines neuen Lissabon und vertraute dabei unübersehbar auf Militäringenieure.

Acht parallel laufende geradlinige Hauptstraßen von 560 m Länge kreuzen sich im rechten Winkel mit acht Querstraßen, die sich über 380 m erstrecken. In der zentralen Flaniermeile Rua Augusta herrscht buntes Treiben. Sie mündet im Süden in die Praça do Comércio, im Norden in den Rossio. Dieses pulsierende Herz Lissabons erstrahlt nach grundlegender Sanierung in neuem Glanz. Voller Patina und zugleich fröhlichem Leben zeigen sich die umliegenden Kaffeehäuser.

Die Anhöhe des Chiado war nach der christlichen Eroberung Lissabons 1147 bevorzugter Siedlungsort einflussreicher religiöser Orden. Nach der Säkularisierung 1834 übernahmen Literaten, liberale Politiker und Dandys die Regie. Mit stilvollen Läden und Cafés, Theatern und der Oper wurde französischer Lebensstil kopiert. 1988 fielen 18 Gebäude einem Großbrand zum Opfer, der umsichtige Wiederaufbau gab Lissabon sein elegantes Zentrum zurück. Modern und Alt bilden dabei eine seltene Harmonie.

Infobox

Reisekarte: ► N/O 10/11

Routenverlauf

Beginn dieses Rundgangs ist der Hauptplatz **Rossio,** erreichbar mit der grünen U-Bahnlinie. Von hier aus geht's über die angrenzende Praça da Figueira durch die **Unterstadt** zur Praça do Comércio. Zurückgekehrt auf den Rossio führt an der südwestlichen Ecke die Rua do Carmo hügelaufwärts mitten in den **Chiado,** den Sie abenteuerlicher auch mit dem frei stehenden Aufzug **Elevador Santa Justa** erklimmen können.

Der Rossio

Beim Emporsteigen aus der Metrostation Rossio tauchen Sie ein in lichtes südländisches Treiben. In Stadtplänen finden Sie den 201 m langen und 91 m breiten **Rossio** 1 allerdings eher unter seinem amtlichem Namen Praça Dom Pedro IV. 1870 wurde zu Ehren dieses Königs, dem Wegbereiter eines liberalen Verfassungsstaates, eine Statue in

Für viele der schönste Platz Lissabons: der Rossio

den Mittelpunkt des Platzes gestellt und die offizielle Namensgebung besiegelt, die jedoch vom Volk nie angenommen wurde. Viele Lissabonner zweifeln gar, ob die Figur auf der 27,5 m hohen Säule wirklich ihren König Pedro darstellt, hatte doch der mit der Gestaltung beauftragte französische Bildhauer Elias Robert gerade das Standbild eines abgesetzten mexikanischen Königs übrig. Ob er dieses den gutgläubigen Portugiesen untergejubelt hat?

Der Rossio bildet den nördlichen Abschluss des Stadtviertels Baixa und entstand in seiner heutigen symmetrischen Anordnung nach dem verheerenden Erdbeben des Jahres 1755. Mit den Trümmern der zerstörten Häuser wurde das Terrain um einige Meter erhöht, um die damals häufigen Überschwemmungen bei Hochwasser zu verhindern. Seit dem Mittelalter war der Rossio das belebte und beliebte Zentrum Lissabons. Fröhlich ging es auf Märkten, Volksfesten oder bei Stierkämpfen zu, todernst bei den Autodafés des Inquisitionsgerichtes, das seit dem 16. Jh. seinen Sitz in einem Palast an der Stirnseite des Platzes einnahm. Böse Zungen behaupten, dass er als eines der ersten Gebäude beim Erdbeben einstürzte. Heute steht dort das **Nationaltheater Dona Maria II.** 2, ein klassizistischer Monumentalbau aus dem Jahre 1843, dessen künstlerische Blütezeit durch einen Brand in den prunkvollen Innenräumen 1964 ein jähes Ende fand. Auch nach umfangreichen Sanierungsmaßnahmen spielt das Theater aktuell nur mehr eine kulturelle Nebenrolle.

Die Häuserfassaden präsentieren sich in ihren historischen Farbtönen, die Gehwege sind verbreitert, zwei über hundertjährige Brunnen franzö-

sischen Ursprungs restauriert und die schwarz-weiße Straßenpflasterung erneuert. Ihr historisches Wellenmuster symbolisiert die Nähe des Meeres und erweckt den Anschein, als würde sich der Platz wellenförmig ins Unendliche fortsetzen. 1849 pflasterten Sträflinge durchschnittlich 27 m² Straßenfläche täglich. Anfänglich waren die einzelnen Wellen nummeriert und man verabredete sich beispielsweise für den Nachmittag auf der Welle Nr. 8. Der Erfolg der Pflasterung war so durchschlagend, dass seitdem in ganz Portu-

Baixa und Chiado

Sehenswert

1 Rossio
2 Nationaltheater Dona Maria II.
3 Klosterkirche São Domingos
4 Praça da Figueira
5 Elevador Santa Justa
6 Arco da Bandeira
7 Núcleo Arqueológico
8 Metrostation Baixa-Chiado
9 Museu do Design e da Moda MUDE
10 Arco do Triunfo
11 Praça do Comércio
12 Pátio da Galé/ Weinsaal Vini Portugal
13 Rathaus
14 Igreja da Conceição Velha
15 Igreja da Madalena
16 Armazéns do Chiado
17 Basílica dos Mártires
18 Opernhaus São Carlos
19 Museu do Chiado
20 Geheimpolizei PIDE
21 Igreja do Loreto
22 Praça de Camões
23 Igreja do Carmo

Essen & Trinken

1 Tavares
2 Olivier
3 Martinho da Arcada
4 Largo
5 Zé dos Cornos
6 Nood
7 Cervejaria da Trindade
8 Leitaria Académica
9 Café Brasileira
10 Café Nicola
11 Pastelaria Suíça
12 Confeitaria Nacional
13 Vertigo Café
14 Gelataria Santini
15 A Ginjinha do Rossio

Einkaufen

1 Delikatessladen Manuel Tavares
2 A Carioca
3 Napoleão
4 Celeiro
5 Pollux
6 Sant'Anna
7 FNAC
8 Livraria Bertrand
9 Livraria Olisipo
10 Companhia Nacional de Música
11 A Vida Portuguesa
12 Ana Salazar
13 Hugo Boss
14 José António Tenente
15 Luvaria Ulisses
16 Chapelarias Azevedo Rua
17 Casa Frazão
18 Souza
19 Victorino de Sousa

Abends & Nachts

1 Associação Bacalhoeiros
2 Café Bar
3 Rock in Chiado

gal wunderschöne Pflastermosaike die Straßen schmücken. In Lissabon wurde sogar eine Fachschule gegründet, um das Handwerk der Straßenpflasterer auch weiterhin am Leben zu erhalten.

Achten Sie auch auf die kunstvoll geschmiedeten Straßenlaternen, deren Spitzen das Lissabonner Stadtwappen tragen. Es zeigt ein von zwei Raben bewachtes Schiff, auf dem 1173 die Überreste des Lissabonner Schutzheiligen Vinzenz in die Stadt gebracht wurden. Ein Kleinod ist der Zeitschriften- und Tabakladen **Mónaco** in Nr. 21.

Unser Tipp

Ein Schlückchen Kirschlikör?

Ohne die vielen Menschen mit weißen Becherchen würde der winzige Ausschank **A Ginjinha do Rossio** 15 wohl kaum auffallen. Sie alle genießen Lissabons flüssige Sauerkirsche Ginjinha. Der süße Likör ist sicher Geschmackssache, aber probieren kostet gerade mal einen Euro. Und wenn's Ihnen gemundet hat, hier das Rezept für zu Hause: Füllen Sie frische Sauerkirschen, einen Liter Branntwein und 400 g Zucker in ein großes Glas, verschließen Sie es für zwei Monate gut, schütteln Sie es hin und wieder und fertig ist Ihre ganz persönliche Lissabonerinnerung. Übrigens wurde das Getränk in den Klöstern der Stadt erfunden. In ihren Gärten wuchsen viele Kirschbäume, deren Früchte auf diese Art schmackhaft konserviert wurden.

Die gediegene Inneneinrichtung kontrastiert hier mit satirischen Kachelbildern und ausgestopften Vögel unterhalb der bemalten Decke.

Die Cafés Nicola und Suiça

Zu einem geschäftigen Lissabonner Platz gehören unbedingt die Cafés. Bereits 1787 wurde in Nr. 25 das **Nicola** 10 vom Italiener Nicolau Breteiro eröffnet. Düstere Wandbilder vermitteln die Stimmung der vorliberalen Gründungszeit. 1837 wurde das Café geschlossen und erst 1929 wieder eröffnet, um sechs Jahre danach im Stile des Art Deco umgebaut zu werden. Am Ende der Kuchentheke ist noch der Kasten ›poste restante‹ erhalten, wohin sich Stammgäste ihre Korrespondenz schicken ließen. Auch die günstigen Preise richten sich erfreulicherweise nach den Lissabonner Stammgästen und nicht nach Touristenbörsen. Links vom Hinterausgang versteckt sich der Luxusableger, das **Nicola Gourmet**, in dem die besten Kaffeesorten aus aller Welt verkauft werden. Ein Kilo des legendären Jamaica Blue Mountain geht für gut 118 € über die Ladentheke.

Gegenüber liegt die **Pastelaria Suíça** 11 (Nr. 96–104), 1923 im Stil der Wiener Kaffeehäuser gegründet, die an einer gesonderten meterlangen Theke die besten Kekse Lissabons kredenzt. Rosa Plüsch bestimmt das Interieur, bei schönem Wetter mögen Sie vielleicht den allerdings teureren Terrassenbetrieb vorziehen, der sich hier in den späten 1930er-Jahren etabliert hat. Damals strandeten viele Menschen aus Mitteleuropa auf der Flucht vor Hitler in Lissabon. Sie suchten die Freiheit, die Offenheit, die Wärme und setzten sich entgegen der hiesigen Gepflogenheit mit ihren Stühlen vor die Cafés ins Freie. Die weiblichen Flüchtlinge waren in dieser Zeit gar die ersten Frauen, die sich öffentlich in den Lissabonner Gaststätten zeigten.

Largo de São Domingos

An seiner nordöstlichen Seite geht der Rossio in den Largo de São Domingos über. Die **Klosterkirche** 3 gleichen Namens gehörte einst zu den reichsten Gotteshäusern der Gemeinde. Ihre Mönche bildeten im 16. Jh. das geistige Zentrum der Inquisition in Lissabon. Auf dem Vorplatz gedenken je ein Mahnmal der jüdischen Gemeinde, der katholischen Kirche und der Stadtverwaltung grauenvoller Judenpogrome im Jahre 1506. Auch mit dem Wiederaufbau nach einem Brand 1959 wollten die Verantwortlichen an diese schrecklichen Zeiten erinnern. Die Brandreste an Säulen und in Seitenkapellen blieben bewusst erhalten, Wände und Decke wurden in rote Farbe getaucht. Erinnerung an das Feuer und überzeugendes Mahnmal für die Verbrennungen Andersgläubiger.

Heute treffen sich hier viele Farbige aus den früheren Kolonien auf der Suche nach Heimatgefühlen, denn die Kirche hatte sich schon im 16. Jh. einer schwarzen Bruderschaft geöffnet.

Praça da Figueira

Errichtet über einer römischen Nekropole stand hier ab 1492 das erste nicht von einem Klosterorden geleitete, öffentliche Krankenhaus, das nach seinem Zusammenbruch im Erdbeben nicht wieder aufgebaut wurde. Stattdessen schuf man einen zweiten zentralen Platz als Gegengewicht zum Rossio, der auch als Ort für oppositionelle Zusammenrottungen beim Volk beliebt und von den damaligen Machthabern gefürchtet war. Der Markt wurde vom Rossio auf die **Praça da Figueira** 4 verlegt. Die spätere zentrale Lissabonner Markthalle, eine hübsche Eisenkonstruktion über 8000 m² Fläche, wurde 1949 abgerissen. An ihrer Stelle beherrscht noch das 1971 errichtete, unglücklich proportionierte Reiterstandbild des Königs João I. die Szene. Dabei hat es der einst bürgerfreundliche König wirklich nicht verdient, als verhältnismäßig kleine Figur auf einem viel zu großen Pferd zu erscheinen.

Eine entzückende Kuriosität bildet das **Puppenkrankenhaus** in Nr. 7, nicht nur wegen der hübschen Kachelung der Fassade. In acht Krankensälen im ersten Stock werden historische und moderne Puppen, denen Arme, Beine oder andere Körperteile abhanden gekommen sind, wieder zusammengeflickt. Eine verantwortungsvolle Tätigkeit, meint Puppenkrankenschwester Ana, denn Puppen haben Seelen, die es wiederzubeleben gilt. Einige kurierte Exemplare lächeln Sie in der Auslage an.

Am Südrand des Platzes soll in der **Confeitaria Nacional** 12 der traditionelle portugiesische Weihnachtskuchen *Bolo de Rei* erfunden worden sein. Wenige Schritte weiter lohnt ein Blick in den ehrwürdigen **Delikatessladen Tavares** 1.

Durch die Baixa

Rua Augusta

Südlich des Platzes führt die einladende Fußgängerzone Rua Augusta in die Unterstadt Baixa. Straßencafés, Restaurants, Bekleidungsgeschäfte, Delikatessläden, Straßenkünstler sorgen für buntes Treiben. Schon im 19. Jh. wurde hier lange vor Erfindung des modernen Kühlschranks die Freude am Speiseeis entdeckt. Die ersten Eisverkäufer transportierten in Stroh und Wolle verpackten Schnee aus dem 300 km entfernten Gebirge Serra da Estrela auf Eselskarren nach Lissabon. Was an Gefrorenem übrig blieb, wurde mit Zitronensaft versetzt und als Sorbet angeboten. Die alte Inschrift *Casa da Neve* – ›Haus des Schnees‹ – befindet sich noch heute am Eckhaus von Rua da Prata und Rua de São Nicolau. Ob mit oder ohne Eis macht es Spaß, die kunstvoll gepflasterte Straße hinabzuschlendern. Durch einen Triumphbogen am unteren Ende reicht der Blick bis zum Tejo.

Revolutionär war der Wiederaufbau nach dem Erdbeben von 1755 in standardisiertem Fertigbau. Manufakturen außerhalb der Stadt fabrizierten die genormten Hausteine, die vor Ort in festgelegter Reihenfolge ineinander gefügt wurden, als wären sie Legosteine. Deutlich zeigt sich die Uniformität an Türen, Fenstern und einer gleichmäßigen Traufhöhe. Keine aufwendigen Schmuckelemente zieren die Gebäude, weder Paläste noch Kirchen durchbrechen das städtebauliche Gefüge. Händler und Handwerker richteten ihre Läden und Werkstätten im Erdgeschoss ein, in den nächsten beiden Stockwerken befanden sich Lager- und Büroräume, darüber die Wohnräume sowie unter dem Mansardendach billige Mietswohnungen für die Dienstboten.

Diese funktionale und soziale Aufteilung der Häuser war weltweit einzigartig. Doch ein einziger Blick zu den oberen Stockwerken zeigt, dass heute viele Wohnungen verlassen sind. Weniger als 5000 Bewohner zählt die gesamte Baixa aktuell. So avancieren die aufwendige Sanierung und kulturelle Wiederbelebung des Viertels zur vorrangigen Aufgabe der Lissabonner Stadtpolitik. (s. S. 92).

Elevador Santa Justa ! 5

Mo–Sa 7–23, So und im Winter 7–22 Uhr

Westlich der Rua Augusta erhebt sich vor Ihren Augen die filigrane Eisenkonstruktion des frei stehenden Stadtlifts Elevador Santa Justa, ein unverwechselbares Wahrzeichen Lissabons. Erbaut im Jahre 1902 von Mesnier du Ponsard, einem Schüler Gustave Eiffels, funktionierte er zunächst mit Dampfantrieb, weshalb sein Dach in 45 m Höhe damals noch von zwei dezenten Schornsteinen geziert wurde. Seit 1907 werden die beiden holzgetäfelten Kabinen mit Strom gespeist. Sie verbinden die Unter- mit der Oberstadt. Auf der oberen Plattform erwartet Sie ein phänomenaler Ausblick auf ganz Lissabon, hinüber zur Burg und zum silbern funkelnden Tejo. Besonders hübsch präsentieren sich von dieser schwindelnden Höhe die mit schwarzen Basaltsteinen ins weiße Straßenpflaster eingelegten Namenszüge traditionsreicher Geschäfte der Baixa.

Über eine metallene Wendeltreppe gelangen Sie auf eine noch höher gelegene Aussichtsterrasse, allerdings wird hierfür Eintritt fällig (ca. 3 €, am unteren Einstieg des Aufzugs zu bezahlen). Ein luftiger Zugang dicht oberhalb der Hausdächer führt vorbei an der Ruine der Carmo-Kirche in den Stadtteil Chiado. Noch zwei Tipps: In der Hochsaison bilden sich oft lange Warteschlangen, kommen Sie dann lieber am frühen Morgen oder in den Abendstunden. Und: Ihr normales ÖPNV-Ticket gilt auch in diesem Aufzug.

Rua dos Sapateiros

Hinter dem **Arco da Bandeira** 6, dem Eingangsbogen zur Rua dos Sapateiros vom Rossio aus, erinnert eine mit floralen Dekoren umfasste Jugendstilfassade des ersten Kinos Lissabons an eine glorreiche Kulturepoche. Der aktuelle

Elevador Santa Justa: Ein Schüler Gustave Eiffels entwarf die filigrane Eisenkonstruktion

Zeitgeist hat allerdings eine Peepshow in die ehrwürdigen Räumlichkeiten einziehen lassen.

Am unteren Ende der Straße reizt ein knallig bemalter Gebäudekomplex das Auge. In einem erfolgreichen Pilotprojekt wurde dort ein verfallenes Wohnhaus saniert und in ein Studentenwohnheim umgewandelt. Die Belegung der 73 Wohnungen mit jungen Leuten, die etwa 300 € Miete zahlen müssen, bildet einen wichtigen Beitrag zur Wiederbelebung der Baixa.

Sehenswertes in den Seitenstraßen

Viele Straßennamen erinnern an die Berufszweige, die hier angesiedelt waren. In der Rua dos Fanqueiros lebten und arbeiteten Leinenhändler, in der Rua da Prata Silberschmiede, in der Rua do Ouro finden sich bis heute zahlreiche Goldschmiede. In der Rua dos Correeiros lagen die Werk- und Wohnstätten der Sattler. Victorino de Sousa (Nr. 200–202) übt dieses Handwerk noch heute aus und verkauft in edlem Ambiente handgefertigte Reitstiefel, Sättel, Lederzügel.

U-Bahnhof Baixa-Chiado 8

Einen kurzen Abstecher lohnt die U-Bahnstation Baixa-Chiado, die in das Stadtviertel des 18. Jh. einen Hauch von Moderne brachte. Anlässlich der Weltausstellung wurde hier 1998 der neue Umsteigebahnhof eröffnet, eine monumentale, in weiß gehaltene Hallenkonstruktion 45 m unterhalb der Erde. Der portugiesische Stararchitekt Álvaro Siza Vieira überwindet die gut 100 m Höhendifferenz zwischen den beiden Stadtteilen Baixa und Chiado durch eine faszinierende ▷ S. 152

Auf Entdeckungstour

Go underground – eine archäologische Lehrstunde

Bei Grabungen für eine Tiefgarage stieß Portugals größte Privatbank unterhalb ihrer Zentrale auf architektonische Überreste aus fast drei Jahrtausenden. Aus den Autostellplätzen wurde daraufhin nichts, stattdessen gibt es nun Lissabons Geschichte wie in einer Nussschale zu bewundern.

Für wen: (Freizeit-)Archäologen und Reisende, die sich für die Stadtentwicklung Lissabons jenseits trockener Museumsbesuche interessieren.

Planung: Knapp 1-stündige Führungen in Portugiesisch und Englisch, Mo–Mi, Fr/Sa 10–12, 14–17 Uhr, jeweils zur vollen Stunde, Do nur nachmittags, Eintritt frei.

Start: An der Eingangstür der Banco Millennium BCP, Rua Augusta 96.

In den ›Keller‹ von Lissabon

Eng und schummrig führt die Treppe unter die Bank Millennium BCP in der Rua dos Correeiros (Nr. 9). 17 Archäologen hatten in dem Kellergewölbe vier Jahre lang gegraben und 3000 m^3 Erde bewegt. Ihre Arbeit wurde mit dem **Núcleo Arqueológico** 7 belohnt, in dem sich fast die gesamte Historie Lissabons wie unter einem Brennglas bündelt.

Der Besuch gestaltet sich allerdings ein wenig abenteuerlich. Die Luft ist feucht, manche Stellen sind nur tief gebückt zu passieren. Dafür gibt es allerhand zu entdecken, etwa die Tanks, in denen die Römer ab dem 1. Jh. v. Chr. Fische durch Salz konservierten und dank des Handels mit dem kostbaren Nahrungsmittel eine wichtige Einnahmequelle für die Stadt erschlossen. Selbst in Trier fanden Archäologen römische Transportgefäße aus Lissabon. Damals reichte der Tejo weit in die heutige Baixa hinein, die noch dazu von einem heute versiegten Fluss durchzogen wurde. Eine Wandkarte veranschaulicht die städtebaulichen Veränderungen im Laufe der Jahrhunderte.

Ein schauriges Skelett

Geometrische Mosaike zierten ein reiches Badehaus, das im 3. Jh. n. Chr. angebaut wurde, als Lissabon eine frühe Blütezeit erlebte. Ein klein anmutendes, aber dennoch reichlich gruselig wirkendes männliches Skelett symbolisiert den Niedergang der römischen Herrschaft. Im Leben hatte es sich um einen stattlichen, etwa 40-jährigen Mann gehandelt, doch mit der Verwesung verschwand die Knorpelmasse und das Gerippe zog sich zur heutigen Größe zusammen.

Mauerstücke, Spielfiguren und Keramiken erinnern an die nachfolgende Hochkultur der Araber um die erste Jahrtausendwende. Sie hatten über den römischen Funden ihre Wohnhäuser errichtet, die nach der christlichen Rückeroberung 1147 von den neuen Herrschern weiter bewohnt und erweitert wurden. Diese hinterließen eine unscheinbare Kostbarkeit der besonderen Art, ausgestellt in einer benachbarten Vitrine: Der Tonfigur des Schutzheiligen Antonius aus dem 18. Jh. fehlt der Kopf. Dieser war ihm von enttäuschten Gläubigen abgeschlagen worden, weil er ihre Gebete nicht erhört hatte. Aber auch kunstvolle historische Wandkacheln, Münzen und Fayencen sind zu bestaunen.

Wiederaufbau nach dem Erdbeben von 1755

Fast revolutionär modern gestaltete sich der Wiederaufbau nach dem verheerenden Erdbeben von 1755 – selbst dieser lässt sich aus der ungewöhnlichen Kellerperspektive nachvollziehen, auch wenn Sie sich etwas an das dunkle Licht gewöhnen müssen. Unter Ziegelsteinbögen verbirgt sich eine Fachwerkkonstruktion hinter dem Putz und sorgt dank der Flexibilität der Holzbalken für Erdbebensicherheit. Grüne Pinienstämme ziehen Grundwasser aus dem Boden und sind so bis heute vor dem Verfall geschützt.

Doch inzwischen ist die gesamte Bausubstanz in der Baixa akut gefährdet, da für den Bau von U-Bahnen und Tiefgaragen der Grundwasserspiegel so weit abgesenkt wurde, dass die Stämme austrocknen und in der Folge langsam zerbröseln. In den Ausstellungsräumen sorgt ein ausgeklügeltes System der Luftbefeuchtung für den notwendigen Ausgleich. Einen Regenschirm muss deswegen kein Besucher für die packende Führung in portugiesischer und englischer Sprache mitbringen …

Aneinanderreihung langer Rolltreppen. An keiner Stelle verlieren Sie die Gesamtansicht über den großzügigen Komplex, der vollständig mit weißen Azulejos aus der Werkstatt des Künstlers Ângelo de Sousa ausgekleidet ist. Nur nahe der Ausgänge sind sie mit vergoldeten Linien im Stile arabischer Schriftzeichen durchbrochen.

Museu do Design e da Moda MUDE 9

www.mude.pt, Di–Do, So 10–20, Fr/ Sa 10–22 Uhr, Eintritt frei

Fast interessanter als die Ausstellungsstücke ist die innenarchitektonische Ausgestaltung des Museums. Die einstigen Schalterräume einer Bank wurden ihres Interieurs beraubt und auf

Lissabons weitläufiger Empfangsplatz zieht bis heute Stadtbesucher in seinen Bann

den nackten Beton reduziert. Der Schwerpunkt der Sammlung liegt auf Einrichtungsgegenständen und Kleidern der letzten Jahrzehnte. Kurze Filme stellen sie in ihren zeitlichen Kontext. Das aus den Anfangsbuchstaben des Museumsnamens gebildete *mude* bedeutet übrigens: Verändern Sie sich!

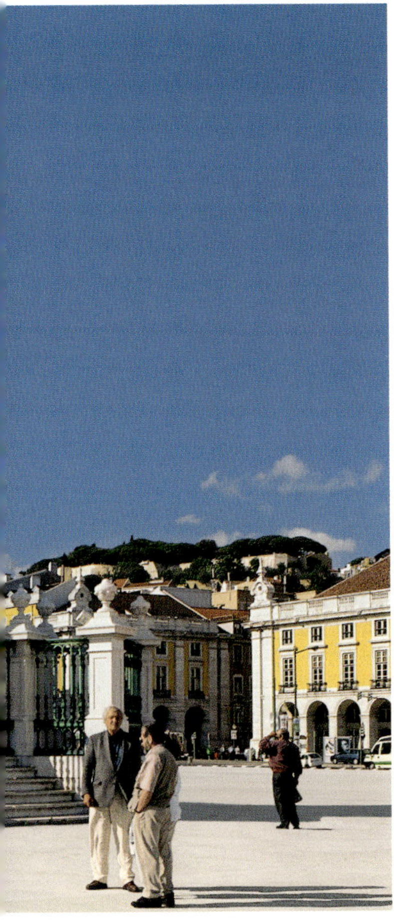

Arco do Triunfo 10

Durch den klassizistischen Triumphbogen, 1873 nach Pariser Vorbild fertiggestellt, führt die Rua Augusta auf die Praça do Comércio. Über dem Bogen thront die Ruhmesgöttin und krönt Geist und Tapferkeit. Darunter befinden sich links vom portugiesischen Wappen der lusitanische Freiheitskämpfer Viriatus und der Seefahrer Vasco da Gama, sowie rechts Marquês de Pombal und der Feldherr Nuno Álvares Pereira. Flankiert werden sie von Allegorien der Flüsse Tejo und Douro.

Praça do Comércio 11

Die Praça do Comércio, einer der größten Plätze Europas, war ursprünglich als städtischer Hauptplatz geplant. Hier öffnet sich Lissabon dem Fluss und dem Meer, hier erhob sich vor dem Erdbeben das königliche Schloss. Doch vielleicht gewinnen Sie auch den folgenden Eindruck: Die Architekten hatten es wohl ein wenig zu gut gemeint, der Platz ist zu groß geraten, als dass er wirklich mit Leben zu füllen wäre. Zweifellos imposant zeigt er sich vom Fluss aus mit den sich im Hintergrund abzeichnenden Umrissen der Stadthügel. Einsam erhebt sich das Reiterstandbild von König José I. in der Mitte, Lissabon den Rücken zugekehrt, wie es der schwächliche König auch tatsächlich getan hatte. Nach dem Erdbeben setzte er immerhin 20 Jahre keinen Fuß mehr in die Stadt und kehrte erst an seinem Geburtstag 1775 zur pompösen Einweihung eben dieses Denkmals zurück.

In Nachahmung des früheren Schlosses werden die klassizistischen Arkadenhäuser, die den zum Tejo hin offenen Platz an drei Seiten umlaufen, von rechteckigen, gedrungenen Türmen abgeschlossen. Schon zu königlichen Zeiten wurde das Café-Restaurant **Martinho da Arcada** 3 an der nordöstlichen Ecke gegründet, es war eines der Stammlokale des Dichters Fernando Pessoa. Seitlich vom Tresen, an dem Sie stehend einen Kaffee nehmen können, zeigt ein Kachelbild des Dichters Konterfei in Lebensgröße. Gegessen wird in einem angrenzenden Gastraum, in dem Briefe von und an Pessoa hinter Bilderrahmen aufgehängt sind.

An der nordwestlichen Ecke entschieden sich während der Zeit des deutschen Faschismus viele Schicksale. Im einstigen Postamt trafen die Nachrichten für die Flüchtlinge ein, eine eingehende Geldanweisung konnte die Fortsetzung der Flucht nach Amerika bedeuten, ihr Ausbleiben die Zeiten der Unsicherheit verlängern.

Inzwischen sind an dieser Stelle rund um den **Pátio da Galé** 12 zwei Restaurants mit Café- und Barbetrieb auch auf der attraktiven Terrasse und eine Eisdiele entstanden. Zur Belebung des modern gepflasterten und autofreien Platzes soll zusätzlich der 300 m² umfassende **Weinsaal Vini Portugal** (siehe Tipp unten) beitragen. Als Schaufenster der Stadt definiert sich das **Tourismusamt Ask me Lisboa** in der gleichen Häuserzeile. Diesem sind ein Webcafé sowie ein Souvenir- und Kunsthandwerksladen angeschlossen, zu dem man über die nördlich des Gebäudekomplexes verlaufende Rua do Arsenal (Nr. 25) gelangt, in der einst die Schiffsbauer ihrem Gewerk nachgingen.

Rathaus 13

Tel. 213 23 61 00, Führung So 11 Uhr, Eintritt frei

An der gegenüberliegenden Straßenseite erhebt sich das klassizistische Rathaus. Nachdem der von Marquês de Pombal errichtete Vorgängerbau von einem Feuer zerstört worden war, wurde das jetzige Repräsentationsgebäude zwischen 1866 und 1875 errichtet. Die elegante Fassade kulminiert in einem mit Reliefs geschmückten Giebelfeld, das von vier Säulen getragen wird.

Das prunkvolle, von einer Kuppel überwölbte Treppenhaus aus Marmor führt zur Galerie im ersten Stock. Sonntags leitet Sie eine Führung in den prächtigen Festsaal. Ein Deckengemälde von José Rodrigues stellt Lissabon allegorisch als Frau dar, der die Stadtväter als Priester untertan sind. In dieser geistlichen Erhöhung wie auch in der Symbolik von Sternen und Rosen manifestiert sich die Bedeutung der Freimaurerei, die Wegbereiterin der bürgerlichen Revolution in Portugal war und noch immer große Anhängerschaft unter der politischen und ökonomischen Elite des Landes besitzt. Wo heute die schwarz-weißen Stadtflaggen grüßen, wurde am 5. Oktober 1910 vor einer jubelnden Menschenmenge auf dem Rathausbalkon die bürgerliche Republik proklamiert. In

Unser Tipp

Portugiesische Weinprobe

Zu einer kostenlosen Weinprobe im **Weinsaal Vini Portugal** des **Pátio da Galé** 12 lädt Sie die portugiesische Winzervereinigung ein! Während Sie einen guten Tropfen genießen, können Sie in Informationsmaterialien blättern oder sich in die Betrachtung historischer Geräte zur Weinherstellung versenken. Und Sie werden bestimmt überrascht sein von der Qualität der portugiesischen Weine. Wenn Sie sich für einen guten Tropfen interessieren, planen Sie ruhig mal ein Stündchen ein (Di–Sa 11–19 Uhr).

der Mitte des Platzes steht ein neomanuelinischer Pranger, der kunstvoll aus zwei miteinander verbundenen Säulen gedreht ist. An diesem steinernen Ausdruck für kommunale Gerichtsbarkeit wurden bis ins 19. Jh. Verbrecher zur Schau gestellt.

Igreja da Conceição Velha 14

Mo–Fr 9–17, So 10–13 Uhr, Eintritt frei

Unmittelbar östlich der Praça do Comércio stand einmal die größte Synagoge der Stadt, das Zentrum des geistigen und weltlichen Lebens der einflussreichen jüdischen Gemeinde. Sie wurde mit der einsetzenden Judenverfolgung 1496 zerstört. An gleicher Stelle durchbricht heute das manuelinische Portal der Igreja da Conceição Velha die pombalinische Häuserfront, die einst zu den kostspieligsten Lissabonner Kirchen zählte. In der ersten Hälfte des 16. Jh. von den Baumeistern des Belém-Klosters entworfen, überdauerte nur der Kircheneingang das Erdbeben, während der opulente Innenraum ausbrannte. Die Ähnlichkeit mit dem Vorbild ist unverkennbar, auch wenn die Ansicht durch den eng vorbeifließenden Autoverkehr beeinträchtigt wird.

Auffallend viele weibliche Engel, fein ziselierte Blumen, kunstvoll gearbeitete Pfaue, Hunde, Sphärenkugeln und das Kreuz des Christusritterordens zieren die prachtvolle Fassade. Im Giebelfeld breitet die Jungfrau Maria ihren schützenden Mantel über die Kirchenstifter König Manuel und Königin Leonor, Papst Leo X. und weitere historische Figuren aus. Im Inneren der Kirche, die 1770 wieder aufgebaut wurde, datiert nur die Kapelle des Allerheiligsten, der heutige Hochalter, aus der Zeit vor dem Erdbeben. Im Gegensatz zum gegenwärtigen Straßenverkehr herrschte im 17. Jh. vor dem Kirchenaufgang noch ein reges Handeln. Blinde vertrieben Gazetten, Seeleute ließen sich tätowieren, Bauern verkauften Blumen, Gemüse und Kräuter.

Igreja da Madalena 15

Mo–Sa 8–19, So 10–11.30 Uhr, Eintritt frei

Die nördlich gelegene Magdalenenkirche wurde wohl schon vor 1164 errichtet, durch Feuer und Erdbeben aber mehrmals zerstört und in fast jedem Jahrhundert restauriert. Das manuelinische Portal inmitten der klassizistischen Fassade jedoch hat das Erdbeben überdauert. Einst zählte die Gemeinde zu den reichsten Lissabons, heute werden im Inneren viele religiöse Gemälde aus anderen städtischen Kirchen und Klöstern aufbewahrt. Werfen Sie Ihren Blick auf das Kreuz des Senhor Jesus dos Perdões in einer Kapelle rechts vom Altar. Laut Volksglauben durchschnitt dieser »Herr Jesus der Vergebungen« mit seiner rechten Hand die Fesseln unschuldig Verurteilter und führte sie so in die Freiheit.

Spaziergang durch den Chiado

Der schönste Weg von der Baixa auf die Höhen des Chiado führt über den Rossio. Sie werden überrascht sein von der Unterschiedlichkeit der benachbarten Stadtteile: der eine erbaut nach den streng absolutistischen Vorstellungen des 18. Jh., der andere die bürgerlich-liberale Atmosphäre des 19. Jh. versprühend. Viele Kirchen und Pfarrgemeinden auf engstem Raum zeugen allerdings von der einst starken klerikalen Prägung des Chiado und gerade die mächtigsten Gebäude wurden von Mönchen oder Nonnen bewohnt, bevor bürgerlich-profanes ▷ S. 158

Auf Entdeckungstour

Nostalgisch einkaufen!

Lissabons historisches Zentrum bildet ein bezauberndes Biotop aus herrlich romantischen Fachgeschäften. Bei einem Einkaufsbummel fühlt man sich in alte Zeiten versetzt und kann jedes noch so abseitige Objekt der Kaufbegierde aufstöbern.

Für wen: Schaufensterbummler, aber auch für Shopping-Muffel mit Sinn für nostalgische Ästhetik.

Zeit: Je nach Lust und Laune.

Planung: Der Spaziergang führt zu den Traditionsläden rund um den **Rossio** 1 und im Chiado. Er kann gerne auch auf die angrenzenden Stadtviertel Baixa und Bairro Alto ausgedehnt werden, wo sich ähnlich hübsche Geschäfte finden lassen. Erholung finden Sie in den zahlreichen urigen Cafés am Wegesrand.

Rund um den Rossio

Ausgangspunkt für einen nostalgischen Einkaufsbummel ist der 1886 gegründete stilvolle Hutladen **Chapelarias Azevedo Rua** 16 am Rossio 73. Dort können Sie Ihren Hut sogar maßschneidern lassen. Eine eigene Faszination üben die Putzmittel, Shampoos, Schminke und Perücken aus, die sich seit 1933 in der **Drogaria São Domingos** in der Parallelstraße Rua Dom Antão de Almada 4A bis zur Decke stapeln. Schauspieler und Schwarzafrikaner bilden die Stammkundschaft. Schräg gegenüber können Sie sich im Feinkostladen **Manteigaria Silva** (Nr. 1C) die Qualitätsunterschiede zwischen norwegischem und isländischem Stockfisch erklären lassen.

Süßes dagegen kredenzt die **Confeitaria Nacional** 12 an der Praça da Figueira (Nr. 18), die Schleckermäuler seit 1829 mit Keksen versorgt und einst den königlichen Weihnachtskuchen *bolo de rei* erfunden hatte, eine Art portugiesischer Christstollen. Wenige Schritte weiter bietet der Kolonialwarenladen **Tavares** 1 (Rua da Betesga, 1) zwischen 150 Jahre altem Mobiliar wohlschmeckenden Käse, Würste, Trockenfrüchte und Weine an.

Wieder auf dem Rossio finden Sie Art déco beim Juwelier **Ferreira Marques** (Nr. 7–9) und der **Tabacaria Mónaco** (Nr. 21) direkt neben dem **Café Nicola** 10. Am Eingang zeigt der Kachelkünstler Bordalo Pinheiro fidele Frösche, die rauchen oder sich seelenruhig vom Storch aus der Zeitung vorlesen lassen.

Klein aber fein

Auch die Fassade des Juweliers **Joalharia do Carmo** zu Beginn der in den Chiado hinaufführenden Rua do Carmo (Nr. 87B) glänzt im Art déco. Kaum mehr als eine Handbreit misst die **Luvaria Ulisses** 15 Lissabons kleinstes Geschäft (Nr. 87A). Feine Handschuhe bilden das Metier und schon die Anprobe wird zum Erlebnis. Zunächst werden die Handschuhe geweitet, mit Talkum gepudert, Ihr Ellenbogen auf ein rundes Lederpolster postiert und endlich das erwählte Modell wie eine zweite Haut sanft übergestreift.

Auf der Rua Garrett

Die elegante Rua Garrett bezaubert mit einem attraktiven Nebeneinander von ehrwürdigen und modernen Luxusläden. Dank der vornehmen Inneneinrichtung und Deckenbemalung und bei entsprechender Finanzlage auch wegen der Diamanten, sollten Sie einen Blick in die **Ourivesaria Aliança** werfen (Nr. 50). Hinter der bereits 1723 gegründeten Buchhandlung **Bertrand** 8 (Nr. 73–75) lohnt der Abstecher zu **A Vida Portuguesa** 11 (Rua Anchieta, 11) mit nostalgischen Hautcremes, Kinderspielzeug, Olivenöl oder Sardinenbüchsen im umwerfenden Charme der 1950er- und 1960er-Jahre.

Zurück auf der Rua Garrett könnten Sie auch deutsche Zahnpasta in der Apotheke **Durão** (Nr. 90) erwerben, auf jeden Fall aber der kunstvollen Stuckdecke Beachtung schenken. Und falls Sie selbst, Ihre Kinder oder Enkel kurz vor der Hochzeit stehen, schauen Sie im Aussteuergeschäft **Paris em Lisbo**a (Nr. 77) vorbei, das seinerzeit die letzte Königin Amélia ausstattete und dessen Holzregale sich aus monarchistischen Zeiten herübergerettet haben. Und zum Abschluss müssen Sie unbedingt noch ins wunderhübsche Kaffeegeschäft **A Carioca** 2 (Rua da Misericórdia, 9). Ein Verkäufer spricht sogar ein bisschen Deutsch und stellt nach Ihren Wünschen eine individuelle Kaffeemischung zusammen. Fragen Sie nach Senhor Godinho.

Leben Einzug hielt: Das mondäne Kaufhaus Armazéns do Chiado entstand in den Mauern des Convento Espírito Santo da Pedreira, die Nationalbibliothek und die staatliche Kunsthochschule nutzten das Franziskanerkloster, ein Theater, eine Bierbrauerei und ein Restaurant zogen in das Trinitätskloster ein, das Zivilgericht siedelte sich im Frauenkloster Boa Hora an und das Militär im Karmeliterkloster.

Cafés und Restaurants öffneten und es entstand eine für Portugal charakteristische Verbindung von Gastronomie und kulturell-politischem Leben: während eines gemeinsamen Essens wurden Zeitungsartikel, Theaterstücke und parlamentarische Redebeiträge verfasst, politische Allianzen geschmiedet oder Intrigen ausgeheckt.

Rua do Carmo

Der Rundgang beginnt in der Rua do Carmo am südwestlichen Rande des Rossio, auch Praça Dom Pedro IV. Der königliche Namensgeber verkörperte nach einem zehnjährigen Bürgerkrieg wie kein anderer den Übergang Portugals vom Ancien Régime zu einem liberalen Verfassungsstaat, unter dessen Schutz sich der Chiado zum eleganten, geistigen und kulturellen Zentrum der Stadt entwickelte.

Die Rua do Carmo mit ihren nostalgischen und hochmodernen Geschäften blieb während vieler Jahrzehnte erklärtes Einkaufsmekka einer einkommensstarken Klientel. Überspannt wird sie vom Übergang des Elevador Santa Justa. Kurz davor müssen Sie vielleicht zweimal hinschauen, um Lissabons kleinstes Geschäft zu entdecken, den **Handschuhladen Ulisses** 15 (Nr. 87 A). Wenige Häuser weiter bilden sich im Sommer Schlangen vor der **Gelataria Santini** 14 mit dem vielleicht besten Eis der Stadt. Unübersehbar hingegen erstrahlt gegenüber die vom französischen Eklektizismus des frühen 20. Jh. inspirierte Fassade des ehemaligen Kaufhauses **Grandella** in neuem Glanz und verleiht der Straße eine besondere Eleganz. Dezent neu bemalt, können Sie noch den Leitspruch des Bauherrn lesen: *Sempre no bom caminho* – Immer auf dem richtigen Weg.

Doch in der Wäscheabteilung dieses Kaufhauses nahm am 25. August 1988 ein verheerender Großbrand seinen Anfang und es wurde gemunkelt, dass der damalige Besitzer aus Spekulationsgründen selbst Hand angelegt habe, hatte doch offenbar das Grandella den richtigen Weg verlassen und stand kurz vor dem finanziellen Ruin. Gerichtlich wurde er freigesprochen, in das Gebäude hat inzwischen Hennes & Mauritz Einzug gehalten.

All die sorgfältig restaurierten Häuser im oberen Bereich der Straße veranschaulichen die baulichen Interventionen unter Leitung des portugiesischen Architekten Siza Vieira nach der Feuersbrunst, die letztlich auf die baulichen Mängel des Chiado zurückzuführen war. Zwar verfügte das Viertel ab 1878 als erster Stadtteil über eine elektrische Straßenbeleuchtung, doch wurden sehr bald die Modernisierung von Häusern oder die verkehrstechnische Erschließung des Viertels sträflich vernachlässigt. Selbst in den großen Kaufhäusern fehlten Feuermelder oder Feuerlöscher und in der Rua do Carmo verhinderten fest betonierte Blumenkübel ein schnelles Eingreifen der Feuerwehr.

Rund um die Armazéns do Chiado 16

Ein weiteres mondänes Kaufhaus, die Armazéns do Chiado, fiel den Flammen zum Opfer. Das wieder aufgebaute Einkaufszentrum steht exemplarisch für den typischen Funktionswandel alter Klostergemäuer. Der Orden

Santo Espírito da Pedreira widmete sich in diesem Konvent vornehmlich der christlichen Bemäntelung von jüdischen Handelsgeschäften und kam so im 15.–18. Jh. zu großem Reichtum und politischem Einfluss. Nach der Säkularisierung 1834 funktionierte es zwischenzeitlich als aristokratisches Nobelhotel, bis es Ende des 19. Jh. in Lissabons größtes Kaufhaus umgewandelt wurde. Interessanterweise beherbergt es heute neben der ansprechenden Shopping Mall abermals ein stilvolles Hotel, das Regency Chiado.

Das faszinierende Sanierungskonzept Siza Vieiras orientierte sich an den historischen Vorgaben und behielt die kargen pombalinischen Fassaden einschließlich historischer Details wie die grüne Bemalung der Fensterrahmen bei. Zwischenzeitliche bauliche Modifikationen, wie das Art-Deco-Schaufenster von Au Bonheur des Dames an der Ecke zur Rua Garrett blieben erhalten. Etwa ein Viertel der renovierten Fläche wurde in Wohnraum umgewandelt, um dem weit vorangeschrittenen Bevölkerungsexodus Einhalt zu gebieten. Illegale Bebauung von Hinterhöfen wurde beseitigt und selbige öffentlich zugänglich gemacht.

Eine dieser ruhigen Oasen verbirgt sich unmittelbar zu Beginn der Rua Garrett auf der linken Seite, hinter den von Siza Vieira eingeführten Eingängen mit Rundbögen. Den kühnen Wiederaufbau unter Beibehaltung der historischen Baustrukturen kann man heute als gelungenes Wagnis feiern: Nach 15 Jahren Bauzeit ist ein frisch erstrahlendes Chiado-Viertel entstanden.

Rua Garrett

Obwohl keine 400 m lang galt die Rua Garrett, benannt nach dem romantischen Dichter und Begründer des nahen Nationaltheaters Almeida Garrett (1799–1854), als Zentrum des Chiado, wo die feine Gesellschaft flanierte. Paris wollte sie in Lissabon finden, und Paris em Lisboa ist bis heute der Name des eleganten Tuchgeschäfts in Nr. 77. Weitere traditionelle Geschäfte lassen vergangene Welten erahnen, seien es hochkarätige Juweliere, elitäre Modegeschäfte, Buchhandlungen, Apotheken und Blumenläden. Selbst der Schuhputzer arbeitet im Hauseingang der Nr. 47 in einem vergleichsweise luxuriösen Ambiente.

Die erfolgreiche Wiederbelebung des Chiado zeigt sich nicht zuletzt daran, dass sich inzwischen auch moderne Exklusivläden angesiedelt haben: Das seit Generationen in Familienbesitz befindliche Kaffeegeschäft Casa Pereira (Nr. 38) liegt nur wenige Meter oberhalb der jüngst eröffneten Nespresso-Filiale, und die Traditionsbuchhandlungen werden durch das Medienkaufhaus **FNAC** 7 in den neuen Armazéns do Chiado ergänzt. Dieses Nebeneinander von ehrwürdiger und moderner Eleganz findet seinen stilistischen Glanzpunkt im Erdgeschoss des Benetton-Gebäudes (Nr. 83–93), wo Denkmalschutzauflagen einen vergoldeten Fahrstuhl aus dem 19. Jh. in die sachlich-verchromte Innendekoration der Neuzeit katapultierten.

Der Tabakladen Havaneza und die Apotheke Durão (Nr. 90) waren neben den einflussreichen Freimaurerlogen übliche Orte politischer Konspiration liberaler Strömungen. Hier wurde von einer elitären Gruppe Eingeweihter über die Geschicke des Landes entschieden, die sich zugleich dem kultivierten Müßiggang hingaben.

Basílica dos Mártires 17

Mo–Fr 9–19, Sa/So 10–20 Uhr, Eintritt frei

Werfen Sie zwischen all den Lockungen des Konsums auch einen kurzen

Das Brasileira gehörte zu den Lieblingscafés von Fernando Pessoa

Blick in die aufwendig sanierte Basílica dos Mártires auf halber Höhe der Rua Garrett, einst Taufkirche des Dichters Fernando Pessoa. Der merkwürdige Stilmix aus Rokoko und Klassizismus sowie die mehr künstlich als künstlerisch anmutenden Wandmalereien folgen den Vorstellungen der Stadtplaner nach dem Erdbeben, die sie 1784 als einzigen Kirchenneubau ins Stadtviertel setzten.

Café Brasileira 9

Ein paar Schritte weiter stößt man auf Lissabons berühmtestes Café Brasileira, gleichermaßen bei Touristen wie Einheimischen beliebt. Ursprünglich 1905 als Geschäft für brasilianischen Kaffee gegründet, gab der Besitzer seinen jeweiligen Kunden eine Tasse Kaffee zur Probe aus. Diese Verkaufsstrategie war so erfolgreich, dass drei Jahre später die Umwandlung zum Café erfolgte, das Intellektuelle und Politiker aller Richtungen magisch anzog. Die mittlerweile restaurierte Inneneinrichtung mit lederbezogenen Holzstühlen, Wandspiegeln und alten Messingleuchten stammt aus dem Jahre 1922. Wenig später wurden über dem Tresen seinerzeit höchst umstrittene Bilder des portugiesischen Modernismus ausgestellt, die in diesen Räumen erstmalig ein breiteres Publikum fanden. Längst hängen die meisten von ihnen im Museum für zeitgenössische Kunst, dem Museu do Chiado ein paar Häuser weiter.

Während der Diktatur blieb das Brasileira ein Ort für oppositionelle Diskussionsrunden. Diese Tertúlias wurden zwar vom Diktator António Salazar toleriert, allerdings unter ständiger Beobachtung durch die Spitzel der Geheimpolizei PIDE, deren Hauptzentrale wenige Straßen entfernt lag. In Folge der Einschätzung Salazars, dass diejenigen, die Revolutionen in den Cafés machen, solche nicht ernsthaft auf der Straße betreiben würden, blieben Kaffeehäuser notwendige Ventile in den düsteren Jahren der Unterdrückung.

Largo do Chiado

Auf der Terrasse zum Largo do Chiado sitzt in Bronze gegossen einer der früheren Stammgäste des Cafés, Fernando Pessoa (1888–1935), einer der berühmtesten portugiesischen Schriftsteller des 20. Jh. Vielleicht wollen Sie einmal kurz an seiner Seite zum Fototermin Platz nehmen? Nur wenige Meter entfernt erblickte er gegenüber dem Opernhaus das Licht der Welt. Auf dem Weg dorthin grüßt neben dem Metro-Eingang ein anderer Dichter mit ausschweifender Geste von seinem steinernen Sockel herab. António Ribeiro (gest. 1591) war ein entlaufener Franziskanermönch aus Évora und Volkspoet. Er ließ das Volk mit seiner anzüglichen Sprache auf die Bühne kommen, und selbst der königliche Hof zollte seiner präzisen Beobachtungsgabe Beifall. Sein Künstlername *Chiado* verhalf bereits im 16. Jh. dem Stadtviertel zu seinem Namen.

Oper São Carlos und Theater São Luiz

Das **Opernhaus São Carlos** 18 in der Rua Serpa Pinto wurde dank großzügiger Spenden reicher Kaufleute in nur sechs Monaten erbaut und 1793 eröffnet. Die frühere prunkvolle Barockoper, die an den alten Königspalast am Tejoufer angrenzte, war nach nur siebenmonatiger Spielzeit dem Erdbeben zum Opfer gefallen. Die klassizistische Fassade des neuen Hauses orientiert sich an der Mailänder Scala, im Innenraum im Rokokostil reichen fünf Galerien bis hoch zum Theaterhimmel. War dieses imposante Gebäude lange Zeit eines der kulturellen Zentren des reichen Lissabon, so fehlt gegenwärtig ein eigenes Ensemble, vor allem Konzerte und Gastspiele gelangen zur Aufführung.

Oberhalb der Oper liegt das 1894 eingeweihte **Theater São Luiz,** auf dessen Bühne auch internationale Stars wie Sarah Bernhardt oder Eleonora Duse standen. 1914 fast völlig niedergebrannt, wurde es 1928 zu einem der berühmtesten Kinos im Land umgebaut. Mittlerweile hat es seine Ursprungsbestimmung als Theater wieder gefunden.

Museu do Chiado 19

www.museudochiado-ipmuseus.pt, Di–So 10–18 Uhr, Eintritt 4 €

Die Rua Serpa Pinto führt weiter bergab zum Museu do Chiado. Das Museum für zeitgenössische Kunst ist seit 1911 in Teilen des früheren Franziskanerklosters untergebracht. Dass es im 19. Jh. auch einmal einer Bäckerei Platz bot, belegen gut erhaltene Backöfen in einem der Ausstellungsräume. Gebäude und Konzeption des Museums wurden 1994 grundlegend modernisiert. Die Gemäldesammlung repräsentiert die Entwicklung der portugiesischen Kunst von 1850 bis in die Gegenwart. Sie wird jedoch zumeist nicht als Ganzes, sondern in Wechselausstellungen zu ausgewählten Künstlern oder Stilrichtungen präsentiert.

Rua António Maria Cardoso

Die Parallelstraße birgt eines der dunkelsten Kapitel der portugiesischen Geschichte. Dort lagen Hauptzentrale und Folterzellen der **Geheimpolizei PIDE** 20, in denen noch in den letzten Stunden des verhassten Regimes vier Männer den Tod fanden. Nach langen Auseinandersetzungen mit Vereinigungen der Widerstandskämpfer ist an dieser Stelle eine Luxuswohnanlage entstanden, in der nur mehr ein Denkmal an die Opfer der Diktatur erinnert.

Igreja do Loreto und Igreja da Encarnação

Loreto: 8–13 und 16–20 Uhr, Encarnação: Mo–Fr 7.30–18.30, Sa/So 9–12.30, 16–20 Uhr, Eintritt frei

Weiter bergauf an der Kreuzung zur Rua Garrett stehen sich zwei Kirchen gegenüber, die zu Beginn des 16. Jh. am damaligen westlichen Stadttor gebaut und im Erdbeben zerstört wurden. Mit ihren heutigen klassizistischen Portalen wirken sie äußerlich wie Kirchengeschwister. Ganz spannend: Die italienische Gemeinde Lissabons war es, die die nördlich gelegene **Loreto-Kirche** 21 errichtete und sie zu einer der reichsten Kirchen der Stadt machte. Der Volksmund nennt sie folglich »Igreja dos Italianos em Lisboa«. Nach dem Erdbeben wurde sie vom Architekten des Opernhauses, Costa e Silva, im klassizistischen Stil wieder aufgebaut und von portugiesischen und italienischen Künstlern ausgeschmückt. In der gegenüberliegenden **Encarnação-Kirche** kam mit den restaurierten Decken- und Chorgemälden aus dem 18. Jh. neuer Glanz in den zuvor düsteren Innenraum.

Praça de Camões 22

Die Häuser um die angrenzende Praça de Camões verfielen lange Jahre, bis sie nun von der Stadtverwaltung saniert und teilweise zu Studentenwohnungen umgestaltet wurden. Der Nationaldichter Luis de Camões (1525–1580) beobachtet das lebhafte Treiben auf seinem hohen Denkmalsockel.

Rua da Misericórdia

Sollte Ihnen der Lissabonner Kaffee bisher gemundet haben, werden Sie vom Ambiente des schmalen Kaffeegeschäfts **A Carioca** 2 gleich zu Beginn der Straße in Nr. 9 entzückt sein. In Nr. 37 finden Gutbetuchte Lissabons ältestes und würdigstes **Restaurant Tavares** 1. 1784 eröffnet, übernahmen es im 19. Jh. die exzentrischen Brüder Manuel und António Tavares, die ihren erlauchten und literarischen Gästen, unter ihnen die Literatengruppe um Eça de Queirós, die Speisekarte in Versform rezitierten. Sie machten aus dem Restaurant ein Luxusetablissement, dessen erlesene Gerichte auch heute noch im Neorokoko-Speisesaal mit vergoldeten Spiegelwänden unter kristallenen Lüstern kredenzt werden.

An der Rua da Misericórdia und der südwärts zum Tejo führenden Rua do Alecrim verlief im Mittelalter die westliche **Stadtmauer** aus dem 14. Jh. Unter König Ferdinand I. in nur zwei Jahren errichtet, schützte sie die damals auf gut 50 000 Einwohner angewachsene Stadt vor spanischem Begehr. Das gewaltige Bauwerk war über 5 km lang, verfügte über 34 Stadttore und umfasste eine siebenmal größere Fläche als die ursprüngliche arabische Stadt. Reste dieser Stadtmauer verbergen sich hinter Glas im Erdgeschoss des kleinen Einkaufszentrums Espaço Chiado (Nr. 14).

Rua Nova da Trindade und Largo Bordalo Pinheiro

Der rückwärtige Ausgang führt auf die Rua Nova da Trindade, wo in Nr. 20 im früheren Refektorium des Trinitätsklosters heute das Restaurant **Cervejaria da Trindade** 7 untergebracht ist. Es ist mit prachtvollen Azulejobildern geschmückt, die u. a. allegorisch die Jahreszeiten und Freimaurersymbole darstellen. Die Schnitzel und Meeresfrüchte genießen einen guten Ruf, dazu werden monatlich 14 000 l Bier ausgeschenkt.

Um 1880 entstand die eindrucksvoll gekachelte Häuserfront am **Largo Bordalo Pinheiro**, benannt nach einem bekannten Lissabonner Karikaturisten, der im 19. Jh. hinter diesen Mauern wohnte. Auch dieses prägnante Beispiel einer Azulejofassade zeigt Symbole der Freimaurerei.

Largo do Carmo

Die Rua da Trindade führt zum Carmoplatz, auf dem die Ruine der **Igreja do Carmo** 23 an das verheerende Erdbeben mahnen soll. Sie ist der erste rein gotische Kirchenbau Lissabons. Die Kirche und das angeschlossene Karmeliterkloster entstanden 1389 in Erfüllung eines Gelübdes des Heerführers Nuno Álvares Pereira, nachdem er mit Unterstützung von englischen Bogenschützen Portugals Unabhängigkeit in der Schlacht bei Aljubarrota (1385) gegen Spanien verteidigt hatte. Er selbst verbrachte den Rest seines Lebens als bescheidener Mönch in dem von ihm gegründeten Kloster. Heute ist in der beeindruckenden Kirchenruine ein kleines archäologisches Museum untergebracht (Mo–Sa 10–18 Uhr, Eintritt 2,50 €). Eine Pflasterinschrift vor der angrenzenden Polizeikaserne erinnert an das Schlüsselereignis der jüngsten portugiesischen Geschichte. Hierher hatte sich der letzte Machthaber der Diktatur, Marcello Caetano, am 25. April 1974, dem Tag der friedlichen Revolution zur Erlangung der Demokratie, geflüchtet, bevor er am Abend schließlich seine Macht aufgab und ins Exil ging.

Die Mitte des lauschigen Platzes schmückt ein barocker Brunnen aus dem Jahre 1796, dessen Baldachin von vier Säulen getragen wird. Er speiste sich aus den unterirdischen Wasserleitungen des Aquädukts (s. S. 212) und gehörte zu einem weitreichenden Versorgungsnetz, das die Wasserknappheit der Stadt beenden sollte.

Am Ende des Rundgangs bietet der Largo do Carmo den perfekten Ort zur Entspannung

Unser Tipp

Unter blau blühenden Bäumen

Bei schönem Wetter stellt die urige **Leitaria Académica** 8 auf dem Largo do Carmo ihre Tische unter blau blühenden Jakarandabäumen auf. Bei einem einfachen Essen oder bei Kaffee und Gebäck lässt sich vortrefflich über die vielfältigen Schicksale sinnieren, die diesem Platz schon widerfahren sind (Tel. 213 46 90 92, Metro: Baixa-Chiado, Mo–Sa 7–23 Uhr, im Sommer auch So 10–17 Uhr, Hauptspeisen ab 6 €).

Essen & Trinken

Stilvoll in Rokoko – **Tavares** 1: Rua da Misericórdia, 37, Tel. 213 42 11 12, www.restaurantetavares.pt, Metro: Baixa-Chiado, Di–Sa 12.30–14.30, tgl. 19.30–22.30 Uhr, Menüs 28 (mittags) –150 (!) €, Hauptspeisen ab 30 €. Man speist im vergoldeten Rokokosaal von Lissabons luxuriösestem Restaurant. Die Speisen sind dagegen höchst modern.

Berühmt – **Olivier** 2: s. S. 33.

Bei Fernando Pessoa – **Martinho da Arcada** 3: Praça do Comércio, 3, Metro: Praça do Comércio, Café Mo–Sa 7–23 Uhr, Restaurant Mo–Sa 12–15.30 und 19–23 Uhr, Hauptspeisen ab 15 €. Im zweiten Zuhause von Fernando Pessoa erinnern zahlreiche Devotionalien an den Dichter, auch José Saramago hatte hier oft einen Tisch reserviert.

Lebendige Tradition – **Largo** 4: s. S. 33.

Günstige Hausmannskost – **Zé dos Cornos** 5: Beco dos Surradores, 5, Tel. 218 86 96 41, Metro: Rossio, Mo–Sa 12–15, 19–21 Uhr, Hauptspeisen ca. 8,50 € für 2 Pers. Winzige Kneipe, fast immer voll. Der freundliche Wirt erklärt gerne gestenreich die Tagesgerichte auf der Tafel, etwa Schweinerippchen mit Bohnenreis oder Bacalhau mit Kichererbsen.

Japanisch jung – **Nood** 6: Largo Rafael Bordalo Pinheiro, 20, Tel. 213 47 41 41, www.nood.pt, Metro: Baixa-Chiado, tgl. 12–24 Uhr, Hauptspeisen um 8 €. Im minimalistisch gestylten und in kräftiges Rot getauchten kantinenähnlichen Speisesaal wird v. a. jungen Leuten japanisch angehauchtes Essen geboten, auch Vegetarisches.

Trubel im alten Kloster – **Cervejaria da Trindade** 7: s. S. 35.

Unter Jacarandabäumen – **Leitaria Académica** 8: s. Tipp links.

Cafés/Pastelarias

Erhabener Jugendstil – **Café Brasileira** 9: s. S. 37.

Art déco – **Café Nicola** 10: s. S. 37.

Kaffee gutbürgerlich – **Pastelaria Suíça** 11: s. S. 37.

Für Keksfreunde – **Confeitaria Nacional** 12: Praça da Figueira, 18, Metro: Rossio, tgl. 8–20 Uhr. Neben dem Neujahrskuchen *bolo de rei* kann man hier über 70 verschiedene Kekssorten genießen und erwerben, s. Entdeckungstour S. 157.

Intellektuell – **Vertigo Café** 13: Travesso do Carmo, 4, Metro: Baixa-Chiado, Mo–Sa 11–22.30 Uhr. Ein wenig wie eine bessere Studentenkneipe mit Kerzen auf den Tischen und Zeitschriften für die Gäste.

Spitze Eis – **Gelataria Santini** 14: Rua do Carmo, 13, Metro: Rossio, 11–20 Uhr, im Sommer auch länger. Die Lissabonner sind so entzückt vom besten Eisgeschäft in der Stadt, dass sie im Sommer Schlange stehen.

Süße Kirsche – **A Ginjinha do Rossio** 15: Largo São Domingos, 8, Metro: Rossio, tgl. 9–21 Uhr, s. Tipp S. 146.

Einkaufen

Uralter Delikatessladen – **Manuel Tavares** 1: Rua da Betesga, 1A-B, Metro: Rossio. Weine, Gebäck, Käse und Schinken in antikem Ambiente.
Kaffee pur – **A Carioca** 2: s. S. 39.
Portwein-Eldorado – **Napoleão** 3: s. S. 39.
Reformhaus – **Celeiro** 4: Rua 1° de Dezembro, 65, Metro: Rossio. Ökologische Produkte, Vollkornbrot, Salate, Sandwichs oder Kuchen. Stadtweit mehrere Filialen.
Phönix aus der Asche – **Armazéns do Chiado** 16: Rua do Carmo, 2, Metro: Baixa-Chiado, tgl. 10–22, Restaurants bis 23 Uhr. Überschaubare Shopping-Mall. Die Cafés und Restaurants im obersten Stockwerk z. T. mit tollem Blick über die Baixa.
Keramik – **Pollux** 5: Rua dos Fanqueiros, 276, Metro: Rossio. Das Kaufhaus für Haushaltswaren verkauft auch traditionelle Keramik- und Tonwaren, etwa Olivenschälchen, oft geschmackvoller und preisgünstiger als im Souvenirladen.
Älteste Kachelmanufaktur – **Sant' Anna** 6: s. S. 40.
Medienkaufhaus – **FNAC** 7: s. S. 38.
Traditionsbuchhandlung – **Livraria Bertrand** 8: s. S. 39.
Lissabon antiquarisch – **Livraria Olisipo** 9: s. S. 39.
Traditionsreich – **Companhia Nacional de Música** 10: s. S. 39.
Aus einem früheren Leben – **A Vida Portuguesa** 11: s. S. 39.
Das Mode-Original – **Ana Salazar** 12: s. S. 41.
Lässige Eleganz – **Hugo Boss** 13: Rua Garrett, 78, Metro: Baixa-Chiado. Filiale der deutschen Luxusmarke.
Klassisch-zeitlos – **José António Tenente** 14: s. S. 41.
Elegante Handschuhe – **Luvaria Ulisses** 15: s. S. 41.
Alte Hüte – **Chapelarias Azevedo Rua** 16: s. S. 41.
Vom laufenden Meter – **Casa Frazão** 17: Rua Augusta, 265, Metro: Rossio. Eines der ehrwürdigen Stoffgeschäfte, die sich rund um den Rossio in Lissabons Unterstadt gehalten haben.
Edle Stoffe – **Souza** 18: Rua dos Sapateiros, 181–183, Metro: Baixa-Chiado. Stoffe von höchster Qualität, auch von der Pariser Haute Couture.
Letzte Sattlerei – **Victorino de Sousa** 19: Rua dos Correeiros, 200–202, Metro: Rossio. Handgemachte Reitstiefel, Sattel, Steigbügel und vieles mehr.

Abends & Nachts

In der Baixa und im Chiado gibt es nur wenige Bars. Einen Absacker können Sie aber beispielsweise auch im Café Brasileira (s. o.) trinken, das bis 2 Uhr nachts geöffnet hat.
Alternativkultur – **Associação Bacalhoeiros** 1: Rua dos Bacalhoeiros, 125, 2. Stock, www.bacalhoeiro.ning.com, Metro: Praça do Comércio, Di–So 18–2 Uhr. Musik live oder von Platte, Filmabende, Tanzkurse und Mal-Workshops gibt es in diesem agilen Kulturzentrum.
Edle Drinks – **Café Bar** 2: Rua do Alecrim, 131, www.bairroaltohotel.com, Metro: Baixa-Chiado, tgl. 10.30–1.30 Uhr. Die Cocktails in entspannter Atmosphäre können Sie in einer der drei Bars im Luxushotel Bairro Alto genießen, auch wenn Sie nicht dort abgestiegen sind.
Traditionsbar – **Rock in Chiado** 3: Rua Paiva de Andrade 7–13, Metro: Baixa-Chiado, http://rockinchiado.com, Mo–Sa 12–3 Uhr. Konzerte aller Stilrichtungen von Reggae bis House; die Bar gibt es schon seit 1941, in den großen Zeiten war sogar Louis Armstrong zu Besuch!

Das Beste auf einen Blick

Bairro Alto und Cais do Sodré

Highlight !

Igreja de São Roque: Mehr Prunk geht nicht! Absolutes Highlight in der barocken Kirche ist eine Seitenkapelle ganz aus Edelsteinen, Gold, Alabaster, Jade, Lapislazuli und Marmor. Doch von außen gibt sich das Gotteshaus ganz unscheinbar. 3 S. 172

Auf Entdeckungstour

Das botanische Erbe der Kolonialzeit im Jardim Botânico: Früher brachten die Seefahrer immer einen Baum oder eine Pflanze von ihren fernen Entdeckungsfahrten mit. Sie wurden im ganzen Stadtgebiet, vor allem aber im Botanischen Garten angepflanzt. 6 S. 178

Kultur & Sehenswertes

Blau-weiße Kachelpaneele: Daran weiden sich Ihre Augen, während sich Ihr Gaumen an klösterlichen Süßspeisen im Convento dos Cardaes erfreut. 7 S. 180

Museu da Farmácia: Eine über 200 Jahre alte Apotheke sowie Heilmittel aus unterschiedlichen Zeiten und Kulturen präsentiert das schöne Museum der Apothekervereinigung. 11 S. 181

Aktiv & Kreativ

Die Hügel hinauf und hinab: An den beiden Flanken des Bairro Alto schaukeln die zwei urigen, über 120 Jahre alten Standseilbahnen Glória und Bica. S. 168, 181

Junge Avantgarde: In der alternativen Galeria Zé dos Bois finden Sie wechselnde Ausstellungen, Installationen, Filme und Videos, spätabendliche Konzerte, einen Buchladen und vielfältige Kursangebote. 1 S. 184

Genießen & Atmosphäre

Miradouro São Pedro de Alcântara: Der Aussichtspunkt wartet auf mit einem atemberaubenden Blick über fast ganz Lissabon bis zum Burghügel, und das inmitten einer neu gestalteten Parkanlage. 1 S. 168

Schatten unter tropischen Bäumen: Im Jardim Príncipe Real finden Sie unter einer weit ausladenden Zeder Entspannung im Terrassencafé. 15 S. 176

Abends & Nachts

Cocktails in skurriler Atmosphäre: In der Bar im früheren Kolonialwarenladen Pavilhão Chinês ist die Sammelleidenschaft des Besitzers allerdings nicht immer *politically correct.* 4 S. 176

Sonnenuntergang über dem Fluss: Die richtige Zeit, um sich am Kiosk des Miradouro Santa Catarina gemeinsam mit der jungen Szene auf den nächtlichen Marsch durch die umliegenden Bars einzustimmen. 10 S. 181

Lissabons Szeneviertel Nummer eins

Der jugendlichen Agilität der ›Oberstadt‹ Bairro Alto sehen Sie heute kaum an, dass die Ursprünge dieses Viertels in die glorreiche Entdeckerzeit zurückreichen. Damals platzte das wohlhabende Lissabon aus allen Nähten. Prall gefüllte Karavellen kehrten aus Brasilien, Afrika und Indien zurück und zogen aus allen Landesteilen Menschen an, die an dem märchenhaften Reichtum teilhaben wollten.

Während der Regierungszeit von König Manuel I. (1495–1521) verdoppelte sich Lissabons Einwohnerzahl. Unter seiner Herrschaft begann 1496 die Judenvertreibung, in deren Folge auch dringend benötigtes Bauland frei wurde. Der Stadtteil steht auf dem ehemaligen Grund des jüdischen Astronomen und königlichen Leibarztes Palaçano, dessen Witwe zum Verkauf des Terrains gezwungen worden war. Wenig später zogen Jesuiten und portugiesischer Adel auf den Hügel, um den übel riechenden Gassen der mittelalterlichen Unterstadt zu entfliehen. Das Bairro Alto wurde zur ersten planvollen Stadterweiterung des mittelalterlichen Lissabon.

Infobox

Reisekarte: ► M/N 10/11

Ausgangspunkt
Der vorgeschlagene Rundgang beginnt am **Miradouro São Pedro de Alcántara;** nächste Metrostation ist Restauradores. Wenige Meter entfernt startet die Fahrt mit der **Standseilbahn Elevador da Glória** (s. u.). Alternativ können Sie nach einem Besuch des **Chiado** ins Nachbarviertel wechseln.

Per Standseilbahn ins Bairro Alto
Wenigstens einmal sollten Sie während Ihres Lissabonaufenthalts mit einer Standseilbahn hoch auf die Hügel des Bairro Alto fahren, z. B. mit dem **Elevador da Glória,** dessen Talstation in der Calçada da Glória an der Praça dos Restauradores liegt. 1885 eingeweiht, verfügte er damals über doppelstöckige Waggons mit Stehplätzen auf dem Dach. Zunächst wurden die Standseilbahnen durch das Gegengewicht eines Wasserdepots von 400 m³ angetrieben: Während ein Wagen nach unten fuhr, wurde der andere nach oben gedrückt. Wenige Jahre später erfolgte die Umstellung auf Dampfkraft und 1915 schließlich die Elektrifizierung des Gefährts. Auf der südlichen Flanke des Stadtviertels führt der **Elevador da Bica** hinab in die Hafengegend.

Der obere Bairro Alto

Miradouro São Pedro de Alcântara 1

Neben der Bergstation der Glória-Bahn erstreckt sich auf zwei Ebenen die kleine Parkanlage São Pedro de Alcântara aus dem 19. Jh. Aus luftiger Höhe schweift der Blick über das Stadtzentrum und die gegenüberliegenden Hügel bis zur machtvollen Burganlage.

In den steilen Gassen hinauf zum Bairro Alto sitzt es sich gemütlich im Straßencafé – mit Blick auf die Burg

RESTAURANTE
O GINASIO

Rua do Salitre
RATO
R.N.São Mamede
Rua da Escola Politécnica
R. M. F. Branco
Rua do Arco
Museu das Ciências
Avenida
Tr. do Salitre
Avenida da Liberdade
Rua de São José
Rua da Fé
Rua do Telhal
Elevador do Lavra
Praça da Alegria
R. Mãe de Agua
R. da C. da Glória
R. St. António Glória
Rua da Glória
Tr. da Glória
Rua das Taipas
Rua G. de Matos Sequeira
R. da Imprensa Nacional
M. Pais
C. Eng.
Rua d. M. Olivete
Jardim do Príncipe Real
R. M. Portugal
R. M. Bernardes
R. dos Prazeres
Rua de S. Marçal
Rua C. d. Sousa
R. d. Jasmin
Rua da Palmeira
Tr. A. Peniche
Rua Dom Pedro V
Elevador da Glória
Praça dos Restauradores
Palácio Foz
Restauradores
Estação do Rossio
Praça das Flores
Rua N. d. Piedade
Rua Eduardo Coelho
Rua do Século
Rua Nova do Loureiro
Rua d. Boaventura
Rua da Rosa
Rua São Pedro da Alcântara
Tr. St. Teresa
Rua da Quintinha
Rua dos Poiais
Rua Academiadas das Ciências
Hospital de Jesus
Palácio da Assembleia Nacional
C. do Duque
R. da Oliveira
Tr. dos Inglesinhos
Tr. da Queimada
Rua da Atalaia
R. Diário das Notícias
Rua do Norte
BAIRRO ALTO
Travessa dos Fiéis de Deus
Tr. das Mercês
Rua Nova da Trindade
R. d. Misericórdia
S. Catarina
Rua d. Paz
Rua d. Cruz
Rua de S. Bento
Rua d. P. de São Bento
Calçada do Combro
Rua d. Loreto
P.L. do Camões
Largo do Chiado
R. Garret
Poço d. Negros
Rua d.
Tr. do Alcaide
R. d. Sol
Tr. C. Rio
R. d. St. Catarina
R. d. Almada
Elevador da Bica
Rua d. H. Seca
Rua da Emenda
Rua das Flores
Teatro São Carlos
Serpa Pinto
Avenida de Dom Carlos I
Rua das Gaivotas
R. Tomás Fernandes
Calçada S. C. de Sá
Rua da Boavista
Lg. do C. Barão
Rua do Alecrim
Museu do Chiado
Rua Vítor Córdon
Largo V. Damásio
Boq. do Duro
Rua de Dom Luís I.
Boqu. dos Ferreiros
Rua de S. Paulo
R. d. Ribeira Nova
Rua Nova Carvalho
Rua do Arsenal
Praça D. Luís
Av. 24 de Julho
Praça D. da Terceira
Avenida de Brasília
Cais do Sodré
Rio Tejo
0
125
250 m

Bairro Alto und Cais do Sodré

Sehenswert

1 Miradouro São Pedro de Alcântara
2 Largo Trindade Coelho
3 Igreja de São Roque
4 Blaues Haus
5 Reservatório Patriarcal
6 Botanischer Garten
7 Convento dos Cardaes
8 Palácio dos Carvalhos
9 Ehemaliges Verlagsgebäude O Século
10 Miradouro Santa Catarina
11 Museu da Farmácia
12 São-Paulo-Bäder

Essen & Trinken

1 100 Maneiras
2 Terra
3 Pap'Açorda
4 Comida do Santo
5 Meninos do Rio
6 Põe-te na Bicha
7 Antigo 1° de Maio
8 Cantinho do Bem-Estar
9 Primavera do Jerónimo
10 TMN ao Vivo
11 Toma-lá-dá-cá
12 Alfaia Garrafeira
13 Cultura do Chá
14 Padaria São Roque
15 Café Príncipe Real
16 Café Pão de Canela
17 SuiGeneris Caffé
18 noobai café

Einkaufen

1 Corallo Cacao & Caffé
2 Tereza Seabra
3 Leitão & Irmão
4 Simões Ferreira
5 J. Andrade
6 Mercado da Ribeira Nova
7 Ökomarkt

Abends & Nachts

1 Zé dos Bois
2 Frágil
3 BedROOM
4 Pavilhão Chinês
5 Majong
6 Bar Lounge
7 Musicbox
8 Capela
9 Artis Wine Bar
10 Café Suave
11 Club da Esquina
12 British Bar
13 Portwein-Institut Solar do Vinho do Porto
14 Portas Largas
15 Sétimo Céu
16 Trumps
17 Tasca do Chico

Eine gekachelte Panoramatafel benennt alle Sehenswürdigkeiten.

Inmitten der Parkanlage erinnert ein Denkmal an die große Zeit des Bairro Alto als Zeitungsviertel, als im 19. Jh. alle wichtigen Blätter ihre Redaktionen in früheren Adelspalästen unterhielten. Gewürdigt wird der Begründer der ersten portugiesischen Tageszeitung, Eduardo Coelho, der 1864 die erste Ausgabe des immer noch bedeutsamen Diário de Notícias herausbrachte. Er machte damit die Blinden arbeitslos, die auf Lissabons Straßen mit monotoner Stimme die letzten Neuigkeiten verbreitet hatten. Stattdessen riefen nunmehr die Zeitungsjungen, die *ardinas,* die neuesten Schlagzeilen aus und trugen in ihren typischen dunkelblauen Leinentaschen die Zeitungen in alle Winkel der Stadt. Auch ihnen wurde hier liebevoll ein kleines Denkmal in Bronze gesetzt. Die angrenzende Rua de São Pedro de Alcântara säumen zahlreiche Stadtpaläste aus dem 18. Jh.

Largo Trindade Coelho 2

Nach Süden geht es hügelab zum Largo Trindade Coelho, die Verbindung zum Nachbarstadtteil Chiado. Rings herum befinden sich traditionsreiche Buchantiquariate – einst lag in der Nähe ein mittelalterliches Stadttor, das Katharina, der Schutzheiligen der Buchhändler, gewidmet war. Der Platz wird gescmückt von zwei hübschen historischen Kiosken sowie einem bronzenen Denkmal für die Losverkäufer, die von den Lissabonnern *cauteleiros* genannt werden. Sie sind bis heute nicht aus dem Stadtbild wegzudenken. Portugiesen investieren wöchentlich 18 Mio. € in die Lotterie Euromilhões. Aber auch Urlauber sind spielberechtigt. Wer richtig tippt, hat

Unser Tipp

Portwein-Institut – Eine Portweinprobe zwischendurch ... 13
Gegenüber der Bergstation der Glória-Bahn erwartet Sie im Stadtpalast des deutschen Baumeisters Johann Friedrich Ludwig, nach der portugiesischen Schreibweise seines Namens Palácio Lodovice genannt, das Portwein-Institut. In gediegener Clubatmosphäre lassen sich zu attraktiven Preisen über 200 verschiedene Portweine probieren. Zum Glück ist der Service so bedächtig, dass man es kaum schaffen kann, sich hier zu betrinken. Üblicherweise hat Portwein immerhin 22 % Alkohol. Damit dieser nicht zu sehr in den Kopf steigt, bestellt man sich gern eine Portion Schafskäse, Schinken oder sogar ein Stück Schokoladentorte dazu.

mindestens 15 Mio. sicher, auch ohne Jackpot. Am Quiosque da Sorte, dem ›Kiosk des Glücks‹ erhalten Sie Ihr Los.

Igreja de São Roque ! 3

Mo 14–18, Do 9–21, sonst 9–18 Uhr, Eintritt frei

Die heutige Igreja de São Roque nimmt die Stelle der ehemaligen Kapelle des hl. Rochus ein, die nach der schweren Pestepidemie von 1506 zu Ehren des Schutzheiligen gegen die Pest auf dem Platz erbaut wurde und sich zu einem Wallfahrtsort für Arm und Reich entwickelte. Auf den damals noch unbebauten Feldern und Olivenhainen rundherum wurden Tausende Pesttote begraben. Nachdem die Kapelle wenig später eine Reliquie des Heiligen erhalten hatte, wurde sie noch populärer – und weckte die Aufmerksamkeit der Jesuiten, die König João III. 1540 als Hauptakteure der katholischen Gegenreformation ins Land holte. Ihr Orden sollte während der folgenden beiden Jahrhunderte das portugiesische Erziehungswesen und die Universitäten monopolisieren, die heidnische Urbevölkerung der portugiesischen Kolonien zum Christentum bekehren und maßgeblich an der Inquisition und der Verfolgung von Juden und Neuchristen beteiligt sein. An Stelle der Pestkapelle errichtete der Jesuitenorden ab 1566 die Kirche São Roque als seine Mutterkirche.

Die unscheinbare Außenfassade steht für den neuen schmucklosen Baustil, der vorübergehend die überschwänglichen Formen der Manuelinik ablöste. Doch schon im 17. Jh. kehrte die Pracht zurück und ließ das opulente Kircheninnere zu einem Prunkstück der Lissabonner Kirchenbaukunst werden.

Entsprechend der jesuitischen Lehre soll der Prediger alle Blicke anziehen, weshalb das Gotteshaus einschiffig geplant wurde. Über den acht Seitenkapellen verläuft eine Fenstergalerie, die den Innenraum mit Licht und die Gläubigen mit innerer Erleuchtung erfüllen soll. Schon beim Betreten des Kirchenraums richtet sich alle Aufmerksamkeit auf den vergoldeten **Hauptaltar** (1625–28), der vier Heilige der Jesuiten um eine Marienstatue gruppiert. Das zentrale Gemälde wird sieben Mal jährlich gemäß dem liturgischen Kalender ausgewechselt. Auffallend ist die mit perspektivischen Malereien verzierte flache Holzdecke. Die dafür erforderlichen Balken wurden aus deutschen Landen eingeführt, da entsprechend hohe Bäume auf der Iberischen Halbinsel nicht wuchsen. Dank der hölzernen Dachkonstruktion überstand die Kirche das Erdbeben weitgehend unbeschadet.

Früh wurde der Innenraum mit seltenen Renaissance-Kacheln ausgeschmückt, die in der neuartigen Majolikatechnik wie eine Leinwand bemalt wurden. Die dem heiligen Rochus geweihte dritte Kapelle rechts wird als bedeutendes Beispiel dieser Technik gerühmt. Die meisten Seitenkapellen erhielten vergoldete Barockaltäre.

Das eigentliche Glanzstück aber bildet die **vierte Kapelle links,** die Johannes dem Täufer geweiht ist und 1752 den Übergang vom Rokoko zum Klassizismus markiert. Über hundert italienische Spezialisten schufen in Rom ein Meisterwerk aus verschiedenen Marmorarten, Lapislazuli, Alabaster, Jade, Bronze, Gold und Silber. Einzigartig sind die aus Edelsteinen gefertigten Mosaikgemälde. Allerdings müssen Sie sehr genau hinschauen, um die kleinen Steinchen als solche zu erkennen. Nach fünfjähriger Arbeit wurde die Kapelle vom Papst gesegnet, in Einzelteile zerlegt und auf drei Schiffen nach Lissabon gebracht, um von italienischen Fachleuten in noch einmal fünf Jahren an Ort und Stelle wieder zusammengesetzt zu werden.

Museu de São Roque

Di/Mi, Fr–So 10–18, Do 14–21 Uhr, www.museu-saoroque.com, Eintritt 2,50 €

Nach der Ausweisung der Jesuiten 1759 wurde die Kirche mit ihren Nebengebäuden der Wohltätigkeitsstiftung Santa Casa da Misericórdia übertragen, die hier noch immer ihren Hauptsitz hat und das São-Roque-Museum mit seinem reichen Kirchenschatz aus dem 16. bis 18. Jh. betreibt. Der in Portugal bedeutende Misericórdiaorden wurde 1498 von der Altkönigin Leonor gegründet. An der Seite ihres Bruders Manuel I. wurde sie zur großen sozialen und kulturellen Wohltäterin und die Santa Casa da Misericórdia zur ersten staatlich geförderten Sozialeinrichtung Portugals. Der Orden kümmerte sich seitdem nicht nur um Arme, Kranke und Gefangene, sondern sorgte auch für das Begräbnis derjenigen, die auf den Scheiterhaufen der Inquisition verbrannt wurden. Die Stiftung spielt noch heute mit ihren Einrichtungen der Armenfürsorge, ihren Altenheimen und Krankenhäusern eine tragende Rolle in der portugiesischen Sozialpolitik. Seit 1783 finanziert sie sich aus den Erlösen der landesweiten Lotterie. Aus diesem Grunde steht der bronzene Losverkäufer direkt vor ihrem Hauptgebäude.

Bummel durch das Zentrum des Bairro Alto

Travessa da Queimada

Die Travessa da Queimada führt nach Westen in das Herz des Bairro Alto. Die geradlinigen Straßenzüge von Lissabons erstem modernen Stadtviertel erleichtern die Orientierung: Die engeren *travessas* verlaufen von Ost nach West, die breiteren *ruas* von Nord nach Süd. Seit das Bairro Alto im Zuge einer umfassenden Altstadtsanierung verkehrsberuhigt wurde, ist ein Spaziergang durch dieses lebendige Viertel noch angenehmer. Die **Travessa da Queimada** offenbart die für das 19. Jh. typische Nutzungsstruktur des Bezirks. Sie beherbergt nicht nur das traditionsreiche Fadolokal Luso (Nr. 6–10), sondern auch die letzten im Bairro Alto verbliebenen Redaktionsbüros der landesweit auflagenstärksten Fußballzeitung A Bola (Nr. 23–27).

Denn nach der Ausweisung der Jesuiten zogen auch die Adeligen fort, der vormals aristokratische Glanz des Bairro Alto verblasste. Es verkam zum stadtbekannten Prostitutiertenviertel, in dessen dunklen Kaschemmen und

Ein kleiner Geheimtipp: das Jugendstil-Café Padaria São Roque

Spelunken Fadogesänge erklangen. Gleichzeitig entwickelte es sich zu Lissabons Zeitungs-, Druckerei- und Künstlerviertel, denn neben Redaktionsstuben zogen fortan auch Kunst- und Musikschulen in die verlassenen Adelspaläste ein. Mit den Journalisten, Fotografen und Intellektuellen kam im 19. Jh. eine kosmopolitische Lebendigkeit in das Bairro Alto, zahlreiche Restaurants, Kneipen und Bars öffneten ihre Tore.

Shoppen in der Rua do Norte

Für einen trendigen Einkaufsbummel empfiehlt sich die **Rua do Norte,** wo in zumeist kleinen, interessant gestylten Läden alles nur Erdenkliche für ein zeitgemäßes Outfit angeboten wird – von junger, farbenfroher oder Secondhand-Mode über Schuhe, Sneakers, Taschen oder Schmuck. Die strengen und schmucklosen Häuserfassaden jesuitischer Prägung sind charakteristisch für den Stadtteil, der anfänglich noch Bairro Alto de São Roque genannt wurde. Die Strenge in Glaubensfragen, wie sie in jesuitischen Erziehungsanstalten indoktriniert oder vor dem Inquisitionsgericht überprüft wurde, findet hier ihre architektonische Entsprechung.

Die leidvolle Erfahrung mit der Pest, die sich unter den unhygienischen Wohnbedingungen schnell ausbreiten konnte, führte zu neuen Maßnahmen der Hygiene und Gesundheitsvorsorge. Im abschüssigen Gelände wurden breite Straßen zum Tejo hin angelegt, in denen das abfließende Regenwasser von Zeit zu Zeit für die natürliche Säuberung von Unrat, Schmutz und Fäkalien sorgte. Die breiteren Straßen gewährleisteten zudem eine zeitgemäße Verkehrsanbindung der aristokratischen Paläste: Die in Mode gekommenen Pferdekutschen konnten bis vor die Haustüren fahren, während die mittelalterlichen Gassen der Alfama oder Mouraria oft nicht einmal für einen Reiter auf seinem Pferd passierbar waren.

Rua do Diário de Notícias

Die Straße ist nach der früher dort ansässigen Tageszeitung benannt. Die Wahl zwischen den zahlreichen Bars, Fadolokalen und Taskas fällt schwer. In der **Alfaia Garrafeira** 12 (Nr. 125) finden Sie bei leckeren *petiscos*, den kleinen portugiesischen Vorspeisen, und einem Glas Rotwein Abhilfe, wenn Sie der kleine Hunger oder Durst überfallen sollte. Nachtschwärmer finden in dieser Straße eine Reihe von Bars, während die älteren, vor allem weiblichen Bewohner des Viertels tagsüber den reizenden Tante-Emma-Laden in Nr. 10–12 zu ihrem Kommunikationszentrum machen. Und Montag und Mittwoch nachts lauscht man den volkstümlichen Fadosängern in der **Tasca do Chico** 17 (Nr. 39), die sich dann bis zum Bersten füllt.

Rua das Salgadeiras

Die ›Straße der Pökelfässer‹ im südlichen Teil des Bairro Alto erinnert an das Einsalzen der Fische, für das die Frauen der Fischer verantwortlich waren und deutet an, dass das Viertel neben Adeligen und Intellektuellen auch einfachen Leuten eine Bleibe bot. Sichtbar wird dies auch an der direkten Nachbarschaft von bescheidenen Wohnstätten der Handwerker, Seeleute und Fischer und aristokratischen Palästen. Typisch sind die meterlangen, dicht behängten Wäscheleinen vor den Fenstern, hinter denen oft entzückende kleine Kachel- oder Heiligenbilder hervorlugen. Dazwischen versteckt sich der Teesalon **Cultura do Chá** 13 in Nr. 38 und lädt zu einer geruhsamen Pause, mittags auch mit Snacks, sein.

Rua da Atalaia

Sie wird oft als Hauptstraße des Bairro Alto tituliert, stadtbekannte Restaurants, Bars, Modegeschäfte und Discos reihen sich aneinander. Seit Jahren kultig ist das Restaurant **Pap'Açorda** 3 (Nr. 57) und legendär die Disco **Frágil** 2 (Nr. 128), die bereits 1982 ihre Tore öffnete, damals allerdings nur denjenigen, die nach der Gesichts- und Outfitkontrolle durch die gestrenge Türsteherin gnädigen Einlass fanden. Mittlerweile ist das Frágil auch zum Treffpunkt für Schwule geworden, die sich erst Mitte der 1990er-Jahre öffentlich in Portugal zu zeigen wagten und das Bairro Alto zum Szene-Treff machten.

Travessa dos Inglesinhos

Ein eigentümlicher Name ziert diese Straße: Travessa ›der kleinen Engländer‹. Er rührt vom gleichnamigen Kloster an der Ecke zur Rua Luz Soriano, im 17. Jh. eine Zufluchtsstätte für katholische Priester, die von der anglikanischen Staatskirche aus England verwiesen wurden. In den vergangenen Jahrzehnten verfiel es zusehends. Vergeblich kämpfte eine Bürgerinitiative für den Erhalt und den öffentlichen Zugang des historischen Bauwerks. Das mittlerweile von einer renommierten Immobilienfirma mit städtischer Unterstützung sanierte Gebäude bietet 30 Luxuswohnungen Raum.

Das Blaue Haus 4

Gleich links in der querenden Gasse fällt ein in kräftigem Blau gekacheltes Haus ins Auge, in dem sich ein freundliches Schwulenhotel eingerichtet hat. Als Blaues Haus und fiktive Wohnstätte der Romanfigur Amadeo de Prado zieht es heute diejenigen Besucher magisch an, die der »Nachtzug nach Lissabon« (s. S. 101) in die Stadt gelockt hat.

Rua da Rosa

Auch die Rua da Rosa wartet mit lebendigen Bars und Restaurants auf. Daneben liegen junge Modeboutiquen, Galerien, Buchläden und eine überraschende Zahl traditioneller Tante-Emma-Läden einträchtig beieinander. Am Nordende, an der Kreuzung zur Rua Dom Pedro V., lockt das mit Jugendstilkacheln dekorierte Café **Padaria São Roque** 14, das früher auch als italienische Brotbäckerei bekannt war.

Rua Dom Pedro V.

Ein Eldorado für Antiquitätenliebhaber bilden die exquisiten Geschäfte in der Straße, die Exponate aus mehreren Jahrhunderten und aller Herren Länder anbieten. Wie ein riesiger Antiquitätenladen präsentiert sich in Nr. 91 die Bar **Pavilhão Chinês** 4. Die Ladenregale im vorderen Raum erinnern an die frühere Nutzung als Tee- und Kaffeegeschäft. Es schließen sich zahlreiche Nebenräume an, deren Vitrinen mit einem bunten Gemisch von Sammelgegenständen gefüllt sind, darunter bedauerlicherweise auch Zinnsoldaten und Nazi-Embleme. Doch die beeindruckende Liste der hauseigenen Cocktails füllt ein ganzes Buch und Sie sitzen bequem auf dunkelroten Plüschsesseln, umgeben von einem altersmäßig gemischten Publikum.

Rund um den Jardim do Príncipe Real

Jardim do Príncipe Real

Die 25 tropischen und europäischen Baumarten, die im Jardim do Príncipe Real wachsen, sind überwiegend mit lateinischen Namen beschriftet und befriedigen so den botanischen Wissensdurst des Gartenfreundes. Der Park wurde ab 1869 im englischen Stil angelegt. Unter der ausladenden Baumkrone einer Zeder breitet sich Lissabons wohl romantischster Schattenplatz aus. Aber auch zahlreiche Bänke laden zu einer besinnlichen Pause ein, neben den in ihr Kartenspiel vertieften, alten Männern und den zahlreichen Omas, die ihre Enkel auf dem Spielplatz beaufsichtigen. Bei schönem Wetter genießt man einen Imbiss oder einen Kaffee auf der Terrasse des **Café Príncipe Real** 15 und bewundert die Luftwurzeln der tropischen Bäume.

Reservatório Patriarcal 5

http://museudaagua.epal.pt, Mo–Sa 10–18 Uhr, Eintritt 2,50 €

In der Mitte des Parks können Sie in die Unterwelt hinabsteigen. Vom Wasserspeicher Patriarcal aus wurde seit 1864 Wasser zu den Brunnen im Chiado und im Bairro Alto geleitet. Das über 9 m hohe Gewölbe, das von 31 Säulen und flachen gemauerten Rundbögen getragen wird, strahlt eine eindrucksvolle, fast sakrale Atmosphäre aus und wird gerne für Kunstausstellungen genutzt.

Ein Erlebnis ist ein unregelmäßig angebotener, halbstündiger Spaziergang am späten Nachmittag durch einen unterirdischen Wasserkanal zu einem tiefer gelegenen Brunnen, in den das **Weinlokal Enoteca** (s. S. 42) eingezogen ist. Inklusive sind sogenannte Gelbbrillen, um sich in der Dunkelheit der aus Stein gehauenen Wasserleitungen aus dem 18. Jh. zurechtzufinden (möglichst frühzeitige Anmeldung unter Tel. 218 10 02 15).

Rua Escola Politécnica

Zahlreiche Stadtpaläste säumen die östlich begrenzende Rua Escola Politécnica. Sie wurden in der zweiten Hälfte des 19. Jh. von einem Handelsbürgertum erbaut, das durch Finanzspekulationen oder den ▷ S. 180

Lieblingsort

Ökomarkt im Jardim do Príncipe Real 7

Hier dürfen Sie eingelegte Oliven probieren, dort an den südländischen Gewürzkräutern schnuppern und am benachbarten Stand das schmackhafte Brot aus der Bio-Bäckerei kosten. An den Ständen werden natürlich auch Obst und Gemüse der Saison, Eier, Käse oder Olivenöl feil geboten. Und alles aus ökologischer Erzeugung frisch aus der Umgebung. Zwar ist der Markt klein, aber voller Charme. Immer am Samstagvormittag an der nördlichen Platzseite.

Auf Entdeckungstour

Das botanische Erbe der Kolonialzeit im Jardim Botânico

Schon am Eingangstor machen gigantische, fast 30 m hohe Palmen Lust auf eine grüne Oase mitten in der Stadt und lenken die Schritte der Spaziergänger in den Botanischen Garten 6, wo auf 4 ha Fläche über 10 000 tropische Pflanzen zu bewundern sind.

Für wen: Alle, die sich an tropischer Pflanzenwelt erfreuen oder ein wenig Erholung vom Trubel der Stadt suchen.

Zeit: Je nach botanischem Interesse 1–2 Std.

Planung: Nov.–März Mo–Fr 9–18, Sa/So 10–18, April–Okt. bis 20 Uhr, Eintritt: 1,50 € (Internet: www.jb.ul.pt).

Start: Rua da Escola Politécnica 58. Ein zweiter Eingang liegt an der Rua da Alegria, erreichbar von der Avenida da Liberdade, er ist meist geschlossen.

Lebende Fossile

Es gibt viel zu staunen auf dem Weg durch die Gartenanlage. Nahe dem Kassenhäuschen schon fallen die rostbraunen Luftwurzeln eines majestätischen Feigenbaums aus Australien *(Ficus macrophylla)* ins Auge. Aus seiner Rinde stellten die Ureinwohner Seile und Fischernetze her, mit dem milchigen Saft der Früchte heilten sie Wunden. Stolz nennt der **Jardim Botânico** zudem zahlreiche Palmfarne *(Cycadaceae)* und andere Nacktsamenpflanzen sein eigen. Diese ›lebenden Fossile‹ wuchsen bereits vor 200 Mio. Jahren und waren sozusagen Zeitgenossen der Dinosaurier.

Zu ihnen zählt auch der mystische Gingkobaum *(Ginkgo biloba)* am Rande des Weges zum Arboretum. Im Erdaltertum über den gesamten Globus verbreitet, überdauerte er als wilde Pflanze nur in China. In der buddhistischen Lehre verkörpert sein zweigeteiltes Blatt die Harmonie von Ying und Yang, dem männlichen und dem weiblichen Prinzip. Deswegen wächst er besonders häufig vor heiligen Stätten. Der Tempelbaum von Hiroshima soll gar als erster nach dem Atombombenabwurf neu ausgetrieben und somit überlebt haben. Generell schätzt man den robusten Baum in modernen Metropolen, da er der Umweltverschmutzung wacker standhält und bis zu 1000 Jahre alt wird.

Erbe der Seefahrt

Aus der Ferne in die Heimat gebracht hatten die exotischen Bäume einst die Seefahrer sowie portugiesische Naturwissenschaftler, die im 18. Jh. die Pflanzenwelt der fernen Kolonien katalogisierten und mit ihren Sammlungen so manchen Park bestückten. Dazu zählen die über 30 m messenden Washington-Palmen, die selbst vom fernen Burghügel aus gesehen ungemein imposant wirken. Sie säumen die schwungvollen Treppen hinab zur eigentlichen Baumsammlung. Das tiefrote Harz des ausladenden Drachenbaums gleich rechts des Weges diente einst als Firniss und Politur für Holz und Marmor und wurde auch wegen seiner blutfarbenen Tönung bei magischen Ritualen verwandt. Ein paar Schritte weiter unmittelbar hinter einer Zuckerrohrplantage bieten die Blätter des japanischen Fächerahorns *(Acer palmatum)* im Herbst einen weithin sichtbaren, purpurroten Farbtupfer.

Farbenfrohe Einsprengsel liefern im April der rot blühende Judasbaum, im Mai das kräftige Violettblau der Jakarandabäume und die bizarr geformten, rosa-roten Blüten des herbstlichen Florett-Seidenbaums *(Chorisia speciosa)*. An Letzteren kann man sich auch im übrigen Stadtgebiet erfreuen – nachdem der Besuch des Botanischen Gartens seinen krönenden Abschluss an Lissabons größter Araukarie nahe der unteren Pforte zur Rua da Alegria gefunden hat.

So schön wie ihr klangvoller Name: die Paradiesvogelblume

Fernhandel mit Brasilien zu Geld gekommen war und sich nun einem romantischen Lebensstil hingab. In dieser Tradition steht auch der exzentrische, rosafarbene Palast **Ribeiro da Cunha,** der im neoarabischen Stil mit einer weißen Kuppel und maurischen Lebensbäumen auf dem Dach verziert ist. Heute ist hier die Verwaltung einer privaten Universität untergebracht. Im Norden grenzt der **Botanische Garten** 6 an, der 1873 gegründet wurde (siehe Auf Entdeckungstour S. 178).

Rund um die Praça das Flores

Die Rua de São Marçal bringt Sie zu der etwas versteckt liegenden Praça das Flores. Den idyllischen baumbestandenen Platz säumen eine Reihe beliebter Restaurants und das hübsche **Café Pão de Canela** 16 (Nr. 27–28). Fast um die Ecke lädt das **SuiGeneris Caffé** 17 des British Council mit seinem von englischem Rasen bewachsenen Garten, und das nicht nur zur *teatime*.

Kunstfreunde kommen in der wenige Meter südlich beginnenden Rua Academia das Ciências auf ihre Kosten. Die Galerie Ratton Cerâmicas (Nr. 2C) hat sich auf moderne Kachelkunst spezialisiert, während die **Galeria de Tapeçaria de Portalegre** (Nr. 2J) beeindruckende Teppichkunstwerke nach modernen Vorlagen ausstellt (Mo–Fr 13–19.30 Uhr).

Die Rua do Século entlang

Die Rua do Século führt in den eher aristokratisch geprägten Teil des Bairro Alto und bildet zugleich seine westliche Begrenzung. Die Straße mündet im Süden in die Calçada do Combro mit den Schienen der Straßenbahn 28. Jenseits davon beginnt das Bica-Viertel (s. u.).

Convento dos Cardaes 7

Mo–Sa 14.30–17.30 Uhr, im Aug. geschl., Führung 2 € (Di und Do auch auf Deutsch)

Nur wenige Häuser weiter bergauf (Nr. 123) stiftete 1677 die sozial engagierte Luísa de Távora die Hälfte ihres immensen Vermögens für die Gründung des Karmeliterklosters Convento dos Cardaes. Im folgenden Jahrhundert gelangte ihre politisch einflussreiche Familie in die Schusslinie von Marquês de Pombal, der fünf ihrer Mitglieder des Hochverrats beschuldigte, foltern und hinrichten ließ. Das Kloster selbst blieb bestehen, allerdings wurde der Name der Gründerin auf deren Grabplatte ausgemerzt. Als eines der wenigen Nonnenklöster Lissabons wurde es zu Beginn des 20. Jh. wieder belebt. Es wird heute von fünf Dominikanerschwestern bewohnt und bietet 40 blinden und behinderten Frauen eine Heimstätte. Seine Pforten öffnet es für Führungen zu einem reichen Kloster- und Kirchenschatz, der seltene flämische Kachelbilder, einen goldverzierten Holzaltar und kunstvolle Heiligenfiguren umfasst. In alter frauenklösterlicher Tradition werden hier auch ca. 30 Sorten von Marmeladen sowie Kekse zum Verkauf angeboten. Diese süßen Versuchungen sicherten den Klöstern früher ihr wirtschaftliches Überleben.

Palácio dos Carvalhos und Verlagshaus O Século

Der berühmteste Adelige des Stadtteils war Marquês de Pombal. Er erblickte im **Palácio dos Carvalhos** 8 das Licht der Welt, in dem derzeit eine staatliche Tanzschule untergebracht ist (Nr. 89–85). Den gegenüberliegenden, halbrund ummauerten Platz ziert ein Wasserbrunnen, der vom Architekten des Aquädukts, Carlos Mardel, im 18. Jh. errichtet wurde. Das namengebende modernistische **Verlagsgebäude** 9 der damaligen Tageszeitung O Século (Nr. 63) wird derzeit vom portugiesischen Umweltministerium genutzt. Schräg gegenüber befand sich eine Art Wendehammer für barocke Pferdekutschen.

Miradouro Santa Catarina 10

Vom Aussichtspunkt Santa Catarina, zu dem gegenüber der Straßenbahnlinie die gleichnamige Travessa führt, bietet sich in fast ländlicher Stille ein bezaubernder Ausblick auf den Tejo und das zentrale Lissabonner Hafengelände. Von hier aus fanden zwischen 1940 und 1944 rund 100 000 Flüchtlinge, in der Mehrheit aus Deutschland, den Weg nach Amerika.

Ein kleiner Kiosk mit Cafébetrieb auf der Terrasse macht diese düstere Zeit schnell vergessen. Manch ein Portugiese lässt sinnend seine Blicke in die Ferne schweifen und ›sieht bei Santa Catarina die Schiffe vorbeifahren‹, der portugiesische Ausdruck für ›in den Mond gucken‹. An die glorreichen Zeiten erinnert das Denkmal des feuerspeienden Seeungeheuers Adamastor, das sich Furcht einflößend über den Platz erhebt. Abends genießt hier die junge Szene den Sonnenuntergang hinter der Tejobrücke und stimmt sich auf das Abendprogramm ein. Snacks gibt es im benachbarten **noobai café** 18, ebenfalls mit tollem Blick über den Fluss.

Museu da Farmácia 11

Mo–Fr 10–18 Uhr, Eintritt 5 €

Zurück geht es auf der Rua Marechal Saldanha vorbei am Gebäude der portugiesischen Apothekervereinigung, in deren Räumen sich das Museu da Farmácia versteckt. Es mag noch eines der unbekannten Museen Lissabons sein, wurde jedoch bereits mehrfach für seine brillante Präsentation der Herstellung, Verwendung und des Verkaufs von Arzneimitteln ausgezeichnet. Das Erdgeschoss ist der Entwicklung der Apotheke in Portugal zwischen 1450 und 1960 gewidmet, beeindruckend hierbei eine original erhaltene Apotheke aus dem 18. Jh. sowie eine solche aus der letzten portugiesischen Überseeprovinz Macau. Im ersten Stock werden Heilmittel verschiedener Kulturen und Länder aus fünf Jahrtausenden ausgestellt.

Das Bica-Viertel

Bica-Bahn auf der Rua da Bica Duarte Belo

Zur Calçada do Combro schiebt sich die Standseilbahn **Elevador da Bica** seit 1892 den Berg hinauf und wieder hinab zum Tejo. Eine gemütliche Zeitreise der besonderen Art, die in keinem Lissabonbesuch ausgelassen werden sollte. Das sehr volkstümliche Bica-Viertel mit extremer Hanglage bewohnen seit dem 17. Jh. Fischer, Seeleute und Hafenarbeiter. Anstelle einer Fahrt mit der Bahn kann man auch trefflich durch die engen und steilen Gassen streifen, die zur Essenszeit der verlockende Duft gebratener Sardinen durchzieht. Wer sich die Haare stylen lassen will, geht zum deutsch-österreichischen **Friseursalon Hairport** (Nr. 47–49) und erfährt dort noch so manche Szene-Tipps.

São-Paulo-Bäder 12

Unten angekommen, glänzt in der Travessa do Carvalho Nr. 23 ein besonders gelungenes Beispiel für Altbausanierung. Die São-Paulo-Bäder ließ Mitte des 19. Jh. der Misericórdiaorden über schwefelhaltigen Quellen erbauen, die zuvor von Armen und Mittellosen behelfsmäßig in Baracken genutzt wurden. Das klassizistische Gebäude

Die Standseilbahn Bica verbindet das gleichnamige Viertel mit der Hafengegend

wurde eine der modernsten Badeanstalten Europas und die dortigen Wannenbäder waren zur Hälfte für die arme Bevölkerung reserviert. Allerdings versiegten die Quellen gut 100 Jahre später. In den 1990er-Jahren rettete die portugiesische Architektenvereinigung das Gebäude vor seinem totalen Verfall, baute es phantasievoll um und nutzt es seither für eigene Zwecke. Im Erdgeschoss sind ein Café, eine gut sortierte Buchhandlung und eine Fachbibliothek der Öffentlichkeit zugänglich.

Mercado da Ribeira Nova 6

Nur eine Straße weiter liegt die zweistöckige zentrale Markthalle Mercado da Ribeira Nova, die 1876 errichtet wurde, um den zuvor üblichen, unkontrollierten Straßenverkauf einzudämmen, etwa durch barfüßige Fisch-

verkäuferinnen, die sogenannten varinas, die ihre Ware in flachen Körben auf dem Kopf trugen. Sie waren über Jahrhunderte fester Bestandteil des Lissabonner Stadtbildes. Nach einem Brand 1910 wurde die weiße Kuppel auf das Dach der Markthalle gesetzt. Nachdem der Großmarkt im Jahr 2000 an den Stadtrand umgezogen war, wurde die Auswahl an Fisch, Fleisch, Blumen, Gemüse und Obst deutlich eingeschränkt und das Publikumsinteresse schwand. Nach mehreren gescheiterten Versuchen der Wiederbelebung werden nun ein modernes Zentrum für kulturelle Veranstaltungen, wie Film- und Theateraufführungen, eine Bar, Diskothek und ein Restaurant hinzugefügt.

Am Cais do Sodré

Auf der gegenüberliegenden Seite der Avenida 24 de Julho beginnt am Cais do Sodré das früher sehr lebendige Hafenzentrum Lissabons, das sich inzwischen zu einem wichtigen Verkehrsknotenpunkt entwickelt hat. An zentraler Stelle steht die Statue des Grafen von Terceira, einem liberalen Heerführer, der hier am 24. Juli 1833 mit seinen Soldaten landete. Er trug damit maßgeblich zum Sieg der Liberalen und zur Beendigung des zehnjährigen Bürgerkriegs bei.

Im kollektiven Gedächtnis ist dieser Platz mit der Ankunft und dem Abschied von Seeleuten, Reisenden und Flüchtlingen fest verankert. Entsprechend lebt in den Seitenstraßen das nachts nicht ungefährliche Rotlichtmilieu fort. Tagsüber öffnen traditionsreiche Geschäfte für Marinebedarf, Schiffzubehör und Fischkonserven. Auch Hafenbars fehlen nicht, wie das Irish Pub, die American Bar und die **British Bar** 12, in der man stimmungsvolle alte Zeiten wieder aufleben lassen kann.Traumhaft sitzen Sie direkt am Fluss im **TMN ao Vivo** 10 und im **Meninos do Rio** 5 (s. S. 186/187).

Essen & Trinken

Außergewöhnlich – **100 Maneiras** 1: s. S. 32.
Lauschig – **Terra** 2: s. S. 36.

Immerwährend Kult – **Pap'Açorda** 3: s. S. 33.
Brasilianisch – **Comida do Santo** 4: s. S. 36.
Am Tejo – **Meninos do Rio** 5: Rua da Cintura do Porto de Lisboa, Armazém 255, Metro: Cais do Sodré, tgl. 12–1 Uhr, Hauptspeisen ab 12 €. Sie haben die Wahl zwischen Kaffee oder Cocktail im Liegestuhl am Fluss und Sushi oder Steak auf der Terrasse (s. S. 186) oder im lichten Speisesaal.
Verfeinerte Hausmannskost – **Põe-te na Bicha** 6: Travessa da Água da Flor 36, Tel. 213 42 59 24, Metro: Baixa-Chiado, Do–Di 19.30–24 Uhr, Menü 16,50 €, Hauptspeisen ab 10 €. Das Restaurant heißt ›Stell Dich in der Reihe an‹. In den beiden kleinen Essräumen unter 200 Jahre alten Mauerbögen hat Chef Luís Cortes schon Dichterlesungen oder Travestieshows veranstaltet.
Gastronomische Taska – **Antigo 1° de Maio** 7: Rua da Atalaia, 8, Tel. 213 42 68 40, Metro: Baixa-Chiado, Mo–Fr 19–24 Uhr, Hauptspeisen ab 10 €. Die typisch enge Lissabonner Kneipe ist Treffpunkt von Weltverbesserern, Schauspielern und Künstlern, die Freude an guter portugiesischer Küche ohne Schnörkel finden. Sehr guter, frischer Fisch, meist gegrillt.
Zum Wohlfühlen – **Cantinho do Bem-Estar** 8: s. S. 34.
Wie bei Mama – **Primavera do Jerónimo** 9: s. S. 35.
Über dem Fluss – **TMN ao Vivo** 10: Rua da Cintura do Porto de Lisboa, Armazém 65, Metro: Cais do Sodré, Do–Sa 20.30–2 Uhr, Cafébetrieb auf der Terrasse im Sommer tgl. ab 10 Uhr. Eigentlich ein Ort für Tanz- und Musikveranstaltungen, für Urlauber aber attraktiv dank des sommerlichen Cafébetriebs auf einer Plattform über dem Fluss (s. S. 186, Unser Lieblingsort).
Heiter wie der Name – **Toma-lá-dá-cá** 11: Travessa do Sequeiro 38, Tel. 213 47 92 43, Metro: Baixa-Chiado, Mo–Sa 12–15, 19.30–23 Uhr, Hauptspeise ab 7 €. Eher jugendliches Publikum genießt die einfachen, aber gut zubereiteten Fisch- und Fleischgerichte in fröhlichem Ambiente.

Einkaufen

Alternative Mode und Accessoires gibt es in unzähligen Boutiquen überall im Viertel, besonders häufig in der Rua do Norte und in der Rua da Rosa. In der Rua da Atalaia haben zwei renommierte Modedesignerinnen ihren Laden: Lena Aires mit ihren farbenfrohen Strickkleidern (Nr. 96) und Fátima Lopes bekannt für ihre besonders tiefen Dekolletees (Nr. 36).
Edelschokolade – **Corallo Cacao & Caffé** 1: s. S. 39.
Kreativer Schmuck – **Tereza Seabra** 2: Rua da Rosa, 158. Die junge Künstlerin fertigt in ihrem geräumigen Ladenatelier moderne und extravagante Schmuckstücke im Dialog mit ihrer Kundschaft und gibt auch Kurse.
Exklusiver Schmuck – **Leitão & Irmão** 3: s. S. 41.
Gediegen-britische Antiquitäten – **Simões Ferreira** 4: s. S. 38.
Erlesene Antiquitäten – **J. Andrade** 5: s. S. 38.
Historische Markthalle – **Mercado da Ribeira Nova** 6: s. S. 39.
Ökomarkt – **Mercado Biológico do Príncipe Real** 7: s. S. 177 (Unser Lieblingsort).

Abends & Nachts

Zentrum der Alternativkultur – **Zé dos Bois** 1: s. S. 56
Extravagant – **Frágil** 2: s. S. 43.
Ideal zum Flirten – **BedROOM** 3: s. S. 42.

Skurrile Cocktails – **Pavilhão Chinês** 4: s. S. 43.
Immerwährend alternativ – **Majong** 5: s. S. 43.
Avantgardistisch – **Bar Lounge** 6: s. S. 43.
Modern – **Musicbox** 7: s. S. 44.
Neobarock – **Capela** 8: s. S. 42.
Softer Jazz – **Artis Wine Bar** 9: Rua Diário de Notícias 95, Metro: Baixa-Chiado, Di–So 16.30–2 Uhr. Eine alteingesessene Jazzkneipe, die sich inzwischen zur Weinbar auch mit Chill-Out-Musik gemausert hat. Das Ambiente ist vergleichsweise gediegen; an den holzverkleideten Wänden hängen goldumrandete Spiegel.
Junges Publikum – **Café Suave** 10: s. S. 42.
Für Künstler – **Club da Esquina** 11: s. S. 42.
Ruhig und gediegen – **British Bar** 12: s. S. 42.
Portwein – **Solar do Vinho do Porto** 13: Rua de S. Pedro de Alcântara, 45, Tel: 213 47 57 07, Metro: Baixa-Chiado, Mo–Sa 11–24, Sa 14–24 Uhr, s. S. 172.
Hetero-friendly – **Portas Largas** 14: s. S. 45.
Legendäre Schwulenkneipe – **Sétimo Céu** 15: s. S. 45.
Die Schwulendisco – **Trumps** 16: s. S. 45.
Hier singen Amateure – **Tasca do Chico** 17: s. S. 46.

Unser Tipp

Nette Pausenorte im Bairro Alto und am Jardim do Príncipe Real
Herzhafte Leckereien – **Alfaia Garrafeira** 12: Rua Diario de Notícias 125, Tel. 213 43 30 79, tgl. 16–24 Uhr. Kleine Portionen von portugiesischem Käse, Wurst und Schinken können Sie hier zu offenem Wein kosten.
Geruhsame Teekultur – **Cultura do Chá** 13: Rua das Salgadeiras 38, Tel. 213 43 02 72, So–Do 12–22, Fr/Sa 12–24 Uhr. Salzige Quiches, Salate und Kuchen, neben unzähligen Teesorten. Fast immer gut besucht von einer jungen Szene.
Stilvoller Geheimtipp – **Padaria São Roque** 14: Rua Dom Pedro V. 57 (Ecke: Rua da Rosa). Das kleine Jugendstil-Café präsentiert zwischen Marmorsäulen und Kachelmalerei eine leckere Kuchenauswahl. Etwas entfernt von den üblichen Besichtigungsrouten ist es ein Geheimtipp geblieben.
Unter tropischen Bäumen – **Café Príncipe Real** 15: Jardim Príncipe Real, Di/Mi, So 9–23, Do–Sa 9–2, Mo 9–18 Uhr. Kleine Gerichte, Salate und Kuchen gibt es rund um die Uhr im lauschigen Park.
Idyllisch am ›Blumenplatz‹ – **Café Pão de Canela** 16: Praça das Flores 27–28, Tel. 213 97 22 20. An der Praça das Flores liegt dieses hübsche Café, das eine exzellente Kuchenauswahl und kleine Tagesgerichte serviert.
Verborgene grüne Oase – **SuiGeneris Caffé** 17: Rua Luis Fernandes 1, Mo–Sa 11–19 Uhr. In diesem Café im Garten des British Council mundet der englische Tee besonders gut – nicht nur für Teeliebhaber lohnt ein Besuch!
Fröhlich-bunt – **noobai café** 18: Miradouro da Santa Catarina, Metro: Baixa-Chiado, tgl. 12–24 Uhr, Snacks ab 4 €. Diverse Säfte und Kräutertees, Glühwein, heiße Schokolade, Salate und kleine Gerichte werden versteckt auf einer Aussichtsterrasse angeboten.

Lieblingsort

Meninos do Rio und TMN ao Vivo

Vor Ihren Augen gleitet ein Kreuzfahrtschiff durch die Fluten, links legt die Fähre an, rechts scheint die Hängebrücke 25 de Abril in der Luft zu stehen. Weit reicht der Blick vom Liegestuhl, der weißen Couch oder einem tiefen Sessel. Da fällt es den **Meninos do Rio** 5, den ›Jungs vom Fluss‹, leicht, die Gäste ganzjährig zu Kaffee, Cocktail, Snack oder einfachem Essen auf ihre palmenumstandene Terrasse zu locken. Das gleiche besinnliche Panorama unmittelbar über den Wellen bietet im Sommer **TMN ao Vivo** 10 wenige Schritte Richtung Schiffsanlegestelle. Faszinierend ist die fast unglaubliche Ruhe inmitten der Stadt.

Das Beste auf einen Blick

Avenidas Novas

Highlight !

Fundação Calouste Gulbenkian: Ein unterhaltsamer Gang durch die Kulturgeschichte: ein ägyptischer Pharao, orientalische Vasen, Rembrandt und Rubens, Manet und Monet, Teppiche und Fayencen, Uhren und Schmuck – alles dicht beieinander! 10 S. 199

Auf Entdeckungstour

In die Kathedrale des Fußballs: Im Stadion von Benfica Lissabon, dem größten Sportverein der Welt, schlagen die Herzen der Fans höher. 19 S. 206

Wasser für Lissabon – das Aquädukt Joãos V.: Er führt über das Ehrfurcht erheischende und römisch anmutende Aquädukt. 24 S. 212

Kultur & Sehenswertes

Lebendige Stadtgeschichte: Eine Palastküche, das Modell von Lissabon vor dem Erdbeben und historische Stiche deutscher Meister zeigt das Museu da Cidade. 16 S. 204

Palácio Fronteira: Der Blick aus den Salons des Adelspalastes fällt auf ein Farbenspiel aus blauweißen Kachelbildern und grünen Buchsbaumhecken im Schlossgarten. 26 S. 209

Aktiv & Kreativ

Fonoteca: Hier hat sich die Stadtverwaltung etwas Besonderes einfallen lassen. In der Phonothek können Sie aus 15 Mio. Musiktiteln auswählen. 3 S. 203

Parque Florestal de Monsanto: Kinder und erholungssuchende Erwachsene freuen sich über die grüne Lunge Lissabons. Mit Spielplätzen, Kinderbauernhof, Spazierwegen, Cafés und über einer Million Bäumen. 25 S. 209

Genießen & Atmosphäre

Das Wasser läuft einem im Munde zusammen: Und zwar in der Lebensmittelabteilung des El Corte Inglês, dem größten Kaufhaus der Iberischen Halbinsel. 1 S. 199

Café Versailles: Auch jungen Leuten empfohlen, selbst wenn sich seit fast einem Jahrhundert ehrwürdige Damen der besseren Gesellschaft zwischen Gold, dunklem Holz und Spiegelglas treffen. 13 S. 204

Abends & Nachts

Hard Rock Café: Klar ist das Konzept weltweit das Gleiche, aber wenn Sie mal Lust auf Hamburger mit lauter Musik haben, sind Sie hier richtig. 5 S. 196

Nächtlicher Jazz: Die Atmosphäre im Hot Clube gründet sich auf über 60 Jahre Erfahrung mit eigener Bigband und anspruchsvollem Programm, seit 2011 in neuen Räumen. 4 S. 198

Glanz, Kultur und Fußball

Prunkvolle Kutschen fuhren einst dort, wo heute der lärmende Autoverkehr einen Spaziergang über den baumbestandenen Prachtboulevard Avenida da Liberdade beeinträchtigt. Alles geschah nach Pariser Vorbild: Als den wohlhabenden Bürgern das Leben im Lissabonner Zentrum zu eng wurde, planten sie ihre chicen Domizile entlang neuer, nicht weniger chicer Chausseen. 1885 entstand im Zuge dieser Stadterweiterung die Avenida da Liberdade. Einige vornehme Hausfassaden aus der Gründerzeit und moderne internationale Luxusboutiquen lassen den alten Prunk fortleben. Hier finden Sie Dolce & Gabbana, Armani und Hugo Boss. Und fast überraschend: In den Seitenstraßen entdecken Sie stille Ecken und kulturelle Angebote.

Bald erreichen Sie die Praça Marquês de Pombal, wo sich die Avenidas stadtauswärts teilen. Richtung Westen prägen das imposante Aquädukt und die sakral anmutende ›Wassermutter‹ die Umgebung ebenso wie postmoderne Architektur und hübsche Stadtgärten. Der Monsanto-Park ist Lissabons grüne Lunge, an deren Rande der Palácio Fronteira mit prächtigen Kachelbildern glänzt.

Nicht nur für ausgewiesene Kulturfreunde ein Muss ist die Sammlung Calouste Gulbenkian an der Ausfahrtsstraße nach Norden gelegen. Weitere vortreffliche Museen säumen die nördlichen Avenidas und Orte des Entspannens und Spektakels, wie die Stierkampfarena. Und am Ende folgt diesmal der Fußball, der sonst an erster Stelle steht. Benfica oder Sporting – die wichtigste Entscheidung im Leben eines Lissabonners.

Infobox

Reisekarte: ▶ L–N 5–10

Ausgangspunkt
Die blaue und grüne U-Bahnlinie verbinden die wichtigsten Sehenswürdigkeiten miteinander. Zusteigemöglichkeit: Station Baixa-Chiado. Die gelbe Linie führt von der Praça Marquês de Pombal in den Westen. Wenn Sie Quartier in einem der vielen Hotels rund um diesen Platz bezogen haben, liegt vieles für Sie in Fußweite. Auch zum Einkaufsbummel durch die Avenida da Liberdade beginnen Sie bevorzugt hier, denn dann geht es hügelabwärts.

Rund um die Avenida da Liberdade

Passeio Público
Vor nur zwei Jahrhunderten endete die städtische Bebauung kurz hinter dem Rossio. Um die Modernität seiner neu entstandenen Stadt zu betonen, ließ Marquês de Pombal 1764 nördlich angrenzend einen öffentlichen Stadtgarten mit Musikpavillon als Gegenstück zur streng gegliederten königlichen Praça do Comércio anlegen. Die Idee war dem Marquês in Wien und London gekommen.

Doch fand die neue öffentliche Promenade *passeio público* kaum Anklang. Heute unvorstellbar: Von einer Mauer umgeben musste Eintritt entrichtet werden und nur wenige Wohlhabende begehrten Einlass. Lebhafteren Zuspruch fanden die Anlagen erst, als 1834 im Zuge der politischen Liberalisierung die Mauer niedergerissen wurde und mit der Romantik auch die Naturliebe in Portugal Einzug hielt. Immerhin war – Frauen aufgepasst – Ihren Geschlechtsgenossinnen aus der besseren Gesellschaft nun wenigstens auf dem *passeio público* gestattet, auch ohne männliche Begleitung in der Öffentlichkeit aufzutreten. Doch eine ähnliche Bedeutung wie etwa die Tuillerien in Paris erlangte er nie. 1878 wurde er abgerissen und ein neues Kapitel Lissabonner Stadtplanung aufgeschlagen. Entlang breit angelegter Straßenzüge, den Avenidas, begann sich die Stadt zum ersten Mal weg vom Tejo zu entwickeln.

Zentralbahnhof Rossio 1

Es entstanden 1892 das Luxushotel Avenida Palace und 1887 der damalige Zentralbahnhof Rossio. Sofort ins Auge fällt die mit neomanuelinischen Elementen reich verzierte Fassade, zwei mächtige hufeisenförmige Eingangsportale und eine lichte Hallenkonstruktion. Diese ›Kathedrale der Eisenbahn‹ bündelte einst alle Bahnlinien, hat aber inzwischen aufgrund der neuen Bahnhöfe Apolónia und Oriente ihre verkehrsstrategische Bedeutung verloren. Nur die S-Bahn nach Sintra bedient noch die Station.

Praça dos Restauradores

In der damaligen Zeit wurde eine Sammlung für ein Denkmal initiiert, um die siegreichen Aufständischen von 1640 gegen die spanische Herrschaft zu ehren. Eigentlich war an etwas Kleines gedacht. Doch es ging gegen Spanien und deshalb kam so viel Geld zusammen, dass sich der schmale Obelisk mitten auf der Praça dos Restauradores nun satte 30 m in die Höhe schraubt. Das künstlerisch eher belanglose Memorial für wurde 1886 nach elfjähriger Bauzeit eingeweiht.

Die Fassade des Cinema Eden ist ein Schmuckstück des Art déco

Estádio da Luz, Palacio da Fronteira
Hospital do Rego
Campo Pequeno
Av. João XXI
Universidade Nova de Lisboa
Avenida dos Combatentes
Avenida de Berna
Avenida da República
Praça de Espanha
Teatro Aberto
Parque de Palhava
Avenida Elias Garcia
Avenida Visconde de Valmor
Av. Miguel Bombarda
Av. Duque de Ávila
Casa da Moeda
ARCO CEGO
S. Sebastião
Saldanha
SALDANHA
Praça Duque de Saldanha
Av. António Augusto de Aguiar
Ministério da Justiça
Av. Casal Ribeiro
Picoas
Forum Picoas
ESTEFÂNIA
Praça José Fontana
Liceu de Camões
Alameda Cardeal Cerejeira
Estufa Fria & Estufa Quente
Pavilhão dos Desportos
Parque
Parque Eduardo VII
Av. Fontes Pereira de Melo
Largo das Palmeiras
Hospital D. Estefânia
Hospital Militar
Academia Militar
Praça Marquês de Pombal
Marquês de Pombal
Rua Joaquim António de Aguiar
AMOREIRAS
Hospital Miguel Bombarda
Hospital d. Sta. Marta
Rua Braancamp
Avenida da Liberdade
Jardim das Amoreiras
Hospital dos Capuchos
ANJOS
Rato
Largo do Rato
RATO
Rua do Salitre
Avenida
Teatro da Cornucópia
Museu das Ciências
Jardim Botânico
Praça da Alegria
Hospital de São José
Av. Álvares Cabral
Coliseu
Praça dos Restauradores
Restauradores
Jardim do Príncipe Real
Elevador da Glória
Estação do Rossio
Casa Museu Amália Rodrigues

Avenidas Novas

Sehenswert

1 Zentralbahnhof Rossio
2 Cinema Eden
3 Palácio Foz
4 Elevador do Lavra
5 Jardim do Torel
6 Goethe-Institut
7 Parque Mayer
8 Praça Marquês de Pombal
9 Gewächshaus Estufa Fria
10 Fundação Calouste Gulbenkian
11 Centro de Arte Moderna
12 Jardim Zoológico
13 Casa-Museu Dr. Anastácio Gonçalves
14 Stierkampfarena
15 Culturgest
16 Museu da Cidade
17 Museu Rafael Bordalo Pinheiro
18 Sporting Clube de Portugal
19 Benfica Lissabon
20 Synagoge
21 Mãe d'Água
22 Fundação Arpad Szenes – Vieira da Silva
23 Amoreiras-Türme
24 Aquädukt
25 Parque Florestal de Monsanto
26 Palácio Fronteira

Essen & Trinken

1 Eleven
2 Casa da Comida
3 Solar dos Presuntos
4 Valbom
5 Jardim dos Sentidos
6 Os Tibetanos
7 Coutada
8 Casa do Alentejo
9 Assuka
10 O Móises
11 Café 1800
12 Boca à Mesa
13 Café Versailles
14 Linha d'Água
15 Café Mexicana

Einkaufen

1 El Corte Inglés
2 Centro Colombo
3 Centro Comercial Amoreiras
4 Bio-Supermarkt Miosótis
5 Wine o'Clock
6 Loja dos Museus

Aktiv & Kreativ

1 Four Seasons Ritz Spa
2 La Spa
3 Fonoteca Municipal

Abends & Nachts

1 Politeama
2 Boulevard Café
3 Chafariz do Vinho Enoteca
4 Hot Clube
5 Hard Rock Café
6 Bar 106
7 Memorial

Die beiden allegorischen Figuren am Sockel stellen Sieg und Unabhängigkeit dar. Und der Name des Platzes erinnert an die Restauration, die Wiederherstellung eines unabhängigen Portugals, dessen heutige Einwohner zum Glück Freundschaft mit den Spaniern geschlossen haben.

Imposant sind die Hauptgebäude an der westlichen Platzseite. Das rosafarbene **Cinema Eden** 2, eines der emblematischen Gebäude im Lissabonner Stadtzentrum, entstand zwischen 1930 und 1937 nach Plänen des bedeutenden modernistischen Architekten Cassiano Branco im Art-Deco-Stil. Nur die Fassade ist von dem ursprünglichen Filmpalast erhalten geblieben, das Innere wurde Mitte der 1990er-Jahre entkernt und neu erbaut. Es beherbergt inzwischen ein Aparthotel und den Loja do Cidadão. Dieser ›Bürgerladen‹ soll kurze Wege zu öffentlichen Einrichtungen und Behörden gewährleisten, die hier alle mit einem Empfangsschalter vertreten sind, vom Finanzamt bis zum Stromanbieter.

An der südöstlichen Ecke des Platzes hat sich in einem originellen Kiosk aus der Jugendstilzeit ein Kartenvorverkauf etabliert. Tickets gibt's für kulturelle und sportliche Ereignisse und für Stadtrundfahrtsbusse.

Palácio Foz 3

Der angrenzende Palácio Foz wurde bereits unmittelbar nach dem Erdbeben von italienischen Architekten ge-

Lieblingsort

Kulturtreff der besonderen Art: Das Goethe-Institut 6

Deutsch-portugiesischer Kulturaustausch wird hier groß geschrieben, das Programm an Konzerten, Filmen und Vorträgen kann sich sehen lassen. Und einen Sommerhit liefert das Goethe-Institut gleich mit: die Cafeteria im hübschen Garten rund um einen uralten Drachenbaum, unter dem Snacks und Getränke serviert werden. Dazu gibt es in der Bibliothek aktuelle deutsche Zeitungen und manchmal nimmt sich der umtriebige Direktor auch die Zeit zu einem persönlichen Gespräch mit seinen Gästen.

plant, jedoch erst Mitte des 19. Jh. fertiggestellt. Namensgeber des Palastes ist sein späterer Besitzer Marquês de Foz, der zahlreiche illustre Lissabonner Künstler mit der Ausgestaltung der Innenräume beauftragte, die allerdings nicht besichtigt werden können. Nur der prunkvolle Spiegelsaal im Stile Ludwig XV. öffnet sich manchmal zu Veranstaltungen. Im Erdgeschoss sind aktuell die **Hauptstelle des Tourismusamtes** sowie eine gesonderte Polizeidienststelle für Touristen untergebracht.

Unmittelbar hinter dem Palast führt die Standseilbahn Glória hinauf ins Bairro Alto (s. S. 168). Auf der gegenüber liegenden Seite zog vor einigen Jahren das Lissabonner **Hard Rock Café** 5 in die Räumlichkeiten des früheren Kinos Conde ein und verleiht dem Platz neue Anziehungskraft vor allem bei jüngeren Leuten.

Rua das Portas de Santo Antão

Vorsicht Fressgasse! Die Rua das Portas de Santo Antão liegt hinter dem Café. Restaurant reiht sich an Restaurant, aufdringliche Animateure versuchen auch Sie zu ködern, ein untrüglicher Hinweis auf gleich bleibend schlechte Qualität. Doch lässt sich in dieser Fußgängerzone auch Angenehmes entdecken. Einfache Ginjinhabars locken mit dem tiefroten Kirschlikör.

Und eine wahre Kostbarkeit verbirgt das von außen unscheinbare **Casa do Alentejo** 8 in Nr. 58. Bitte gehen Sie an der schmalen Eingangstür nicht einfach vorbei. Denn dahinter fühlen Sie sich nach wenigen Stufen in einen neoarabischen Innenhof aus einem Märchen aus 1001 Nacht versetzt. 1919 sollte in dem früheren Palast des Grafen von Alverca ein luxuriöses Spielcasino entstehen. Entsprechend schwelgerisch sind auch die oberen Räume gestaltet, ein eleganter Ballsaal, mit Kachelbildern geschmückte Essräume sowie die in unterschiedlichen Stilen dekorierten Tagungszimmer, von französischem Klassizismus bis Art déco. Allerdings verhinderten die Wirren nach dem Ersten Weltkrieg die Inbetriebnahme und so dient das Gebäude seit 1932 als Kulturzentrum der portugiesischen Provinz Alentejo. Zu den Tanzveranstaltungen oder in den Fernsehsaal sind nur Mitglieder zugelassen, das ländliche Essen im Restaurant dürfen auch nicht-alentejanische Gäste genießen.

Kulturzentren anderer Art sind das **Politeama** 1 in Nr. 109, Lissabons großes Musicaltheater, und schräg gegenüber das Coliseu, seit 1890 die größte innerstädtische Veranstaltungshalle, deren rot-weißes Kuppeldach von vielen Aussichtspunkten der Stadt zu sehen ist. Mit einem Durchmesser von 48,68 m und einem Gewicht von 100 t wurde es in Berlin konstruiert!

Am Ende der Straße führt eine weitere Standseilbahn, die **Lavra-Bahn**, hinauf zum Campo Sant'Ana. Freunden gepflegter portugiesischer Küche sei der **Solar dos Presuntos** 3 an der Ecke ans Herz gelegt – ein Restaurant ohne Touristenanmache, dafür mit vielen Gastronomiepreisen dekoriert.

Abstecher: Campo Sant'Ana

Wenig beachtet, obwohl zentral gelegen, ist der nach einem Kloster benannte Stadthügel Sant'Ana. Abenteuerlich führt Sie der **Elevador do Lavra** 4 direkt ins Herz dieses ruhigen Viertels, das teilweise einem noblen Villenvorort gleicht. Prächtige Stadtpaläste, in denen vielfach öffentliche Einrichtungen Quartier gefunden haben, säumen die baumbestandene Rua do Júlio de Andrade. Der kleine Park **Jardim do Torel** 5 bietet einen ruhigen Pausenplatz mit weiter Aussicht über die westliche Stadt, bevor es auf den großflächigen **Campo dos Mártires da Pátria** geht. Die Märtyrer des Vaterlandes waren elf Aufständische gegen den englischen General Beresford, der Lissabon nach der Vertreibung napoleonischer Truppen regierte. Die Männer wurden 1817 auf dem Platz hingerichtet.

Wundern dürften Sie sich über das Standbild seitlich des Parks, und in der Tat, hier geht es wirklich um Wunder. Lissabonner Aberglaube findet seinen sichtbaren Ausdruck im Denkmal für den sozial engagierten Arzt Sousa Martins, der im 19. Jh. medizinisches Zauberwerk vollbracht haben soll. Bittkerzen werden am Fuße des Denkmals angezündet, um das sich Votivtafeln mit Danksagungen für bereits erfolgte Heilungen türmen.

Goethe-Institut 6

Tel. 218 82 45 10, www.goethe.de/lissabon, *s. S. 194/195*

Handfestes Wissen dagegen vermittelt das Goethe-Institut in Nr. 37. Das engagierte Kulturprogramm setzt sich zum Ziel, das gemeinsame Europa zu fördern und Deutschland und Portugal einander nahe zu bringen. Im Nachbargebäude befindet sich die Deutsche Botschaft.

Auf der Avenida da Liberdade

Auf Höhe der Rua dos Condes gelangt man von der Praça dos Restauradores in die Avenida da Liberdade. Früher stand in dieser Straße das Schafott, der heutige Straßenname bezieht sich auf die Befreiung von der spanischen Fremdherrschaft. Kurioserweise aber hat Spanien genau an dieser Straße seine Botschaft angesiedelt.

Gegen 1885 entstand der 1271 m lange und 90 m breite Prachtboulevard, ungeachtet der aktuellen Eroberung durch den Autoverkehr noch immer eine Meile zum Bummeln. Die romantischen Terrassencafés auf den parkähnlichen, mit Brunnen und Statuen geschmückten Grünstreifen zwischen den Fahrbahnen sind aber etwas zu laut für eine gemütliche Pause.

Verantwortlich für die unübersehbaren Bausünden ist der frühere Bürgermeister Abecassis. Er erlaubte die weiträumige Zerstörung vieler historischer Gebäude und förderte das schnelle Hochziehen geschmackloser Bürohäuser. Erst nach dem Sieg eines linken Parteienbündnisses, das den späteren Staatspräsidenten Jorge Sampaio zum Bürgermeister kürte, wurde 1992 die Abrissbirne gestoppt. Viele prunkvolle Gebäude wurden gerettet, so das modernistische **Hotel Victoria** (Nr. 170), heute Sitz der Kommunistischen Partei, das **Cinéma Tivoli** (Nr. 182), inzwischen ein allgemeiner Ort für Kulturveranstaltungen, sowie ein imposantes Jugendstilgebäude (Nr. 206–218), dessen rückwärtige, mit Kacheln verzierte Fassade auf die Rua Rodrigues Sampaio weist. Neben Luxushotels haben sich in den letzten Jahren zahlreiche Filialen internationaler Modeschöpfer niedergelassen, von Hugo Boss (Nr. 141) bis Ermenegildo Zegna (Nr. 131).

Parque Mayer 7

Großteils in Ruinen liegt der Parque Mayer. Einen Umweg müssen Sie deswegen also nicht auf sich nehmen, aber ein Blick im Vorübergehen lohnt doch. Denn am 15. Juni 1922 öffnete die Einrichtung ihre Tore als das kulturelle Vergnügungszentrum schlechthin. Varieté, Boulevardtheater, ein Kino, Restaurants bildeten über Jahrzehnte den Mittelpunkt des Nachtlebens. Während der Diktatur blühte hier die Satire, die mit dem Ende des verhassten Regimes an Bedeutung verlor. Fast alle Einrichtungen mussten schließen. Seit Jahren laufen lebhafte

Krönender Abschluss der Avenida da Liberdade: die Praça Marquês de Pombal

politische Debatten um eine Wiederbelebung. Sogar der amerikanische Architekt Frank Gehry legte inzwischen freilich verworfene Planungen für ein neues kulturelles und architektonisches Glanzstück vor. Die wirkliche Erneuerung kommt derweil nur schleppend voran. Gleich um die Ecke bietet Lissabons traditionsreiche Jazzeinrichtung **Hot Clube** 4 in neuen Räumlichkeiten erinnerungswürdige Jazznächte. Die Stammgäste schwärmen noch immer vom Auftritt Pat Metheneys.

Praça Marquês de Pombal 8

Ein weitläufiger runder Platz, Marquês de Pombal gewidmet, schließt die Avenida da Liberdade ab. In der Mitte steht seit 1934 der Erbauer der modernen Baixa auf einer 36 m hohen Säule. Abbildungen der wichtigsten Mitarbeiter Pombals und allegorische Figuren, die seine Reformen darstellen, schmücken den Granitsockel. Sehenswert sind die modernen Kachelbilder, die in der darunter liegenden Metro-Station die historischen Rahmenbedingungen und Etappen seines politischen Wirkens zum Thema haben. Aktuell ist der Platz eine Drehscheibe des Autoverkehrs. Ein politisch umstrittener, 2007 eingeweihter Straßentunnel sorgte mit seinen Ausfahrten rund um den Platz für die staufreie Zufahrt von noch mehr Fahrzeugen ins hoffnungslos überlastete Stadtzentrum.

Parque Eduardo VII.

Nach Norden zieht sich Lissabons größter Park die Anhöhe hinauf und bietet Erholung für geschundene Urlauberfüße und weite Blicke bis zum Tejo. Mit

großem Stolz erfüllt die Lissabonner der zu Ehren der Fado-Sängerin Amália Rodrigues angelegte Garten im nördlichen Abschnitt. Blumenfreunde finden ihr erholsames Paradies im **Gewächshaus Estufa Fria** 9 (Sommer 9–18, Winter 9–17 Uhr, Eintritt 2 €). Unterteilt in drei Bereiche gedeihen auf 15 500 m² Pflanzen aus allen fünf Kontinenten. In der kühlen Zone sind seltene asiatische Kamelien und Aucubas auch im Freien um künstliche Teiche gruppiert, im warmen Teil blühen vielfarbige tropische Pflanzen und im milden Bereich wachsen Kakteen in allen Größen.

Weiteres Highlight bilden Lissabons bestes Restaurant, **Eleven** 1, und die nahe gelegene Terrasse der **Café-Bar Linha d'Água** 14 fast am höchsten Punkt des Parkes (s. S. 200/201).

Sehenswertes an den nördlichen Avenidas

El Corte Inglés 1

Danach empfiehlt sich als Gegenprogramm ein Blick, oder vielleicht auch gleich mehrere, ins größte Kaufhaus der Iberischen Halbinsel, das El Corte Inglés. Den Namen kennen Sie, wenn Sie schon einmal in Spanien unterwegs waren. Preiswertes findet man hier weniger, eher Qualität. Und eine überwältigende Lebensmittelabteilung in der unteren Etage. Die monströse Fischtheke, die portugiesische Käseauswahl und die Gourmetabteilung lässt das Wasser im Munde zusammenlaufen. Die Kehrseite der Medaille: bunte Stadtteilmärkte und Tante-Emma-Läden müssen immer mehr der übermächtigen Supermarktkonkurrenz weichen.

Fundação Calouste Gulbenkian ! 10

www.museu.gulbenkian.pt, Di–So 10–18 Uhr, Eintritt 4 €

Keine 10 Minuten vom Kaufrausch entfernt dürfte der Besuch dieser exquisit bestückten Privatsammlung durchaus auch für Urlauber, die weniger an hoher Kultur interessiert sind, zu einem anregenden Gang durch die Kunstgeschichte werden. Wenn Sie sich überlegen, zumindest ein großes Museum in Lissabon zu besuchen, wählen Sie dieses aufgrund seiner Einmaligkeit.

Bereits mit 14 Jahren erstand der gebürtige Armenier Calouste Gulbenkian (1886–1955) auf einem türkischen Basar einige antike Münzen. So erzählt wenigstens die Legende. Als Mitarbeiter der Firma Shell erkannte er früh den Wert des ›schwarzen Golds‹ und entdeckte eigene Ölquellen im Irak. Mit den schnell sprudelnden Einnahmen sammelte er Bilder, Teppiche, An-

Lieblingsort

Linha d'Água 14

Nach dem Besuch des Museums der Gulbenkian-Stiftung oder einer Shoppingtour durch das Riesenkaufhaus El Corte Inglés ist meist Erholung angesagt. Gut, dass gleich um die Ecke die Bar Linha d'Água fast am höchsten Punkt des Parque Eduardo VII. ihre Tische vor einen künstlichen Ententeich ins Freie gestellt hat. Kinder planschen im Hochsommer im flachen Wasser. Im Hintergrund läuft gedämpfte Musik. Zum Kaffee gibt's Gebäck und Kuchen. Manchmal fliegen zwar die Flugzeuge recht niedrig über den Park, doch selbst das verkraftet die grüne Oase spielend (s. S. 210).

tiquitäten und Schmuck aus allen Ecken der Welt.

1928 übernahmen vier große Mineralölgesellschaften seine irakischen Quellen zugunsten einer Beteiligung von 5 % an den Konzernen. Das Geld sprudelt übrigens noch heute und umso mehr, je höher die Ölpreise steigen. Die Kunstsammlung aus seiner Pariser Wohnung nahe den Champs-Elysées vergrößerte Mister Five Percent, so fortan sein Spitzname, mit sicherem Gespür für das Schöne. 1942 emigrierte er nach Lissabon und rettete dank guter internationaler Beziehungen sein Lebenswerk vor den Nazis. Aus Dankbarkeit für die portugiesische Gastfreundschaft gründete er eine Stiftung, der er mit seinem Tod 1955 das gesamte Vermögen vermachte.

Als Armenier wuchs Calouste Gulbenkian an der Nahtstelle zwischen Orient und Okzident auf. Die kulturelle Vielfalt und die wechselseitigen Befruchtungen macht das Museum sichtbar. Der **Rundgang** beginnt im ägyptischen Saal mit einem 4000 Jahre alten Kopf des Pharaos Sesóstris aus Obsidian. Die angrenzenden Säle sind der griechisch-römischen Epoche, Mesopotamien und dem Orient mit farbenfrohen Seidenstickereien, Teppichen und Fayencen gewidmet. Herausragend sind eine islamische Gebetsnische und syrische Moschee-Lampen aus bemaltem Glas, beide aus dem 14. Jh. Eine kunstvoll illustrierte armenische Bibel ist neben arabischer Buchkalligrafie zu bewundern. Im asiatischen Saal beeindrucken preziöses Porzellan aus China und feine Lack- und Glasarbeiten aus Japan.

In den neun Räumen mit europäischer Kunst befinden sich hochkarätige Gemälde, darunter Werke von Rubens und Rembrandt, Watteau und

Viele Exponate der Gulbenkian-Sammlung stammen aus dem Orient – wie diese Lampe

Fragonard, Manet und Monet, Renoir und Degas. Außerordentlich reich ist die Sammlung von Schmuckstücken des Jugendstilkünstlers René Jules Laliques, die teilweise in Calouste Gulbenkians persönlichem Auftrag angefertigt wurden. Das Ausstellungsgebäude ist von einem tropischen Park mit Wasserläufen, schattigen Plätzen und Kunstobjekten umgeben.

Centro de Arte Moderna José de Azeredo Perdigão 11

www.cam.gulbenkian.pt, Di–So 10–18 Uhr, Eintritt 4 €

Am südwestlichen Ende des Parks befindet sich die größte Sammlung zeitgenössischer portugiesischer Kunst im Centro de Arte Moderna, das 1983 von der Gulbenkian-Stiftung u. a. mit dem kubistisch-futuristischen Spätwerk von Amadeo de Souza-Cardoso und Arbeiten von Maria Helena Vieira da Silva eröffnet wurde. Bereits als Klassiker gelten die Werke des Bildhauers João Cutileiro und der Malerin Paula Rego.

Zahlreiche Werke zeitgenössischer britischer Künstler und wechselnde temporäre Expositionen ergänzen das Programm. Ein zusätzliches Highlight ist das erstklassige Selbstbedienungsrestaurant. Sie sollten dort möglichst vor 12.30 Uhr erscheinen, um lange Wartezeiten zu vermeiden.

Jardim Zoológico 12

www.zoolisboa.pt, 21. März–31. Sept. 10–20, sonst bis 18 Uhr, Eintritt 17 €, bis 11 Jahre 12,50 €

Etwa 2000 Tiere und 332 verschiedene Arten leben im Lissabonner Tierpark, besonders viele stammen aus den früheren Kolonien. Dennoch bildet eine Delfinschau (tgl. 11 und 15, Di nur 15 Uhr) die Hauptattraktion im 1884 eröffneten ältesten Zoo der iberischen Halbinsel.

Unser Tipp

Digitaler Musikgenuss

Digitalen Musikgenuss erleben Sie im Einkaufszentrum Monumental an der nordwestlichen Seite des Saldanha-Platzes. Etwa 15 Mio. Musiktitel bietet die **Fonoteca Municipal** 3 kostenlos ihren Benutzern. An 40 Plätzen können auch Urlauber bei Musik aller Stilrichtungen, natürlich auch beim Fado, entspannen. Der Benutzerausweis wird unbürokratisch ausgestellt (Laden 17, im Untergeschoss, Di–Sa 10–20 Uhr, http://fonoteca.cm-lisboa.pt).

Rund um die Praça Duque de Saldanha

Vom Autoverkehr umtost und von Einkaufszentren umrahmt präsentiert sich der heutige **Saldanha-Platz** wenig wohnlich. Doch die Zeiten sind noch nicht so lange vorbei, da die abzweigenden Avenidas da Républica und 5 de Outubro eine der ersten Adressen darstellten. Inzwischen sind viele der einst prächtigen Häuser heruntergekommen oder bereits abgerissen. Doch finden sich zwischen lieblosen modernen Kästen noch außergewöhnliche Jugendstilfassaden.

Casa-Museu Dr. Anastácio Gonçalves 13

www.cmag-ipmuseus.pt, Di 14–18, Mi–So 10–18 Uhr, Eintritt 3 €

Einen der ehrwürdigen Stadtpaläste betreten Sie beim Besuch der Casa-Museu Dr. Anastácio Gonçalves am Beginn der Avenida 5 de Outubro. Der Leibarzt von Calouste Gulbenkian teilte dessen Sammelleidenschaft, die sich auf chinesisches Porzellan ab der

Ming-Dynastie und die naturalistischen Maler Portugals zum Ende des 19. und Beginn des 20. Jh. konzentrierte. Hinzu kommen Fayencen, Schweizer Uhren und Juweliererzeugnisse vom 17. bis 19. Jh.

Auf dem Weg zur Stierkampfarena

Auf andere Art spüren Sie den damaligen luxuriösen Lebensstil im **Café Versailles** 13 (Avenida da República, 15). Golden eingefasste Spiegel, dunkles Holz, weißer Stuck und heller Marmor bestimmen das Ambiente dieses vornehmen Cafés mit meterlangen Gebäckvitrinen.

Bei dem arabisch wirkenden, roten Ziegelbau wenig nördlich, der Ihnen vielleicht schon beim Hoteltransfer vom Flughafen ins Auge gefallen ist, handelt es sich um die **Stierkampfarena** 14 vom Ende des 19. Jh., die knapp 9000 Besucher fasst. Im Zuge einer Sanierung wurde der Kampfplatz um ein unterirdisches Einkaufszentrum erweitert. Ökologische Produkte finden Sie im **Bio-Supermarkt Miosótis** 4 in der Avenida Óscar Monteiro Torres, 15 gleich hinter der Arena. Die Preise sind überraschend günstig.

Culturgest am Arco do Cego 15

www.culturgest.pt, Ausstellungen Mo, Mi–Fr 11–19, Sa/So 14–20 Uhr

Ästhetisch umstritten ist die Zentrale der staatlich kontrollierten Sparkasse CGD nach Plänen des postmodernen Architekten Arsénio Cordeiro, der mit diesem Kolossalbau der Macht der Banken ästhetischen Ausdruck verleiht, ähnlich wie die farbigen Türme der Konkurrenzbank BNU schräg gegenüber. Unbestritten sind die Verdienste der bankeigenen Kulturstiftung Culturgest, die mit ihren modernen Kunstausstellungen und anspruchsvollen Veranstaltungen frischen Wind in die Lissabonner Kulturszene gebracht hat.

Einen deutlichen Kontrast zur reichen Bank bildet das dahinter liegende Häusergeviert **Arco do Cego.** In den frühen Jahren der Republik zunächst als erste staatlich geförderte Arbeitersiedlung geplant, wurden die hübschen Reihenhäuser nach ihrer Fertigstellung 1933 von regimetreuen Beamten und Kleinbürgern bezogen.

Museu da Cidade 16

www.museudacidade.pt, Di–So 10–13, 14–18 Uhr, Eintritt 2 €

Südlich der Metrostation Campo Grande präsentiert das Stadtmuseum in einem Landsitz aus dem Jahre 1748 auf sehr unterhaltsame Art zwei Jahrtausende der Lissabonner Stadtentwicklung. Antike Fundstücke verweisen auf die frühzeitlichen Ursprünge der Stadt. Ein detailgetreues Modell Lissabons aus der Zeit vor dem Erdbeben, dazu ausdrucksstarke Gemälde und kunstvolle Stiche, auffallend viele aus deutscher Feder, lassen das Lissabon der letzten Jahrhunderte auferstehen. Eine original erhaltene, hübsch gekachelte Hausküche veranschaulicht die aufwendige aristokratische Kochkunst. Stolze Fahnen erinnern an die bürgerliche Revolution 1910, in deren Folge das Museum eingerichtet wurde und mit der es zeitlich abschließt.

Museu Rafael Bordalo Pinheiro 17

www.museubordalopinheiro.pt, Di–So 10–18 Uhr, Eintritt 2 €

Vergnüglich anzusehen sind die persönlichen Erinnerungsstücke, Gemälde, Karikaturen und Keramikarbeiten des scharfsichtigen Lissabonner Karikaturisten Rafael Bordalo Pinheiro (1846–1905), die im grundlegend sanierten Wohnhaus seines Mäzens Artur Cruz ausgestellt sind. Dem Volke hat er aufs Maul geschaut und das, was

Umstrittene Mischung von Alt und Neu: das Edifício Castilho beim Largo do Rato

er gesehen hat, zu einem Lissabonner Sittenbild des späten 19. Jh. zusammenfügt. Der Genuss der Betrachtung wird allerdings durch eine fehlende fremdsprachige Erklärung geschmälert, die vieles für den Fremden im Unklaren lässt.

Die großen Fußballstadien

Das anlässlich der Fußball-EM 2004 erbaute Fußballstadion Alvalade XXI hinter der Metro-Station Campo Grande ist Heimat des **Sporting Clube de Portugal** 18, der den Löwen im grünen Wappen führt. In den farbenfroh gekachelten Stadionbau wurde das neue Vergnügungszentrum Alvaláxia mit seinen Kinos, Spielhallen und sportlichen Angeboten, etwa eine Kletterwand, integriert. Ein Museum erinnert an die großen Erfolge des Vereins, der in ständiger Konkurrenz mit **Benfica Lissabon** 19 steht. Dessen ebenso neues Stadion liegt nur 2 km westlich (s. Auf Entdeckungstour S. 206).

Entlang der westlichen Avenidas

Largo do Rato

Nun führen wir Sie wieder zurück Richtung der Praça Marquês de Pombal, von wo die gelbe Metrolinie oder die Rua Braamcamp nach Südwesten auf den Largo do Rato führen, vorbei am Edifício Castilho (Nr. 40), dessen prunkvolle ursprüngliche Fassade erhalten und mit einem blau spiegelnden Glaspalast aufgestockt wurde. Das Gebäude gilt als eine ebenso kritisierte wie gefeierte Verschmelzung von moderner Architektur mit alter Baukunst.

Kaum zu glauben ist die Namensgebung des Rato-Platzes, die den Spitznamen des ehrwürdigen ▷ S. 208

Auf Entdeckungstour

In die Kathedrale des Fußballs

Ihren Verein Sport Lisboa e Benfica, kurz Benfica Lissabon 19, verehren die Fans als *O Glorioso. Catedral* nennen sie in großer Ehrfurcht das zur Fußballeuropameisterschaft 2004 erbaute Stadion. Eine Führung zeigt auch sonst unzugängliche Winkel, und Sie können sogar persönlich auf der Trainerbank Platz nehmen.

Für wen: Fußballfans

Zeit: ca. 90 Minuten

Planung: Führungen in Portugiesisch und Englisch tgl. 10, 11, 12, 14.30, 15.30, 16.30, im Sommer auch 17.30 Uhr, Eintritt 12,50 €, bis 14 Jahre 7,50 €.

Start: Estádio da Luz, Tor 18, Av. General Norton de Matos, Tel. 217 21 95 20, www.slbenfica.pt, Metro: Colégio Militar

Täglich bis zu 600 Fußballverrückte besichtigen die geheiligten Katakomen ihres Vereins Sport Lisboa e Benfica und erhoffen sich überraschende Einblicke in die Welt des runden Leders.

Das Vereinsmuseum

Zunächst jedoch öffnen sich den Besuchern die Tore des Vereinsmuseums. Über dem Eingang prangt die Plakette vom 9.11.2006, mit der das Guinessbuch der Rekorde Benfica mit damals 160 398 Mitgliedern als weltweit größten Sportclub anerkennt. Seitdem kommen jährlich etwa 10 000 Fans hinzu, im Jahr 2011 wurde die Marke von 230 000 Mitgliedern überschritten. Fast jedes Jahr werden neue Pokale gewonnen, von denen über 100 präsentiert sind. Und was für welche! 1911/12 bestand die Meistertrophäe noch aus einem Holzkästchen mit steinigen Bodenproben aus allen Ligastadien.

Ganz anders da der feine Europacup von 1962, als der große Eusébio für die nötigen Tore sorgte. Mit 5:3 wurde Real Madrid im Endspiel bezwungen. Kurios-kitschig wirken dagegen wuchtige, doch völlig unbedeutende Pokale aus der Zeit der Diktatur, etwa eine Trófeu Vinho do Porto.

Im Stadionrund

Unter allerlei Fachsimpelei geht es weiter ins Stadion. Ganz in der Vereinsfarbe Rot gehalten, erinnert es mit seinen eleganten Schwüngen und Bögen an Opernhaus und Harbourbridge von Sydney. Kein Wunder, wurde das Stadion mit einem Fassungsvermögen von 65 000 Zuschauern doch von einem australischen Architekten konzipiert. Oft sind die Spiele ausverkauft, denn Benfica ist ein Lebensgefühl, eine Alltagsreligion, die unabhängig von Alter, Geschlecht und sozialer Herkunft geteilt wird.

Sozialwissenschaftler, wie Dr. Nina Clara Tiesler erforschen an der Lissabonner Universität die gesellschaftlichen Auswirkungen dieser ›Religion‹. So wird der erste Stadionbesuch eines Kindes zu einem Initiationsritual, das sogar die Bedeutung der Einschulung übertrifft. Dann geht die ganze Großfamilie mit oder aber – biografisch ebenso markant – der Vater mit Sohn oder Tochter.

Im leeren Stadionrund erhalten alle Besucher die Erlaubnis, auf den gepolsterten Ledersesseln der Präsidentenloge Platz zu nehmen, um anschließend festzustellen, dass die Honoratioren spürbar weniger Beinfreiheit als Trainer und Auswechselspieler am Rasen genießen. Diese sitzen allerdings fast auf Höhe der Grashalme und können kaum die gegenüberliegende Spielhälfte erkennen. Vielleicht ein Grund, warum die Betreuer meistens am Spielfeldrand herumhampeln.

Das Wappentier hinter dem Tor, eine lebendige Adlerdame namens Victória, lässt sich nur wenig stören. Aktiv wird sie erst 15 Minuten vor jedem Spiel, um drei bis vier Runden über den Köpfen der Zuschauer zu drehen.

Die Katakomben der *catedral*

Durch den Spielertunnel geht es schließlich in die Umkleidekabinen der Gästemannschaft, die unter Neonlicht, mit grauen Bänken und braunem Sperrholz fast abweisend wirken. Benficas eigene Kabine bleibt fremden Augen allerdings verschlossen. Vermutlich ist sie besser ausgestattet, wie es sich für einen Club, der fast alle Heimspiele gewinnt, gehört. An Niederlagen ist nach Ansicht der Fans meist der Schiedsrichter schuld; wenn der es nicht war, dann waren es wohl höhere Mächte oder das Schicksal …

Offiziers Luís Gomes verewigt. Wegen seines spitz zulaufenden Gesichts wurde er Rato, zu Deutsch Maus, genannt. Er förderte im 17. Jh. die Einrichtung eines Klosters, dessen lang gestreckter roter Bau mit klassizistischer Fassade den Platz nach Westen hin abschließt. An der südlichen Seite liegt das kleine, mit Art-déco-Kacheln verzierte **Café 1800** 11 mit gutem Gebäck und preisgünstigem Mittagstisch.

Synagoge 20

Die 1904 erbaute und hinter einem grünen Metalltor versteckte Lissabonner Synagoge grenzt östlich an den Largo do Rato und kann nach einer grundlegenden Sanierung anlässlich ihres hundertjährigen Bestehens besichtigt werden. Sie müssen sich allerdings anmelden (Rua Alexandre Herculano 59, Tel. 213 93 11 30, www.cilisboa.org).

Mãe d'Água 21

http://museudaagua.epal.pt/museudaagua, Mo–Sa 10–18 Uhr, Eintritt 2,50 €

Kaum 150 m nördlich des Rato wölbt sich über die Rua das Amoreiras der prachtvolle Abschlussbogen des Lissabonner Aquädukts, das in eine fantastische Kathedrale des Wassers, die ›Wassermutter‹ Mãe d'Água, mündet. Von außen betrachtet werden Sie es nur schwerlich vermuten, doch hinter der klassisch strengen Fassade, die nur am Fuße des Bogens einige mythologische Kachelbilder schmücken, verbirgt sich ein sakral anmutender, dreischiffiger Innenraum.

5 m dick sind die Wände, die ein 5460 m³ fassendes Wasserbecken von 8 m Tiefe umlaufen, in das das Wasser aus dem Munde eines steinernen Delfins kaskadenförmig über einen Felsen strömt. Von hier aus floss das kostbare Nass in 26 meist künstlerisch gestaltete Brunnen *(chafarizes)*, die das Trinkwasser in den westlichen Viertel plätschern ließen. Das gemeine Volk musste es im Kruge holen. Betuchtere ließen besondere, mit 25 l gefüllte Fässer von galizischen Wasserträgern, den *aguadeiros*, bis in die Wohnung schleppen.

Häufig finden in der Mãe d'Água sommerliche Konzerte in einem Ambiente statt, das früher Adelige zu heimlichen Liebestreffen reizte. Das Flachdach des Gebäudes bietet aus einem ungewohnten Blickwinkel einen schönen Ausblick auf Lissabon. Direkt hinter der ›Wassermutter‹ versteckt sich ein netter Kiosk mit ein paar Tischen im idyllischen Amoreiras-Park. Heiße und kalte Getränke, Eis und Snacks werden täglich bei schönem Wetter ausgegeben.

Fundação Arpad Szenes – Vieira da Silva 22

www.fasvs.pt, Mi–Mo 10–18 Uhr, Eintritt 3 €

Dank der reichlichen Wasserzufuhr hatten sich im 18. Jh. viele Fabriken in der Gegend angesiedelt. Heute befindet sich an der Praça das Amoreiras Nr. 56/58 im herrschaftlich anmutenden Gebäude der früheren königlichen Seidenfabrik, an die noch eine Rosette über dem Eingang erinnert, die Kunstsammlung Arpad Szenes – Vieira da Silva. Maria Helena Vieira da Silva (1908–1992) gilt als bedeutendste Vertreterin der modernen Kunst in Portugal. Ihr eigenwilliger Stil überwindet die Gegensätze zwischen Abstraktion und Figürlichem. Ihre Werke waren häufig auch in Deutschland ausgestellt. Das Lissabonner Museum hält das Vermächtnis der Künstlerin und ihres Mannes, dem ungarischen Maler Arpad Szenes (1897–1985), lebendig. Zusätzlichen Reiz erlangt der Besuch durch die besondere Ausstrahlung der einstmaligen Fabrikhalle.

Amoreiras-Türme 23
Auch beinahe drei Jahrzehnte nach ihrer Fertigstellung gehören die drei postmodernen Amoreiras-Türme des Architekten Tomás Taveira zu den interessantesten, aber auch umstrittensten Lissabonner Bauten der Postmoderne. Der farbenfrohe Büro- und Geschäftskomplex aus Glas und Kunststoff erhebt sich auf einer Fläche von 6 ha in den Himmel. In den oberen Stockwerken befinden sich auch einige Luxuswohnungen. Die Lissabonner verbinden mit Amoreiras das erste große **Einkaufszentrum** 3 der Stadt, das 1983 eröffnet, inzwischen jedoch sehr unter der Konkurrenz jüngerer Shopping-Malls zu leiden hat.

Zu Füßen der Postmoderne finden Weinfreunde einen weiteren Grund, dieser Gegend einen Besuch abzustatten. **Wine o'Clock** 5 bietet neben einem für den Urlauber vielleicht zu starken Schwergewicht auf internationalen Spitzenweinen doch auch eine sehr ansprechende Auswahl portugiesischer Erzeugnisse.

Nördlich der futuristischen Türme hebt sich auf mächtigen Pfeilern das **Aquädukt** 24 über das Tal, das die Stadt vom grünen Umland trennt (s. Auf Entdeckungstour S. 212).

Parque Florestal de Monsanto 25

Im Jahr 2001, als er noch als Held galt, gewann Jan Ullrich im Monsanto-Park eine Goldmedaille bei der Radweltmeisterschaft, heute radeln und joggen die Hobbysportler durch die grünen Wälder. Schon in vorhistorischer Zeit besiedelt, legten hier die Mauren Gärten, Olivenhaine und Getreidefelder an. Seit dem 16. Jh. errichteten Adelige ihre Paläste auf den fruchtbaren Hügeln, erste Pläne für eine Aufforstung stammen aus dem Jahre 1926. Acht Jahre später pflanzte der Staatspräsident den ersten Baum. Heute zählt der unter Naturschutz stehende Park rund 150 verschiedene Pflanzenarten und über eine Million Bäume. Fische schwimmen in künstlichen Seen, Fledermäuse erschrecken nächtliche Liebespaare, am Tag erfreuen bunte Schmetterlinge das Auge. Zudem findet man überall Picknickplätze und Ausflugsrestaurants. Kinder sind bevorzugte Gäste im Park, für die mehrere Abenteuerspielplätze und ein Kinderbauernhof eingerichtet wurden. Im Sommer finden Freiluftkonzerte statt. In die grüne Lunge Lissabons gelangen Sie mit den Buslinien 70, 711 und 723, doch Vorsicht, am Wochenende nur eingeschränkt!

Palácio Fronteira 26

Tel. 217 78 20 23, Führungen Mo–Sa Okt.–Mai 11, 12 Uhr, Juni–Sept. 10.30, 11, 11.30, 12 Uhr, Anmeldung ratsam, Bus 70, Führung 7,50 €
Die Anfahrt ist schon etwas aufwendig, sie lohnt aber zumindest bei einem längeren Urlaub. Einflüsse der italienischen Renaissance bestimmten maßgeblich den Bau des schlossähnlichen Palácio Fronteira, ein Adelspalast in Monsanto (Largo de São Domingos de Benfica), in dem sich häufig noble Jagdgesellschaften trafen und der heute von einer Nachfahrin des Bauherrn Marquês de Fronteira bewohnt wird. Einige Räume, die Bibliothek und die Gärten können im Rahmen einer Führung besichtigt werden. Zwar beeindruckt auch die Inneneinrichtung, doch erst die schmuckvollen Kachelbilder machen den Besuch zu einem unvergesslichen Erlebnis.

Im Speisesaal lassen sich die portugiesischen Azulejos in ihrer Raffinesse mit holländischen Kacheln aus Delft vergleichen. Im Garten bilden die blau-weißen Bilder ein Farbenspiel mit den grünen Buchsbaumhecken. Tiermotive, allegorische Darstellungen, Fabelwesen oder Tierkreiszeichen verzieren Mauern und Bänke. 14 lebensgroße Reiterporträts der adligen Vorfahren erheben sich über den Gartenteich, der beidseitig von einer beeindruckenden Freitreppe eingefasst ist.

Zum Abschluss des Ausflugs können Sie der benachbarten **Kirche São Domingos** mit ihren schönen Kachelbildern und Marmorarbeiten einen Besuch abstatten. Allerdings ist das Gotteshaus häufig verschlossen.

Essen & Trinken

Modern und Luxuriös – **Eleven 1**: s. S. 31.
Edel und Gediegen – **Casa da Comida 2**: s. S. 32.
(Nicht nur) für Fußballer – **Solar dos Presuntos 3**: s. S. 33.
Schöne Auswahl – **Valbom 4**: Av. Conde de Valbom, 104–106, Tel. 217 97 04 10, Metro: Praça de Espanha, So–Fr 12–15, 19–23.30 Uhr, Hauptspeisen ab 8,50 €. Zahlreiche Traditionsgerichte, von Hähnchen oder Fisch vom Grill bis Schnitzel vom einheimischen Barrosã-Rind und Seeteufelreis mit Garnelen. Zudem viele Meeresfrüchte.
Im Garten der Sinne – **Jardim dos Sentidos 5**: s. S. 36.
Buddhistisch – **Os Tibetanos 6**: s. S. 36.
Portugiesisch, wie es sein soll – **Coutada 7**: s. S. 35.
Deftiges vom Lande – **Casa do Alentejo 8**: Rua das Portas de Santo Antão, 58, Metro: Restauradores, Rossio, tgl. 12–15, 19.30–23 Uhr, Hauptspeisen ab 11 €, mittags ca. 7,50 €. Alentejo ist eine von der Landwirtschaft geprägte Provinz, entsprechend gehaltvoll sind die Speisen, manchmal aber auch etwas kurios, etwa Schweinefleisch mit Muscheln. Besonders schön sitzen Sie im hinteren Speisesaal zwischen blau-weißen Kachelwänden.
Raffiniert japanisch – **Assuka 9**: s. S. 36.
Gut und günstig – **O Móises 10**: s. S. 35.
Preiswert – **Café 1800 11**: Largo do Rato, 7, Metro: Rato, keine Reservierung, Mo–Sa 8–22 Uhr, Hauptspeisen ab 5 €. Die Art-déco-Kacheln im Gastraum sind fantastisch und das einfache Essen richtig gut gemacht.
Bei der Feuerwehr – **Boca à Mesa 12**: Rua Camilo Castelo Branco, 33, Tel. 213 15 39 55, Metro: Marquês de Pombal, Mo–Sa 12–15, 19–21 Uhr, Hauptspeisen ab 4 €. Etwas Mut benötigen Sie schon für den Aufstieg in den 2. Stock der Feuerwehr. Dort essen Sie inmitten der Brandbekämpfer einfach, aber gut. Und wenn die Sirenen heulen, sind Sie plötzlich alleine.
Pompös – **Café Versailles 13**: s. S. 37.
Terrasse am See – **Linha d'Água 14**: Parque Eduardo VII, Tel. 213 81 43 27, Metro: São Sebastião, tgl. 10–20 Uhr, im Sommer auch länger, s. S. 200/201.
Mit Schuhputzer – **Café Mexicana 15**: s. S. 37.

Einkaufen

Internationale Designer: An der Avenida da Liberdade haben sich zahlreiche Designerläden eingerichtet, u. a. Hugo Boss (Nr. 141), Ermenegildo Zegna (Nr. 145), Burberry (Nr. 196), die portugiesischen Herrenausstatter Rosa & Teixeira (Nr. 204), Armani (Nr. 220), Dolce & Gabbane und Tru Trussardi (Nr. 256).
Konsumtempel – **El Corte Inglés 1**: s. S. 41.
Übergroß – **Centro Colombo 2**: s. S. 41.

Kachelkunst im Palácio Fronteira

Postmodern und bunt – **Centro Comercial Amoreiras** 3: s. S. 41.
Alles Bio – **Miosótis** 4: Avenida Óscar Monteiro Torres, 15, Metro: Campo Pequeno. Bio-Supermarkt mit günstigen Preisen. Viele Produkte stammen aus deutschen Landen.
Wein vom Fußballspieler – **Wine o'Clock** 5: Rua Joshua Benoliel 2B, Metro: Rato. Internationale Spitzenweine und gute Auswahl portugiesischer Erzeugnisse. Kurioserweise ist einer der Mitbesitzer Pedro Emanuel, bis 2010 Spitzenfußballer des FC Porto.
Museumsstücke – **Loja dos Museus** 6: s. S. 40.

Aktiv & Kreativ

Entspannungsoase – **Four Seasons Ritz Spa** 1: s. S. 51.
Wellness pur – **La Spa** 2: s. S. 51.
Digitaler Musikgenuss – **Fonoteca Municipal** 3: S. S. 203

Abends & Nachts

Musicaltheater – **Politeama** 1: s. S. 47.
Für jeden etwas – **Boulevard Café** 2: s. S. 42.
Für den Weinkenner – **Chafariz do Vinho Enoteca** 3: s. S. 42.
Jazz vom Feinsten – **Hot Clube** 4: s. S. 44.
Amerikanisch – **Hard Rock Café** 5: Avenida da Liberdade 2, Tel. 213 24 52 80, www.hardrock.com, Metro: Restauradores, Mo–Fr 11–2, Sa/So bis 3 Uhr. Zu lauter Musik, auch live, gibt es amerikanische Drinks und Speisen wie »Legendary Burger«.
Modernes Design – **Bar 106** 6: s. S. 45.
Attraktiv für Lesben – **Memorial** 7: s. S. 45.

Auf Entdeckungstour

Wasser für Lissabon – das Aquädukt Joãos V.

Exakt 940 m misst das weithin sichtbare Aquädukt 24, mit dem sich der Prunk liebende Barockkönig João V. 1748 eine würdige Erinnerung an seine glorreiche Regierungszeit schenken wollte. Über das architektonische Wunder können Sie noch heute hoch über dem Tal flanieren.

Für wen: Interessierte an der Wasserversorgung und Fotografen auf der Suche nach neuen Perspektiven.

Planung: März–Okt. Mo–Sa 9–18 Uhr, Eintritt: 2,50 €.

Start: Aqueduto das Águas Livres, Calçada da Quintinha, Bus Nr. 12.

Spaziergang in schwindelerregender Höhe

Das 65,29 m hohe Aquädukt spannt sich heute über ein Netz von Autobahnen und Eisenbahngleisen. Doch als die 35 Bögen im 18. Jh. nach 19-jähriger Bauzeit fertig gestellt waren, bot sich der staunenden Bevölkerung ein gänzlich anderes Bild. Zeitgenössische Stiche zeigen das kühne Werk inmitten einer idyllischen Landschaft mit Schäfern, Wäscherinnen und plätschernden Mühlen.

Unverändert blieb seitdem nur, dass man auf dem rechten, dem Tejo abgewandten Weg stadtauswärts schlendert und auf der Südflanke wieder zurück. Dazwischen verläuft das kolossal ummauerte Leitungsrohr und versperrt den Übergang, den einzelne geöffnete Türen allerdings immer wieder ermöglichen.

Ästhetik und Nutzwert im Widerspruch

König João entschied, dass die neue Wasserleitung für Lissabon ein architektonisches Meisterwerk werden sollte. Daher verwarf er die ursprünglich weiter nördlich vorgesehene, pragmatische Streckenführung zugunsten der aufwendigen Überbrückung des Alcântara-Tals. Die vom damaligen Zeitgeist verpönten, aber statisch unabdingbaren Spitzbögen nahm er in Kauf. Sie wurden die weltweit höchsten und hielten sogar dem Erdbeben stand. Doch war das Aquädukt bereits bei seiner Eröffnung ein technischer Anachronismus, denn dank des längst bekannten physikalischen Gesetzes der kommunizierenden Röhren wäre eine Gefälleleitung nach antikem Vorbild absolut entbehrlich gewesen.

Dem königlichen Bauherrn konnte das egal sein, war es doch die Lissabonner Bevölkerung, die durch eine Lebensmittelsteuer auf Wein und Fleisch das Monument finanzieren musste. Immerhin aber war, wenn auch reichlich spät, die Klage des Humanisten Francisco de Holanda über die desolate Wasserversorgung im ausgehenden 16. Jh. erhört worden: »Diese Stadt verdurstet und niemand gibt ihr zu trinken«.

Wenn Sie allerdings während Ihres Spazierganges den wenig beeindruckenden Umfang des Leitungsrohres begutachten, können Sie sich leicht vorstellen, dass die Wassernot nur gelindert, nicht aber beseitigt wurde. Immerhin zählte Lissabon über 100 000 Einwohner. An den Brunnen kam es sogar zu Prügeleien um das kostbare Nass. Doch noch bis 1967 floss Trinkwasser aus der Serra de Sintra durch die insgesamt 58 km langen Leitungen, inzwischen erhält Lissabon das kostbare Nass ausschließlich vom 114 km nordöstlich gelegenen Alviela.

Vorsicht: Straßenräuber!

Überraschend bleibt die ungewöhnliche Perspektive auf die Stadt und den Tejo. In luftiger Höhe können Sie in aller Ruhe diesen Bick genießen. Hinter dem höchsten Spitzbogen markiert ein kleiner Steinquader auf dem Weg genau die Stelle, an der es einstmals für die Landbevölkerung lebensgefährlich werden konnte, lauerten hier doch Straßenräuber wie der gefürchtete Diogo Alves den Bauern mit ihren Karren auf, raubten sie aus und warfen sie kurzerhand in den Fluss, der sich damals noch anstelle des Autoverkehrs durch das Tal ergoss.

Heute betreten Sie das Aquädukt zu geregelten Öffnungszeiten gefahrlos, ein Tor verschließt allerdings den Ausgang zum Parque Florestal de Monsanto (s. S. 209) auf der gegenüberliegenden Seite.

Das Beste auf einen Blick

Parque das Nações und Expo-Gelände

Highlight!

Oceanário: Das traumhafte Meeresparadies fasziniert Jung und Alt. Überraschend ist das futuristische Architekturkonzept des außergewöhnlichen Aquariums ebenso wie die präsentierte Artenvielfalt der Ozeane. Immerhin sind's 15 000 Tiere. 9 S. 224

Auf Entdeckungstour

Gare Oriente – eine unterirdische Kunstgalerie: Als veritable Kachelshow präsentiert sich die Station Oriente mit Werken internationaler Künstler zum Thema Ozeane. 1 S. 218

Kultur & Sehenswertes

Für Filmfreaks: In den 13 komfortablen Kinosälen des Kinocenter Lusomundo können Sie Ihre Lieblingsstreifen in Originalfassung genießen. 2 S. 220

Portugiesisches Nationalballett: Das Tanztheater Teatro Camões am südlichen Ende des Expo-Geländes besitzt internationales Ansehen. Zusätzlich treten Tanzkompanien aus aller Welt auf. 11 S. 226

Aktiv & Kreativ

Radeln, Joggen und Spazieren: Auf der 7 km langen Uferpromenade ist am Wochenende halb Lissabon unterwegs, an Werktagen haben Sie weitgehend freie Bahn. 1 S. 221

Konzert der Kleinen: Im Musikgarten lassen große und kleine Kinder von 3 bis 103 Jahren an überdimensionierten Musikinstrumenten ihre musikalischen Fantasien erklingen. 5 S. 223

Genießen & Atmosphäre

Die Cafés und Bars am Tejo: Ein Spaziergang am Fluss führt Sie immer wieder zu Pausenorten mit freiem Blick über den Tejo. S. 221

Gondelfahrt über dem Tejo-Ufer: Das ist nur etwas für Schwindelfreie! Denn immerhin schweben Sie in dem reizvollen Relikt der Weltausstellung 20 m über dem Fluss. S. 223

Abends & Nachts

Pavilhão Atlântico: Von André Rieu bis Lady Gaga, von Holiday on Ice bis Cirque du Soleil – wer Rang und Namen hat und bis zu 15 000 Fans begeistern kann, tritt in dieser großen Halle auf. 3 S. 221

Casino de Lisboa: 1000 Slotmachines, 25 Spieltische und ein Konzert- und Theatersaal mit anspruchsvoller Unterhaltung – alles super-modern gestylt. 2 S. 224

Lissabon im 21. Jahrhundert

Interessieren Sie sich für den kühnen Wurf eines Stadtviertels des 21. Jahrhunderts? Dann sollten Sie hinaus zum Ausstellungsgelände der Expo 98 im Parque das Nações. Auf 340 ha finden Sie ein Wunderwerk an modernster Architektur, das Oceanário mit überraschender Präsentation der Meereswelt, unterirdische Kachelgalerien, Spazier- und Radwege entlang dem Tejo, ein geschäftiges Einkaufszentrum, zahlreiche Cafés und Restaurants. Kurzum: Lissabons modernes Gesicht.

Rund um den Bahnhof Oriente

Kaum zu glauben, dass hier bis 1993 abgewrackte Ölraffinerien, Chemie- und Munitionsfabriken standen. Nachdem sich Lissabon zunächst über viele Jahrhunderte organisch am Tejo entlang entwickelt hatte, dem großen Verkehrsweg, der Menschen und Handelsgüter in die Stadt brachte, begann nach dem Erdbeben mit der Neuordnung der Baixa die Abkehr vom Fluss. Die großen *avenidas* entstanden, das Flussufer verkam zum kontaminierten Industrie- und Hafengelände. Die Renaissance des Tejo wurde 1980 mit einem stadtplanerischen Ideenwettbewerb aus der Taufe gehoben und kumulierte in der Weltausstellung von 1998, zugleich Anlass für die wichtigste städtebauliche Neuordnung nach dem Erdbeben.

Nahezu vollendet ist heute der Stadtteil Parque das Nações mit zehntausend Wohnungen für 25 000 Einwohner. Die angesiedelten Dienstleistungsunternehmen schufen rund 14 000 Arbeitsplätze. Auf einem kleinen Teil des weitläufigen besucherfreundlichen Parks der Nationen befand sich das Gelände der Weltausstellung, die 11 Mio. Besucher anlockte. Bei der Konzeption der meisten Ausstellungsgebäude stand die zukünftige sinnvolle Weiternutzung im Vordergrund, die Expo selbst diente nur als Zwischenetappe. Ihr Leitgedanke ›Ozeane, ein Erbe für die Zukunft‹ zog sich wie ein roter Faden durch die architektonische Planung, von Wasserspielen über Uferpromenaden und Parks entlang dem Fluss bis zu Gebäuden, die die Form riesenhafter Ozeanschiffe annehmen.

Gare Oriente 1

Die Metro, zur Weltausstellung erbaut, bringt Sie zum Bahnhof Gare Oriente, ein architektonisches Schmuckstück von zentraler verkehrspolitischer Be-

Infobox

Anfahrt
Mit der roten Linie der U-Bahn gelangen Sie ins Herz des Parque das Nações, den Sie zu Fuß, per Leihrad oder Touristenbähnchen erforschen können.

Info-Kiosk
Zwischen Einkaufszentrum und Pavilhão Atlântico befindet sich ein Info-Stand mit Übersichtsplänen, Souvenirs, Fahrradverleih und Ticketverkauf.

Internet
Nähere Informationen über dieses neue Stadtviertel bietet die Website www.portaldasnacoes.pt. Das gesamte Expo-Gelände ist übrigens Hotspot für drahtloses Internetsurfen.

Parque das Nações und Expo-Gelände

Sehenswert

1 Gare Oriente
2 Centro Comercial Vasco da Gama
3 Pavilhão Atlântico
4 Messehallen
5 Canto da Música
6 Torre Vasco da Gama
7 Parque do Tejo
8 Portugiesischer Pavillon
9 Oceanário
10 Pavilhão do Conhecimento
11 Teatro Camões

Essen & Trinken

1 Afreudite
2 República da Cerveja
3 Azul Profundo

Aktiv & Kreativ

1 Tejobike

Abends & Nachts

1 Havana
2 Casino

deutung. Alle wichtigen Zugverbindungen, ob aus Paris, Madrid, Porto oder der Algarve, führen über diesen Bahnhof und finden Anbindung an Stadt und Umland per Metro, Bus oder Regionalbahn. Stararchitekt Santiago Calatravas Konzeption beruht auf zwei Achsen, die im rechten Winkel zueinander stehen. Eine der Geraden wird durch die Gleisführung festgelegt, die andere zieht sich vom Fluss über das Ausstellungsgelände und die Metrostation zum angrenzenden Busbahnhof. Die Bahnsteige liegen ▷ S. 220

Auf Entdeckungstour

Gare Oriente – eine unterirdische Kunstgalerie

Die rote Metrolinie wurde 1998 anlässlich der Weltausstellung in Betrieb genommen und 2008 verlängert. Ihre einzelnen Stationen zeigen ein Gesamtkunstwerk unter der Erde, das sich dem Thema Wasser widmet. Den künstlerischen Höhepunkt bilden die Kachelpaneele im Gare Oriente 1, geschaffen von international renommierten Malern.

Für wen: Liebhaber moderner Kachelkunst.

Zeit: Abhängig vom persönlichen Kunstinteresse ca. ½ Std.

Start: U-Bahnhof Oriente, östliche Endstation der roten Metrolinie. Die Besichtigung sollte mit einem Besuch des Expo-Geländes verbunden werden.

Mit dem Kauf eines einfachen U-Bahntickets haben Sie Zugang zu einer Kunsthalle der besonderen Art. Zehn Künstler aus den fünf Kontinenten schufen in der U-Bahnstation Oriente großformatige Kachelbilder zum Thema der Weltausstellung »Die Ozeane – eine Erbe für die Zukunft«. Herrlich unterschiedlich fallen hierzu die ästhetischen Lösungen aus.

Kunst von Hundertwasser bis Boyd

Gehen Sie nach dem Aussteigen aus dem Zug entgegen dem Menschenstrom zurück, so stoßen Sie auf ein buntes Bild von Friedensreich Hundertwasser (1928–2000), der eine sagenhafte, auf dem Meeresgrund versunkene Stadt Atlantis in seine Kacheln brannte. Gleich nebenan präsentiert der Argentinier António Segui (geb. 1934) mit bunten Comicfiguren allerlei Gedankenspiele über das Leben auf und in den Weltmeeren: Sein Alter Ego versinkt hocherhobenen Hauptes und immer mit Hut in den Fluten. Und während die portugiesische Karavelle stolz Kurs hält, geht die Titanic langsam unter.

Am anderen Ende des Bahngleises greift der isländische Pop-Art-Künstler Erró (geb. 1932) tief in die ikonografische Trickkiste und lässt einen jugendlich strahlenden Vasco da Gama als Comic-Helden zwischen allerlei erotischen Seejungfrauen und Tick, Trick und Track waghalsig seinen Kurs durch den Ozean halten, von dem ihn weder Piraten noch feindliche Krieger abbringen können.

Daneben bringt die Japanerin Yayoi Kusama (geb. 1929) fernöstliche Farben ins Spiel: das Gelb des ›Landes der aufgehenden Sonne‹ und Blau, mit versprengten schwarzen Punkten. Die sich wiederholenden Muster fügen sich zu einer krakenhaften Figur zusammen, die einer Seeschlange ähnelt.

Nun führt der Rundgang auf den gegenüberliegenden Kai der stadteinwärts fahrenden Züge. Der Inder Syed Haider Raza (geb. 1922) versteht die überwiegend in tiefes Meeresblau getauchten Kacheln nicht nur als ›Leinwand‹, sondern weist als einziger der hier vertretenen Künstler auch der spezifischen Form der Kachel eine gestalterische Wirkung zu. Der Australier Arthur Boyd (1920–1999) hingegen wirft leichte Strandimpressionen an die Wand; er hatte sich bereits 1956 für die Ausgestaltung der olympischen Schwimmhalle von Melbourne mit Kachelmalerei beschäftigt.

Die obere Galerie

Abschließend geht es in das Atrium oberhalb der Bahngleise. Dort gelingt Abdoulaye Konaté (geb. 1951) aus Mali allein durch den Kontrast der aus unterschiedlichen Blautönen komponierten Meeresfluten mit gelben und roten Farbtupfern ein spannungsgeladenes Gemälde, aus dem drei Seeungeheuer herausragen. Unmittelbar gegenüber verbindet der Chinese Zao Wou-Ki (geb. 1921) in seinem Ozean aus durchscheinenden Grüntönen chinesische mit europäischen Kunsttraditionen, während sich der Ire Sean Scully (geb. 1945) um eine abstrakte Annäherung an die Weltmeere bemüht.

Ein Kachelbild sticht aufgrund seiner zurückhaltenden Farbkomposition aus all diesen bunten Kunstwerken heraus. Joaquim Rodrigo (1912–1997), einer der originellsten portugiesischen Maler des 20. Jh., schuf aus naiv anmutenden schwarzen Figuren und Pflanzen vor braunem Hintergrund eine Bildergeschichte, die die Entdeckung Afrikas andeutet.

auf einer Brückenkonstruktion, die von Betonstützen getragen wird, die sich ähnlich wie Baumwurzeln kreuzen. Über die Gleise hebt sich ein lichtes Dach aus weißem Stahl und durchsichtigem Glas, das in gotischen Spitzbögen zuläuft und dabei an einen Palmenhain erinnert. Das Dach über der Querachse besteht aus den gleichen Baustoffen, nimmt aber die Form von Muschelschalen an. Die fantasievolle Formensprache findet sich in der von Calatrava entworfenen Metrostation am Ground Zero in New York wieder. Für die Anbindung an das europäische Netz der Hochgeschwindigkeitszüge sollte der Architekt sein Werk in den nächsten Jahren erweitern. Allerdings wird das Projekt aufgrund wirtschaftlicher Sparmaßnahmen derzeit wieder infrage gestellt.

Centro Comercial Vasco da Gama 2

Auf drei Ebenen gelangt man in die Shopping Mall Vasco da Gama, mit 60 000 m² Fläche Lissabons drittgrößtes Einkaufsparadies. Auch hier erinnert die Architektur an die Seefahrt. Wasser umspielt das gläserne Dach, häufig sonnen sich Möwen in der Höhe. Den Boden durchziehen Längen- und Breitengrade, Meerestiefen werden angezeigt, Ruhebänke nehmen die Form von Schiffsrümpfen an, Wasserspiele erfreuen besonders die Kinder und Aufzüge passieren an die Wand gemalte bunte Fische. Weibliche Besucher sollten nicht versäumen, die Toilette im Bereich der Schnellimbisse im zweiten Stock zu benutzen, sie erleben eine kleine Überraschung.

Natürlich ist das Shoppen im Einkaufszentrum nicht jedermanns Sache, aber in erster Linie die Modegeschäfte, die meist zu internationalen, doch hochwertigen Franchising-Ketten gehören, üben täglich bis 24 Uhr eine enorme Anziehungskraft aus. Zu ihnen gesellen sich Sportläden, Parfümerien, Medienkaufhäuser, Delikatessgeschäfte und ein Supermarkt.

Und wenn die letzten Kunden die Läden verlassen müssen, beginnen die Nachtvorstellungen in den mit modernster Technik ausgestatteten Kinosälen von **ZON Lusomundo,** vielleicht auch für Sie interessant, denn die Filme werden in Originalsprache mit portugiesischen Untertiteln vorgeführt. Die Eintrittspreise sind mit etwa 6 € günstig, das Programm finden Sie unter www.lusomundo.pt.

Unser Tipp

Einige Stunden Wellness gefällig?
Erlösung für gestresste Einkäufer und Touristen bietet der **Health Club Solinca** im ersten Stock des Einkaufszentrums Vasco da Gama 2. Auf einer Fläche von 2000 m² können sich Gäste mit Hilfe einer Schönheits- und Entspannungsmassage, Shiatsu, Aromatherapie, Sauna und Türkischem Bad entspannen bzw. fachmännisch verwöhnen lassen. Wem mehr nach sportlicher Betätigung ist: Im Health Club gibt es auch Fitnessgeräte und ein Schwimmbad.

Über das Weltausstellungsgelände

Durch das Einkaufszentrum gelangt man direkt auf das frühere Expo-Gelände. Im Vordergrund streckt die »Menschliche Sonne«, ein Kunstobjekt des Portugiesen Jorge Vieira, ihre rostroten Greifer aus. Zurück schauen Sie auf die beiden luxuriösesten Lissabonner Hochhäuser, die das Einkaufszentrum in Form zweier Schiffbugs flankieren. Alle Wohnungen umfassen zwei Stockwerke. Über Preise redet man eigentlich nicht, doch reichen sie von 480 000 € für die billigste bis knapp 1,5 Mio. € für die teuerste Zimmerflucht.

Direkt gegenüber liegt der Ausgangspunkt für Radtouren über das Expo-Gelände. Der **Fahrradverleih Tejobike** 1 vermietet preisgünstige, einfache Räder, darunter Tandems und zusätzliche Kindersitze. Sie dürfen auch über das Gelände hinausradeln. Der neueste Gag nicht nur für Jugendliche sind Karts, die mit Pedalkraft angetrieben werden. Zusätzlich erhalten Sie hier die Tickets für eine kleine Bahn, die über das Gebiet tuckert (tgl. 10–17 Uhr, im Hochsommer bis 19 Uhr). Spartipp: Das Kombi-Ticket *cartão do parque* für ca. 18 € ermöglicht den Eintritt zu allen Sehenswürdigkeiten und lohnt beim Besuch zahlreicher Attraktionen.

Pavilhão Atlântico 3

Der Pavilhão Atlântico, gemeinsam entworfen vom Portugiesen Regino Cruz und dem amerikanischen Büro S.O.M., streckt sich fast bis zum Tejo und setzt die thematische Vorgabe der Expo in doppelter Hinsicht architektonisch um. In äußerer Form und Farbgebung gleicht das Gebäude einer riesigen Miesmuschel. Das Innere gestalten gegliederte Bögen aus Holz, die bis zu 114 m lang sind und den Rumpf einer portugiesischen Karavelle nachahmen. 15 000 Besucher fasst Lissabons erste große Mehrzweckhalle, in der Kongresse, Konzerte oder bedeutende Sportveranstaltungen stattfinden. Veranstaltungsprogramm und e-ticketing finden Sie unter www.pavilhaoatlantico.pt.

Flaggenwald zum Tejo

Seitlich dem Pavilhão Atlântico und entlang der vom Bahnhof gezeichneten Fluchtlinie führt ein Wasserlauf zum Tejo und teilt das Expo-Gelände in eine nördliche und eine südliche Hälfte. Aufgezogen sind die Flaggen der 145 Länder, die an der Weltausstellung teilgenommen haben. Am Fluss angekommen finden Sie entlang der Uferpromenade Rua das Tágides einige Cafés und Restaurants mit Terrassenbetrieb, die den meisten Gaststätten in der eigentlichen Restaurantmeile weiter nördlich zu bevorzugen sind. Für wirklich tolle Salate oder auch nur ein Getränk steht **Azul Profundo** 3 gegenüber der Schiffsanlegestelle.

Messehallen und Restaurantmeile

Die heutigen **Messehallen** 4 im nördlichen Abschnitt bestehen aus vier gleich großen, rechtwinkligen Gebäuden von unterschiedlicher Höhe, die gemeinsam oder einzeln genutzt werden und durch ein Glasrohr mit Laufband verbunden sind. Auch die geschwungene Dachkonstruktion aus einzelnen Metallverstrebungen nimmt Bezug auf das Pariser Centre Pompidou.

Dahinter zieht sich in der Rua da Pimenta eine Restaurantmeile am Ufer entlang. Das portugiesisch-italienische Architektenteam entwickelte ein Baukastensystem aus Metallmodulen von 7 m Länge und Breite, die eine einheitliche Außenansicht vermitteln und der gewünschten Größe der Lokale entsprechend zusammengesetzt werden. Die Kamine erinnern an den Küchenabzug des Königsschlosses von Sintra (s. S. 264). Im Volksmund auch ›Laufsteg der Alkoholiker‹ genannt, entspricht die gebotene Qualität häufig allerdings nicht dem Wünschenswerten.

Canto da Música 5

Mehr Freude bereitet der benachbarte Musikgarten Canto da Música Richtung Tejo. Insbesondere Kinder basteln auf den überdimensionierten Triangeln, Xylofonen und Schlaginstrumenten mehr oder weniger harmonische Melodien. Manchmal klingt's ganz schön schrill, hin und wieder fast konzertreif. Spaß macht's auf alle Fälle.

Torre Vasco da Gama und Gondelbahn 6

Wenige Schritte entfernt ragt weithin sichtbar der nach dem berühmten Seefahrer Vasco da Gama benannte **Turm** 140 m in den Himmel. Wunsch der Expo-Planer war es, als Markstein des neuen Lissabon einen Kontrapunkt zum Torre de Belém zu setzen, der fünf Jahrhunderte früher am anderen Ende der Stadt als Symbol für den portugiesischen Entdeckergeist errichtet worden war. Über einem keilförmig in den Fluss ragenden Sockel erhebt sich ein schmaler Betonmast, der von weißen, an ein geblähtes Segel erinnernden Metallstreben verstärkt wird. Wie ein Mastkorb hängt eine Aussichtsplattform in der Spitze des Turms, die für die Bauzeit eines Luxushotels für Besucher geschlossen bleibt.

Vom Fuße des Turmes ab schwebt eine **Gondelbahn** 20 m über dem Uferrand des Tejo und endet auf Höhe des Ozeaniums (*Mo–Fr 11–20, Sa/So 10–20, im Winterhalbjahr bis 19 Uhr, einfach 3,90 €, hin und zurück 6 €*).

Tejo-Park und Ponte Vasco da Gama

Das eigentliche Ausstellungsgelände endet am Turm und geht hier in den **Parque do Tejo** 7 mit gepflegten Rasenflächen über, die gerne für Fußball- oder Federballspiele genutzt werden. Entlang dem Tejo sind besonders am Wochenende viele Spaziergänger, Jogger und Mountainbiker unterwegs. Unter der Woche genießen Sie hier die Einsamkeit, hören die Wellen des Tejo ans Ufer schlagen und können im Winter mit etwas Glück rosarote Flamingos aus nächster Nähe bewundern. Der Weg schlängelt sich unter der 17,2 km langen **Brücke Vasco da Gama** hindurch, deren Bau heftig umstritten war, da auf der gegenüberliegenden Flussseite wichtige Naturschutzgebiete und Vogelbrutplätze zerstört wurden.

Erlebnis für Schwindelfreie: Gondelfahrt über dem Tejo mit Blick auf die längste Brücke Europas

Terreiro dos Radicais

Fast unterhalb der Brücke sind nicht, wie der Name vermuten lassen könnte, politische Radikale zugange, sondern es vergnügen sich Skater und Rollschuhfahrer auf 3000 m² Betonpisten. *Desportos radicais* heißt Abenteuersportarten auf Portugiesisch. Eintritt ist kostenlos, die Sportgeräte können bei **Tejobike** 1 ausgeliehen werden.

Der portugiesische Pavillon 8

Zunächst entlang dem Tejo gelangen Sie zum südlichen Abschnitt des Ausstellungsgeländes. Etwas vom Fluss abgesetzt passiert man den ehemaligen portugiesischen Pavillon, auf dessen Gestaltung die Lissabonner besonders stolz sind. Architekt Álvaro Siza Vieira, von dem auch der portugiesische Pavillon auf der Expo in Hannover stammte, hat ein zweigeteiltes Bauwerk geschaffen. Ein lang gestreckter Flachbau geht unmittelbar in einen überdachten Platz über. Das 65 m lange und 50 m breite Dach bildet das eigentliche Glanzstück. Wie ein Segeltuch ist eine weiße, frei hängende Decke gespannt, die aus einzelnen Betonstreifen zusammengesetzt und mit Stahlseilen verstärkt ist. Während der Weltausstellung trieben die Lissabonner makabre Späße wegen der gewagten Konstruktion, denn unter ihr wurden die ausländischen Staatsgäste begrüßt. Würde die fragil wirkende Decke auch tatsächlich standhalten? Probieren Sie es selbst mal aus: Bis heute ging alles gut und doch entsteht noch immer ein etwas kribbeliges Gefühl beim Unterqueren in Richtung Ozeanarium.

Casino 2

Alameda dos Oceanos, www.casinolisboa.pt, So–Do 15–3, Fr/Sa 16–4 Uhr

Das avangardistische Casino öffnete 2006 seine Pforten und empfängt seither täglich durchschnittlich 10 000 Spieler an 1000 Slot-Machines und 25 Spieltischen. Doch auch ohne Spielernatur sollten Sie einen Blick ins Innere des schwarz verglasten Gebäudes werfen. Um einen 20 m hohen zylindrischen Innenraum gruppieren sich auf drei Stockwerken konzentrisch die Spielangebote, Restaurants, Bars und Räume für Veranstaltungen wie Konzerte, Theater oder Shows im Broadway-Stil.

Dank eines abwechslungsreichen und häufig hochwertigen Angebots hat sich das Kasino einen wichtigen Platz im Lissabonner Kulturleben erobert. Restaurants sorgen für das leibliche Wohlbefinden. Ein Luxusetablissement, das schon mehrfach Konzept und Namen gewechselt hat, heißt derzeit **Suite.** Der gestylte Clou im **Spot** mit offenem Blick über das Expo-Gelände und das Innere des Casinos ist die rasant wechselnde, knallige Farbe des Fußbodens, sehr *hip*, aber auch etwas gewöhnungsbedürftig. Neben Portugiesischem sind Steaks im Angebot. Eher etwas für hungrige Glücksritter oder unglückliche Verlierer ist das wuselige **Atrio** direkt neben den einarmigen Banditen, dafür aber mit günstigen Snacks.

Und wer nun trotzdem in Lissabon nicht genug Vergnügen findet, wird per kostenlosem Shuttlebus ins benachbarte Casino von Estoril gebracht (s. S. 276).

Oceanário ! 9

www.oceanario.pt, tgl. 10–20, im Winter bis 19 Uhr, Eintritt 12 €

Ein traumhaftes Meeresparadies öffnet sich hinter den Eingangstoren zu einem der größten Aquarien Europas, schon wegen der ausgefallenen architektonischen Konzeption ein Muss für jeden Lissabonreisenden. Keine andere Attraktion zieht mehr Besucher an; jährlich sind es über eine Million.

Wie eine Insel liegt das Gebäude nach den Plänen des amerikanischen Architekten Peter Chermayeff im geschützten Wasser der früheren Dockanlagen. Zylindrische Säulen füllen den unteren Abschnitt aus. Sie tragen einen massiven, ungleichmäßigen und dunklen Mittelteil, eine Anspielung an Form und Farbe von Meeresfelsen. Den Abschluss bildet eine Glaskonstruktion mit lichtdurchlässigem Dach. Metallkabel und Masten wecken Assoziationen an eine Schiffstakelage. Zwischen den vier Gebäudeteilen auf quadratischem Grundriss steigen Treppen auf, die Bootsaufgänge andeuten sollen.

Ein das Wasser überspannender Steg ähnlich einer Landebrücke führt hinein ins Aquarium, wo sich diese Vierteilung fortsetzt. Auf Höhe des Meeresspiegels erwarten den Besucher nacheinander die unterschiedlich geformten Küsten des Atlantiks, der Antarktis, des pazifischen und des indischen Ozeans. Sie fühlen bei Tageslicht die unterschiedlichen Temperaturen der vier verschiedenen Klimazonen und erleben die darin beheimatete Vogel- und Pflanzenwelt. Besonders putzig ist eine Seeotterfamilie, die zumeist rücklings auf dem Wasser liegt und mit Körperpflege beschäftigt ist und von den Lissabonnern liebevoll Amália und Eusébio getauft wurden. Nun führt der Weg um einen zentralen Wassertank herum in die dunkle Tiefe des Meeres. Angst einflößende Tiger- und Leopardhaie und ungeheuerliche Rochen ziehen ihre Bahnen, bunte Fischschwärme schlängeln sich elegant durch Korallenriffe.

Der besseren Beobachtung wegen bevölkern die kleinsten Meeresbewohner gesonderte Aquarien. Insgesamt füllen 7000 m³ Wasser die Tanks, in denen 15 000 Tiere und 450 verschiedene Grundarten leben. Passionierte Fischfreunde und Eltern mit Kindern sollten mindestens drei Stunden für den Besuch einplanen, ansonsten reichen zwei Stunden gut aus. Bei heißen Außentemperaturen kann ein langärmeliges Hemd für die klimatisierten Räume nützlich sein.

Pavilhão do Conhecimento 10

www.pavconhecimento.pt, Di–Fr 10–18, Sa/So 11–19 Uhr, Eintritt 7 €

In der Umgebung des Ozeaniums finden sich hübsch gepflasterte Wege, Kinder und auch Erwachsene laufen mit viel Spaß unter Wasserarkaden hindurch, Springbrunnen und Wasserspiele entzücken das Auge. Das Nachbargebäude beherbergt den Pavillon des Wissens, in dem spielerisch die Kräfte der Natur erforscht werden können und fantasievolle Versuche das Umweltwissen erweitern. Er bietet zahlreiche Experimentiermöglichkeiten für neugierige Menschen ab drei Jahren.

In den umliegenden Gärten lassen sich die Versuche im Freien fortsetzen und nicht nur der Nachwuchs wird die

Faszinierende Unterwasserwelten im Ozeanarium

eine oder andere Überraschung erleben. Und noch ein Plus: Im ohne Eintrittsgebühr zugänglichen Cybercafé dürfen Sie bis zu 30 Min. kostenlos surfen.

Teatro Camões 11

Passeio do Neptuno, Tel. 218 92 34 70, www.cnb.pt

Das bestens ausgestattete Theater entwickelte sich seit 2003 unter der Leitung des türkischen Choreografen Mehmet Balkan, einst erster Solotänzer und Ballettmeister an der Staatsoper Hannover, zu einem Zentrum des portugiesischen Tanztheaters. Neben Aufführungen der staatlichen Companhia Nacional de Bailado gibt es hochkarätige klassische und moderne Gastspiele. Inzwischen ist die künstlerische Leitung zwar in portugiesischer Hand, doch bestehen die Beziehungen in den deutschsprachigen Raum fort, weswegen deutsche Tanzopern weiterhin zum Programm gehören.

Vom Ölturm zum Uferweg

Der Park der Nationen endet am stählernen Cracking-Turm einer früheren Ölfirma, Erinnerung an das verseuchte Industriegebiet, das durch die Errichtung des außergewöhnlichen Stadtviertels zu neuem Leben erweckt und einer sinnvollen Nutzung zugeführt wurde. Wenig südlich schließen sich einige wenige Esplanadencafés, ein meist leerer Yachthafen und ein futuristisches, inzwischen aber kaum mehr genutztes Gebäude an, das von ineinander verwobenen Stahlbalken ge-

Ein wahres Einkaufsparadies: die lichtdurchflutete Shopping Mall Vasco da Gama

tragen wird. Von hier setzt sich der Uferweg, allerdings noch mit vielen Unterbrechungen, bis ans andere Ende der Stadt fort.

Essen & Trinken

Knallbunt – **Spot:** im Casino de Lisboa 2, 2. Stock, Tel. 218 92 90 43, www.casino-lisboa.pt, Metro: Oriente, tgl. 20–0.30 Uhr, Hauptspeisen ab 9 €. Der Restaurantboden wechselt während des Essens seine knallige Farbe. Darüber gibt's z. B. gegrillten Stockfisch mit ebenfalls gegrillten Oliven und Artischocken. Der eigentliche Schwerpunkt liegt auf Steaks.

Für Spieler – **Átrio:** im Casino de Lisboa 2, 1. Stock, Tel. 218 92 90 43, www.casino-lisboa.pt, Metro: Oriente, 9.30–3, Fr/Sa bis 4 Uhr, Buffet (15 €) und kleine Speisen um 5 €. Für alle Glücksritter, die ihren Blick auch während des Essens nicht von den einarmigen Banditen abwenden können.

Der Liebe förderlich – **Afreudite** 1: Passeios das Garças, 86, Tel. 218 94 06 60, www.afreudite.com, Metro: Oriente, Mo–Sa 20–2 Uhr, Hauptspeisen um 15 €. Die angeblich aphrodisierenden Speisen tragen Namen wie Delirium oder Traité de l'amour. Markenzeichen ist die Verwendung von exotischen Früchten und Kräutern bei den Hauptgerichten.

Gesellig – **República da Cerveja** 2: Passeio das Tágides, Lote 2.26.01, Tel. 218 92 25 90, tgl. 12.30–24, Fr/Sa bis 1 Uhr, Hauptspeisen ab 7 €. In der »Republik des Bieres« wird eine große Auswahl an Schnitzeln und Steaks zum beliebten Gerstensaft verschiedener Hersteller gereicht. Sehr schön sitzen Sie auf der Terrasse am Fluss.

Terrasse zum Fluss – **Azul Profundo** 3: Rua das Tágides, Quiosque 4, Tel. 218 96 00 04, Snacks ab 2 €. Fantasievolle Salate und Toasts oder auch nur ein Getränk gibt's in der Selbstbedienungsbar am Ufer.

Für den Hunger zwischendurch
In der oberen Galerie des **Einkaufszentrums Vasco da Gama** 2 finden Sie zahlreiche, preiswerte Selbstbedienungslokale, von McDonalds bis zur einheimischen Salatbar. Für Suppenkasper empfiehlt sich Sim a Sopas. Tipp: Kommen Sie vor 12.30 Uhr, danach wird's rappelvoll.

Einkaufen

Im Zeichen der Ozeane – **Centro Comercial Vasco da Gama** 2: s. S. 220.

Aktiv & Kreativ

Mit dem Fahrrad unterwegs – **Tejobike** 1: Gegenüber dem Einkaufszentrum Vasco da Gama, Tel. 218 91 93 33, www.tejobike.pt, tgl. 10–19 Uhr, zeitlich gestaffelte Preise, 5 € für die erste Stunde, außerdem gibt es Karts für 6 € pro Stunde.

Wellness – **Health Club Solinca:** Im Einkaufszentrum Vasco da Gama 2, Tel. 218 93 07 06, www.solinca.pt, s. S. 220.

Abends & Nachts

Nachtschwärmer treffen sich in der Fressmeile Rua da Pimenta.

Südamerikanisch heiß – **Havana** 1: s. S. 43.

Nicht nur für Glücksritter – **Casino de Lisboa** 2: s. S. 224.

Filme im Original – **ZON Lusomundo:** im Einkaufszentrum Vasca da Gama 2, s. S. 220.

Westlich des Zentrums

Highlight!

Museu Nacional de Arte Antiga: Im berühmten Kunstwerk »Die Versuchung des Heiligen Antonius« bedrohen grausame Fabelwesen die menschliche Seele: Kopffüßler, mausgesichtige Gestalten, fliegende Fische. Eine zutiefst verunsicherte Welt zeichnet Hieronymus Bosch auf seinem polychromen Triptychon. 13 S. 240

Auf Entdeckungstour

Die Entdeckungsreisen der Portugiesen im Spiegel der Kunst: Begeben Sie sich auf eine Entdeckungstour in die goldenen Zeiten Lissabons. Im Museu Nacional de Arte Antiga finden sich afrikanische Pfefferstreuer und japanische Wandschirme, auf denen die portugiesischen Seefahrer als ›Langnasen‹ porträtiert sind. 13 S. 242

Kultur & Sehenswertes

Zur Königin des Fado: In dem früheren Wohnhaus von Amália Rodrigues finden Sie unter den persönlichen Gegenständen jede Menge kleinbürgerlichen Kitsch. 2 S. 231

Entführung ins Morgenland: Das Museu do Oriente zeigt kunstvolle Terrakottafiguren, chinesisches Porzellan, traditionelle Malerei, asiatisches Mobiliar und fernöstliche Volkskunst. 14 S. 241

Aktiv & Kreativ

Bücherlesen im Park: Die geistige Nahrung gibt es im Jardim da Estrela – auch fremdsprachig – in einer kuriosen Bibliothek im Kiosk zu leihen, die leibliche Speise im benachbarten Gartencafé. 4 S. 231

Mit Kasperle und Teufel: Im Marionettenmuseum können Kinder und jung gebliebene Erwachsene ihre Fantasie spielen lassen. 10 S. 239

Genießen & Atmosphäre

Mercado Campo de Ourique: Lissabons schönste Markthalle bietet Frisches unter orientalisch angehauchten Kuppeln. Besonders attraktiv sind die Fischtheken. 1 S. 236

Friedhof der Freuden: So nennt sich der Cemitério dos Prazeres, auf dem nicht nur die monumentalen Grabhäuser der besseren Lissabonner Gesellschaft imponieren, sondern auch der Blick in die Ferne. 8 S. 237

Abends & Nachts

Feinster Jazz: Der Jazzclub Speakeasy ist in einen Hafenspeicher am Tejo eingezogen und lockt besonders die chickere Szene an. Beginn ist meist um 23 Uhr, davor gibt's Cocktails und Magenstärkung. 3 S. 245

Elektro-Pop: Im Loft hotten die Fans elektronischer Popmusik ab. Das Besondere: Der DJ tummelt sich mitten auf der Tanzfläche. 2 S. 245

Aristokratisch, gutbürgerlich, alltäglich

Im Lissabonner Westen erleben Sie große Politik und Alltagsleben gleichermaßen. Unmittelbar gehen die Viertel der kleinen Leute in vornehme, gutbürgerliche Stadtteile über. Madragoa bezaubert mit einer Volkstümlichkeit. So reizvoll stellte es sich allerdings nicht immer dar: Einst hausten hier zusammengepfercht die freigelassenen Sklaven, später entstanden Bordelle für die Matrosen, deren Schiffe im nahen Hafen anlegten.

Das benachbarte Lapa empfängt Sie dagegen mit aristokratischer Anmut. In den oft 250 m^2 messenden Wohnungen lebt bis heute der alte Reichtum, ausländische Botschaften residieren in früheren Adelspalästen, der prächtigste hat Portugals wichtigstes Museum für alte Kunst aufgenommen.

Die saubere Luft vom nahen Meer zog das moderne Bürgertum auf die Hügel oberhalb des Tejo, nach São Bento, Estrela und Campo de Ourique. Kein Wunder, dass hier die bürgerliche Revolution ihren Ausgang nahm und das Landesparlament seinen Sitz gefunden hat. Außerdem erwartet Sie der zweitgrößte und wohl anmutigste Park Lissabons, der fröhlichste Friedhof und die schönste Markthalle, kurzum eine Gegend zum Flanieren und zum Entdecken stiller Schönheiten.

Infobox

Reisekarte: ► J–L 9–12

Ausgangspunkt
Die westlich an die historische Altstadt grenzenden Viertel können Sie entweder einzeln oder zu zwei Touren kombiniert besichtigen: Startpunkt ist der Stadtteil São Bento, von hier aus verläuft die erste Route über Estrela nach Campo de Ourique, die zweite führt über Madragoa nach Lapa.

Anfahrt
Die Viertel der ersten Tour sind durch die **Straßenbahn 25** (Haltestelle u. a. an der Praça do Comércio) miteinander verbunden. Diese Linie fährt ebenso wie die berühmte **Nr. 28** bis Campo de Ourique, während die **Linie 15** die Stadtteile Madragoa und Lapa streift.

São Bento

Parlamentspalast São Bento 1

Tel. 213 91 90 00, www.parlamento.pt, Führungen unregelmäßig am Wochenende

Nehmen Sie die Straßenbahn 28 nach Westen, so passieren Sie hinter dem Bairro Alto und nach einigen Berg- und Talfahrten rechter Hand einen gigantischen weißen Palast, genannt São Bento – heute Sitz des portugiesischen Parlaments. Im 16. Jh. stand an dieser Stelle, damals weit außerhalb der Stadt, ein Klosterhospital für Pestkranke, das Benediktinermönche nach der großen Pest von 1580 zu einem der gewaltigsten Klöster der Stadt ausbauten. Nach dem teilweisen Einsturz im Erdbeben wurde das Gebäude ab 1834 neu gestaltet. Beeindruckend sind die lang gestreckte klassizistische Fassade und der weitläufige Treppenaufgang zum Eingangsportal, das von allegorischen Säulenfiguren gesäumt wird, die

die Abgeordneten zu Klugheit, Macht, Gerechtigkeit und Enthaltsamkeit ermahnen. Die Säle im Inneren zeigen sich mehr als prunkvoll. Im dahinter liegenden Park befindet sich die Residenz des Ministerpräsidenten.

Rua de São Bento

Diese von zahlreichen Antiquitätenhändlern und Trödelläden gesäumte Straße ist ein Vorzeigeprojekt der Lissabonner Stadtverwaltung. Die 148 Häuser, darunter 32 in städtischem Besitz, befanden sich überwiegend in einem erbärmlichen Zustand. Im Sommer 2002 begann die Bauverwaltung mit der Sanierung des gesamten Straßenzuges, nicht zuletzt um bezahlbaren Wohnraum für junge Menschen zu schaffen. Als erwünschter Nebeneffekt werden den Abgeordneten im Nationalparlament täglich die Leistungen einer tatkräftigen Verwaltung vor Augen geführt. Die verantwortliche Stadträtin hieß Frau Napoleão, die sich mit ihrem umfangreichen Vorhaben offenbar an der Größe des gleichnamigen französischen Feldherrn orientierte, inzwischen aber in der politischen Versenkung verschwunden ist.

Casa-Museu Amália Rodrigues 2

Rua São Bento, 193, http://amalia.no.sapo.pt/casa%20museu.htm, Di–So 10–13, 14–18 Uhr, Führungen 5 €

Die überschwänglich verehrte Ikone des Fados wohnte über ein halbes Jahrhundert im Schatten des Parlaments. Nach ihrem Tod wurde ihr Zuhause in ein Museum umgewandelt und vermittelt interessante Einblicke in Amálias Privatleben. Aber machen Sie sich auf kleinbürgerlichen Kitsch gefasst und freuen Sie sich, dass sie beim Singen mehr Geschmack bewies als bei ihrer Einrichtung. Auch Hunderte ihrer Schuhe, Roben und Parfümfläschchen sind ausgestellt.

Estrela

Basílica da Estrela 3

tgl. 9–13, 15.30–19 Uhr, Eintritt frei

Nördlich des Parlaments – Sie können in 10 Minuten zu Fuß den Hügel erklimmen oder die Straßenbahn benutzen – erhebt sich mit der Basílica da Estrela das letzte bedeutende Bauwerk des vorbürgerlichen Regimes, das im Jahr der französischen Revolution fertiggestellt wurde. Königin Maria I. hatte in Erfüllung eines Gelübdes dem Orden der barfüßigen Karmeliterinnen den Auftrag zum Bau einer Kirche nach dem Vorbild der nordwestlich gelegenen Klosterkirche von Mafra erteilt. Die Ähnlichkeit zeigt sich in großen Säulen und Wandpfeilern, dominierenden Statuen und allegorischen Figuren an der Außenfassade und der mächtigen Kuppel. Die ursprünglichen Pläne entwarf 1776 der Erbauer des Palastes von Queluz, Mateus Vicente de Oliveira (s. S. 263).

Nach seinem Tod wurde das spätbarocke Gotteshaus, dessen schmales Kirchenschiff unproportioniert wirkt, mit klassizistischen Elementen von Manuel dos Santos 1789 vollendet. Die Bilder im Inneren stammen vom Italiener Pompeo Batoni, dessen »Anbetung des heiligen Jesusherzens« am Hochaltar in seiner Zeit umstritten war, war die Estrela-Kirche doch das weltweit erste Gotteshaus, das der Anbetung des Herzens Jesu diente. Der Sarkophag der Königin, die geistig umnachtet im Exil in Brasilien starb, befindet sich rechts vom Hochaltar.

Jardim da Estrela 4

Sommer tgl. 7–24, Winter tgl. 7.30–22 Uhr, Eintritt frei

Gegenüber öffnete der romantische Jardim da Estrela, mit 57 000 m² die zweitgrößte Grünanlage der Stadt, bereits 1852 seine Pforten. Die Lissabon-

Lieblingsort

Jardim da Estrela 4

Ein wenig Entspannung gewünscht? Dann nichts wie hinein in die romantische Gartenanlage. Wir lieben das harmonische Ensemble aus alten Bäumen, exotischen Pflanzen, künstlichen Seen, mehreren Gewächshäusern, einem Kinderspielplatz und dem Terrassencafé am Weiher. Die ganze Nachbarschaft scheint sich hier zu versammeln. Am Wochenende finden sich viele Hochzeitspaare ein, um sich vor der verträumten Kulisse des Parks ablichten zu lassen. Daneben sitzen alte Männer so vertieft in ihr Kartenspiel, dass selbst die verlockendsten Bräute sie nicht aus der Ruhe bringen.

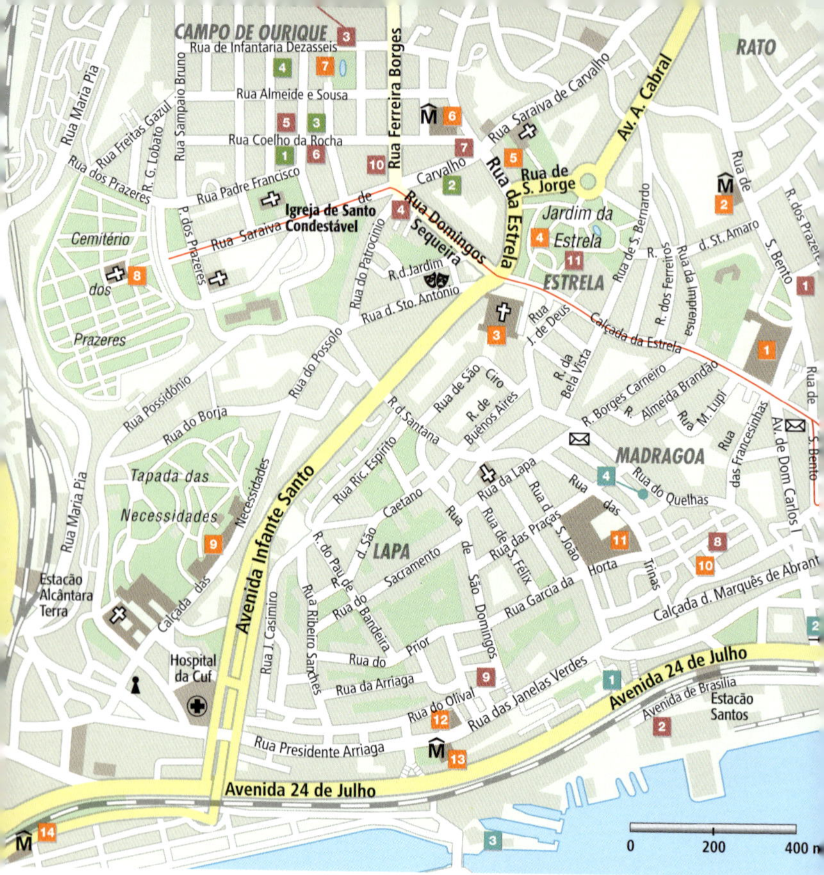

ner erfreuten sich damals an den wöchentlichen Konzerten im eleganten Musikpavillon, der noch heute bei festlichen Anlässen genutzt wird. Heute wandeln Sie unter den exotischen Bäumen. Leseratten finden in der kuriosen Biblioteca Jardim, die in einem Kiosk untergebracht ist, auch einige fremdsprachige Bücher zum Schmökern im Café oder auf der Parkbank.

Cemitério dos Inglêses 5

tgl. 9–13 Uhr, Eintritt frei

Nördlich des Parks liegt das British Hospital, ein renommiertes Privatkrankenhaus, das allerdings zu spät für einen berühmten Reisenden kam. Henry Fielding, der geistige Schöpfer des humorigen englischen Sittenromans, verstarb 1754 in Lissabon und fand auf dem nördlich angrenzenden, von hohen Mauern umgebenen Cemitério dos Inglêses in der nördlich angrenzenden Rua São Jorge seine letzte Ruhestätte.

Campo de Ourique

Rua Ferreira Borges

Die geschäftige Rua Ferreira Borges begrenzt den relativ jungen Stadtteil

Westlich des Zentrums

Sehenswert
1 Parlamentspalast São Bento
2 Casa-Museu Amália Rodrigues
3 Basílica da Estrela
4 Jardim da Estrela
5 Cemitério dos Inglêses
6 Casa-Museu Fernando Pessoa
7 Jardim Teófilo Braga
8 Cemitério dos Prazeres
9 Palácio das Necessidades
10 Museu da Marioneta/ Convento das Bernardas
11 Trinas-Kloster
12 Chafariz das Janelas Verdes
13 Museu Nacional de Arte Antiga
14 Museu do Oriente

Essen & Trinken
1 Gemelli
2 Kais
3 Cervejaria da Esquina
4 Tasca da Esquina
5 Coelho da Rocha
6 A Charcutaria
7 Trempe
8 Varina da Madragoa
9 O Chá da Lapa
10 A Tentação
11 Café Esplanada

Einkaufen
1 Mercado Campo de Ourique
2 Portugal Rural
3 Aromas & Sabores Wine Bar
4 Brio

Abends & Nachts
1 Kremlin
2 The Loft
3 Speakeasy
4 Sr. Vinho

Campo de Ourique nach Osten hin. Noch vor 250 Jahren standen hier lediglich eine kleine Kapelle, vereinzelte Häuser und Windmühlen. Dann entdeckten Adelige die idyllische Gegend. Sie bauten einige mehrstöckige Villen, doch erst 1878 wurde damit begonnen, das geometrische Straßennetz anzulegen. Ungeachtet der fehlenden Metroanbindung blieb der Campo de Ourique wegen der besseren Bausubstanz ein beliebtes, grünes Wohnviertel.

Gleich zu Beginn der geschäftigen Straße schmückt ein farbenfroher Kachelfries im Jugendstil das Eckhaus. Eine unscheinbare Tafel weist darauf hin, dass hier am 4. Oktober 1910 die erste Granate der bürgerlichen Revolution detonierte, die schon einen Tag später siegte. Im Nachbarhaus befindet sich das beliebte Restaurant **Tasca da Esquina** 4, gegenüber liegt als populärer Treffpunkt das Café mit dem verlockenden Namen **A Tentação** 10 – die Versuchung. Auch dieses Gebäude ziert ein hübsches Kachelbild. Der Gastraum unter Stuckdecken und Kronleuchtern wird von einem schmucken Art-déco-Bild an der rechten Wand verziert, das eine laszive, Kaffee trinkende Schönheit zeigt. Das Stadtteilleben lässt sich auch auf der Terrasse beobachten, wenngleich beeinträchtigt vom Verkehrslärm, der die gutbürgerliche Einkaufsstraße erfüllt.

Casa-Museu Fernando Pessoa 6

http://casafernandopessoa.cm-lisboa.pt, Mo–Sa 10–18 Uhr, Eintritt frei

Wenige Schritte führen zum Museum Fernando Pessoa in der Rua Coelho da Rocha 16. In diesem Hause wohnte der Dichter während seiner letzten 15 Jahre. Zu seinen Lebzeiten hatte Pessoa, der heute zu den herausragenden Köpfen der portugiesischen Literatur gezählt wird, nur einige Zeitschriftenartikel und ein einziges Buch veröffentlicht. Nach seinem Tod wurden in zwei Truhen 27 000 unbekannte Manuskriptseiten gefunden, Romane, Gedichte, Aphorismen, Fragmente. Aufgewachsen in Südafrika lebte Pessoa seit seinem 17. Lebensjahr zurückgezogen in Lissabon. Er fühlte sich als Fremder auf dieser Erde und schwebte

Unser Tipp

Kacheln in Art déco

In den Straßenzügen rund um die Rua Ferreira Borges lassen sich zahlreiche Häuser mit Kachelbildern im Stile des Art déco entdecken. Die schönsten sind in der Rua Campo de Ourique 137 und 164, Rua São de Carvalho 135 und Rua Tomás de Anunciação 149 zu sehen.

in anderen Welten. Seine Bezugspersonen waren die von ihm mit Leben erfüllten Heteronyme, unter deren Namen er sein Werk schuf und mit denen er sogar brieflich in Kontakt stand.

1993 kaufte die Stadt das damals baufällige Haus, sanierte es und schuf eine Kulturstätte. Die Wohnräume sind nicht mehr vorhanden, wohl aber die wenigen persönlichen Gegenstände eines wahren Wortkünstlers, der seinen bescheidenen Lebensunterhalt als Handelskorrespondent verdiente. Da die ursprüngliche Einrichtung seines Zimmers unbekannt ist, wird es von verschiedenen Künstlern in regelmäßigen Abständen neu gestaltet und interpretiert. In der angeschlossenen öffentlichen Bibliothek werden auch Reproduktionen seiner Manuskripte aufbewahrt.

Jardim Teófilo Braga 7

Mit der Waffe in der Hand empfängt Sie eine Kämpferin mit wild entschlossenem Gesichtsausdruck inmitten des hübsch begrünten Platz Jardim Teófilo Braga unmittelbar hinter der Rua Ferreira Borges. Die steinerne Statue der Maria da Fonte erinnert unter Palmen und umgeben von Blumen an einen Bauernaufstand 1846, an dem Frauen an vorderster Front beteiligt waren. Gleich daneben lärmen spielende Kinder und ahnen nicht, dass der hübsche kleine Park von ihren Großeltern wegen der früheren Truppenaufmärsche noch ›Platz der Paraden‹ genannt wird.

Rund um den Mercado Campo de Ourique 1

Mo–Sa 7–14 Uhr

Nicht mehr weit ist nun die schönste Lissabonner **Markthalle**, die ihre Tore seit 1933 am Ende der Rua Coelho da Rocha öffnet. Vier orientalisch wirkende Kuppeln überwölben das 1980 grundlegend restaurierte Gebäude. Während viele Märkte aufgrund der erdrückenden, billigen Supermarktkonkurrenz in ihrer Existenz bedroht sind oder bereits geschlossen wurden, erlebt man hier noch südländisches Treiben.

Um die Obst- und Gemüsestände in der Mitte gruppieren sich Metzger und Bäcker, während der Fisch etwas abgetrennt am südlichen Rand lautstark angeboten wird. Direkt vor der Markthalle erhebt sich seit 1951 die moderne **Kirche Santo Condestável**, die als typisches Beispiel für die Architektur des Salazar-Regimes gilt.

Cemitério dos Prazeres 8

Okt.–April 9–17, Mai–Sept. 9–18 Uhr, Eintritt frei

Cemitério dos Prazeres heißt übersetzt ›Friedhof der Freuden‹! Vermutlich stammt der ungewöhnliche Name von einem früheren, an diesem Ort gelegenen Landgut. Ein uraltes Verbot der Stadtverwaltung weist allerdings darauf hin, dass hier auch noch zwischen den Gräbern fröhlich gevespert und gefeiert wurde. Überliefert ist, dass der Friedhof, der in seiner jetzigen Struktur seit 1840 besteht, über einem Massengrab für Opfer der großen Pestepedemie von 1599 bis 1603 errichtet wurde.

13 ha umfasst diese Stadt der Toten, an 80 Straßen stehen fast palastartige Ruhestätten, in denen noble Persönlichkeiten der portugiesischen Geschichte ihre letzte Ruhestätte fanden. Auch Fernando Pessoa lag hier, bis er 1985 in den Kreuzgang des Hieronymusklosters umgebettet wurde.

Flanieren Sie in jedem Falle bis an das westliche Ende, wo Sie der weite Blick von der Tejobrücke bis zum Aquädukt belohnt. Den Hügel hinab ziehen sich moderne Hochhäuser. Dort standen noch vor wenigen Jahren die Blechhütten des Slumviertels Casal Ventoso, deren Bewohner nun in den neuen Sozialwohnungen eine Bleibe gefunden haben.

Palácio das Necessidades 9

In dem früheren Königspalast unterhalb des Friedhofs in Richtung Fluss ist das Außenministerium untergebracht. Von hier aus floh der letzte portugiesi-

Hausähnliche Grabstätten schmücken den ›Friedhof der Freuden‹

sche König Manuel II. am Tage der bürgerlichen Revolution über Sintra und Ericeira nach England. Der Palast ist der Öffentlichkeit nicht zugänglich, jedoch ist der umliegende Park geöffnet; die kunsthistorisch interessanten Gemälde und Einrichtungsgegenstände sind in verschiedenen staatlichen Einrichtungen, insbesondere im Museum Arte Antiga, zu bewundern.

Madragoa

Vom **Parlamentsgebäude in São Bento** (s. S. 230) zieht sich die Avenida Dom Carlos I. bis zum Fluss hinab und erschließt das Stadtviertel Madragoa, das in Folge der großen Entdeckungsfahrten zunächst von freigelassenen Sklaven besiedelt wurde, denn die Karavellen, die seit dem 15. Jh. Kurs auf fremde Kontinente nahmen, waren bei ihrer glücklichen Rückkehr nicht nur mit orientalischen Spezereien beladen. Häufig hatten sie wie Vieh zusammengepferchte Sklaven an Bord. Viele überlebten die Überfahrt in den stickigen, luftarmen Frachträumen nicht.

Mitte des 16. Jh. bildeten die Schwarzen bereits ein Zehntel der Stadtbevölkerung, weswegen sich ausländische Reisende ob der bunten Mischung bereits in einer außereuropäischen Stadt wähnten. Schwarzafrikaner waren als robuste Arbeitskräfte für körperliche Schwerstarbeiten besonders begehrt. Nach ihrer christlichen Taufe häufig in die Freiheit entlassen, ließen sie sich bevorzugt in Madragoa nieder, das noch lange *Mocambo*, Dorf der kräftigen Schwarzen, genannt wurde.

Schmale Gassen prägen das Viertel Madragoa

Rua do Poço dos Negros

Anfänglich wurden auch die Leichen schwarzer Sklaven in diese Gegend verbracht und unter offenem Himmel den Hunden zum Fraß vorgeworfen. Der grauenvolle Gestank verwesender Kadaver reichte bis zum Königspalast. Manuel I. gab Anweisung, einen großen Schacht zur Bestattung der Schwarzen in der Rua do Poço dos Negros auszuheben und die Leichen fortan mit Löschkalk zu bestreuen, um deren Verwesung zu beschleunigen. Der Name der Straße bedeutet ›Schacht der Neger‹ und erinnert an jenes Massengrab. Sie ist heute eine verkehrsreiche Ader durch das volkstümliche Madragoa mit einfachen Restaurants und kleinen Läden, das die Atmosphäre des 19. Jh. behalten hat, als es das Viertel der Fischer und der Fischverkäuferinnen, der *varinas* wurde, die ihre Ware in flachen Bastkörben auf dem Kopf jonglierten.

Museu da Marioneta im Convento das Bernardas 10

www.museudamarioneta.pt, Di–So 10–13, 14–18 Uhr, Eintritt 4 €

Die kleinen Taskas, aber auch moderne Restaurants setzen sich auf der anderen Seite der Avenida D. Carlos I. in der Rua da Esperança fort. Sie war seit dem 16. Jh. eine der wichtigsten Zufahrtswege nach Lissabon und wurde besonders von Bauern und Lebensmittelhändlern frequentiert. Im 17. Jh. wurden prächtige Klöster erbaut, wie das Convento das Bernardas (Nr. 146), in dessen renovierten Mauern zugleich sozial schwache Familien, ein belgisches Nobelrestaurant sowie ein Marionettenmuseum eingezogen sind. Dieses präsentiert historische und zeitgenössische Masken, Schattenspielfiguren, Handpuppen und Marionetten mit Augenmerk auf portugiesische und fernöstliche Traditionen. Kindern steht ein eigener Spielbereich zur Verfügung.

Rua das Madres

Idyllische Gassen zweigen nach Norden ab, in denen die Wäsche zum Trocknen im Wind flattert und die Nachbarn aus ihren Fenstern heraus miteinander über die jüngsten Fußballergebnisse disputieren. Auch José Saramago fand hier eines seiner Lieblingslokale, das **Varina da Madragoa** 8, in der Nr. 34 mit bodenständiger Hausmannskost.

Rua das Trinas

Im ausgehenden 16. Jh. begünstigte die katholische Gegenreform die Ansiedlung jener klösterlichen Orden, die aus fortschrittlicheren westeuropäischen Staaten vertrieben, doch auf der iberischen Halbinsel mit offenen Armen aufgenommen wurden. Erstaunlicherweise gründeten sich in diesem westlichen Stadtviertel fast ausschließlich Frauenklöster, die angesichts der krassen sozialen Missstände auch karitativ tätig waren. In der steil bergauf führenden Rua das Trinas reihen sich baufällige Wohnhäuser an imposante Adelspaläste und Klostergebäude.

Das 1910 aufgelöste **Trinas-Kloster** 11 in Nr. 49 besitzt einen wunderschönen Patio mit gekachelten Sitzbänken unter Palmen und Orangenbäumen, in den Sie bei wohlwollender Duldung des Wachschutzes unbedingt einen Blick werfen sollten. In den Klostermauern werden heute von der Marineverwaltung virtuelle Unterwasserkarten entwickelt und mit GPS-Orientierungssystemen verknüpft. Bei Nr. 129 lässt sich ein Adelspalast aus dem 18. Jh. von innen bestaunen. Nach einem Brand 1985 wurde beim Wiederaufbau der Räumlichkeiten für den Journalistenclub die alte pombalinische Bauweise des erdbebensicheren Fachwerks freigelegt.

Lapa

Westlich der Rua de São Domingos à Lapa beginnt jener Stadtteil, in den es die aristokratische Elite des Landes seit dem 17. Jh. zog. In die wappengekrönten, oft von weitläufigen Parkanlagen umgebenen Stadtpaläste haben heute Botschaften, Behörden oder Luxushotels Einzug gehalten. Die Wohnungspreise liegen weit über dem Lissabonner Durchschnitt. Neben barocken Portalen fallen immer wieder prächtige Jugendstilkacheln ins Auge. Der **Palast des Grafen von Sacavém** in der Rua do Sacramento à Lapa 24 ist mit seinem bunten, neomanuelinischen Jugendstildekor ein besonders exaltiertes Beispiel. Auch am südlichen Ende der Rua de São Domingos à Lapa sind zahlreiche farbenfrohe Kachelfriese und -fassaden zu bewundern.

In der Rua do Olival lässt sich in Nr. 8–10 im englisch gestylten Teesalon **O Chá da Lapa** 9 eine gediegene Verschnaufpause einlegen. Nur wenig entfernt steht an der Rua das Janelas Verdes der luxuriöseste Wasserbrunnen der Stadt. Den **Chafariz das Janelas Verdes** 12 aus dem Jahr 1775 zieren die weißen Marmorskulpturen von Venus und Cupido des Barockbildhauers António Machado.

Museu Nacional de Arte Antiga ! 13

www.mnarteantiga-ipmuseus.pt, Di 14–18, Mi–So 10–18 Uhr, Eintritt 5 €

Kunstliebhaber zieht schon ein einziges Kunstwerk in das landesweit bedeutendste Museum für alte Kunst, das 1884 im prachtvollen Palácio Alvor seine Tore öffnete. Bei dem Meisterwerk handelt sich um das 1500 entstandene Triptychon »Die Versuchung des Heiligen Antonius« von Hieronymus Bosch. Nehmen Sie sich für die Betrachtung Zeit, es gibt viel in dem surrealistisch anmutenden Gemälde zu entdecken: Von allen Seiten lauern dem Heiligen böse Dämonen auf und bilden eine zerrissene, verängstigte Welt ab. Grausame Fabelwesen bedrohen die menschliche Seele, kokette Damen und Dämonen führen auf vielerlei Weise den Heiligen in Versuchung und die futuristischen Behausungen sind von einer Feuersbrunst bedroht. Die Entdeckung neuer Welten und Kulturen hatte den Europäern offensichtlich nicht nur zu Wohlstand und Ehre verholfen, sondern zugleich in starke Verunsicherung gestürzt. Vielleicht bietet ein Segelschiff im Hintergrund oder ein fliegender Fisch die Möglichkeit zur Flucht?

Demgegenüber zeigen zahlreiche Exponate das künstlerische Hochgefühl und die Begegnung fremder Kulturen während der glorreichen Entdeckerzeit (s. Auf Entdeckungstour S. 242). Hans Holbein, Albrecht Dürer und Lucas Cranach d. Ä. sind die wichtigsten Maler aus deutschen Landen. Mehrheitlich stammen die Ausstellungsstücke allerdings aus den 1834 säkularisierten Klöstern, was den musealen Schwerpunkt auf sakraler Kunst erklärt. Viele der Altarbilder sind von nur durchschnittlicher Qualität, während seltene Skulpturen der schwangeren Maria oder humorvolle Heiligenfiguren sehr sehenswert sind.

Museu do Oriente 14

Avenida de Brasília, *www.museudo oriente.pt, Di–So 10–18, Fr bis 22 Uhr, Eintritt 5 €*

Der sechsstöckige Bau aus dem Jahre 1939 diente als Lager- und Handelsstätte für Stockfisch und steht nicht zuletzt wegen überdimensionaler Reliefs an der Fassade für die Architekturideen während der Diktatur. 2008 zog das Museu do Oriente ein und begeistert mit einer zumindest in Europa einzigartigen Sammlung an fernöstlicher Kunst, beginnend mit Terrakottavasen und -figuren vom Neolitikum bis zur Yuan-Dinastie. Einen weiteren Schwerpunkt bildet chinesisches, für den portugiesischen Markt produziertes Porzellan, darunter eine Vase mit dem Wappen Königs Philipp II. Auch die feinsinnige Gestaltung kostbarer Silber- und Elfenbeinarbeiten nimmt nicht selten künstlerisch Bezug auf die frühen Handelsbeziehungen zu Portugal. Mobiliar aus Indien, Japan und China sowie asiatische Volkskunst runden die Ausstellung ab.

Stärkung für Museumsbesucher

Wenn Sie beim ausgedehnten Besuch des Museums für alte Kunst einmal ›schwächeln‹ sollten: Zur kulinarischen Erholung steht die Cafeteria des Hauses mit mittäglichem Restaurantbetrieb offen. Bei schönem Wetter sitzen Sie entspannt im Museumsgarten unter hohen Bäumen mit Blick auf den Hafen.

Essen & Trinken

Italienische Eleganz – **Gemelli** 1: s. S. 35.

Glamourös – **Kais** 2: s. S. 33.

Languste & Co – **Cervejaria da Esquina** 3: Rua Correia Teles, 56, Tel. 213 87 46 44, Straßenbahn 25 und 28, Di–Sa 12.30–15.30, 19.30–24 Uhr, So nur mittags, Hauptspeisen ab 16 €. Modernes Meeresfrüchtelokal mit hohem Anspruch an die Zutaten und die Zubereitung der Speisen, wie Reis oder Nudeln mit frischen Tomaten, Käsestreifen und Garnelen, Langusten oder Hummer.

Einen Umweg wert – **Tasca da Esquina** 4: s. S. 32.

▷ S. 245

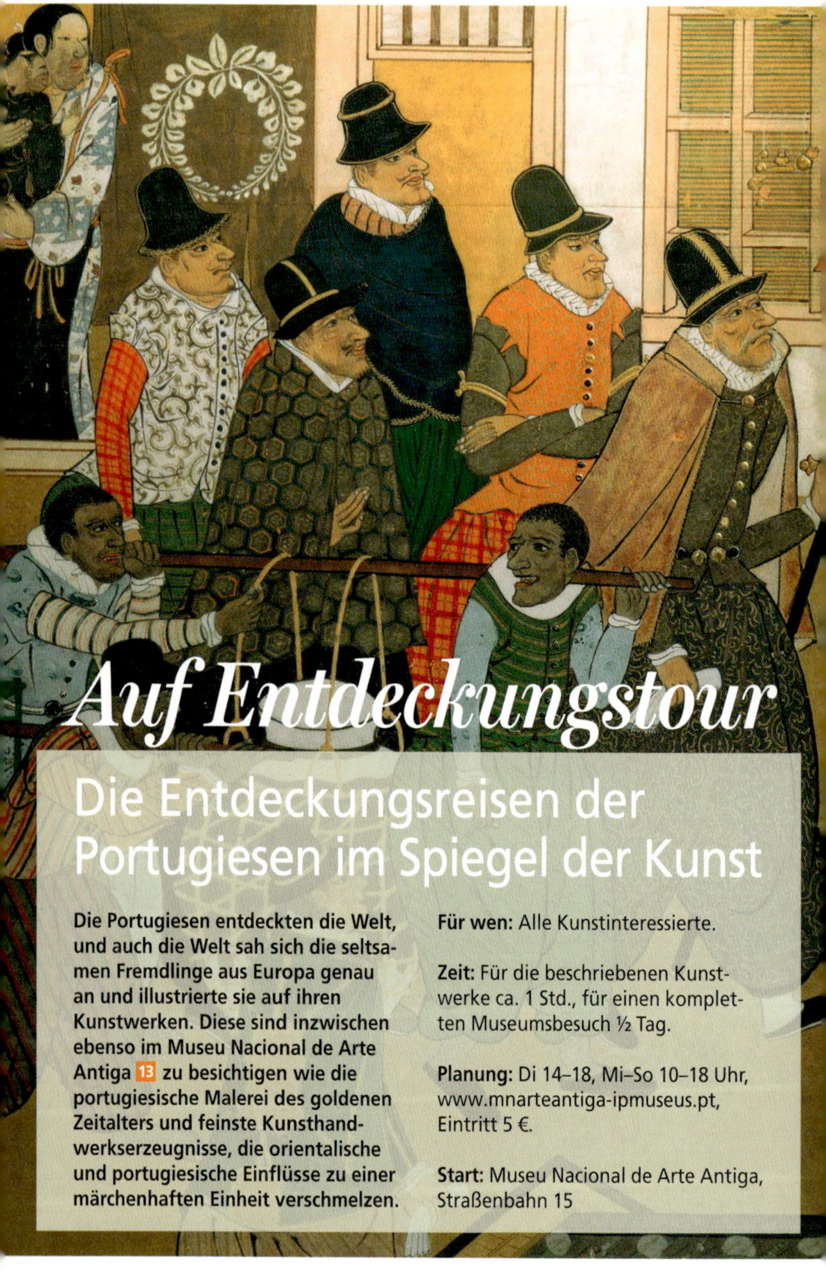

Auf Entdeckungstour

Die Entdeckungsreisen der Portugiesen im Spiegel der Kunst

Die Portugiesen entdeckten die Welt, und auch die Welt sah sich die seltsamen Fremdlinge aus Europa genau an und illustrierte sie auf ihren Kunstwerken. Diese sind inzwischen ebenso im Museu Nacional de Arte Antiga 13 zu besichtigen wie die portugiesische Malerei des goldenen Zeitalters und feinste Kunsthandwerkserzeugnisse, die orientalische und portugiesische Einflüsse zu einer märchenhaften Einheit verschmelzen.

Für wen: Alle Kunstinteressierte.

Zeit: Für die beschriebenen Kunstwerke ca. 1 Std., für einen kompletten Museumsbesuch ½ Tag.

Planung: Di 14–18, Mi–So 10–18 Uhr, www.mnarteantiga-ipmuseus.pt, Eintritt 5 €.

Start: Museu Nacional de Arte Antiga, Straßenbahn 15

Eine erste Annäherung

Die künstlerische Spurensuche nach den portugiesischen Entdeckern beginnt im zentralen Treppenaufgang in der 2. Etage des Museu Nacional de Arte Antiga. Eine Ansicht Lissabons aus dem 17. Jh. zeigt eine prächtige Residenzstadt mit dem neu erbauten Königsschloss auf dem Terreiro do Paço direkt am Tejo, zwischen ausgedehnten Werften, Märkten und den Lagerhallen für die kostbaren Schätze des Orients. Die schier unübersehbare Zahl aufgetakelter Schiffe illustriert die Bedeutung von Europas wichtigster Hafenstadt und Handelsmetropole. Ein zweites Gemälde beschreibt das Ziel der portugiesischen Kaufleute, das westindische Goa, ein Drehkreuz des Gewürzhandels. Im rechts angrenzenden Saal 25 stehen kolossale, braun lasierte Tonkrüge, in denen die kostbare Fracht die monatelange Schiffspassage sicher vor Mäusen überstand. Im Voksmund wurden sie Pfeffersäcke genannt.

Ein Porträt der portugiesischen Gesellschaft

Die glorreiche Epoche wird kunsthistorisch von einem herausragenden Werk der portugiesischen Malerei eingeläutet, das die frühen Protagonisten der Entdeckungsfahrten zeigt (3. Etage, Saal 11). Der Hofmaler Nuno Gonçalves zeichnete um 1460 in seinem sechsteiligen Polyptichon »Die Anbetung des Heiligen Vinzenz« 58 Personen aller sozialen Schichten. Ihre Gewänder leuchten in bunten Farben, den gestochen scharf porträtierten Gesichtern glaubt man in Lissabons Straßen wiederzubegegnen. Wunderbar herausgearbeitet sind die Stoffe der Gewänder: Brokat, Leinen, Seide, Samt. Mönche, Fischer, Soldaten, der Bürgermeister und sogar ein Jude gruppieren sich um den rot gekleideten Stadtheiligen Vinzenz. Im Vordergrund stehen König Afonso V., dessen Sohn João II. (noch als Knabe) und der große Mentor der portugiesischen Entdeckungsfahrten, Heinrich der Seefahrer, mit seinem schwarzen Bologneserhut.

Nur zwei weibliche Figuren sind zu sehen: die junge ›erfolgreiche‹ Königin Isabel sowie die ältere Dona Isabel, eine Schwester von Heinrich, die nach einer gescheiterten Ehe in den Orden der grauen Schwestern eintreten musste. Das kollektive Porträt nimmt in der europäischen Malerei einen bemerkenswerten Sonderstatus ein, da es auf die bis dahin übliche Einbettung der dargestellten Personen in einen landschaftlichen oder architektonischen Hintergrund verzichtete.

Kunst aus Gold und Edelsteinen

Von der prachtvollen Entfaltung des portugiesischen Kunsthandwerks zeugen zwei Goldschmiedearbeiten in der 2. Etage (Saal 29). Das Multitalent Gil Vicente, auch bekannt für seine Theaterstücke, schuf aus dem Gold, das Vasco da Gama von seiner zweiten Indienreise mitgebracht hatte, eine bemerkenswert filigrane, spätgotische Monstranz. Im Zentrum knien zwölf Apostel um die geheiligten Hostien und in der Höhe wacht Gottvater, dessen Gesichtszüge wohl kaum zufällig denen des Auftraggebers, König Manuel I., gleichen. Dessen Schwester Leonor ließ bereits im damals modernen Stil der Renaissance einen Miniaturaltar aus Gold, Smaragden, Rubinen und einem Diamanten als angemessenen Aufbewahrungsort einer Dornenkronen-Reliquie anfertigen.

Entdecken und entdeckt werden

Orientalisches und afrikanisches Kunstgewerbe zeugt von der anregenden Begegnung fremder Kulturen mit den portugiesischen Seefahrern. Die überbordende Fantasie der Benin-Kunst ließ Anfang des 16. Jh. aus einem elfenbeinernen Salzbehälter die portugiesischen Entdecker hervorwachsen. Dabei richteten die afrikanischen Künstler ihr besonderes Augenmerk auf das lange Haar, den akkuraten Bartschnitt, die prächtigen Brokatgewänder und die spitzen Nasen (Saal 18). Im selben Saal beachte man

Portugiesische Seefahrer – ›verewigt‹ in einem elfenbeinernen Salzbehälter

die filigranen Einlegearbeiten eines indischen Sekretärs aus dem 17. Jh.: Sie zeigen drei Elefanten in den Klauen und dem Schnabel des mystischen Paradiesvogels Simurgh und eine kuriose Jagdszene, deren Zentrum portugiesische Ritter und ihre langen Lanzen bilden.

Da mag nicht weiter überraschen, dass auch die religiösen Darstellungen wundersame Ausprägungen erfuhren: Eine exotische Elfenbeinfigur aus der portugiesischen Kolonie Goa stellt das Jesuskind als guten Hirten dar, dessen Antlitz unübersehbar einem Buddha gleicht (Saal 16). Auch elfenbeinerne Marienfiguren sind ausgestellt, denen die indischen und chinesischen Kunsthandwerker anmutige, fernöstliche Charakterzüge verliehen.

Japanische Wahrnehmung der Portugiesen

Das Aufeinandertreffen zweier Hochkulturen in der Mitte des 16. Jh. wird in Saal 14 dokumentiert. Auf japanischen Wandschirmen sind die portugiesischen Seefahrer mit bemerkenswertem Detailreichtum abgebildet (s. Abbildung S. 242). Auch die Menschen im ›Land der aufgehenden Sonne‹ scheinen fasziniert von der Andersartigkeit der europäischen Fremdlinge und betonen die absonderliche Länge ihrer Nasen, die modischen Pluderhosen oder die mitgebrachten Stühle und Sonnenschirme, die von schwarzen Sklaven getragen werden.

Sie zeigen so ›exotische‹ Tiere wie Pferde oder Hunde und kostbare Seidenstoffe aus Indien. Dazu detailgetreu die komplexe Takelage der portugiesischen Karavellen, in denen Seeleute wie Äffchen turnen, während sich schwarz gewandete Jesuiten im theologisch-philosophischen Disput mit den Japanern ergehen.

Institution im Viertel – **Coelho da Rocha 5**: Rua Coelho da Rocha, 104A, Tel. 213 90 08 31, Straßenbahn 25 und 28, Mo–Sa 12.30–14.30, 19.30–24 Uhr, Hauptspeisen ab 12 €. An der langen Eingangstheke gibt es Garnelen satt, in den verschiedenen Essräumen klassische portugiesische Küche aus allen Landesteilen. Hier trifft sich, wer im Campo de Ourique mitreden will.
Winzig und gut – **A Charcutaria 6**: Rua Coelho da Rocha, 97, Tel. 213 96 97 24, Straßenbahn 25 und 28, Cafébetrieb Mo–Fr 9–23 Uhr, Sa bis 14.30 Uhr, Restaurant mittags und abends, Hauptspeisen ab 12 €. Auf die wenigen kleinen Tische wird beste ländliche Küche aus dem Alentejo gestellt.
Hübsch dekoriert – **Trempe 7**: Rua Coelho da Rocha, 11, Tel. 213 90 91 18, Straßenbahn 25 und 28, Mo–Sa 12–15.30, 19.30–22 Uhr, Hauptspeisen ab 10 €. Fröhlich ländlich eingerichtet ist das kleine Lokal gegenüber dem Pessoa-Museum mit variantenreicher Küche, etwa Nudeleintopf mit Barsch und Garnelen.
Saramagos Liebling – **Varina da Madragoa 8**: Rua das Madres, 34, Tel. 213 96 55 33, Metro: Cais do Sodré, So, Di–Fr 12.30–15, 20–23, Sa 20–23 Uhr, Hauptspeisen ab 9 €. Typisches, einst von Nobelpreisträger Saramago häufig besuchtes Stadtteillokal, in dem viele Stockfischgerichte gereicht werden. Junges Publikum.

Cafés & Bistros

Typically english – **O Chá da Lapa 9**: Rua do Olival, 8–10, S-Bahn: Santos, Straßenbahn 25, Di–Fr 10–19, Sa/So 13–19 Uhr. Gediegener englischer Stil bestimmt die Einrichtung und die entspannte Atmosphäre des Teesalons, in dem auch Kuchen, Sandwiches und Salate serviert werden.
Die Versuchung – **A Tentação 10**: Rua Ferreira Borges, 1, Straßenbahn 25 und 28, tgl. 7–21 Uhr. ›Versuchung‹ heißt das Café auf Deutsch. Gutes Gebäck in einem Art-déco-Gebäude mit stilvoller Innenausstattung.
Kaffee im Park – **Café Esplanada 11**: Jardim da Estrela, Straßenbahn 25 und 28, So–Mi 10–22, Do–Sa 10–24 Uhr. Am See und unter Bäumen gibt's Kaffee, Snacks und Mittagstisch im Estrela-Park (s. S. 231).

Einkaufen

Frisches vom Markt – **Mercado Campo de Ourique 1**: Rua Coelho da Rocha, o.Nr., Straßenbahn 25 und 28, Mo–Sa 7–14 Uhr. Obst, Gemüse, Fisch und Käse in Lissabons schönster Markthalle.
Landestypisches – **Portugal Rural 2**: s. S. 40.
Spezialitäten – **Aromas & Sabores Wine Bar 3**: Rua Tomás de Anunciação 44, Straßenbahn 28 und 25. Weinladen mit Delikatessabteilung und kleinem Bistro.
Alles Bio – **Brio 4**: Rua Azedo Gneco, 30, www.brio.pt, Straßenbahn 25 und 28. Bioladen nahe der Markthalle, natürlich mit frischem Obst, aber auch Brot, Käse, Olivenöl und Wein.
Antiquitäten & Trödel: In der Rua São Bento wechseln sich gediegene Antiquitätenläden mit kruscheligen Trödlern ab.

Abends & Nachts

Zahlreiche Discos und Clubs haben sich in der Nähe der S-Bahnstation Santos angesiedelt, darunter:
Progressive House – **Kremlin 1**: s. S. 43.
Electric-Pop – **The Loft 2**: s. S. 43.
Jazz veredelt – **Speakeasy 3**: s. S. 44.
Fado von höchster Qualität – **Sr. Vinho 4**: s. S. 46.

Das Beste auf einen Blick

Alcântara und Belém

Highlight!

Belém: Das lichtdurchflutete Hieronymuskloster 10 mit fast orientalisch wirkendem Kreuzgang ist eine Wucht und der Turm von Belém 16 steingewordener Ausdruck der goldenen Seefahrerzeit; zusätzlich glänzt Belém mit der modernen Kunstsammlung Berardo 13 S. 255 und 258

Auf Entdeckungstour

Der Königspalast von Ajuda: Im Palácio Nacional da Ajuda können Sie inzwischen einen erbaulichen Eindruck von der Lebensweise der letzten portugiesischen Königsfamilien gewinnen, und vielleicht auch Verständnis für das Bürgertum entwickeln, das 1910 zur Revolution blies. 5 S. 252

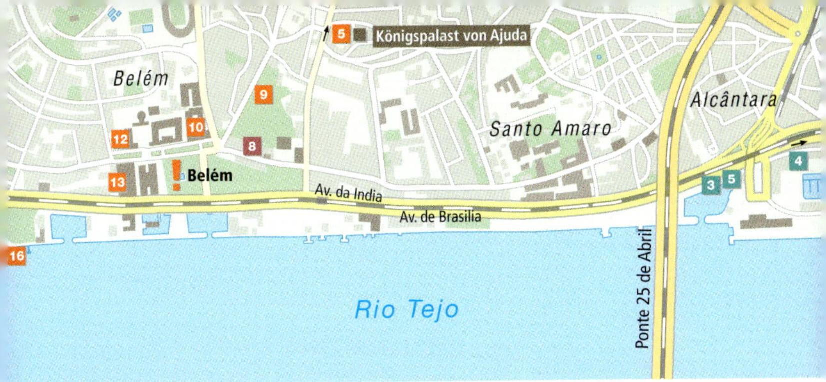

Kultur & Sehenswertes

Der Lockruf des Meeres: Das Marinemuseum präsentiert ein Modell des Schiffes, auf dem Vasco da Gama ins ferne Indien segelte. 12 S. 256

Von Kunst bis Wein: Im monumentalen Centro Cultural de Belém gibt's Lissabons größte moderne Kunstsammlung, Konzerte und Tanz, Kaffee im Grünen, Bücher, Schmuck und feinste Tropfen. 13 S. 257

Aktiv & Kreativ

Tropische Bäume: Sie stammen aus den früheren Kolonien und wachsen im Jardim Tropical hinter dem Hieronymuskloster – manche sind fast so alt wie die Bauwerke. 9 S. 255

Spaziergang am Fluss: Der Tejo strömt sanft dem Meer entgegen, jetzt muss nur die Sonne scheinen für einen Marsch auf der Uferpromenade. S. 258

Genießen & Atmosphäre

Eis unter Palmen: Die Bar Doca de Santo mit großer Palmenterrasse ist auch für ihre Eisbecher berühmt. 5 S. 249

Mekka der Sahnetörtchen: In der Confeitaria dos Pasteis de Belém wird seit 1837 Lissabons bekanntestes Gebäck produziert. Sie genießen zwischen blau-weißen Kachelbildern und können beim Backen zuschauen. 8 S. 254

Abends & Nachts

Docks on the Rocks: In den Discos und Bars in den alten Speicherstätten der Hafendocks steppt nachts der Bär, südamerikanisch heiß wird's im Havana 3, trendy ist's im Doca de Santo 5. S. 249

Bluesig: Im Blues gibt es mal nicht den portugiesischen Fado-Blues, sondern den echt nordamerikanischen – tiefschwarz. 4 S. 249

Der herrschaftliche Westen

Wären Sie vor fünf Jahrhunderten einer der wagemutigen Seefahrer gewesen, hätten Sie hier, am sogenannten ›Strand der Tränen‹, Abschied von ihren Liebsten und Lissabon nehmen müssen. In einer kleinen und recht einsam dastehenden Marienkapelle hätten Sie ein letztes Mal gebetet und vom Fluss aus nur Brachland oder Felder gesehen. Belém lag außerhalb der Stadtgrenzen, Alcântara gerade noch so am Rande. Wie anders zeigt sich die Ansicht heute!

In die Speicherstätten am alten Hafengelände von Alcântara, inzwischen ein Zentrum des Nachtlebens, sind attraktive Bars und Restaurants eingezogen. Über den Fluss zieht sich die an San Francisco erinnernde Brücke des 25. April, nur wenig weiter residierte einst der König und wohnt heute der Staatspräsident. Museum reiht sich an Museum, bis schließlich der vielleicht herausragendste Sakralbau Portugals erreicht wird. Mit dem Hieronymuskloster kontrastieren das gegenüberliegende Entdeckerdenkmal aus der Zeit der Diktatur und der architektonisch nicht weniger umstrittene Prachtbau der jungen Demokratie, das Kulturzentrum CCB. Kurz vor dem Erreichen des freien Meeres endlich bildet der Torre de Belém ein Wahrzeichen der Stadt und den Abschluss der Flussmeile. Mit etwas Fantasie segeln Sie hier im Kielwasser der Entdecker.

Infobox

Reisekarte: ▶ C–J 11–14

Anfahrt

Zu den Sehenswürdigkeiten in Alcântara und Belém fährt der **Bus 28** (Haltestellen u.a. Praça do Comércio und Cais do Sodré) sowie die **Straßenbahn 15** (Haltestellen u.a. Praça da Figueira und Cais do Sodré). Hüten Sie sich bei der Fahrt vor Taschendieben. Die beiden westlichen Stadtteile verbindet ein hübscher **Uferweg** am Tejo entlang.

Tourismusinformation

Ein kleiner Kiosk des Lissabonner Tourismusamtes steht direkt gegenüber dem Hieronymuskloster, Tel. 213 65 84 35, Di–Sa 10–13, 14–18 Uhr.

Im Hafengelände

Estação Marítima da Alcântara 1

Noch vor der großen Brücke und jenseits der Bahngleise zieht sich das zentrale Hafengelände den Tejo entlang. In den beiden heute etwas heruntergekommenen Abfertigungsgebäuden der Anlegestelle Estação Marítima da Alcântara herrschte in den 1940er- und 1950er-Jahren reges Treiben. Während des deutschen Faschismus lag hier der vorläufige Endpunkt zahlreicher Fluchtwege quer durch Europa. »Der Blick auf Lissabon zeigte mir den Hafen. Es wird der letzte gewesen sein, wenn Europa zurückbleibt. Er erschien mir unbegreiflich schön. Eine verlorene Geliebte ist nicht schöner«. Diese einem Fadotext gleichenden Abschiedsworte flossen Heinrich Mann aus der Feder, als er nach Übersee ins Exil gehen musste (Heinrich Mann, »Ein Zeitalter wird besichtigt«).

Doca de Santo Amaro 2

An den nahen Jachthäfen Doca de Santo Amaro und Alcântara wurden in den 1990er-Jahren erstmalig alte Hafenspeicher in moderne Bars und Restaurants umgewandelt. Die Lissabonner Szene eroberte den Tejo und lässt sich seitdem gerne an dessen stimmungsvollem Ufer zu einem Drink oder einem schicken Essen nieder, scheinbar ungestört von den deftigen Preisen und vom Rauschen des Autoverkehrs auf der Tejobrücke. **Blues** 4 und **Havana** 3 sind angesagt, **Doca de Santo** 5 bekannt für seinen Palmengarten, in dem Eisbecher und frisch gepresste Obstsäfte serviert werden.

Ponte 25 de Abril

Die Tejobrücke erfüllte 1966 nach vierjähriger Bauzeit den alten Lissabonner Traum von einer direkten Verbindung in den Süden. Geschaffen hat die damals längste Hängebrücke Europas die U.S. Steel Company, deshalb auch die unübersehbare Ähnlichkeit zu San Francisco. Die Spannweite misst 2300 m, zwischen den beiden Pfeilern liegen 1017 m. Für das technische Meisterwerk waren die weltweit tiefsten Brückenfundamente von 82 m notwendig. Als letztes monumentales Bauwerk der Diktatur wurde sie zunächst Salazar-Brücke getauft, um nach der Nelkenrevolution in Ponte 25 de Abril, dem Revolutionstag, umbenannt zu werden. Erst 1998 wurden die in der ursprünglichen Planung bereits vorgesehenen Bahngleise eingeweiht. Sie führen eine hochmoderne S-Bahn und die Schnellzüge an die Algarve über den Fluss.

Alcântara-Viertel

Unterhalb der großen Brücke und nördlich der S-Bahnstation Alcântara Mar liegt das frühere Wohngebiet der Hafenarbeiter, das sich in den 1990er-Jahren zu einem Zentrum der Nachtszene entwickelte. Den Anfang machte das schon legendäre Restaurant **Alcântara-Café** 2, das feine Nouvelle Cui-

Zahlreiche Bars nahe der ›Golden Gate‹ verlocken zu einem Drink direkt am Tejo

Sehenswert

1 Estação Marítima da Alcântara
2 Doca de Santo Amaro
3 Carris-Museum
4 Museu do Centro Científico e Cultural de Macau
5 Palácio Nacional da Ajuda
6 Jardim Botânico da Ajuda
7 Museu Nacional dos Coches
8 Palácio de Belém
9 Jardim Tropical
10 Mosteiro dos Jerónimos

sine serviert. Jährlich kommen neue In-Restaurants hinzu, auch im Alternativzentrum **LXFactory** mit Läden, Kneipen und Kulturräumen auf einem Fabrikgelände (www.lxfactory.com).

Währenddessen hält scheinbar unbeeindruckt vom nächtlichen Aufzug der modischen Szene das lokale Stammpublikum den traditionsreichen populären Meeresfrüchte-Lokalen östlich des Largo de Alcântara die Treue.

Carris-Museum 3

http://museu.carris.pt, Mo–Fr 10–17, Sa 10–13, 14–17 Uhr, Eintritt 2,50 €, Familienkarte 4 €

Sind Sie Liebhaber nostalgischer Verkehrsmittel? Dann sei Ihnen ein Besuch im nahegelegenen Carris-Museum empfohlen, in dem die Lissabonner Verkehrsbetriebe mit viel Liebe zum Detail die Entwicklung von den ursprünglich von Pferden gezogenen Schienenfahrzeugen über die populären eléctricos bis hin zu den modernen Trambahnen nachzeichnen. Einige plüschig-historische Gefährte darf man auch besteigen.

Museu do Centro Científico e Cultural de Macau 4

www.cccm.mctes.pt, Di–So 10–18 Uhr, Eintritt 3 €

In der sich anschließenden Rua da Junqueira erreicht man in Nr. 30 das außergewöhnliche Museu do Centro Científico e Cultural de Macau, das fünf Jahrtausende chinesischer Geschichte und Kunst aufbereitet. Darüber hinaus wird der kulturelle und wirtschaftliche Austausch zwischen Asien und Europa mit dem Einsatz von Multimedia und Filmen anschaulich aufbereitet.

Abstecher nach Ajuda

Palácio Nacional da Ajuda 5

http://palacioajuda.blogspot.com, Do–Di 10–17.30 Uhr, Eintritt 5 €

Sehen können Sie den imposanten Königspalast an der Calçada da Ajuda, hoch auf dem Hügel thronend, schon vom Fluss aus. Der Baubeginn lag im Jahr 1802, aber fertiggestellt ist zumindest der Westflügel des lang ge-

Alcântara und Belém

11 Museu Nacional de Arqueologia
12 Museu da Marinha
13 Centro Cultural de Belém/ Museu Colecção Berardo
14 Padrão dos Descobrimentos/ Lisbonexperiments
15 Elektrizitätsmuseum
16 Torre de Belém

Essen & Trinken
1 Valle Flôr (Pestana Palace)
2 Alcântara Café
3 Espaço Lisboa
4 Doca 6
5 Solar dos Nunes
6 Casa da Morna
7 Pão Pão Queijo Queijo
8 Confeitaria dos Pastéis de Belém

Einkaufen
1 Coisas do Vinho do Arco

Abends & Nachts
1 BBC
2 Buddha LX
3 Havana
4 Blues
5 Doca de Santo
6 Maria Lisboa

streckten klassizistischen Gebäudes mit den wuchtigen Ecktürmen noch immer nicht.

Im Inneren fühlen Sie sich wie bei der Königsfamilie zu Hause. Prunkvoll, aber nicht ohne Geschmack ist die Einrichtung, für die vorrangig die weltoffene Königin Dona Maria Pia verantwortlich zeichnete. Der Zeitgeist verlangte kräftige Farben in den Sälen, von denen mehr als 30 während einer Führung besichtigt werden können (s. Auf Entdeckungstour S. 252). Im riesigen Empfangssaal finden noch heute repräsentative Firmentreffen oder politische Versammlungen und Bankette statt. Und wer sich für alte Uhren interessiert, wird im Palast auch viel Freude finden.

Jardim Botânico da Ajuda 6

www.jardimbotanicodajuda.com, Do–Di April 9–19, Mai–Sept. 9–20, Okt.–März 9–18 Uhr, Eintritt 2 €

Der erste Botanische Garten in Portugal wurde im späten 18. Jh. von italienischen Gartenbauarchitekten auf einer Fläche von 3,5 ha und auf zwei Ebenen angelegt. Unter der Pflanzenvielfalt aus allen fünf Kontinenten sticht ein 400 Jahre alter Drachenbaum aus Madeira hervor. Ein Unikat bildet die Quelle Fonte das 40 Bicas. Die 40 Brunnenröhren nehmen die Form von Schlangen, Seepferdchen oder Fischen an. Sie sind in das Bewässerungssystem integriert.

Belém !

Museu Nacional dos Coches 7

www.museudoscoches.pt, Di–So 10–18 Uhr, Eintritt 5 €

Auf Initiative der letzten portugiesischen Königin Amélia entstand 1905 im Gebäude der königlichen Stallungen das Museu Nacional dos Coches, das nun in ein ultramodernes Haus schräg gegenüber einzieht. Das meistbesuchte Museum Lissabons wird insbesondere voll, wenn die Besucher von den Kreuzfahrtschiffen der einzigartigen Sammlung königlicher, bischöflicher und aristokratischer Fahrzeuge aus dem 17.–19. Jh. ihre ▷ S. 254

Auf Entdeckungstour

Der Königspalast von Ajuda

Offen für bürgerliche Moden und den schönen Künsten zugewandt zeigte sich die Monarchie im ausgehenden 19. Jh., und war dabei wenig interessiert an Realpolitik. Die Folge: Die bürgerliche Revolution und ein unvollendeter Palast 5, der Größe und Dekadenz zugleich demonstriert.

Für wen: Alle, die die glänzenden Lebensentwürfe einer Königsfamilie im Niedergang hautnah erleben wollen.

Zeit: 1,5 Std.

Planung: 10–17.30 Uhr, Mi und nach Feiertagen geschl., Eintritt 5 €. Anhand eines Prospekts in Deutsch lassen sich die Räumlichkeiten sehr gut individuell erschließen.

Start: Palácio Nacional da Ajuda, Largo da Ajuda, Tel. 213 63 70 95, http://palacioajuda.blogspot.com, Straßenbahn 18.

Im prunkvollen Domizil der Monarchen

Die deutschen Gene sind unverkennbar! Blondhaarig, großwüchsig und korpulent zeigen sich die Nachfahren der portugiesischen Königin Maria II. und ihres Gatten, Ferdinand von Sachsen-Coburg-Gotha, dem Erbauer des verspielten Lustschlosses hoch über Sintra (s. S. 266). Und noch eines haben die Monarchen im ausgehenden 19. Jh. mit ihrem deutschstämmigen Ahnen gemein: die Freude am Müßiggang und den Widerwillen gegen das Regierungsgeschäft.

Als schließlich König Luis 1862 auch noch die modebewusste Tochter des italienischen Königs, Dona Maria Pia, ehelichte, erkannte die junge Königsfamilie eine ihrer vordringlichsten Aufgaben im Innenausbau des Palastes nach den verschwenderischen Vorstellungen des damaligen Zeitgeistes – ungeachtet gleichzeitig herrschender Hungersnöte. Das prunkvoll-faszinierende Ergebnis ist bei einer Führung durch die öffentlich zugänglichen Säle zu bewundern. Und das sind immerhin 37 auf zwei Stockwerken.

Vorausgeschickt sei, dass das Gebäude nach dem Erdbeben von 1755 zunächst aus Holz errichtet wurde. Diese in der monarchischen Welt einzigartige ›Königliche Baracke‹ fiel 1794 einem Brand zum Opfer. Der Baubeginn des heutigen Schlosses datiert auf 1802, die größenwahnsinnige Planung sah sogar eine viermal größere Anlage vor. So war der heutige Haupteingang zuerst als Seitenportal gedacht.

Von Saal zu Saal durch die Gemächer

Im Inneren paart sich königlicher Glanz mit bürgerlicher Lebenskultur. Schon im zweiten Saal hängen spanische Wandteppiche nach Vorlagen von Goya. Das Blaue Zimmer (Saal 9) ist mit blauer Seide ausgekleidet und von einer vergoldeten Stuckdecke überwölbt. Hier zerstreuten sich die Adeligen beim Kartenspiel, dem Vorlesen von Geschichten und der Konversation mit Künstlern. Der Lauf der Zeit schien eine große Rolle zu spielen, denn zu bewundern sind in fast allen Räumen wertvolle Uhren. Dagegen sollte der Wintergarten (Saal 11) mit seinen Alabasterwänden, den exotischen Pflanzen, dem sanften Rauschen des Springbrunnens und dem legeren Mobiliar als Ort einer zeitentrückten Entspannung dienen.

Der intime Bereich der Königin beginnt im Sachsenzimmer (Saal 12), das mit Porzellan aus Meißen dekoriert ist. Als Einblick in die Dekadenz der Hofhaltung mag folgende Überlieferung dienen: Von einer Reise aus Paris zurückgekehrt, stellte Maria Pia kostbare Mitbringsel zur Schau, die ihr Verwalter während seiner Berichterstattung mit einer unbedachten Handbewegung vom Tisch wischte. Einige der Meißener Figuren zerbrachen, was die Königin einzig zu der Reaktion veranlasste: »Fahren Sie fort, was sagten Sie doch gerade?«

Wo der Prinz Rollschuh lief …

Kein Wunder, dass bürgerliche Revolutionäre schon wenige Jahre später zum Sturm riefen und 1910 die Monarchie von der politischen Bühne fegten. Und so nutzen heute Unternehmer oder demokratische Staatslenker einen einstigen königlichen Ballsaal zu repräsentativen Empfängen (Saal 34). Und übrigens: Die Prinzen liefen Rollschuh auf dem langen Gang der Dienerschaft direkt hinter dem Zimmer ihrer Mutter (Saal 15) – dessen blauen Wände sollten das güldene Haar der Prinzen vollendet zur Geltung bringen.

Aufwartung machen. An Pomp kaum zu übertreffen sind die Barockkutschen von König João V. Aber können Sie sich vorstellen, dass diese vergoldeten Kunstwerke auf den damaligen holprigen Straßen tatsächlich verkehrstauglich waren?

Palácio de Belém 8

www.museu.presidencia.pt, Di–So 10–18 Uhr, Eintritt 2,50 €

Die soldatisch strengen, doch schmucken Wachhabenden lassen schon erahnen, dass sich hinter den rosafarbenen Mauern etwas Besonderes verbirgt. Es handelt sich um den ehemaligen Königs- und heutigen Präsidentenpalast, in dem sich die königliche Familie am 1. November 1755 aufhielt und so an diesem Tag unbeschadet das große Erdbeben überlebte. Nach der Ausrufung der Republik 1910 bezogen die bürgerlichen Staatspräsidenten die Anlage und residieren dort noch heute.

Das angeschlossene **Museu da Presidência da República** stellt die bisherigen Präsidenten vor, zeigt aber auch Dokumente, Orden, Staatsgeschenke und die präsidialen Kunstsammlungen. Samstags können Sie im Rahmen von Führungen zusätzlich den eigent-

Unser Tipp

Unvergleichlicher Genuss

Seit 1837 werden in der **Confeitaria dos Pastéis de Belém** 8 nahe dem Hieronymuskloster die berühmtesten Sahnetörtchen Lissabons gebacken, bis zu unglaublichen 15 000 täglich! Das streng gehütete Hausrezept ist nur den vier Chefkonditoren bekannt, denen als Vorsichtsmaßnahme gemeinsame Reisen untersagt sind. Im weitläufigen kachelgeschmückten Café genießt man sie ofenfrisch mit Zimt und Puderzucker bestreut.

lichen Präsidentenpalast besichtigen, die Wahrscheinlichkeit, den Präsidenten persönlich zu Gesicht bekommen, ist allerdings gering (10–17 Uhr jeweils zur vollen Stunde, Führung inkl. Museumsbesuch 5 €).

Jardim Tropical 9

tgl. 11–17 Uhr, Eintritt 2 €

Hinter der **Confeitaria dos Pastéis de Belém** 8 (s. Tipp links) liegt der botanische Garten Jardim Tropical mit ca. 450 unterschiedlichen tropischen Pflanzen- und Baumarten aus den portugiesischen Kolonien, dessen ursprüngliche Anlage von 1906 weitgehend erhalten geblieben ist. Zu sehen sind auch Ananas-, Maniok- oder Kaffeepflanzen und exotische Orchideen.

Mosteiro dos Jerónimos 10

www.mosteirojeronimos.pt, Di–So 10–17.30, Mai–Sept. bis 18.30 Uhr, Eintritt in die Kirche frei, Kreuzgang 7 €, mit Torre de Belém 10 €

Ein wahrlich fantastisches, Optimismus versprühendes Bauwerk aus der großen portugiesischen Blütezeit! Doch zunächst zu der kuriosen Geschichte, warum der Bau des Hieronymusklosters zu einem fatalen Eigentor für die portugiesische Krone wurde. Eigentlich verfolgte der Auftraggeber, Manuel I., imperiale Ziele, holte er doch den in Spanien ansässigen Hieronymusorden nach Lissabon, in dessen Klosterkirchen traditionell die spanischen Könige begraben wurden.

Selbst einmal die spanische Krone zu tragen war sein wahres Ziel, das er auch mit seiner Heiratspolitik verfolgte, denn er führte nacheinander gleich drei spanische Prinzessinnen zum Altar. Daraufhin ließen sich die spanischen Könige nicht lumpen und heirateten ihrerseits portugiesische Prinzessinnen. Mit größerem Erfolg, denn der Spanier Philipp II., Sohn von Manuels Lieblingstocher Isabel, berief sich gerade auf ihn, den portugiesischen Großvater, um 1580 seine Macht auf Portugal auszudehnen. Die offizielle Grundsteinlegung des Klosters fand am 6. Januar 1502 statt. Dieses Datum symbolisierte den religiösen Wunsch, die Ungläubigen in den neu entdeckten Welten zum Christentum zu bekehren, ähnlich wie dies den Heiligen Drei Königen aus dem Morgenland an der Krippe Jesu widerfuhr.

Prächtig kontrastiert der frei stehende Sakralbau aus hellem Kalkstein mit dem meist blauen Himmel. Die Anlage wurde unter der Leitung von fünf Baumeistern in sieben Jahrzehnten errichtet und markiert den Übergang von der Gotik zur Renaissance. Die fantasievollen, orientalisch beein-flussten Steinmetzarbeiten bilden die stilistische Klammer und machen Kirche und Kreuzgang zu Glanzstücken des opulenten manuelinischen Baustils.

Das mit zahllosen plateresken Verzierungen ausgestaltete, 32 m hohe **Südportal** des Spaniers João de Castilho steht noch ganz im Zeichen gotischer Frömmigkeit. Über allen thront Erzengel Michael, an zentraler Stelle steht die Jungfrau Maria mit Jesuskind, flankiert von 18 Heiligen, Propheten und Kirchenvätern, während Heinrich der Seefahrer als einzige weltliche Figur auf dem Teilungspfeiler des Portals die aufstrebende profane Macht erst erahnen lässt. Das wenig später im Stil der Renaissance gefertigte Westportal des Franzosen Nicolas de Chanterène zeigt hingegen bereits das selbstbewusste Königspaar und rückt das königliche Wappen als Symbol der irdischen Macht dicht an die heilige Krippe heran.

Die 92 m lange und 22 m breite **Hallenkirche Santa Maria** zeigt sich von vollendeter Eleganz und Leichtigkeit. Sechs reich ornamentierte Säulen, auf denen das Kirchengewölbe zu schweben scheint, verzweigen sich in 25 m Höhe wie ein Palmenwald. An der linken Eingangseite liegt das Grabmal Vasco da Gamas, rechts das Kenotaph des Dichters Luis de Camões. Der erst 1571 fertiggestellte Renaissance-Chor bringt mit einer wuchtigen Kassettendecke aus farbigem Marmor einen fremden Akzent in den Raum. Die Sarkophage von Manuel I. und weiteren fünf gekrönten Häuptern werden von indischen Elefanten getragen. Die Empore oberhalb des Eingangsbereichs ermöglicht einen außergewöhnlichen Blick auf das Kircheninnere von erhöhter Stelle aus; man erreicht sie über den Kreuzgang.

Der grandiose zweistöckige **Kreuzgang** von 55 m Seitenlänge gleicht einem orientalischen Palasthof, ursprünglich plätscherte gar in arabischer Tradition ein Wasserspiel in dessen Mitte. Der Übergang zwischen spätgotischem Erdgeschoss und dem Obergeschoss der Renaissancezeit verläuft dank der überbordenden, in Stein gemeißelten Fabelwesen, wilden Pflanzen und schmückenden Ornamenten angenehm harmonisch. Sehenswert ist das mit polychromen Kacheln des 17. Jh. verzierte Refektorium sowie das schlichte Grabmal von Fernando Pessoa.

Museu Nacional de Arqueologia 11

www.mnarqueologia-ipmuseus.pt, Di–So 10–18 Uhr, Eintritt 5 €

Im Westflügel, in dem die Schlafzellen der Mönche lagen, ist das Archäologische Landesmuseum untergebracht. Der Name verspricht zwar eine umfangreichere Sammlung, doch für Altertumsfreunde lohnt durchaus ein Blick. Im Zentrum stehen Fundstücke aus der Zeit des Vor- und Frühchristentums, doch reichen die Gegenstände bis ins Hochmittelalter. Ein weiterer Schwerpunkt liegt auf dem ägyptischen Altertum und oftmals reizvollen temporären Ausstellungen.

Museu da Marinha 12

http://museu.marinha.pt, Di–So, Mai–Sept. 10–18, sonst 10–17 Uhr, Eintritt 4 €

Am Ende des Westflügels liegt das Schifffahrtsmuseum, bei dessen Besuch man gepackt wird vom Lockruf des Meeres. Im Mittelpunkt stehen die portugiesischen Entdeckungsfahrten des 15. und 16. Jh. Zu den Exponaten gehören nautische Instrumente und Miniaturen der schnellen Karavellen, die damals die unbekannten Weltmeere erkundeten, u. a. das Modell der São Gabriel, die Vasco da Gama nach Indien brachte. Nicht minder beeindruckend ist die reichhaltige Sammlung der früher hochgeschätzten portugiesischen Karten und Globen.

Praça do Império

Der großzügige Platz vor dem Hieronymuskloster ist das Ergebnis einer Jahrhunderte dauernden Landgewinnung. Ursprünglich lag hier der windgeschützte Hafen. In einer kleinen Kapelle zur Heiligen Maria von Belém (port. für Bethlehem) beteten die Seefahrer ein letztes Mal für ihre glückliche Wiederkehr. Hier begann die überseeische Expansion Portugals im Jahre 1415, als König João I. mit einem riesigen Aufgebot von 242 Schiffen und 19 000 Soldaten zur Eroberung des nordafrikanischen Ceuta auszog. Vom selben Ankerplatz stachen 1497 die drei von Vasco da Gama befehligten, mit modernster Geschütz- und Navigationstechnik ausgerüsteten Karavellen in See, um Indien auf dem Seeweg zu erreichen.

Nach seiner Rückkehr reservierte König Manuel I. fünf Prozent aller Einkünfte aus dem künftigen Gewürz-, Gold- und Sklavenhandel für den Bau des prachtvollen Gotteshauses, mit dem der Ruhm Portugals gefeiert wurde. Erst 1940 wurden die Parkanlagen anlässlich der ›Ausstellung der portugiesischen Welt‹ streng geometrisch angelegt, mit der Diktator Salazar die untergegangene imperiale Größe Portugals pompös inszenierte.

Centro Cultural de Belém (CCB) 13

Für die einen ist das kurz CCB genannte Kultur- und Kongresszentrum an der Westseite des Platzes, das anlässlich der ersten portugiesischen EU-Präsidentschaft im Jahre 1992 gebaut wurde, ein architektonisches Wunderwerk, für die anderen ein klotziger Monumentalbau, der die ästhetische Harmonie der Praça do Império empfindlich stört. Jedenfalls ist es das teuerste aus öffentlichen Mitteln finanzierte Gebäude Portugals im 20. Jh., von dem mittlerweile ein bedeutender Einfluss auf das Lissabonner Kulturleben ausgeht. Das portugiesisch-italienische Architektenteam Manuel Salgado und Vittorio Gregotti dämpfte die wuchtige Struktur des Bauwerkes durch die Verwendung von zerfurchtem, licht-rosafarbenem Kalkstein. Die Anlage breiter Wege und offener Plätze zwischen den einzelnen Blöcken soll den monumentalen Eindruck des Gebäudes auflösen.

Heute finden im CCB neben Konzerten und Filmvorführungen zahlreiche kulturelle Events auf hohem Niveau statt. Ansprechende Geschäfte für Schmuck, Bücher oder Weine ergänzen das kulturelle Angebot ebenso wie die Cafetaria **Quadrante** mit guter Salatauswahl und ein italienisch geprägtes Luxusrestaurant, beide mit schönem Blick auf den Tejo.

Steingewordener Ausdruck der goldenen Seefahrerzeit: das Hieronymuskloster

Museu Colecção Berardo im CCB

http://museuberardo.com, tgl. 10–19, Sa bis 22 Uhr, Eintritt frei

Das Museu Colecção Berardo zählt nach der Guggenheim-Stiftung zu den weltweit wichtigsten privaten Kunstsammlungen. Ihr Wert wird vom Auktionshaus Christie auf 316 Mio. € geschätzt. Der 1944 auf Madeira geborene Geschäftsmann und Kunstsammler Joe (José) Berardo gründete seinen Reichtum auf der Ausbeutung von Goldminen in Südafrika. Heute ist die schillernde Persönlichkeit an portugiesischen Banken und Telefongesellschaften beteiligt. Auf drei Stockwerken dehnt sich seine Sammlung im nordwestlichen Flügel des CCB aus.

Die gesamte Sammlung umfasst die wichtigen Kunstströmungen des 20. Jh und zählt knapp 900 Bilder, Objekte und Fotografien. Gezeigt wird jeweils nur eine Auswahl der Kunstwerke, die ständig wechselt und durch temporäre, meist thematisch orientierte Ausstellungen ergänzt wird.

Zu ihrem Besitz zählt die Berardo-Sammlung Werke von Piet Mondrian und Marcel Duchamp, von Hans Arp, Salvadore Dalí, Max Ernst, Joan Míro, René Magritte oder Man Ray. Pablo Picassos Gemälde »Frau auf Lehnstuhl« aus dem Jahre 1929 gehört zu den markantesten Beispielen einer abstrahierenden Figuration. Aus der Zeit nach dem Zweiten Weltkrieg stammen auch zahlreiche Bilder deutscher Maler, von Hans Hartung und Günther Uecker bis Gerhard Richter, Georg Baselitz und Jörg Immendorf. Großen Raum nimmt die Pop-Art ein, darunter einige berühmte Kunstobjekte von Andy Warhol, etwa Campbells Suppendose. Nur in Sonderausstellungen wird eine Auswahl der 300 Einrichtungs- und Kunstgegenständen des Art-Deco gezeigt, die ebenfalls zur Sammlung von Joe Berardo gehören.

Padrão dos Descobrimentos 14 und Lisbonexperience

Entdeckerdenkmal: www.padraodescobrimentos.egeac.pt, Di–So 10–18, Mai–Sept. bis 19 Uhr, Eintritt 2,50 €; lisbonexperience: www.lisbonexperience.pt, Di–So 10.30–17 Uhr, alle 30 Minuten, Eintritt 4 €

Durch eine Unterführung unter der Uferstraße gelangen Sie zum **Entdeckerdenkmal** am Flussufer. Anlässlich der kolonialen Jubelfeier von 1940 zunächst als Provisorium errichtet, wurde es zum 500. Todestag Heinrichs des Seefahrers 20 Jahre später in einer stabilen Betonvariante erneut eingeweiht. An den Flanken des 52 m hohen Denkmals knien jeweils 16 bedeutende Figuren aus der Zeit der Seefahrten, angeführt von Heinrich, der eine Karavelle trägt. Eine Aussichtsplattform eröffnet einen schönen Blick über den Tejo und Belém sowie auf die vor dem Denkmal im Boden eingelassene Windrose, in deren Mitte man auf einer Weltkarte den Verlauf der portugiesischen Entdeckungen nachvollziehen kann. Im Auditorium zeigt **Lisbonexperience** einen Film über die Highlights der Stadtgeschichte.

Uferpromenade

Von hier aus können Sie auf der hübsch angelegten Uferpromenade vorbei am roten Klinkerbau des **Elektrizitätsmuseums** 15 (Mi–So 10–18 Uhr, Eintritt frei) bis zu den Docks nahe der Hängebrücke oder entgegengesetzt zum Torre de Belém flanieren – in beide Richtungen gesäumt von Terrassencafés und Restaurants.

Torre de Belém 16

www.mosteirojeronimos.pt, Di–So 10–17, Mai–Sept. bis 18.30 Uhr, Eintritt 5 €, mit Mosteiro 10 €

Der wie das Hieronymuskloster zum Weltkulturerbe erklärte Turm von Belém ist ein weiteres manuelinisches Prunkstück und wurde 1515–21 als Wachtturm für den Lissabonner Hafen erbaut. Allerdings kümmerten sich die Baumeister mehr um das verspielte Dekor mit orientalischem und venezianischem Gepräge als um die militärische Tauglichkeit.

Bereits nach 50 Jahren wurde für eine effiziente Hafenverteidigung die Tejo abwärts liegende Festung São Julião da Barra errichtet, während der Torre de Belém fortan als Zollstation und Gefängnis genutzt wurde. Doch behielt er seine Symbolkraft für die zu neuen Welten aufbrechenden Seefahrer und deren glückliche Heimkehr, die bei der Vorbeifahrt der spätgotischen Figur der Maria zur Guten Reise salutierten.

Essen & Trinken

Speisen im Adelspalast – **Valle Flôr (Pestana Palace)** 1: s. S. 32.
Wunderbar theatralisch – **Alcântara Café** 2: s. S. 33.
Old-fashioned – **Espaço Lisboa** 3: s. S. 34.
Direkt in den Docks – **Doca 6** 4: Doca de Santo Amaro, Armazém 6, Tel. 213 95 79 05, www.doca6.com, S-Bahn: Alcântara Mar, Straßenbahn 15, tgl. 12–1 Uhr, Hauptspeise ab 16 €. Eines der zahlreichen Restaurants in den früheren Dockanlagen am Tejo-Ufer, in dem bis spät abends neben Fisch und Fleisch auch Vegetarisches gereicht wird.
Bodenständig – **Solar dos Nunes** 5: s. S. 34.
Musikalisches von den Kapverden – **Casa da Morna** 6: s. S. 36.
Die etwas andere Mittagspause – **Pão Pão Queijo Queijo** 7: Rua de Belém, 126, Tel. 213 62 63 69, Straßenbahn 15, Mo–Sa 8–24, So 8–20 Uhr. Hier gibt's günstiges und bestes Baguette mit allem darauf, was Sie wünschen – ideal fürs Picknick im gegenüberliegenden Park.
Mekka des Gebäcks – **Confeitaria dos Pastéis de Belém** 8: s. S. 37.
Tejoblick inklusive – **Quadrante:** im Centro Cultural de Belém 13, Tel. 213 62 92 56, Straßenbahn 15, Café tgl. 10–20, im Sommer bis 22 Uhr, Buffet 12–15 Uhr. Bei schönem Wetter können Kaffee, Salate und Snacks vom Buffet auf der begrünten Terrasse des CCB eingenommen werden, sonst im lichten Saal. Die Hauptspeisen sind weniger empfehlenswert.

Einkaufen

Feinste Weine – **Coisas do Vinho do Arco** 1: s. S. 39.

Abends & Nachts

Teuer, doch angesagt – **BBC** 1: Avenida de Brasília, Pavilhão Poente, 32, www.belembarcafe.com, S-Bahn Belém, Straßenbahn 15, Restaurant Di–Sa 20–24 Uhr, mehrere Bars Di/Mi 20–2, Do 20–3, Fr/Sa 20–5 Uhr. In den Nächten erklingt in den Bars des Edelclubs BBC, dessen weite Glasfront direkt auf den Tejo weist, House, Hip-hop und R&B, manchmal auch Jazz am Piano.
Indisch insperiert – **Buddha LX** 2: s. S. 43.
Südamerikanisch heiß – **Havana** 3: s. S. 43.
Blues mit Plüsch – **Blues** 4: s. S. 42.
Unter Palmen – **Doca de Santo** 5: Doca de Santo Amaro, Armazém CP, S-Bahn: Alcantâra Mar, tgl. 12.30–1, Fr/Sa bis 2 Uhr. Im Sommer berühmt für Fruchtsäfte und Eisbecher im Palmengarten.
Die Lesbendisco – **Maria Lisboa** 6: s. S. 45.

Das Beste auf einen Blick

Ausflüge in die Umgebung

Highlight!

Paläste von Sintra: Königliche Hochkultur, großbürgerliches Ambiente, esoterische Tiefen, verspielte Lust, drumherum exotische Gärten zum Wandeln und verwunschene Parks zum Wandern – für jeden Geschmack haben Sintras Paläste etwas zu bieten. S. 264

Kultur & Sehenswertes

Musik- und Ballettfestival: In den historischen Schlössern von Sintra wird konzertiert und getanzt – da passt das Ambiente. S. 265

Museu Conde de Castro Guimarães: Wie die reichen Portugiesen vor einem Jahrhundert wohnten, erleben Sie heute im Palast von Cascais. S. 274

Aktiv & Kreativ

Wandern: Die Besteigung der Cruz Alta in der Serra von Sintra kann zum Urlaubshöhepunkt werden – Sie sind dann immerhin 529 m über dem Atlantik! S. 267

Wassersport: Baden ist an der Costa da Caparica und Surfen an der Praia do Guincho angesagt. S. 270, 278

Radeln am Meer: Die Stadt Cascais hat nicht nur 7 km Fahrradweg am Atlantik geteert, sondern verleiht dazu auch noch Fahrräder kostenlos. S. 274

Genießen & Atmosphäre

Queijadas: Die wichtigsten Zutaten für das regionale Gebäck Sintras sind Zucker, Eigelb, Zimt und Frischkäse – zu probieren im Café As Verdadeiras Queijadas! S. 264

Per Tram zum Badestrand: Ausflügler gondeln von Sintra aus seit 1904 in der Straßenbahn zum Meer. S. 269

Ponto Final: Am ›Endpunkt‹ in Cacilhas essen Sie am Tejoufer mit Blick auf Lissabon. S. 279

Abends & Nachts

Auch Livemusik: Treff in Sintra ist die Taverna dos Trovadores. S. 268

Music und Lifestyle: Coconuts heißt der derzeit angesagteste Club in Cascais. S. 275

Zum Tanzen ins Casino von Estoril: Gleich drei Tanzsäle bieten eine Gelegenheit für Jung und Alt. S. 277

Kultur und Natur – romantisch, ruhig und mondän

Vor den Toren Lissabons eröffnet sich Ihnen in Sintra eine der Zeit entrückte Welt. Bizarre, tiefgrüne Hügel, gekrönt von einem Lustschloss, bieten verträumte Ansichten, das milde und feuchte Mikroklima fördert eine artenreiche Vegetation, die Giebelhäuser wirken fast ein wenig mitteleuropäisch. Von jeher besangen Dichter diesen romantischen Ort. Auch die Unesco konnte sich dem Flair der wohlgestalteten Parks und glanzvollen Schlösser nicht entziehen und verlieh 1995 die Anerkennung als Welterbe der Menschheit. Das im französischen Rokoko gehaltene Gegenstück finden Sie, von Lissabon kommend, auf halber Strecke im Palast von Queluz. Und wenige Kilometer hinter Sintra lädt das Meer aufgrund der starken Wellen zum Surfen, jedoch weniger zum Schwimmen ein.

Die beiden eleganten Badeorte Estoril und Cascais locken seit 150 Jahren Erholungssuchende an die Küsten des Atlantiks. In Europas größtem Casino stellen Lissabonner und Urlauber ihr Glück auf die Probe. Einen Gewinn könnten Sie bei einem Essen in einem der Spitzenrestaurants am herrlichen Strand von Guincho mit Blick auf Cabo da Roca feiern. Dieser westlichste Punkt unseres Kontinents erhebt sich auf rauen Felsen hoch über den Ozean.

Infobox

Reisekarte: ▶ Karte 3, A–C 2/3

Tourismusämter

Sintra: Praça da República, 23 und im Bahnhof, Tel. 219 23 11 57, tgl. 9.30–18 Uhr, im Sommer auch länger.
Cascais: Rua Visconde da Luz, 14, Tel. 214 82 23 27, www.visiteestoril.com, tgl. 10–13, 14–18 Uhr.
Estoril: Arcadas do Parque, Tel. 214 68 76 30, www.visiteestoril.com, tgl. 10–13, 14–18 Uhr.
Costa da Caparica: Avenida da República, 18, Tel. 212 90 00 71, Mo–Fr 9.30–13, 14–17.30, Sa 9.30–13 Uhr.

Anreise

Sintra und **Queluz** erreichen Sie mit der S-Bahn vom Bahnhof Rossio aus, Taktzeit etwa 15 Min. Scotturb (Tel. 214 69 91 00, www.scotturb.com) fährt in die Umgebung, u. a.: Linie 434 alle 20 Min. vom S-Bahnhof Sintra zu den Sehenswürdigkeiten im Zentrum und zum Pena-Schloss (Ticket erlaubt mehrfaches Ein- und Aussteigen), Linie 441 etwa alle 60 Min. vom S-Bahnhof Portela de Sintra an den **Atlantik,** Linie 403 ca. alle 90 Min. vom S-Bahnhof Sintra nach **Cabo da Roca** und **Cascais.**

Cascais und **Estoril** erreichen Sie problemlos auch direkt von Lissabon per S-Bahn. Der Start ist ebenso wie für die Fähre nach **Cacilhas** am Cais do Sodré. An die Strände von **Caparica** bringt Sie die Buslinie 161 des Unternehmens TST (www.tsuldotejo.pt) von Areeiro und Campo Pequeno.

Einst prunkvolle Sommerresidenz der portugiesischen Könige: der Palast Queluz

Nah haben Sie es auf die südliche Seite des Tejo. Auf Fähren gleiten Sie direkt von Lissabon nach Cacilhas mit traditionsreichen Ausflugsrestaurants und herrlichem Panoramablick auf die Silhouette der portugiesischen Hauptstadt. Die Costa da Caparica lockt mit langen Sandstränden und Wanderwegen durch Küstenwälder.

Palácio Nacional de Queluz

Mi–Mo 9–17 Uhr, Di und bei Staatsempfängen geschl., Eintritt 7 €
Auf halbem Weg nach Sintra liegt der Palast von Queluz, eine im Rokoko-Stil von Versailles im 18. Jh. erbaute königliche Sommerresidenz. Auch die Einrichtungsgegenstände entsprechen dem damaligen französischen Geschmack. Der Thronsaal mit seinen mächtigen Kristallleuchtern wird für Staatsempfänge genutzt. Häufig nächtigen die Staatsgäste im luxuriösen Palasthotel und speisen im hauseigenen Restaurant, das in der ehemaligen Schlossküche eingerichtet wurde. Beides steht auch Ihnen offen, im Gegensatz zu den Politikern jedoch nur gegen Bezahlung (www.pousadas.pt).

Von besonderem Interesse sind die französisch inspirierten, geometrisch angelegten Gartenanlagen. Springbrunnen plätschern, Wasserläufe durchziehen geradlinig die Rasenflächen und Blumenbeete. Die Ruhebänke sind mit blau-weißen Azulejos verziert. Das erhabene Ambiente wird allerdings stark durch die umliegenden hässlichen Hochhausbauten beeinträchtigt, während noch in königlichen Zeiten sommerliche Konzerte und Bälle vor verträumter Kulisse im Freien veranstaltet wurden.

Sintra!

Cityplan: ▶ Karte 5

»In Sintra ist alles himmlisch«, rief der literarische Held der portugiesischen Familiensaga »Die Maias« im 19. Jh. aus. Damals reisten wohlhabende Lissabonner mit eigenen Kutschen oder im öffentlichen Pferdebus zu Erholung und Amüsement an. Die reiche Gesellschaft baute sich prächtige Sommerresidenzen und traf sich in heute noch bestehenden Restaurants und Hotels, wie dem Lawrence oder Seteais. Viele Dichter, voran Lord Byron oder Hans Christian Andersen, besuchten diesen Ort, der deutschstämmige Prinzgemahl Ferdinand von Sachsen-Coburg-Gotha fand seine Lebensaufgabe im Bau eines Märchenschlosses und der Anlage eines weitläufigen, verwunschenen Parks.

Vom Bahnhof ins Stadtzentrum

Der Weg vom Bahnhof zum historischen Ortszentrum passiert zunächst das neomanuelinisch verspielte **Rathaus** aus dem frühen 20. Jh., auf dessen Turmspitze eine Sphärenkugel, das Symbol der Seefahrt, thront. Die unterhalb des hübschen Parque da Liberdade verlaufende Straße, vorbei an einer mit Kacheln hübsch umfassten Quelle, lässt den verschachtelten Nationalpalast mit seinen zwei markanten konischen Türmen, dem 33 m hohen Wahrzeichen der Stadt, in immer neuen Perspektiven erscheinen. Es sind die Kamine der königlichen Küche, deren Bauweise auf maurische Traditionen zurückgeht.

Palácio Nacional de Sintra

Do–Di 9.30–17.30 Uhr, Eintritt 7 €

Hier haben Sie das einzige in Portugal vollständig erhaltene mittelalterliche Herrscherhaus, basierend auf den Fundamenten einer maurischen Wohnburg aus dem 10. Jh. Gleich nach der kampflosen Übernahme reklamierte der christliche König Afonso Henriques 1147 die Anlage für sich. In den folgenden Jahrhunderten bauten, erweiterten und erneuerten die Könige den **Palast** entsprechend dem jeweiligen Zeitgeist, wobei die wichtigsten Bauabschnitte in das Zeitalter der Entdeckungen fielen. Im frühen 15. Jh. begründete João I. das Hauptgebäude, um es als Sommerresidenz zu nutzen. Ein Jahrhundert später ließ König Manuel I. einige Nebengebäude und die Küchenanlage hinzufügen und veränderte die Innenausstattung. Zentrale Teile des Palastes überstanden das Erdbeben, doch bedurfte es im 18. und 19. Jh. weitreichender Renovierungsarbeiten. Die lange Bauzeit führte zu einer reizvollen Vielfalt an Baustilen, deren verbindendes Element herrliche Azulejos im maurischen, spätgotischen und Renaissancestil sind, ein einzigartiges Ensemble früher portugiesischer Kachelkunst.

Ein ausgeschilderter Rundgang führt Sie durch die wichtigsten Räum-

Unser Tipp

Für Schleckermäuler

In dem äußerlich unscheinbaren, innen aber schmucken **Café As Verdadeiras Queijadas** können Sie die gleichnamigen süßen Blätterteigstückchen mit einer Füllung aus Frischkäse, Eiern und Zucker besonders gut genießen. Hier kommen sie immer direkt aus der Backstube. Die Rezeptur dieser regionalen Leckerei reicht in das Jahr 1227 zurück (Rua Volta do Duche 12, nahe dem Rathaus, Di–So 9–19 Uhr).

lichkeiten. Die riesige Küche ist »dem Schlunde eines Königs angemessen, der täglich ein gesamtes Königreich verspeist«, wie ein Kritiker königlicher Verschwendungssucht einst formulierte. Der arabische Saal ist der älteste des Palasts. Die Raummitte ziert ein Wasserspiel, seine Wände schmücken seltene geometrische, grün und weiß gebrannte Azulejos. Den imposanten Wappensaal ließ Manuel I. erbauen, die weißblauen Kachelbilder mit Jagdszenen wurden im 18. Jh. zugefügt. Über den viereckigen Raum erhebt sich eine achteckige holzgetäfelte Kuppeldecke in 13,59 m Höhe. In ihrem Zentrum befindet sich das königliche Staatswappen, umgeben von den Wappen der acht Kinder Manuels sowie der 72 wichtigsten Adelsfamilien des Landes. Ein fein gearbeitetes gotisches Zwillingsfenster gibt den Blick auf einen der vielen Patios frei.

Die Holzdecke des prächtigen Schwanensaals zählt 27 Schwäne, die möglicherweise die Sehnsucht Manuels nach seinen im Ausland verheirateten Töchtern symbolisieren. Schon sein Vorfahre João I. hatte eine schlagfertige Antwort auf den Klatsch parat, nachdem er eine der 136 Hofdamen geküsst hatte: Im Elsternsaal schweben 136 Elstern in der Kassettendecke und tragen die Wörter ›por bem‹, ›nichts für ungut‹ im Schnabel. Von besonderer kunsthistorischer Bedeutung sind die Holzdecke und alten Bodenfliesen im Mudejarstil der Schlosskapelle, während das Gefängniszimmer eher kurios anmutet, in dem König Pedro II. seinen Bruder Afonso im Streit um die Königskrone 16 Jahre lang gefangen hielt.

Die Paläste von Sintra bieten schon seit 1957 die einzigartige Kulisse für ein **Musik- und Ballettfestival**. Im Juni und Juli bringen die portugiesischen und internationalen Künstler insbesondere Klassik zur Aufführung, das Zentrum bildet der Palácio Nacional.

Der historische Stadtkern

Rings um den Palast finden sich zahlreiche Cafés und Restaurants mit Terrassenbetrieb, kleine Gassen schlängeln sich durch die enge Altstadt. Überteuerte Andenkenläden reihen sich aneinander und verstellen manchmal den Blick auf die hübschen architektonischen Details der Häuser. Doch bereits ein paar Schritte jenseits des touristischen Hauptweges zieht romantische Stille ein, und die freundliche **Snackbar Piriquita II** in der Rua das Padarias 18 bietet Salate und kleine Speisen zu günstigen Preisen auch auf der Terrasse.

Anhand der fröhlichen Außenverzierung erkennen Sie das Spielzeugmuseum **Museu do Brinquedo** (www.museu-do-brinquedo.pt, Di–So 10–18 Uhr, Eintritt 4 €) in der Rua Visconde de Monserrate schon von Weitem. Es verfügt über eine Kollektion von 40 000 Spielsachen, die vom vorchristlichen 3. Jh. bis in Gegenwart reicht.

Castelo dos Mouros

www.parquesdesintra.pt, April–Sept. tgl. 9.30–20, sonst 10–18 Uhr, Eintritt 6 €

Ein gut ausgeschilderter, allerdings zuweilen recht steiler und felsiger Fußweg durch die wilde Natur führt Sie in einer Stunde hinauf zu Maurenkastell und Pena-Schloss. Profilsohlen sind dringend angeraten. Bequemer geht's per Bus oder wie in guten alten Zeiten per Pferdekutsche, die neben dem Nationalpalast auf Gäste wartet. Die weithin sichtbaren, zinnenbesetzten Mauern und Türme des **Castelo dos Mouros** sind eine Folge romantischer Weltanschauung. Die frühe Befestigungsanlage aus dem 8. Jh. war dem Verfall preisgegeben, bis Ferdinand II.

die Ruinen konservieren ließ, ohne allerdings an einen vollständigen Wiederaufbau zu denken, ähnlich wie es bei den romantischen Burgruinen im Rheintal geschah. Der Weg über den doppelten Mauerring bietet bei klarem Wetter einen herrlichen Ausblick über die Atlantikküste.

Palácio da Pena

www.parquesdesintra.pt, April–Sept. Di–So 9.45–19, sonst bis 17.30 Uhr, Eintritt 9 € mit Park, im Sommer 12 €

Von »oh je, ein frühes Disneyland« bis »wirklich phantastisch«: Der **Pena-Palast** scheidet die Geister. Er wächst scheinbar organisch aus den Felsen hoch über Sintra empor. Häufig pfeift ein kühler Wind vom Atlantik herauf, weswegen Sie wärmere Kleidung dabei haben sollten. Ursprünglich stand hier ein Hieronymitenkloster von 1513, das Mitte des 18. Jh. aufgegeben wurde. Vor dem Hintergrund einer in europäischen Kulturkreisen heftig geführten Debatte um den Erhalt histori-

Für manche purer Kitsch, für andere faszinierend: der Pena-Palast hoch über Sintra

scher Bauwerke erteilte der aus deutschen Landen stammende Ferdinand II. (1816–1885) den Auftrag, rund um die Klosterruine einen Palast zu errichten, in dem sich sämtliche, in Deutschland und Portugal bekannten Baustile wiederfinden sollten.

Übergangslos stoßen Renaissance und Gotik, Klassizismus und Rokoko, arabische und asiatische Stilelemente auf- und häufig gegeneinander. Das Ergebnis steht exemplarisch für eine romantische Baukunst, die ihre eigene Stillosigkeit hinter einem wilden Stilmix versteckte, der gewohnte Vorstellungswelten sprengt und sich im Pena-Palast doch zu einer überraschenden Einheit fügt.

Unzweifelhaften kunsthistorischen Wert besitzen ein doppelstöckiger manuelinischer Kreuzgang und eine kunstvoll gekachelte Kapelle aus dem 16. Jh. Der von Nicolas Chantarène nach vierjähriger Tätigkeit 1532 fertiggestellte und jüngst wunderbar restaurierte Altar aus weißem und dunklem Alabaster zählt zu den Hauptwerken der Renaissance auf der iberischen Halbinsel.

Der Palast diente der königlichen Familie bis zur bürgerlichen Revolution 1910 als Feriensitz, dessen erlesene Einrichtung die revolutionären Unruhen überdauerte. Der Rundgang führt durch die königlichen Repräsentationsräume und privaten Gemächer, die beredtes Zeugnis vom prunkvollen Lebensstil des Adels ablegen. Herrliche Blicke bis an den Atlantik und nach Lissabon bieten Aussichtsterrasse und umlaufender Wehrgang.

Parque da Pena

www.parquesdesintra.pt, April–Sept. tgl. 9.30–20, sonst 10–18 Uhr, Eintritt 8 €

Waren die Fußwege durch den Park bis hier hinauf doch etwas anstrengend, werden sie nun zu bequemen Spazierwegen. Eine nicht maßstabsgetreue Karte erhält man mit dem Kauf der Eintrittskarte. Für Freunde größerer Wanderungen hält das Tourismusamt in Sintra Faltblätter zu markierten Wanderwegen bereit. Empfehlenswert ist der halbstündige Weg durch Nadelwälder zum höchsten Punkt des Gebiets, dem 529 m hohen Cruz Alta mit herrlichem Rundblick. Für Spaziergänge lohnen auch der wilde Farngarten der Königin *Feteira da Rainha*, die neoarabisch gestaltete Quelle der Singvögel *Fonte dos Passarinhos* und die von schwarzen Schwänen und weißen Enten bewohnten Seen.

Cynthia, die Mondgöttin soll Sintra einst ihren Namen geliehen haben. Auch das Schatten spendende Gebirge stand unter ihrem Einfluss und wird Mondhügel, Monte de Lua, genannt. Im 19. Jh. forstete der von den romantisch verklärenden Naturvorstellungen seiner Zeit faszinierte Prinzgemahl Ferdinand den Wald mit Bäumen und Pflanzen auf, die aus allen Kontinenten herbeigeschafft wurden. Er weckte Erinnerungen an frühe Landschaftsbilder Schinkels, und Bandels Hermannsdenkmal findet sein Spiegelbild in der weithin sichtbaren Statue des Barons von Eschwege, dem nordhessischen Erbauer des Pena-Palastes. Die exotische Seite gestalten amerikanische Lebensbäume mit ausladendem Wurzelwerk, lichte Farnwälder und rote Kamelien.

Convento dos Capuchos

April–Sept. tgl. 10–20, sonst 10.30–18 Uhr, Eintritt 5 €

Das Kloster gilt als Beispiel für den in Portugal seit dem 16. Jh. weit verbreiteten religiösen Pietismus. Es versteckt sich im artenreichen Wald am südlichen Abhang der Serra von Sintra und ist nur per Auto über die Nebenstraße 247-3 zu erreichen. Die prunklose Bauweise ist Ausdruck der religiösen Askese der Franziskaner, hinter dem einfachen Portal befinden sich ihre winzigen Klosterzellen. Durch die Eingänge musste man auf Knien rutschen, so niedrig waren sie. Die Klosterräume sind als bescheidener Schutz gegen winterliche Kälte und Feuchtigkeit mit Korkrinde ausgekleidet. Einzig die mit blauen Kacheln ausgeschmückte **Klosterkapelle** brachte etwas Pracht in den Alltag der Ordensbrüder.

Essen & Trinken

Für den kleinen Hunger – **Snackbar Piriquita II:** Rua das Padarias, 18, Tel. 219 23 15 95, Mi–Mo 8.30–20.30 Uhr. Salate und Snacks ab 5 €, außerdem gibt's die wunderbaren Queijadas de Sintra und Travesseiros, ein Mandelblätterteiggebäck.

Einkaufen

Der Ortskern von Sintra ist voller Andenkenläden und Weingeschäften. Die Qualität liegt allerdings oft unter, die Preise über den Angeboten in Lissabon.

Für Weinkenner – **Binhoteca:** Rua das Padarias 16, Tel. 219 24 08 49, tgl. 12–23 Uhr. Die Enothek zählt zu den wenigen Läden in Sintra ohne Touristennepp. Auch Weinproben und kleine Snacks in rustikalem Ambiente.

Abends & Nachts

Fürs Wochenende – **Taverna dos Trovadores:** Largo de D. Fernando II, 12, Tel. 219 23 35 48, Fr/Sa 19–2 Uhr. Rustikale Bar, in der auch Lissabonner den Strandbesuch feiern, manchmal mit Livemusik.

Paläste und Parks in der Umgebung von Sintra

Palácio de Seteais

Westlich von Sintra entlang dem schmalen Bergsträßchen EN 375 liegen zahlreiche großzügig angelegte Paläste und Parks. Der auf einer Hochebene mit weitem Blick über das Tal durch den holländischen Konsul Gildemeester erbaute klassizistische **Palácio de Seteais** erregte in seiner Entstehungszeit zwischen 1783 und 1787 großes Aufsehen, weil dieser sich bewusst vom spätbarocken Baustil abgrenzte, der damals in portugiesischen Adelskreisen noch vorherrschte. Heute befindet sich im original erhaltenen Palast ein Luxushotel.

Quinta da Regaleira

Führungen im Winter stdl. 10–17.30, im Frühjahr und Herbst 10–18.30, im Sommer 10–20 Uhr, Eintritt 6 €, mit Führung 10 €

Der neomanuelinische **Fantasiebau** eines Lissabonner Millionärs aus den Anfängen des 20. Jh. ist ein Paradies für spiritualistisch orientierte Besucher, die in der Architektur des Gebäudes und den Gärten eine Vielzahl mythologischer und esoterischer Symbole entdecken können. Höhepunkt des geführten Besuchs ist der Abstieg über eine steinerne Wendeltreppe gleichsam in den Schoß der Mutter Erde, wo an einer Quelle frühere Initiationsriten von Freimaurern und des Templerordens nachvollzogen werden. Spannend gestaltet sich die Besichtigung aber auch für nicht an Geheimlehren Interessierte.

Palácio de Monserrate

Park: April–Sept. tgl. 9.30–20, sonst 10–18 Uhr, Eintritt 6 €; Palastbesichtigung nur mit Führungen nach Anmeldung, Tel. 219 23 73 00, Führung inkl. Park 11 €

Weltlich dagegen präsentiert sich dieser schmucke **Palast,** 1858 vom englischen Textilmillionär Francis Cook in Auftrag gegeben. Neogotische Stilelemente kontrastieren mit indischen Dekorationen, knallrot streben die Dachkuppeln gen Himmel. Sollten Sie gerade verliebt sein, dürften Sie noch mehr Freude im umliegenden, asiatisch angehauchten Park finden, der 3000 verschiedene Pflanzenarten aus aller Welt beheimatet. Lauschige Plätze unter den rötlichen Luftwurzeln der Eisenholzbäume öffnen sich zu einer als Ruine erbauten Kapelle, die einen alten etruskischen Sarkophag beherbergt. Schmale Pfade führen durch einen indischen Torbogen und vorbei an 25 verschiedenen Palmenarten zu den von klarem Quellwasser gespeisten Kaskaden. Träume aus tausend und einer Nacht werden geweckt, ganz im Sinne der romantischen Gartenbauarchitekten.

Strände am Atlantik

Die Straße entlang der Paläste führt Sie über **Colares**, dessen Wein einen guten Ruf genießt, zu den Stränden des Atlantiks. Aufregend ist die Fahrt mit einer historischen **Straßenbahn**, die im März 1904 erstmals ihren Betrieb aufnahm. Sie fährt vom Ortsteil Estefânia, nahe S-Bahnhof Portela, durch grüne Landschaften nach Colares und weiter ans Meer (Abfahrten in Sintra außerhalb der Hochsaison nur Fr–So, häufig auch außer Betrieb).

Azenhas do Mar ist ein hübscher, stiller Ort oberhalb der Klippen, allerdings ohne touristische Infrastruktur, während die leider recht verbaute **Praia das Maçãs** dank ihrer Vielzahl von Restaurants erklärtes Ausflugsziel für Liebhaber von Fisch und Meeresfrüchten ist. Badelustige und Surfer finden an der Praia Grande ihr Eldorado. Das dortige Hotel Arribas ist in die Felsen hineingebaut und diente vor seiner Renovierung Wim Wenders als Drehort für seinen Film »Der Stand der Dinge«. Von **Praia Grande** aus verläuft ein Wanderpfad vorbei an der schmalen Badebucht **Praia da Adraga**, einem verträumten Strand zwischen hohen Felsen, bis zum westlichsten Punkt des europäischen Festlandes.

Cabo da Roca

Der rot-weiße Leuchtturm weist Ihnen den Weg dorthin, »wo das Land endet und das Meer beginnt, und wo der Geist des Glaubens und des Abenteurers lebt, der die Karavellen Portugals hinführte zu den neuen Welten für die Welt«, wie Nationaldichter Luis de Camões vor fünf Jahrhunderten den westlichsten Punkt des europäischen Festlandes besang. Schwindelnde 140 m fallen die Felswände in die Tiefe. Alleine werden Sie hier kaum sein, aber dafür wird Ihre Anwesenheit in der Touristeninformation auf Wunsch mit einer Urkunde beglaubigt – allerdings gegen Gebühr.

Praia do Guincho

Einige Kilometer weiter südlich beginnt die traumhafte Strandlandschaft Praia do Guincho und reicht bis fast nach Cascais, wo auch ein gut ausgebauter Fahrradweg entlang der Küstenstraße beginnt. Kleine Badebuchten und lange Sandstrände verstecken sich zwischen Dünen und Felsen. Der aufgewühlte Atlantik bildet ein Paradies für Windsurfer. Baden ist am langen Hauptstrand zwar möglich, aufgrund gefährlicher Strömungen ist aber äußerste Vorsicht geboten. Bitte gehen Sie nur ins Wasser, wenn der Strand im Sommer bewacht und die grüne Flagge gehisst ist.

Auf beiden Seiten der Küstenstraße liegen hoch gelobte Restaurants. Das **Porto de Santa Maria** mit seinem von Glaswänden eingefassten lichtdurchfluteten Speisesaal und spektakulären Blick über den Atlantik gilt als das beste Restaurant für Meeresfrüchte in ganz Portugal. In der nahe gelegenen, ins Meer ragenden Zitadelle ist ein Luxushotel untergebracht. Herrlich sitzt man in der Bar do Guincho am nördlichen Strandabschnitt bei einem Kaffee, Cocktail oder einfachem Essen. An sonnigen Wochenenden ist allerdings von einem Besuch der Restaurants und des Strandes abzuraten – wegen Überfüllung (s. S. 272/273).

Fisch nach Gewicht

Meeresfrüchte und Fische werden in den Restaurants häufig zu Kilopreisen angeboten. Diese Preisgestaltung deutet auf frischen Fang hin, die Beilagen sind im Preis enthalten. Rechnen Sie mit 350 g Fisch pro Person, 100 g Garnelen ergeben eine schöne Vorspeise.

Essen & Trinken

Französisch fein – **Fortaleza do Guincho:** Estrada do Guincho, Tel. 214 87 04 91, www.guinchotel.pt, tgl. 12.30–15, 19.30–22.30 Uhr, Hauptspeisen ab 35 €, Menüs ab 50 €. Das luxuriöse Hotelrestaurant präsentiert feinste französische Kochkunst mit Blick auf den portugiesischen Atlantik.

»Wo das Land endet und das Meer beginnt«: Cabo da Roca

Von Familie Clinton empfohlen – **Porto de Santa Maria:** s. S. 32.

Fisch am Strand – **Adraga:** Praia da Adraga, Tel. 219 28 00 28, tgl. 12.30–22.30 Uhr (durchgehend), Fisch nach Kilopreisen, ab 40 €/kg. Frischer Fisch und Meeresfrüchte in wunderschöner Badebucht.

Fisch frisch – **Náutilus:** Praia das Maçãs, Rua Gonçalves Zarco, 1, Tel. 219 29 18 16, Do–Di 12.30–14.30, 19–23 Uhr, im Jan. geschl., Hauptspeisen ab 8 €. In dem einfachen Lokal wird gegrillter Fisch am Tisch filetiert. Mit Terrassenbetrieb, jedoch zur Straße hin.

Wild und Fisch – **O Púcaro:** Estrada do Guincho, 13, Tel. 214 87 04 97, tgl. 12.30–15, 19–22 Uhr, Hauptspeisen ab 13 €. Das günstigste Restaurant am Strand von Guincho mit sehr guten eigenen Essenskreationen, z. B. Tintenfisch in der Pfanne mit Muscheln.

Über den Wellen des Atlantiks – **Bar do Guincho:** Praia do Guincho (Nord), Estrada do Abano, Tel. 214 87 16 83, www.bardoguincho.pt, So–Do 12–2 Uhr, Fr/Sa 12–4 Uhr, s. S. 272/273.

Abends & Nachts

Über den Wellen des Atlantiks – **Bar do Guincho:** s. links Essen & Trinken

Cascais

Cityplan: ▶ Karte 6

Funde römischer Grabstätten und Münzen sind Zeugnis einer frühen Besiedlung. Auf Grund der fischreichen Gewässer widmeten sich bereits die ersten Bewohner dem Fischfang und versorgten Lissabon mit frischer Ware. 1364 erhielt Cascais die Stadtrechte. 1580 eroberten Truppen des Herzogs Alba die Zitadelle von Cascais und läuteten die mit Philipp II. beginnende spanische Fremdherrschaft Portugals ein, die 60 Jahre andauern sollte. Durch das Erdbeben von 1755 wurde der Ort innerhalb von neun Minuten »in Schutt und Asche gelegt, ohne dass irgendein Haus stehen geblieben wäre«, wie es der Mönch Antonius aus dem Heilig-Geist-Orden in einem er-

Coca-Cola

Lieblingsort

Bar do Guincho ▶ Karte 3, A 2
Die Bar in den Klippen direkt über dem Strand verspricht Feriengefühl pur. Wenn wir Zeit haben, geht's per S-Bahn nach Cascais und von dort mit dem kostenlosen Mietrad an der Küste entlang in die Guincho-Bar. Je nach Tages- oder Nachtzeit genießen wir auf der Terrasse einen Kaffee, einen Snack oder einen Cocktail und beobachten das bunte Treiben. Familien sonnen sich im hellen Sand, Windsurfer scheinen auf der rauen See zu schweben, manch Wagemutiger traut sich zumindest bis zu den Knien ins Meer. Und das Tollste: Geöffnet ist 365 Tage im Jahr, und an sommerlichen Wochenenden locken Feste bis 4 Uhr früh.

halten gebliebenen Schriftstück überlieferte. Cascais, wie es sich heute präsentiert, wurde nach dem Erdbeben erbaut. Der Ortskern mutet beinahe dörflich an, doch ringsherum fressen sich weitflächige Hochhaussiedlungen in die Landschaft. In den schmucken, verkehrsberuhigten Gassen im Zentrum finden sich stilvolle Modeboutiquen, Juweliere und Möbelgeschäfte. Viele Ausländer, vor allem Engländer und Deutsche haben sich in der Umgebung niedergelassen und Urlauber bevölkern die zahlreichen Restaurants und Bars. Internationales Flair liegt in der Luft.

Mit dem Rad am Meer entlang

Ein Tipp für Schönwettertage: Die Stadtverwaltung von Cascais hat nicht nur einen 7 km langen Fahrradweg entlang dem Meer angelegt, sondern stellt zudem gegen Vorlage eines Ausweises kostenlos Fahrräder zur Verfügung. Diese können am Beginn der Fußgängerzone gegenüber dem S-Bahnhof in Empfang genommen und zu Ausflügen in die Umgebung genutzt werden. In der Saison sind alle Räder allerdings oft schon früh am Tage verliehen (Mo–Fr 9–16, Sa/So bis 17, im Sommer bis 19 Uhr).

Fußgängerzone und Hafen

Südlich vom Bahnhof führt die verkehrsberuhigte **Rua Frederico Arouca** in das eigentliche Zentrum. In einer kleinen Nebengasse birgt die **Igreja da Misericórdia** ein überdimensionales, in blau und gold gehaltenes Marienbildnis. Rund um den Largo Luís de Camões reihen sich pittoreske Straßencafés und Bars englischen Stils aneinander. Kleine Gassen und Straßen führen zu zwei weiteren sehenswerten Kirchen. Im Westen steht die schlichte Barockkirche **Nossa Senhora dos Navegantes** mit zwei barocken Kachelbildern aus dem Jahre 1729, die den portugiesischen Schutzheiligen der Seefahrer Pedro Gonçalves zeigen. Den adretten **Largo 5 de Outubro** umlaufen das hübsche Gebäude der früheren Finanzverwaltung und das **Rathaus** aus dem 18. Jh., das mit sehenswerten Kachelbildern von Heiligen und Evangelisten geschmückt ist. Wenige Schritte führen zur Hafenanlage an der Praia da Ribeira. Nach der abendlichen Rückkehr der Boote finden in der anliegenden Fischhalle lautstarke Versteigerungen des Fanges statt. Überragt wird der Hafen von einer mächtigen Zitadelle aus dem 17. Jh. Das in alten Klostermauern neu errichtete **Kulturzentrum** am Beginn der Avenida Rei Humberto zeigt moderne Kunst in wechselnden Ausstellungen.

Igreja da Nossa Senhora da Assunção

unregelmäßig geöffnet, Eintritt frei

Einige Schritte in Richtung Süden erhebt sich versteckt auf einem Hügel das wichtigste Gotteshaus der Stadt. Die **Igreja da Nossa Senhora da Assunção** wurde Ende des 18. Jh. auf den Ruinen einer im Erdbeben zerstörten Kirche errichtet. Interessant sind der goldverzierte Altar und kunstvolle Azulejos im schmalen Kirchenschiff und in der Sakristei sowie ein wertvolles Ölgemälde ebenfalls aus dem 18. Jh., das die Heilige Anna zeigt.

Museu-Biblioteca Conde de Castro Guimarães

Di–So 10–17 Uhr, Eintritt frei

Im benachbarten weitläufigen Stadtpark Parque Municipal Gandarinha können Sie nicht nur angenehm unter hohen Bäumen wandeln, sie finden hier zugleich die beiden wichtigsten Museen der Stadt. Das **Museum der**

Condes de Castro Guimarães ist in einem kleinen Palast untergebracht, der Ende des 19. Jh in mittelalterlichem Stil errichtet wurde. Die adligen Besitzer vermachten die Villa samt Einrichtung der Stadt Cascais. Das Museum vermittelt nicht nur aufschlussreiche Einblicke in die aristokratische Lebensweise zu Beginn des 20. Jh., sondern besitzt archäologische Funde, asiatische und portugiesische Möbelstücke, eine kleine Porzellansammlung und eine gut bestückte Bibliothek.

Casa das Histórias Paula Rego

www.casadashistoriaspaularego.com, tgl. 10–18 Uhr, Eintritt frei

Ein eigenes Museum für Portugals bekannteste Gegenwartskünstlerin. Der derbe Realismus von Paula Rego greift gesellschaftliche Tabuthemen auf und zeigt in kräftigen Farben zu Fratzen verzerrte Gesichter und hässliche Gestalten. Abtreibung, sexueller Missbrauch und Gewaltherrschaft zählen zu ihren Motiven. Der futuristische Museumsbau in rot pigmentiertem Beton bezieht sich auf die regionale Architektur. So zeigen zwei hoch schießende Pyramiden erkennbar Parallelen zu den Kaminen im Palast von Sintra.

Museu do Mar

www.cm-cascais.pt/museumar, Di–So 10–17 Uhr, Eintritt frei

Am nördlichen Rande des Parks liegt das kleine **Meeresmuseum,** das dem einstmals wichtigsten Einkommenszweig gewidmet ist, dem Fischfang. Neben Schriftstücken und Abbildungen werden Miniaturboote und Trachten ausgestellt. Interessant sind auch die von den Wellen angespülten Funde wie Münzen oder ein Astrolabium.

Leuchtturm Santa Marta

Leuchtturm: Di–So 10–19 Uhr, von Okt.–April bis 18 Uhr, Eintritt frei

Wenn Sie als Kind schon mal einen richtigen Leuchtturmwärter spielen wollten, dann können Sie das jetzt nachholen. An der südlichen Parkseite erhebt sich der 100 Jahre alte **Farol de Santa Marta,** der bestiegen werden kann. Die Beleuchtungsanlage von damals ist heute in den früheren Wohnräumen der Leuchtturmwärter zu sehen, die zu einem Museum ausgebaut wurden. Die Apparaturen aus dem 19. und 20. Jh. beeindrucken ebenso wie die technischen Pläne und die multimedialen Darstellungen aller portugiesischen Leuchttürme.

Boca do Inferno

Zwei Kilometer westlich an der Küstenstraße Richtung Praia do Guincho gurgelt das Meerwasser in der **Boca do Inferno.** Den Höllenschlund, so die deutsche Übersetzung, bilden ausgespülte, von kleinen Grotten durchbrochene Felsklippen und ein Felskessel, durch den die Gischt bei unruhigem Meer 20 m hinauf zu den Aussichtsplattformen zischt. Besonders lohnenswert ist der Besuch bei schlechtem Wetter (!), dann nämlich toben ungezügelt die Urgewalten.

Essen & Trinken

Französisch verfeinert – **Vin Rouge:** s. S. 32.

Bestes Eis – **Gelataria Santini:** Avenida Valbom, 28 F, im Winter Di–So 11–20, im Sommer bis 23 Uhr. Gemütlich ist es zwar nicht in der Eisdiele mit dem »besten Eis der Welt« (Eigenwerbung), aber schmecken tut's wirklich.

Abends & Nachts

Musik und Lifestyle – **Coconuts:** Avenida Rei Humberto II, 7, Tel. 214 84 41

09, www.nuts-club.com, im Sommer Di–So 23–6 Uhr, im Winter geschl. Wenn Sie modernen Lifestyle suchen, nichts wie hin. Hier treffen sich die Schönen von Cascais in vier Tanzsälen und an sechs Bars.

Estoril

Cityplan: ► Karte 6
28 km vor Lissabon am Atlantik gelegen genießt das Städtchen Estoril den Ruf des mondänsten Badeortes Portugals. Eine befestigte Fußgängerpromenade am Meer entlang verbindet die 3 km entfernten Cascais und Estoril miteinander, zwar betoniert, aber sehr großzügig angelegt und von vielen Terrassencafés und Restaurants gesäumt. Dichter besangen die milde Meeresluft, die heißen Thermalquellen und eine von Badebuchten durchbrochene Felsküste. Die königliche Familie fand hier zu Beginn des 20. Jh. sommerliche Entspannung. Ein frühes Spielcasino auf dem Hügel Monte Estoril oberhalb des Meeres hob das Städtchen auf eine Stufe mit San Sebastian und Biarritz.

Um der ausländischen Gesellschaft die Anreise zu erleichtern, legte der Nord-Express einen Extrahalt im Bahnhof von Estoril ein. Nach den bürgerlichen Revolutionen im Europa des beginnenden 20. Jh. fanden die aus Italien, Spanien, Serbien und Brasilien vertriebenen Monarchen hier Zuflucht. Der spanische König Juan Carlos verbrachte seine Kindheit in einem Haus hinter dem heutigen Casino.

Casino

In einem der größten Casinos Europas, das 10 000 Besucher aufnimmt, können Sie Ihr Glück bei amerikanischem

Seit über einem Jahrhundert angesagt: der Strand von Estoril

und französischem Roulette, bei Baccara und Black Jack herausfordern. Die 1000 slot machines schütten täglich Gewinne bis zu 1 Mio. Euro aus. Neben dem Glücksspiel werden Varietéshows und musikalische, literarische und künstlerische Ereignisse organisiert. Großer Beliebtheit erfreuen sich nächtliche Konzertreihen mit Größen der portugiesischen Musikszene, die bei freiem Eintritt im Wintergarten abgehalten werden.

Zentrale der Geheimdienste

Das grundlegend sanierte Kasinogebäude, dessen Fundament im Jahr 1916 gelegt wurde, umgibt eine subtropische Gartenanlage mit exotischem Baumbestand. Am Rande liegt das Nobelhotel Palácio, das während des Zweiten Weltkrieges sowohl den deutschen als auch den englischen Geheimdiensten als Hauptquartier diente. Im Obergeschoss des nahe gelegenen Postamtes Avenida Marginal 7152 A wurde im Gedenken der Flüchtlinge das **Exilmuseum Espaço Memória dos Exílios** eingerichtet, das Dokumente und Fotografien aus der düsteren Zeit und häufig gegenwartsbezogene Sonderausstellungen zeigt (Mo–Fr 10–18 Uhr, Eintritt frei).

Villenviertel

Andere ausgewiesene Sehenswürdigkeiten besitzt das 25 000 Einwohner zählende Städtchen abgesehen von der **Kirche Santo António** mit vergoldetem Altar und blau-weißen Kachelbildern an der Avenida Marginal nicht (Mo–Sa 10–12.30, 16.30–18, So 10.30–18 Uhr). Doch die vielen prunkvollen Villen und Stadtpaläste, die kleinen Parks und die palmenbepflanzten Alleen, die sich um den 100 m hohen Monte Estoril ranken, schaffen eine angenehme mediterrane Atmosphäre. Sportliche Großereignisse wie das internationale Tennisturnier Estoril Open oder die auf der ehemaligen Formel-1-Rennstrecke ausgetragenen Motorradweltmeisterschaften locken viele Besucher an.

Abends & Nachts

Für jedes Alter – **Du Arte Lounge, Jezebel, Tamariz:** Casino Estoril, Tel. 214 66 77 00, www.casino-estoril.pt. Die drei Tanzsäle des Casinos: Du Arte Lounge mit Hausorchester richtet sich an die älteren Semester und öffnet deswegen tgl. schon um 15 Uhr und schließt um 3 Uhr. Dann geht's in den Discos Jezebel im Winter (Fr/Sa 23–6 Uhr) und Tamariz im Sommer (tgl. 23–6 Uhr) erst richtig los – bevorzugt zu *disco music*.

Auf der anderen Seite des Flusses

Cacilhas

Der Ausflug auf die gegenüberliegende Seite des Tejo beginnt an der Lissabonner Schiffsanlegestelle Cais do Sodré. Die ursprünglichen romantischen Fähren werden zwar zunehmend durch moderne Katamarane ersetzt, doch noch verspricht Ihnen die sanft schaukelnde Überfahrt ein unverändert beeindruckendes Urlaubserlebnis. Die Boote bringen viele Menschen aus den Vorortsiedlungen zu ihrer Arbeit nach Lissabon, am Wochenende setzen Lissabonner gerne für den Besuch eines der vielen Ausflugslokale über.

Wenn Sie Meeresfrüchte mögen, egal ob gegrillt, gekocht oder im Eintopf, empfiehlt sich die **Cervejaria Farol** am Platz neben der Anlegestelle. Der helle Gastraum mit großflächigen Kachelbildern ist immer voll besetzt und vermittelt trotz seines Geräuschpegels ein Gefühl von Dazugehören, wenn die Einheimischen mit ihren Hämmerchen gekochte Krebse aufschlagen oder mit zweizackigen Gäbelchen die begehrten Fleischfasern aus den langen Fühlern der Langusten ziehen. Aber auch frischen Fisch gibt's in großen Portionen.

Wer hingegen einen romantischen Platz mit Blick über das Wasser bevorzugt, muss noch einige Minuten der schmalen, allerdings heruntergekommenen Uferstraße in Richtung der großen Tejobrücke folgen, die nicht zu Fuß überquert werden kann. Nach wenigen Minuten ist das teurere, aber gleichwohl empfehlenswerte Restaurant Ponto Final (›Endpunkt‹) erreicht. Bei schönem Wetter sitzen Sie im Freien direkt am Ufer des Flusses.

Unser Tipp

Abendliche Ausblicke

Auf der etwa 10-minütigen Rückfahrt von Cacilhas nach Lissabon spüren Sie vielleicht ein wenig von der Faszination, die diese Stadt, die sich majestätisch über die sieben Hügel erstreckt, schon zu Urzeiten auf die heimkehrenden Seefahrer ausgeübt hat. Wenn möglich, sollten Sie an einem Abend, vielleicht sogar als krönenden Abschluss Ihrer Reise, den Sonnenuntergang in Cacilhas erleben – dann wenn die Sonne die gegenüberliegende Stadt in orange-gelbes Licht taucht, Lissabon langsam in der Dämmerung versinkt und die städtische Beleuchtung schließlich die Häusersilhouette gegen den dunkler werdenden Himmel zeichnet.

Zur Statue Cristo Rei

www.cristorei.pt, tgl. 9.30–18.15 Uhr, Eintritt 5 €

Die Trockendocks der Firma Lisnave sollen nach kühnen Planungen bis zum Jahr 2020 einer luxuriösen Wohnanlage weichen. Auf beinahe dörfliches Leben stoßen Sie entlang der Dorfstraße in den höher gelegenen Ortskern, der typisch für die einst ländliche Umgebung Lissabons ist. Von hier aus führt die Straße zur Figur des **Cristo Rei,** die auch der Linienbus 101 von der Fährstation ansteuert (durchschnittlich alle 20 Min.). Ein Lift führt auf den 82 m hohen Sockel, auf dem die weithin sichtbare Christusstatue aus Marmor zusätzliche 28 m in die Höhe ragt. Im Volksmund wird sie wegen der ähnlichen Form spöttisch „Korkenzieher" genannt. Zwischen 1949 und 1959 errichtet, imitiert sie die mit ausgebreiteten Armen auf dem Monte Corcovado über Rio de Janeiro wachende Jesusfigur. Der Panoramablick über die Brücke hin nach Lissabon, auf das Mündungsgebiet des Tejos und die Hügel der Umgebung ist schlichtweg fantastisch.

Costa da Caparica

Die Fähre vom Cais de Belém nach Trafaria mit Busanbindung bietet eine vergnügliche Möglichkeit, um an die 30 km lange Costa da Caparica zu gelangen. Im Hochsommer fährt ein Sonderbus direkt an die Lieblingsküste der Lissabonner. Caparica ist ein verbauter, gesichtsloser Badeort, dem die mondäne Atmosphäre von Cascais oder Estoril fehlt. Doch die 24 feinsandigen, hellen Badestrände gehören zu den schönsten Portugals.

In den Sommermonaten bedient eine schnuckelige Eisenbahn die ersten acht Strandkilometer. An bestimmten Strandabschnitten finden sich Gleichgesinnte ein: Nudisten, Familien, Sing-

Ein gelungener ›Schlusspunkt‹ am Ende eines Besichtigungstages: das Ponto Final

les, Schwule, Lesben haben jeweils ihren ›eigenen‹, auch für Nicht-Eingeweihte unschwer erkennbaren Strand. Doch keine Angst, es wird niemand dumm angeschaut, der nicht zur entsprechenden Gemeinschaft gehört.

Auch Geologen und Wanderfreunden bietet die Costa da Caparica viele Möglichkeiten. Die Sedimentschichten der bis zu 70 m hohen, abrupt aus dem Meer aufsteigenden roten Felsen schließen Versteinerungen aus den verschiedenen Entwicklungsepochen der Küste ein. Der Meeresspiegel hob und senkte sich, während die Fauna sich grundlegend veränderte. Lassen sich an der einen Stelle versteinerte Lebewesen vom Meeresgrund finden, liegen nur wenige Zentimeter entfernt Fossilien aus der Lagunenlandschaft.

Ausgangspunkt für Spaziergänge und Wanderungen zum Binnensee Lagoa de Albufeira sind der Sandstrand am nördlichen Ortsende und das wenige hundert Meter nordöstlich gelegene Kapuzinerkloster **Convento dos Capuchos** von 1558. Trotz vieler baulicher Änderungen blieb das Portal aus dem 16. Jh. erhalten. Außerdem sind formvollendete Kachelbilder über das Alltagsleben der Mönche aus dem 18. Jh. zu bewundern, herrlich ist auch der Panoramablick über die Küste.

Essen & Trinken

Die Terrasse ist der Hit – **Restaurante Ponto Final:** Cacilhas, Cais do Ginjal, 72, Tel. 212 76 07 43, Mi–Mo 12.30–23, im Winter bis 21.30 Uhr, Mitte Dez.–Mitte Jan. geschl. Hauptspeisen ab 13 €. Sie sitzen direkt am Fluss und genießen von der portugiesischen Region Alentejo geprägte Fleisch- und Fischgerichte v. a. vom Grill.

Essen mit Hammer – **Cervejaria Farol:** s. S. 35.

Ausspracheregeln

Die Betonung liegt im Portugiesischen im Allgemeinen auf der vorletzten Silbe.

ão	wie nasales au
c	vor a, o, u wie k; vor e, i wie ss
ç	wie ss
-em/-im/-om	am Wortende nasal gesprochen
es	am Wortanfang wie isch
g	vor a, o, u wie g; vor e, i wie sch
h	wird nicht gesprochen
j	wie sch
lh	wie lj
nh	wie nj
o	wenn unbetont, dann wie u
s	vor Konsonant wie sch; vor Vokal wie s

Allgemeines

Guten Morgen	bom dia
Guten Tag	boa tarde (ab mittags)
Gute Nacht	boa noite
Hallo!	olá!
Auf Wiedersehen	adeus, até logo
bitte	faz favor
danke	obrigado (als Mann) obrigada (als Frau)
ja/nein	sim/não
Entschuldigen Sie!	desculpe!
Wie bitte?	como?

Unterwegs

Haltestelle	paragem
Bus/Auto	autocarro/carro
Straßenbahn	eléctrico
Zug	comboio
Ausfahrt, -gang	saída
Tankstelle	posto de gasolina
rechts	à direita
links	à esquerda
geradeaus	em frente
Auskunft	informação
Telefon	telefone
Postamt	correios
Bahnhof	estação
Flughafen	aeroporto
Stadtplan	mapa da cidade
Eingang	entrada
geöffnet	aberto
geschlossen	fechado
Stadtzentrum	centro da cidade
Kirche	igreja
Museum	museu
Brücke	ponte
Platz	praça/largo
Strand	praia

Zeit

Stunde	hora
Tag	dia
Woche	semana
Monat	mês
Jahr	ano
heute	hoje
gestern	ontem
morgen	amanhã
morgens	de manhã
mittags	ao meio-dia
abends	à tarde/à noite
früh	cedo
spät	tarde
Montag	segunda-feira
Dienstag	terça-feira
Mittwoch	quarta-feira
Donnerstag	quinta-feira
Freitag	sexta-feira
Samstag	sábado
Sonntag	domingo

Notfall

Hilfe!	socorro!
Polizei	polícia
Arzt/Zahnarzt	médico/dentista
Apotheke	farmácia
Krankenhaus	hospital
Unfall	acidente
Schmerzen	dor
Panne	avaria

Übernachten

Hotel	hotel
Pension	pensão
Einzelzimmer/ Doppelzimmer	quarto individual/ com duas camas
mit/ohne Bad	com/sem casa de banho
Toilette	casa de banho
Dusche	duche
mit Frühstück	com pequeno almoço
Halbpension	meia-pensão
Gepäck	bagagem
Rechnung	factura

Einkaufen

Geschäft	loja
Markt	mercado
Lebensmittel	alimentos
Bank	banco
Kreditkarte	cartão de crédito
Geld	dinheiro
Geldautomat	caixa automático
teuer/billig	caro/barato
Größe	tamanho
bezahlen	pagar

Zahlen

1	um/uma	17	dezassete
2	dois/duas	18	dezoito
3	três	19	dezanove
4	quatro	20	vinte
5	cinco	21	vinte-e-um
6	seis	30	trinta
7	sete	40	quarenta
8	oito	50	cinquenta
9	nove	60	sessenta
10	dez	70	setenta
11	onze	80	oitenta
12	doze	90	noventa
13	treze	100	cem, cento
14	catorze	101	cento e um
15	quinze	150	cento e cinquenta
16	dezasseis	1000	mil

Die wichtigsten Sätze

Allgemeines

Sprechen Sie Deutsch/Englisch?	Fala alemão/inglês?
Ich verstehe nicht.	Não compreendo.
Ich spreche kein Portugiesisch.	Não falo português.
Ich heiße ...	Chamo-me ...
Wie heißt Du/ heißen Sie?	Como te chamas/ se chama?
Wie geht es Dir/ Ihnen?	Como estás/está?
Danke, gut.	Bem, obrigado/-a.
Wie viel Uhr ist es?	Que horas são?

Unterwegs

Wie komme ich zu/nach ...?	Como se vai para ...?
Wo ist ...?	Onde está ...?
Könnten Sie mir bitte ... zeigen?	Pode-me ... mostrar, faz favor?

Notfall

Können Sie mir bitte helfen?	Pode-me ajudar, faz favor?
Ich brauche einen Arzt.	Preciso de um médico.
Hier tut es mir weh.	Dói-me aqui.

Übernachten

Haben Sie ein freies Zimmer?	Tem um quarto disponível?
Wie viel kostet das Zimmer pro Nacht?	Quanto custa o quarto por noite?
Ich habe ein Zimmer bestellt.	Reservei um quarto

Einkaufen

Wie viel kostet ...?	Quanto custa?
Ich brauche ...	Preciso ...
Wann öffnet/ schließt ...?	Quando abre/ fecha ...?

Zubereitung

assado	gebraten, auch: Braten
cozido	gekocht
doce	süß
estufado	geschmort
frio	kalt
frito	frittiert
grelhado/na brasa	gegrillt
guisado	geschmort
no espeto	am Spieß
no forno	im Ofen
picante	scharf
quente	warm, heiß
recheado	gefüllt

Suppen und Vorspeisen

azeitonas	Oliven
caldo verde	grüne Kohlsuppe
canja da galinha	klare Hühnersuppe mit Reis
chouriço	geräucherte Wurst
creme de marisco	(cremige) Meeresfrüchtesuppe
manteiga	Butter
pão	Brot
patê de atum/sardinha	Thunfisch-/Sardinenpaste
presunto	(roher) Schinken
queijo	Käse
sopa de legumes/peixe	Gemüse-/Fischsuppe

Fisch und Meeresfrüchte

amêijoa	Teppichmuschel
atum	Thunfisch
bacalhau	Stockfisch
besugo	Meerbrasse
camarão	Krabbe, kleine Garnele
carapau	Bastardmakrele, Stöcker
cherne	Silberbarsch
choco	Tintenfisch, Sepia
dourada	Zahn-/Goldbrasse
espardarte	Schwertfisch
gamba	Garnele
lagosta	Languste
lavagante	Hummer
linguado	Seezunge
lula	Kalmar
mexilhão	Miesmuschel
ostra	Auster
pargo	Seebrasse
peixe espada	Degenfisch
perceves	Entenmuschel
polvo	Krake
robalo	See-/Wolfsbarsch
salmão	Lachs
salmonete	Rotbarbe
sapateiro	Riesentaschenkrebs
sardinha	Sardine
sargo	Geißbrasse
tamboril	Seeteufel

Fleisch

bife	Steak, Schnitzel
borrego	Lamm
cabrito	Zicklein
coelho	Kaninchen
figado, iscas	Leber
frango	Hähnchen
galinha	Huhn
javali	Wildschwein
lebre	Hase
leitão	Spanferkel
lombo	Lenden-, Rückenstück
pato	Ente
perdiz	Rebhuhn
peru	Pute
porco (preto)	(iberisches) Schwein
vaca	Rind
vitela	Kalb, Färse

Gemüse und Beilagen

abóbora	Kürbis
alho	Knoblauch
arroz	Reis
batatas cozidas/a murro/fritas	Salz-/Pellkartoffeln/Pommes frites

beringela	Aubergine	limão	Zitrone
brócolos	Brokkoli	maçã assada	Bratapfel
cebola	Zwiebel	meloa/melão	Melone
cenoura	Karotte	morango	Erdbeere
cogumelos	Champignons	pêra	Birne
couve-flor	Blumenkohl	pêssego	Pfirsich
espinafre	Spinat	pudim flan	Karamellpudding
ervilhas	Erbsen	uvas	Weintrauben
favas	Saubohnen	salada de fruta	Obstsalat
feijão (verde)	(grüne) Bohnen		
grelos	Steckrübenblätter		
massas	Nudeln		
ovos	Eier		
pepino	Gurke		
pimento	Paprikaschote		
salada (mista)	(gemischter) Salat		

Nachspeisen und Obst

ameixa	Trockenpflaume
ananás/abacaxi	Ananas
arroz doce	Milchreis
bolo/torta (de amêndoa)	(Mandel-)Kuchen
cereja	Kirsche
figo	Feige
gelado	Eis
laranja	Orange
leite creme	karamellisierter Eierpudding

Getränke

água com/sem gás	Mineralwasser/ stilles Wasser
aguardente (velho)	(alter) Branntwein
bagaço	Tresterschnaps
café/bica	Kaffee/Espresso
café com leite	Milchkaffee
caneca	großes Fassbier
cerveja	Flaschenbier
chá (preto/verde)	Tee (schwarzer/grüner)
galão	Milchkaffee im Glas
imperial	kleines Fassbier
leite	Milch
macieira	Weinbrand
sumo de laranja	Orangensaft
vinho (branco/tinto/verde)	Wein (Weiß-, Rot-, junger)
vinho do Porto	Portwein

Im Restaurant

Ich möchte einen Tisch reservieren.	Queria reservar uma mesa.	Tagesgericht	prato do dia
Die Speisekarte, bitte.	A ementa, faz favor	vegetarisches Gericht	prato vegetariano
Weinkarte	lista dos vinhos	eine halbe Portion	uma meia dose
Guten Appetit!	Bom apetite!	Gedeck	talher
Es war sehr gut.	Estava óptimo.	Messer/Gabel	faca/garfo
Die Rechnung, bitte.	A conta, faz favor	Löffel	colher
Appetithappen	petiscos	Glas	copo
Vorspeise	entradas	Flasche	garrafa
Suppe	sopa	Salz/Pfeffer	sal/pimenta
Hauptgericht	prato principal	Öl/Essig	azeite/vinagre
Nachspeise	sobremesa	Zucker/Süßstoff	açúcar/adoçante
Beilagen	acompanhamentos	Kellner/Kellnerin	Senhor/Senhora

Abbildungsnachweis/Impressum

Abbildungsnachweis
DuMont Bildarchiv, Ostfildern: S. 11 u. li., 81, 108 re., 111, 140 re., 152/153, 202, 228 re., 232/233 (Widmann)
f1 online, Frankfurt: S. 91 (Doco Dalfiano/AGE)
getty-images, München: S. 212 (Greg Elms); S. 215 li., 225 (Felipe Rodriguez Fernandez); S. 260 re., 270/271 (Panoramic Images); S. 34 (Travel Ink)
Gerd Hammer, Lissabon: S. 279
Lydia Hohenberger/Jürgen Strohmaier, Lissabon: S. 8, 10 u. re., 11 o. li., 11 u. re., 124, 166 re., 177, 179, 189 li., 191, 200/201, 229 li., 236, 237, 272/273
Huber, Garmisch-Partenkirchen: S. 103 (Gallagher); S. 72/73, 99, 246 li., 257, 260 li., 276 (Giovanni); S. 95, 127 (Gräfenhain); S. 62/63 (Spila); S. 160 (Szyszka); S. 82 (Warren)
Markus Kirchgessner, Frankfurt/Main: S. 24, 30, 37, 77, 78, 96, 174, 254
Laif, Köln: S. 205 (Babovic); S. 68, 88 (Hemispheres); Titelbild (Hub); S. 120/121 (IML); S. 50 (Jonkmanns, Stern); S. 92, 139 (Rodtmann); S. 12/13 (Zuder)
Look, München: S. 19, 84 (age Fotostock); S. 44, 114 (Pompe); S. 109 li., 136, 226, Umschlagklappe vorn (travelstock44); S. 40, 166 li., 182/183, 188 re., 211, Umschlagrückseite (Widmann)
Mauritius, Mittenwald: S. 9 (Merten); S. 214 li, 222 (imagebroker/Kopp)
Museu Nacional de Arte Antiga, Divisão de Documentação Fotográfica - Instituto dos Museus e da Conservação, I.P., Lissabon: S. 242, 244
Picture-Alliance, Frankfurt: S. 86 (akg-images), S. 188 li., 206 (dpa/dpaweb)
Isabel Pinto, Lissabon: S. 104 (mit freundlicher Genehmigung des Mariza-Managements)
Martin Thomas, Aachen: S. 228 li., 238
Turismo de Portugal, Frankfurt: S. 79, 108 li., 132, 198/199, 261 re., 263, 266/267 (Jose Manuel)
White Star, Hamburg: S. 143, 169 (Schindel)
Thomas Widmann, Regensburg: S. 10 o. li., 10 o. re., 10 u. li., 11 o. re., 59, 106/107, 118/119, 128/129, 140 li., 141 li., 146, 149, 150, 156, 163, 167 li., 178, 186/187, 194/195, 214 re., 218, 252
Michael Zegers, Köln: S. 54/55, 246 re., 249

Kartografie
DuMont Reisekartografie, Fürstenfeldbruck
© DuMont Reiseverlag, Ostfildern

Umschlagfotos
Titelbild: Fahrt mit der gelben Straßenbahn
Umschlagklappe vorn: Ausblick vom Elevador Santa Justa Richtung Castelo São Jorge

Hinweis: Autoren und Verlag haben alle Informationen mit größtmöglicher Sorgfalt geprüft. Gleichwohl sind Fehler nicht vollständig auszuschließen. Alle Angaben erfolgen ohne Gewähr. Bitte schreiben Sie uns! Über Ihre Rückmeldung zum Buch und über Verbesserungsvorschläge freuen sich Autoren und Verlag:
DuMont Reiseverlag, Postfach 3151, 73751 Ostfildern,
info@dumontreise.de, www.dumontreise.de

3., aktualisierte Auflage 2012

Lektorat/Redaktion: Susanne Pütz
Grafisches Konzept: Groschwitz/Blachnierek, Hamburg
Printed in China

MIX
Paper from responsible sources
FSC® C002957
www.fsc.org